中国西部民族文化通志（33卷）

哲学卷	伦理卷	心理卷	宗教卷
政治卷	历史卷	古籍卷	法律卷
社会卷	妇女卷	婚姻家庭卷	游牧卷
农耕卷	建筑卷	交通卷	贸易卷
科技卷	生态卷	教育卷	饮食卷
服饰卷	体育卷	娱乐卷	旅游卷
节日卷	礼仪卷	禁忌卷	文学卷
艺术卷	影视卷	工艺美术卷	傩文化卷
吉祥物卷			

中国西部民族文化通志

瞿明安　何明　主编

体育卷

卢兵　编著

云南出版集团
云南人民出版社

国家出版基金资助项目

教育部人文社会科学重点研究基地重大项目

教育部人文社会科学重点研究基地云南大学西南边疆少数民族研究中心项目

总 序

21 世纪之初，中国政府启动了西部大开发的战略部署，将西部各民族的繁荣发展推到了中国现代化建设的前沿阵地，使其成为中国西部发展史上最值得大书特书的一页。《国务院关于实施西部大开发若干政策措施的通知》中规定，中国西部开发的政策适用范围，包括重庆、四川、贵州、云南、西藏、陕西、甘肃、宁夏、青海、新疆、内蒙古、广西等 12 个省区市。根据以上区域划分的原则，在中国西部地区共分布着 49 个少数民族，即维吾尔族、哈萨克族、乌孜别克族、塔塔尔族、塔吉克族、柯尔克孜族、俄罗斯族、回族、土族、裕固族、东乡族、保安族、撒拉族、锡伯族、蒙古族、达斡尔族、鄂温克族、鄂伦春族、藏族、门巴族、珞巴族、羌族、傣族、哈尼族、基诺族、佤族、景颇族、德昂族、布朗族、拉祜族、阿昌族、傈僳族、独龙族、怒族、白族、纳西族、普米族、彝族、苗族、瑶族、布依族、水族、侗族、土家族、壮族、仫佬族、仡佬族、毛南族、京族等。在西部大开发的过程中，西部少数民族的现实状况和未来发展趋势将直接影响中国西部经济社会发展的总体进程。

西部大开发分别包括对西部地区自然资源的开发利用与可持续发展，以及对人文资源的开发利用与保护传承两个方面的内容。而在人文资源的开发利用与保护传承方面，如何充分有效地认识和发掘西部少数民族文化资源的价值和功能，使其在西部大开发中发挥积极的作用就是其中一项十分重要的内容。从应用民族学的角度来看，西部少数民族文化资源的开发利用与保护传承包括多种不同的表现形式，既有从经济发展和提高人民物质生活水平的需要出发对民族饮食、民族服饰、民族建筑、民族生产方式、民族贸易、民族旅游等文化资源的开发利用与保护传承，也有从构建和谐社会的需要出发对民族政治、民族法律、民族道德、民族宗教、民族心理等社会结构和文化要素的调适、引导和传承，还有从提高全民族文化素质和满足人们精神生活需要出发而对民族教育、民族科技、民族文学、民族艺术、民族古籍等传统知识和文化要素进行的传承、改造和创新。在对西部少数民族文化资源进行开发利用与保护传承的过程中，应正确处理好突出经济效益的开发利用与关注社会效益的保护传承两者之间的关系，做到开发利用与保护传承两者并重，或在开发利用的过程中高度关注民族文化资源的保护传承。可以说，西部少数民族文化资源的开发利用与保护传承是一项巨大的社会系统工程，它与西部地区自然资源的开发利用及可持续发展具有同等重要的价值。

面对西部大开发这一前所未有的宏伟规划，作为以民族群体及其文化为研究对象的中国民族学研究者，如何在西部少数民族文化资源开发利用与保护传承的过程中发挥独特的作用，就成了当代中国学术界高度关注的现实问题。其实，早在西部大开发之前的20世纪80年代中期，中国的部分民族学研究者就参与了由国务院委托中国科学院牵头组织的有关西部大开发的前期研究准备工作，为20世纪末和21世纪初西部少数民族经济社会的发展献计献策。随着21世纪初西部大开发的正式启动，中国民族学研究者再一次站在了西部少数民族文化资源开发利用与保护传承的前沿阵地，除了直接参与西部各省区市政府部门有关当地少数民族经济社会发展的应用对策研究以外，为了正确认识把握西部少数民族的历史和现状，继承和弘扬西部少数民族的优良文化传统，还有不少学者撰写了一些与西部少数民族文化有关的著作，在研究西部少数民族文化方面取得了初步的成果。在肯定以上事实的同时也应该承认，目前有关中国西部少数民族文化研究的成果仍处于零散、单一、粗浅的初期阶段，在学术界尚未形成大的气候和雄厚的优势，远远适应不了西部大开发对精神文化产品的客观现实需要。为了改变这种被动的状态，我们策划并组织全国的有关学者撰写了这套《中国西部民族文化通志》，以便为西部大开发提供精神文化方面的优秀产品，同时也为西部少数民族文化资源的保护传承献上一份厚礼。与国内其他同类的书籍相比，本通志在研究对象、学术取向和书写范式等方面具有以下几个鲜明的特点：

第一，坚持民族学的文化概念，系统深入地研究中国西部少数民族文化的各种构成要素。有关文化概念的界定问题，在不同学科的认知体系中往往存在着较大的差异。在一般人们的视野中，文化主要是指文学、艺术、教育、新闻、传播、伦理道德、思想观念等反映经济基础的意识形态。而从民族学的角度来看，文化则是指整个人类及其各个民族生活方式的总和，包括物质文化、行为文化、制度文化和精神文化等不同的构成要素，是人与自然、人与人、人与社会互动的产物。这两种不同的看法其实就与文化概念的狭义和广义之分相关。本通志坚持民族学的广义文化概念，将中国西部少数民族的各种文化构成要素划分为33个方面，相应形成了哲学卷、伦理卷、心理卷、宗教卷、政治卷、历史卷、古籍卷、法律卷、社会卷、妇女卷、婚姻家庭卷、游牧卷、农耕卷、建筑卷、交通卷、贸易卷、科技卷、生态卷、教育卷、饮食卷、服饰卷、体育卷、娱乐卷、旅游卷、节日卷、礼仪卷、禁忌卷、文学卷、艺术卷、影视卷、工艺美术卷、傩文化卷、吉祥物卷等33个分卷，几乎涵盖了中国西部少数民族文化的方方面面，由此形成一个宏大而多元的文化体系。除了从总体上将西部少数民族的各种文化现象划分为以上不同的构成要素以外，各个分卷的专题民族文化志则更进一步地将某一种特定的文化现象进行细致入微的分解。通过这种层层深入的描述和解析，使中国西部少数民族文化的各种鲜明特点得以充分地显现出来，为人们正确地认识了解中国西部少数民族文化的本质特征和表现形式提供系统翔实的文本资料。

第二，对中国西部少数民族文化进行整体的研究，为中国民族学西部学派的形成奠定坚实的基础。中国民族学以往的研究曾显现出一个鲜明的倾向，就是绝大多数学者的精力和时间都投入对某些单一民族及其文化的研究，对田野调查报告或民族志的关注超越了对文化整体的认识。在对中国少数民族的历史和现状缺乏了解的背景条件下，对各个单一民族及其文化开展的调查研究不仅是非常迫切需要的，而且也符合现代民族学的学科发展规律。而在对各个单一民族及其文化所进行的田野调查和民族志资料积累发展到一定程度的时候，对中国少数民族文化进行宏观和微观相结合的整体研究，就自然而然地成了当代中国民族学学科发展的必然趋势。本通志的研究对象和学术取向就是这一学科发展趋势的具体体现。与国内已出版的各个单一民族的文化志有所不同的是，本通志各个分卷的民族文化志都不是只单独涉及西南、西北和内蒙古等地区各个单一民族，而是打破原有的地区和民族界限，将西南、西北和内蒙古等西部地区所有少数民族的特定文化现象作为一个有机的整体来看待。通过对各种文化现象的描述和概括来认识中国西部少数民族文化的总体特点，在此基础上建立中国民族学西部学派。所谓中国民族学西部学派，就是在中国民族学研究者中以西部少数民族文化为整体研究对象的学术群体和学术取向。它既从学科发展的角度关注整个中国西部少数民族文化的构成要素和总体特点，同时又从应用实践的角度重视中国西部少数民族文化资源的开发利用与保护传承，以便在基础研究和应用研究方面构建当代中国民族学的学科体系。可以说，本通志的出版就是中国民族学西部学派正式形成的标志。同时也为今后中国民族学的学科建设和发展打下了坚实的基础。

第三，把描述性与解释性有机地结合起来，使中国西部少数民族的各种文化现象得以较完整地呈现出来。以往志书的一个鲜明特征就是完整地记录和描述某一种特定的事项，即古人所谓的“述而不作”。而本通志的设计和写作则突破了这一窠臼，即注重描述性与解释性两者之间的有机结合。本通志各个分卷包括导论和正文两个主要部分，其中各个分卷的导论是具体专题民族文化志的核心和灵魂。每一种具体的民族文化均有其基本特点、形成因素、表现形式、特定内涵、价值取向、应用功能等方面的重要内容。本通志各个专题民族文化志的导论部分，需要作者具有扎实的理论功底和素养，熟练地运用民族学有关民族文化的相关理论方法来进行高度的概括和分析，使人们对纷繁复杂的中国西部民族文化现象有一个较高层次的感悟和较全面的理解，为进一步认识中国西部民族文化的具体构成要素提供总体的思维模式和分析框架。而本通志各分卷的正文部分则是每一种专题民族文化志的主体内容。它们分别对每一种涉及的具体民族文化要素进行层层深入的描述和解释，充分展现中国西部民族文化各种构成要素具有鲜明特色的表现形式、内在含义以及与其他文化要素之间的互动关系。其显著效果就是使被描述、解释的内容显现得细致入微和丰富多样，以便加深人们对这些特定民族文化现象的认识程度。

第四，把横向的民族志资料与纵向的历史文献相结合，充分显现出中国西部少数民族传统文化形成和发展的特点。通常情况下，民族文化志书写的特点都是侧重于横向的研究，即对某一特定时期的民族文化现象进行全面客观的描述，很少涉及历史上这种特定民族文化现象形成、发展、变化的过程和特点。本通志则在这一方面有所突破，即分别从横向和纵向两个方面入手，既描述某一种民族文化现象的具体表现形式和鲜明特征，同时又对这种民族文化现象在历史上的演变乃至在现代社会中发生的变化进行简要的概括和分析，使得各个专题民族文化志能够融贯古今，使其显现出本身应有的资料价值和学术价值。而在横向与纵向相结合的书写过程中，则以横向的民族志描述为主，以纵向的历史演变为辅。通过阅读本通志，既可以从文化体系的角度认识和了解中国西部少数民族传统文化的基本特征、表现形式、形成因素、价值取向、象征意义、社会功能，也可以从历史发展的角度洞察中国西部少数民族传统文化在历史上的演变以及在现实生活中的状态和未来发展的趋势。让读者从各种不同的民族文化构成要素中充分体悟中国西部少数民族文化的多样性和复杂性。

本通志由云南大学西南边疆少数民族研究中心的瞿明安教授和何明教授担任主编。分别由云南大学、中山大学、北京师范大学、四川大学、中央民族大学、中南民族大学、广西民族大学、云南民族大学、贵州民族大学、云南师范大学、云南农业大学、云南省社会科学院、云南行政学院、中国妇女儿童博物馆、云南人民出版社等国内15所大学、科研机构和出版社长期从事民族文化研究的三十余位知名专家学者领衔撰写，参与人员近百人。全套通志约1600万字，可以说是目前国内规模最大、体系最完整的一套少数民族专题文化志，在中国民族学界尚属首次出版，堪称传世之作。这也是一项重大的基础建设工程，对于继承和发扬中国西部少数民族的优良文化传统，增强各民族的自豪感和自信心，提高中国民族学的整体研究水平具有重要的学术价值。

本通志的编辑和出版得到了有关方面的大力支持和帮助。其中云南人民出版社人文读物编辑部尹杰主任最早提出了编写这套通志的构想，并在具体策划和编辑过程中付出了辛勤的劳动，云南人民出版社刘大伟社长对本通志的出版给予了全力的支持。云南大学西南边疆少数民族研究中心将本通志申报立项为瞿明安主持的2010年教育部人文社会科学重点研究基地重大项目（批准号：10JJD850007）。本通志还得到了云南出版集团和云南大学的大力支持，在此表示衷心的感谢！

《中国西部民族文化通志》编委会

2013年10月31日

目　录

导 论

体育文化是人类在体育生活和体育实践中逐步创造、积累、凝练形成的。总是通过有形的身体形态、动作技能、运动器材、物质以及无形的与社会属性相关的意志、观念、时代精神反映出来，并显现出人类社会不同历史文化背景下不同民族各具特色的体育文化的存在形式。

我国是一个统一的多民族国家。西部地区是我国少数民族和民族自治地方最为集中的区域，这一区域包括新疆、青海、西藏、甘肃、宁夏、陕西、内蒙古、贵州、云南、四川、重庆、广西 12 个省区市。区域内分布着 49 个少数民族，全国 5 个少数民族自治区全部位于西部，少数民族人口占全国少数民族总人口的 2/3；这里留下了元谋人、蓝田人 100 多万年前的生活印记，大荔人 20 多万年前的遗存，以及新石器时期的仰韶文化和龙山文化。这里是黄帝的故土，上古的神话、11 朝都城、丝绸之路的故事与传说至今脍炙人口。这里辽阔的土地、多元的民族成分、悠久的历史及深厚的文化底蕴，使这里的体育文化丰富多彩、千姿百态、熠熠生辉，也给这里的体育文化打上了西部民族特有的烙印。

体育文化是人类社会发展进步的产物，其核心就是要谋求人的身心健康与发展。一般情况下，体育文化都显现出竞争性、娱乐性、教育性等基本特征。同时，体育文化又以竞争性、娱乐性、教育性为基本手段，以身体形态变化及发挥为基本技能，其表现形式总是具有一定的运动属性。因此，广义的体育文化指体育运动本身所蕴含的围绕体育运动所形成的一切物质文明与精神文明的总和；狭义的体育文化则指体育运动某一方面的文明因素。体育文化和其他文化一样，反映了一个时代、一个国家、一个民族的特征，规范着人们的体育行为，也影响着人们的价值观念。

一、西部地区体育文化的历史及现状

（一）体育文化的产生

体育文化的历史几乎与人类的历史一样悠久。早在距今170万年至5000年前这段漫长的历史时期，中国处于原始社会状态。由于历史久远，又无文字记载，我们要考察这一时期的体育文化的产生和发展，只能根据考古学及古代文献记载中的传说和民族学中的有关资料进行分析和推论。

对原始社会时期的划分有两种形式，一是按生产工具的精致程度来划分，可分为旧石器时代、中石器时代和后石器时代；二是从组织状况来划分，可分为原始群居时期、母系氏族公社时期和父系氏族公社时期。

1. 原始群居时期

据考古资料证明，从170万年前至10万年前，即旧石器时代初期，属于原始群居时期。据《韩非子》记载，这一时期的人类生活是“人民少而禽兽众”，吃的是“草木之实，鸟兽之肉”，穿的是禽的羽毛兽的皮，过的是一种采集和狩猎相结合的群居生活①。体质和外形还保留着猿的某些特征，能直立行走，并在长期的生产与生活实践中逐步学会制造和使用简单的石器，故称为旧石器时代。1965年5月在云南省元谋县上那蚌村附近发现的元谋人，距今约170万年；1964年在陕西省蓝田县公王岭发现的蓝田人，距今约110万年，他们都具备了直立行走、制造和使用简单石器的能力。距今70多万年前的北京猿人已知道用火，开始熟食。熟食缩短了消化过程，并能摄取更多的营养，大大地促进了人类体质的发展。同时，用火照明、取暖、防止野兽的侵袭也增强了人类控制和改造自然的能力。因此，火的使用是人类发展史上的一个重要里程碑。这一时期的原始人类为了生存，必须学会跑得快、跳得高、攀登、爬越、泅水、投掷……这种生产和生活技能的传习，不仅是未来教育的源头，而且因以身体活动为内容，也是未来体育的起点。这些基本身体活动虽然不能被看作是“体育”，但却孕育着许多体育的因素。

2. 母系氏族公社时期

从10万年前至5000多年前，即旧石器时代中期至新石器时代中期，属

① 〔清〕王先慎撰，钟哲校点《韩非子集解》卷十九《五蠹》，中华书局1998年版。

于母系氏族公社时期。当时的人类基本进化至现代人的体质形态。山顶洞人已经有了石制工具和骨器，并产生了原始艺术和原始宗教观念。狩猎是当时的主要生产劳动，由用石球作武器猎杀和捕捉野兽发展到用弓箭作武器猎杀和捕捉野兽，使生产力水平得到大大的提高。生产力的提高使财富得以积累，财富的积累导致了以争夺财富为目的的战争。生产力的提高和战争的需要，迫使人们结成比较稳定和持久的集团。这种社会组织是以血缘为纽带结成的氏族，也就是母系氏族。母系氏族公社的发展，特别是原始农业的出现并逐渐成为主要的经济部门，使人们的生活有了更多的保证，也使居住相对地稳定，促使人们开始发明制陶、饲养家畜等技术。人们在物质生产的过程中，积累了越来越多的生产经验。这种经验的传承便产生了原始教育，在原始教育中，也包含了一些提高和改善身体机能的训练。这种以人的自身为客体的特殊活动形式，就是原始体育。

在我国西部，原始体育被事实证明是存在的。我们从一些被发现的岩画中，就能找到我国远古时期一些西部民族的先民进行身体运动的有力佐证。这些岩画的分布区域十分广泛，主要有内蒙古阴山岩画、乌兰察布岩画、巴丹吉林沙漠岩画、宁夏贺兰山岩画、甘肃河西走廊岩画、青海海西岩画、新疆阿尔泰山岩画、天山岩画和昆仑山岩画等。这些岩画的作画年代跨度非常大，上可追溯至新石器时期，下可探究到明清时代。新石器时期的岩画有许多都与自然崇拜及人们的生产、生活息息相关，但所显示的运动成分却非常丰富。曾有学者评价这些岩画充满了狂妄的气势、奔放的速度，总在不停地运动、奔跑、射猎、战斗，人物、动物都在活动中显示生命的可贵和力量的威风①。概括地指出这些岩画所反映出来的这一时期的体育文化形态。

3. 父系氏族公社时期

从5000多年前至4000多年前，即新石器时代的中晚期，属于父系氏族公社时期。这一时期，农业生产已是社会生存的主要经济部门，成了整个社会的经济基础。男子已代替妇女成了主要的农业生产者，直接推动了生产力的进一步发展。渔猎和采集经济作为人们谋取生活资料的一种补充手段，也得到了不同程度的发展。这一时期的手工业和农业出现分离，逐渐成为独立

① 李祥石、朱存世编著《贺兰山与北山岩画》，宁夏人民出版社1993年版。

的生产部门，出现了新的社会分工。特别是冶炼技术的发明，铜器的出现，突破了原始社会若干万年的制石工艺，为社会各生产部门的发展开辟了广阔的空间。财富的增加，导致了阶级的分化，私有财产和私有观念的出现，一些部落因掠夺邻近的人口和财产，导致了部落战争。战争促进了武器的制造和战斗技能的训练，推动了上古体育的进一步发展。

随着人们对各种事物的认识逐渐加深，与生产有直接联系的原始文化（狭义的）相继出现，与宗教、教育相联系的各种舞蹈、游戏、军事武艺、卫生保健等应运而生。这种脱离生产的身体练习和娱乐活动一经产生，就具有相对的稳定性，并逐渐发展为有目的、有意识的身体练习，并构成了我国原始的体育文化形态。

（二）原始形态的体育文化

1. 球类游戏

在山西省襄汾县丁村人文化遗址出土了少量石球，而在阳高县许家窑文化遗址出土了大量石球。经考古证实，这些石球是距今10万年至4万年前旧石器时代中期的物品。这些石球不是游戏工具，而是狩猎工具。因与新中国成立前云南省纳西族狩猎所用的“飞石索”相似而得以证实。

在距今7000年至6000年前，处于新石器时代前期的西安半坡文化遗址，是一个典型的母系氏族公社的村落遗址。在一个三四岁小女孩的墓葬里，出土了几个石球。据分析，石球作为随葬品，极有可能是死者在世时十分喜爱之物。石球能当作玩具或用于游戏，其玩法可能是以手抛，或脚踢，或两球相滚碰等。在弓箭发明前，石球是一种狩猎工具，在弓箭发明并广泛应用后，石球就成了人们的一种游戏器具。

20世纪80年代初，在安徽省潜山县薛家岗文化遗址中，出土了距今5000年左右的100多个陶球，小的直径只有2厘米，大的9厘米，中空壳薄，内装小陶球，摇之有声，球面斜刺花纹，有对称镂孔1至36个不等。对这种镂空陶球的属性和社会价值的解释虽有多种，但其用于健身和娱乐的可能性并没有被排除，相反还有很多倾向于此的意见。

2. 军事武艺

据《述异记》记载，“秦汉间说，蚩尤氏耳鬓如剑戟，头有角，与轩辕斗，以角抵人，人不能向”。蚩尤，传说是炎帝的子孙；轩辕，是传说中的黄帝，两人都是部落首领。蚩尤氏部落的人，鬓发竖起来像剑戟，头上戴有两个牛角护具，与黄帝部落相斗时，用头上的角抵人，对方无法接近[1]。这个传说既反映了当时部落战争的情况，也描述了原始角力的基本形态，还可被视为近代摔跤、相扑运动的萌芽。

据《古史考》记载，古人由于受柘树弹性的启发而制造了弓。《吴越春秋》记载了一首古老的民歌："竹断，续竹，飞土，逐肉。"即砍下竹子，做成弹弓，发射弹丸，直射野兽。它生动描写了弹弓射猎的情况[2]。《淮南子·本经训》记载"至尧之时，十日并出，焦禾稼，杀草木，而民无所食"，于是，"尧乃使羿"，"上射十日"，"万民皆喜"。传说羿是氏族公社末期东夷族的首领，是著名的神射手[3]。该故事反映了人类掌握射箭技术后，极大地增强了征服自然的能力，以及人们对射箭英雄的崇拜。从现代考古科学研究中，也发现了大量远古人类使用弓箭的实证。如1963年考古工作者在山西省朔县发掘出一枚距今约28 700年前的石镞。在山西襄汾县陶寺城址ⅡM24墓主第10节胸椎处横嵌一段石镞的锋尖，石镞的尾端见于墓主的左肋部，墓主人显然死于箭伤[4]。在山西绛县新石器时代墓葬遗址中，发现一名死者头部被箭射中，石镞直穿其鼻骨。在宝鸡北首岭的仰韶文化墓地，编号为M17的墓葬，死者膝间是成束的骨镞[5]。由此可见，弓箭不但是生产的工具，也是战斗的武器。在部落战争中，远则用弓箭，近则用刀矛，如果武器脱手，就徒手搏斗，拳打脚踢。恩格斯曾指出："弓箭对于蒙昧的时代和火器对于文明时代一样，乃是决定性的武器。"[6] 正是由于战争的残酷，才要求人们要掌握一定的攻防格斗技能，不论是使用刀矛还是弓箭或是徒手相搏的技能，都是为战争服务的，其目的是征服对方，置对方于死地。我们可以从内蒙古阴山岩画、乌兰察布岩画、巴丹吉林沙漠岩画、宁夏贺兰山岩画、甘肃河西走廊岩画、青海海西岩画、新疆阿尔泰山岩画、天山岩画和昆仑山岩画中找到与军事武艺相关的图画。这些图画真实地再现了人们格斗及使用刀、剑和弓箭等兵器的情况。特别是在喀拉库鲁南麓和尼勒克县发现了多处反映古代匈奴人、突厥人、

---

① 〔南朝（梁）〕任昉撰《述异记》，吉林大学出版社1992年版。

② 〔东汉〕赵晔撰《吴越春秋》，江苏古籍出版社1984年版。

③ 〔西汉〕刘安撰，马庆洲注评《淮南子》，凤凰出版社2009年版。

④ 中国社会科学院考古研究所山西队、山西省考古研究所、临汾市文物局《山西襄汾县陶寺城址祭祀社区大型建筑基址2003年发掘简报》，《考古》2004年第7期。

⑤ 中国社会科学院考古研究所编《宝鸡北首岭》，文物出版社1983年版。

⑥ 马克思、恩格斯著《马克思恩格斯选集》（第四卷），人民出版社1972年版。

塞人这些西部古代民族使用弓箭射猎的岩画。这些岩画距今3000至5000年。这些岩画中有许多挽弓射箭的画面，再现了当时人们狩猎、作战的场景。其中一幅开弓瞄准一峰野驼的画面，生动逼真，栩栩如生。经科学家证实，这些岩画形成于公元前，说明匈奴在较早时候已经开始使用弓箭。由此可见，军事武艺在当时已成为我国西部许多民族都希望能掌握的重要技能之一。然而，这种技能需要在实践中形成并得到提高，然后再形成经验。有了经验就会有传习，而传习就是原始教育的开始，而军事武艺的教育则是较早的身体教育，也就是体育。我国现代体育十分重要的内容之一——武术，就是从这里脱胎而成的。

3. 踏歌舞蹈

原始舞蹈的出现，是适应了已经出现的宗教信仰和文化生活的追求而发展起来的。当在丰收或祭祀时，原始人类模仿各种动物形态，踏着节奏，手舞足蹈以表达他们欢愉的心情及对祖先和大自然的崇拜。《吕氏春秋·仲夏纪·古乐》载："昔葛天氏之乐，三人操牛尾，投足以歌八阕：一曰载民，二曰玄鸟，三曰遂草木，四曰奋五谷，五曰敬天常，六曰建帝功，七曰依地德，八曰总禽兽之极。"以及"昔陶唐氏之始，阴多滞伏而湛积，水道壅塞，不行其原，民气郁阏，而滞者，筋骨瑟缩不达，故作为舞以宣导之"。这是我国文献记载中追述最为远古的舞论。前者反映了当时人们对人丁兴旺、草木葱茂、五谷丰登、禽畜繁殖的向往而手操牛尾，以举手投足而欢的场景。后者讲述了一个以舞治病的故事，是说陶唐氏时代也就是传说中的帝尧时代，因为中原一带洪水为患，空气潮湿，人们心中郁闷，手脚肿胀，而通过一种舞蹈可以活动身体及各关节，促进血液循环，舒筋活络，达到治病健身的目的。因为该舞蹈具有活血化瘀，消肿止痛的功效，所以后人将这种舞蹈称为"消肿舞"①。特别是1973年在青海省大通县上孙家寨出土了一批新石器时代马家窑文化类型的文物，其中两件彩绘陶盆，记录了原始社会舞蹈的形象。陶盆直径二十四厘米，内壁绘有四幅图，每幅图都是五人一组，手牵着手在跳舞，从不同方向摆动的发辫和尾饰，可以看出舞蹈的韵律和节奏。这是到目前为止，最具说服力的实证。

在我国的西部地区，自古就居住着许多能歌善舞的少数民族，舞蹈成为

① 陈奇猷校释《吕氏春秋》卷五《仲夏纪·古乐》，学林出版社1984年版。

他们生活的一部分。他们所崇尚的艺术形式往往是音乐与舞蹈的结合。正如司马迁在《史记》中所说："歌，咏其声也；舞，动其容也。"[①] 所谓"击石拊石，百兽率舞"[②]，就是我国西部少数民族狩猎舞蹈的真实写照。此外，还有一些实料佐证。如内蒙古阴山岩画中就有表现舞蹈的岩画，岩画中的舞者有的兀头、双翅、着尾巴，其表现为人们的狩猎场景。有关阴山岩画的论说较多，但专家认为阴山岩画极可能是在这一带长期生活的狄、匈奴、鲜卑、突厥、羌和蒙古等民族中的某些民族的作品[③]。宁夏贺兰山岩画中的连臂舞，表现先民的群舞艺术，与阴山岩画一脉相承；甘肃岩画中 S3、S6、S35、S57、S94 等序号的岩画为操舞图像，据专家推测大约是羌人、大月氏或匈奴的早期遗作，其年代约为西汉通西域前[④]，据孙景琛讲："画面中的人物则多作舞蹈姿态，有一幅刻画了近三十个人物的大场面，人物大体上可分作上、中、下三组，各组人数不等，均作横队排列。他们头饰雉翎，衣着不一，有的长裙，有的短裙，也有的不着裙，但都是宽肩扎腰，表现出部族武士的健美体魄……这些武士可能是在练武，但也可能是在习舞。原始艺术，在这一发展阶段上，'武'和'舞'原是很难截然区分的。"[⑤] 我国西部各民族舞蹈的史料与实证遗存十分丰富，客观地反映出我国西部各民族之所以能歌善舞，是有其自身特有的遗传因子与特殊的文化滋养背景及传承机理的。

4. 竞走与击壤

《山海经·海外北经》记载："夸父与日逐走。入日，渴，欲得饮。饮于河、渭，河、渭不足，北饮大泽。未至，道渴而死。"这个神话故事讲的是巨人夸父与日竞走，不畏艰险、勇往直前的英雄气概。也从侧面反映了当时人们在生产工具极其简陋的情况下，为了获取食物，长时间地追寻而奔走的艰苦劳动生活的情景。

又具《高士传》记载："帝尧之时，天下太和，百姓无事。壤父年八十余而击壤于道中。"《逸士传》也有"壤父五十人，击壤于康衢"的记载。据

---

① 〔西汉〕司马迁撰《史记》卷二十四《乐书》，中华书局 1959 年版。

② 李学勤主编《十三经注疏》之《尚书正义》卷三《禹典》，北京大学出版社 1999 年版。

③ 盖山林著《阴山岩画》，文物出版社 1988 年版。

④ 陈兆复著《中国古代少数民族美术》，人民美术出版社 1991 年版。

⑤ 孙景琛著《中国舞蹈史》（先秦部分），文化艺术出版社 1983 年版。

《艺经》介绍，所谓“壤”，是以木块做成的，前宽后窄，形状像一只鞋子，长约一尺四寸，宽三寸。游戏时，先将一壤放置地上，人在三四十步远的地方，以手中壤投掷，击中为胜①。

综上所述，原始形态的体育虽然没有文字记载，主要依靠民族学、考古学、历史传说等资料来进行考证和研究，其文化形态也只处于原始初级阶段，但逐渐与生产劳动分离，而与宗教祭祀、文化娱乐、战斗技能、祛病健身及原始教育相结合，形成了中华民族传统体育文化的原始状态。随着社会的发展与进步，体育的文化形态也随着社会的发展与进步而发展与进步。在我国西部地区，体育文化的发展与进步始终与西部地区特有的地域环境和文化特征相适应，孕育出许多具有丛林、草原、骑射等形态特质的体育文化。值得注意的是，社会的历史反映了人类从起源到进入阶级社会的漫长经历，在这漫长的经历中，人类形成了无数各具特点的集团，使“民族”这一人类社会的历史现象得以出现。这与历史的发展有着极其密切的联系，也与地域环境的客观存在有着极其密切的联系。在这个历史阶段中出现的各种体育文化，有许多并不一定是某一个单一民族文化的延续和传承，而是经历了历史上某些民族接力式演进、发展、完善的结果。

（三）体育文化的发展与进步

劳动创造了人类社会，而体育文化产生的基本前提必须是人类社会的出现。生产劳动是原始人类最主要的社会活动。在生产劳动中，体力和生产工具的运用技能，都依赖于合适的动作和方法，这便是产生体育的重要因素。而这种依附于生产劳动之中的体育文化是十分简单原始的，一般都表现在人类的基本活动能力之中，即走、跑、跳、投、攀爬、泅水等方面。随着人类社会的不断发展与进步，体育文化也在不断地丰富和发展。它们与其他各种社会活动紧密联系，依据这些社会活动，体育文化才有了一定的质和量。

1. 人类的基本生产与生活推动了体育文化的进步

原始氏族部落由于生产力低下，生活艰难、简陋，饱受野兽侵袭和病饿折磨，必须依靠采集、狩猎、捕鱼等活动来维系各自的生存和繁衍。在长期的采集、狩猎、捕鱼等生产活动中，人们总结了一系列的经验。为了保存这些经验，就有了最原始的教育，而这种教育是建立在劳动的基础之上的。劳

① 皇甫谧撰《高士传》，辽宁教育出版社 2000 年版。

动的方法、技能的教育中就包含了许多身体活动的教育，这种教育也就形成了最原始的体育。这种体育一旦脱离生产劳动，就会派生出许多丰富多彩的体育运动项目。从今天我国西部的一些少数民族传统体育文化中，我们仍然能找到这类形式的遗存。如蒙古族独特的狩猎工具——布鲁，最早是用来打击飞禽走兽等动物的。人们为了使猎物的珍贵皮毛能完好地保存下来，就用布鲁击昏或打死猎物。为了确保打击的准确性，就需要掌握娴熟的打布鲁技术。猎手们经常练习并进行投准和投远比赛，逐渐使这项古老的狩猎生产活动演变成一项传统的体育运动项目。又如怒族的“过溜索”，由于怒族人民生活在怒江两岸，这里群山重叠，峭壁千仞，怒江水汹涌澎湃，难以行舟摆渡，迫于生计，他们必须掌握爬山、涉水、“过溜索”的技能。“过溜索”对于外人来说非常惊险、刺激，但对于怒族人来说就是一项平常简单的生活技能而已。随着新中国的成立，怒族人民生活水平的不断提高，公路、桥梁的开通和架设，如今的“过溜索”已演变成怒族人民十分喜爱的一种体育运动项目。诸如此类的项目在我国西部少数民族传统体育文化中还大量存在。如拉祜族的过桥爬杆、普米族的划猪槽船、塔吉克族的叼羊、瑶族的独木滑水等等，这些传统体育运动项目莫不是产生于各民族的生产和生活。生产与生活是人类社会最原始的生存需要，正是这种基本的社会活动，推动了体育文化的进步。

2. 战争的残酷促进了体育文化的发展

对野兽、对其他人群的进攻和自卫是人类原始社会活动的重要内容之一。

氏族公社阶段以后，随着部落的出现，部落间为了争夺生存空间，以及各种利害冲突，武力成了解决问题的重要手段。弱肉强食，引发了原始战争。

随着历史的发展，各部落间的发展水平存在着差异，强大的部落为了自身的生存、发展而掠夺其他部落的人口、财产、生存空间，从而使自己更加强大；其他部落为了防范外来侵略，保护族人的利益，就开展了自卫自救，这样，战争就成了人们当时最重要的事。

为了赢得战争，人们开始研制各种武器，讨论战斗技能，并对参战人员进行身体和军事技术训练，这就产生了一种被歪曲了的体育运动——军事体育。因为这种体育运动从一开始就建立在强壮自己而置别人于死地的基础之上，使自己强壮才能生存这种从残酷的战争实践中总结出来的理念迫使参战人员掌握战斗技能。这种强身健体的军事体育，与现代体育的基本精神相较，是背道而驰的。所以，在这里称为残酷战争服务的军事体育为被歪曲了的体育运动。

在我国，许多传统体育运动是从军事斗争中分离出来的。这在我国西部的少数民族传统体育文化中也能找到其踪迹。

如射弩，几乎所有的少数民族都使用过弩，特别是苗、瑶、拉祜、纳西、傈僳、怒等民族更是普遍使用过弩。有许多史料记载，弓弩曾经是许多少数民族维系本民族生存、发展的战斗武器。19 世纪初，英、法、德、美等国侵略者，通过各种方式窃取我边境各少数民族历史文物资料、窥视我国领土。地处中缅边境的傈僳族人民担负起了保卫祖国疆土、抗击侵略者的神圣职责。他们用弩箭狠狠打击了侵略者。尽管弩箭十分原始，但却起到了保家卫国的重要作用。如历史上著名的"片马事件"，英帝国主义武装侵占片马地区的茨竹、派赖等寨，当地景颇、傈僳、白、汉等族人民在土守备（世守边防的武职）左孝臣领导下，600 多名青壮年边民奔赴片马边防隘口甘稗地，武装抵抗入侵者，与英军展开殊死搏斗。当时边民所谓的武装，实际上就是十分原始的弓弩、弓箭以及一些生产工具①。又如佤族人民在抗日战争中用弩箭抗击日本侵略军等等。现在弓弩作为战斗武器已退出了历史舞台，但却演变成了各少数民族十分喜爱的体育运动。

再如我国很多少数民族人民在长期的历史实践中总结提炼出的各自民族的武术，更是具有很强的攻防技能，以至于直接服务于战争。

在西周时代，学校的课程是"六艺"，即"礼、乐、射、御、书、数"。"六艺"中有三艺与身体运动有关，也与战斗技能有关。

一是"乐"，指乐舞，分"小舞"和"大舞"。"小舞"是二十岁以下的学生学习的内容，"大舞"是二十岁以上的学生学习的内容。"小舞"有六种，以所持舞具命名，包括帗舞、羽舞、皇舞、旄舞、干舞、人舞。前三种是文舞，用不同颜色的羽毛装饰舞者；帗舞是手持五彩羽而舞，羽舞是手持白色羽而舞，皇舞是头戴五彩羽，身披彩羽而舞。后三种属武舞，武舞持干戚。据《礼记·内侧》记载，"成童"十五岁就学习武舞，学习如何使用一些兵器，掌握一些兵刃技击技能。"大舞"也有六种，包括云门大卷、大咸、

① 怒江傈僳族自治州《片马烽火》编写组编撰《片马烽火》，云南人民出版社 1979 年版。

大磬、大夏、大濩、大武。“大舞”和“小舞”是西周对前代乐舞的加工和整理①。

二是“射”，是指学习射箭的技术。学生习射有五种基本技术，称为“五射”，即白矢、参连、剡注、襄尺和井仪。明代李呈芬的《射经》对五射作如下解释：“白矢”即“白镞至指也。此弯弓之法，所谓彀率也。”“彀率”是指引弓的尺度。白矢是指射穿箭靶。“参连”即“先发一矢，三矢夹于三指间，相继拾发，不至断绝。此注矢之法也。”这里是指连续射箭的方法。“剡注”即“谓矢头剡处，直前注于侯，不从高而下，即谚所谓水平箭。此发矢之法也。”意为水平射。“襄尺”，“襄，平也；尺，曲尺也。谓平其肘，使肘上可置杯水，盍架弦毕便引之，此及满，使臂直于矢也。”这是平肘直臂的射法。“井仪”即“言开弓圆满，似井形也。或谓四矢集侯如井字，此射法之妙也。”言四箭射穿箭靶，形如井字。以上解释，言简意明，较为确切。这五种技术实际上指的是射箭的全过程，包括持弓、开弓、瞄准、发矢。其规格要求概括起来是：“持弓欲固，开弓欲满，视的如审，发矢欲分。”② 说明射的技术已到了相当高的水平。此外，我们从 1993 年河南平顶山市应国墓地第 242 号墓出土的一件西周珍贵文物柞伯簋底部的铭文中可以得知，西周时期，“射”是一项十分受重视的运动。虽然整个铭文只有八行七十四个字，但却详细记录了柞伯簋的产生过程。其铭文大意如下：在八月庚申日这天早晨，周王在首都镐京举行大射礼，即举行射箭技艺的比赛。当时将参加比赛的人员分成两个小组。周王命令南宫负责“王多士”（也称小子）组的比赛事宜，又命令师免父负责“小臣”这一小组的有关比赛事宜。然后，周王拿出十块红铜板材作为奖品，说道：“小子，小臣，你们要按长幼次序，谦敬恭和地进行比赛，射中靶子较多的人可以得到这十块红铜板。”结果，柞（胙）伯十发十中，成绩优秀，周王便把奖品给了他，并且又赏赐给他射礼仪式上的某种乐器。柞（胙）伯为纪念这一殊荣，特用周王赏赐的这些红铜为原料，铸造了用来祭祀的铜簋。这是目前我国研究西周时期体育文化的重要文物，是我国最早的体育竞赛奖杯。

三是“御”，御术在学校教育中也有五种，名为“五御”。即“鸣和鸾，

① 〔元〕陈澔注《礼记》，上海古籍出版社 1987 年版。

② 〔清〕陶珽编《续说郛》，上海古籍出版社 1990 年版。

逐水曲，过君表，舞交衢，逐禽左。”（《周礼·地官》郑玄注）刘伯骥的《六艺通论》对“五御”作如下解释：“鸣和鸾”即以“和”“鸾”两铃节车之行。“和”在轼上，“鸾”在衡上，马行车行，两相呼应，合于节奏。“逐水曲”即车傍水而行，道路逶迤，能驾车逐水势之曲前进而不坠水。“过君表”即驾车经过国君所在地时，御车向辕门直入，中而不偏，表示行礼致敬。“舞交衢”即御车于十字街道中，马的步度，车的旋转，彼此合拍，应于舞节。“逐禽左”即驾车田猎时，要把猎车驾驭到禽兽的左侧，以便射杀①。以上五种驾车御马的基本技术，能适应车战的需要，体现了从易到难、循序渐进的教学原则。以车战为主要战争形式的西周，战车的驾驭自然成了军队训练和学校教育的重要内容。

又如我国西部古代民族匈奴，十分注重骑射。在近几十年的考古发掘中，从许多匈奴墓葬中出土了大量匈奴时代的铁器，如马具、铁镞、铁刀、铁剑及炼铁炉等。这类铁制器物的年代属于公元前3世纪前后或公元3世纪至1世纪②。这些铁器多是兵器。汉元帝时，郎中侯向汉朝上书汇报匈奴冒顿单于在阴山一带“治作弓矢，来出为寇”③ 并具备了制作铁器的技艺。其主要产品有箭镞、铁剑、铁刀等。《汉书·匈奴传》还记载了其生产有“径路”宝刀。匈奴骑兵作战时要穿上防身铠甲，《汉书·陈汤传》就记载了匈奴郅支单于身穿甲具的事。此外，匈奴骑兵还可能在战场上广泛使用套索。在双方交战时，匈奴骑兵常常将编织好的套索拉出，使敌方被缚并予以擒拿。这种作战方法在北匈奴的后裔猃胡人中还曾使用。套索制造和使用的方法是：“以革索为羂，策马掷人，多有中者。”④ 套索极有可能起源于对生马的捕捉，而后转用于军事训练。套索在西北马背民族中一直流传，至元明清时期，不仅用于战争，还用于畜牧生产和体育运动。体育运动最典型的如蒙古族的“教駣”，即“凡达骍之产，初人牧群，不受羁鞚者，蕃王子弟，辄执长竿，携彩索，或跃而登，或超而过，馨控酣呼，疾如风雨，必使调良驯习而后已。逸群奔踶，驭之者愈众，剽悍神勇，颇为壮观。”由此看来，蒙古族的这种体育文化明显受到了匈奴套索的影响。

---

① 刘伯骥著《六艺通论》，中华书局1958年版。

② 林幹著《匈奴史》（修订本），内蒙古人民出版社1979年版。

③ 〔东汉〕班固撰《汉书》卷九十四下《匈奴传》，中华书局1959年版。

④ 〔唐〕房玄龄等撰《晋书》卷一百二十二《吕光载记》，中华书局1974年版。

除匈奴外，生活在今内蒙古草原东南和阿鲁科尔沁旗以北南端的鲜卑及乌桓，也在战争中发展和提高了自己的军事技能。我国众多史料记载的鲜卑与军事体育有关的项目有狩猎、泅渡、骑射、赛马、武艺、速跑、登山等。其禁卫制亦十分讲究。据《隋书·礼仪》载：齐文宣受禅之后，警卫多循后魏之仪、宫卫之制，左右各有羽林郎十二队，又有持戟队、铤槊队、长刀队、细仗队、楯铩队、雄戟队、格兽队、赤氅队、角抵队、羽林队、步游荡队、马游荡队①。仅守卫王宫的持械队伍就二十四队之多。《后汉书》记乌桓人“俗善骑射，弋猎禽兽为事。随水草放牧，居无常处。以穹庐为舍，东开向日”。“妇人能刺韦作文绣，织氀毼。男子能作弓矢鞍勒，锻金铁为兵器。”可见乌桓也是一个善骑射、好武斗的民族，其军事武备必被重视。

综上所述，战争推动了我国体育文化的迅猛发展，促进了兵器的改进和兵器操练及武艺的发展；促进了以训练体能、发展体质为手段的各种形式的体育文化与运动的丰富和发展。

3. 宗教的多元化丰富了体育文化的内容

图腾崇拜是与狩猎、采集生活相适应的宗教形式。它产生于旧石器中期，繁荣于旧石器晚期，至新石器时代则逐渐演变。图腾最初被视为民族或部落的亲属和祖先，而不是神。万物有灵观念产生后，图腾才被逐渐神化，成为氏族、部落的保护神，或演化为地域保护神。各种自然物和自然现象以及动物、植物，由于它们各自具有许多不被人们认识的威力或影响力，逐步被神化和人格化，被赋予神性和神职，受到人们普遍的崇拜。由昔日作为图腾的自然物和自然现象演化为自然神，因此也就有了自然崇拜。我国的宗教信仰十分复杂，各民族几乎都有自己的信仰，但都经历过图腾崇拜和自然崇拜阶段。有的民族仍还保留有这些原始的宗教信仰，使宗教整体上呈现出多元化形态。这与我国的传统文化始终处于主导地位有关。它不仅制约着我国本土的宗教文化的发展，而且改造着各种外来的宗教，使之世俗化、本土化，以满足不同民族、不同信仰的需求。在宗教祭祀中，到处渗透着以身体运动为核心的体育文化，表达着敬神和娱神意愿。这在我国的一些少数民族宗教文化中也能找到大量的实证。

如我国西南一些少数民族直至近现代仍保留着较为隆重的祭天仪式。像

---

① 〔唐〕魏征等撰《隋书》卷十二《礼仪》，中华书局1973年版。

纳西族、白族、彝族、哈尼族、独龙族、珞巴族等民族，他们的祭天场所虽不如帝王祭天之圆丘或天坛那样讲究、奢华，但其仪式之隆重、程序之繁，实不亚于帝王祭天。有些民族祭天时还载歌载舞，独具一格。如独龙族剽牛祭天，每年夏历十一月至十二月间，择定日期，杀猪剽牛，捞捕江鱼，祭天祈年，庆祝丰收。祭天之人用木刻约集氏族成员和亲友来到家里。仪式在寨内广场中央举行，中立一木柱（天神象征），桄榔木矛插在芭蕉墩祭坛之上，九竹筒酒、九条大鱼陈于矛前。然后用毛绳把牛拴于木柱上。女子用鲜花和料珠装饰牛角，用红布条花麻布披戴牛身。诸事齐备后，巫师戴树叶冠，插雉鸡尾，昂首阔步来到祭坛。用栗叶蘸酒向天上和地下洒一些，然后把各种作物果实撒向四方，祷告天灵，祈求丰收。此刻，参祭的男人们从芭蕉墩上拔出桄榔木矛，环牛而立，跃跃欲试。巫师率领他们翩翩起舞，左转左出脚，进一步退一步，以脚并矛踏地为拍。绕圈良久，女人们穿插入场，男女并列，相互对舞。一人从木柱上解下牛绳，牵牛绕场，数人执牛尾而舞。巫师摇铜铃、拍皮鼓，领大家唱颂祭词：

广阔祭坛里，木柱插入云；我们祈丰年，盼望天神临。冰雹雾霾散，江鱼祭天神；和风细雨降，野牛奠天神……

当领队巫师跳到东方时，抬头指望云天，挥矛指天戳地牵牛许愿，扯下牛头上一束毛，蘸上口水，贴在木柱上，表示此牛已经献给天神。巫师领队二转至此，乍然一跃而起，奋臂一矛刺入牛的胸膛，血流喷涌，牛剧痛狂奔，勃勃吹鼻。人群高喊狂呵，追逐其后；三转舞蹈至此，迎头遮阻，又刺一矛。人越喧吼，牛更蹦跳。此时歌舞照常进行，牛在被刺之后也渐渐平静下来，穿梭徘徊于人群之中。舞蹈男女，左转半周，右转半周，正反又三周。随着音乐旋律，舞步慢慢放慢。妇女多人，手捧竹杯，向跳舞的人敬酒。人们且歌且饮，如痴如醉。女子甩发互缠。男子矛柄相敲。男女相互对唱，彼此赞美。接着舞蹈队形改变，男女分为两行，步伐更换，相互对舞，进退九次。女子口含篾弦，原地踏步，男子高举木矛，向牛猛力投刺。牛骤然倒地。竹号呜咽，铃声急促，叫声四震。鸣锣亮刀，围牛狂舞。直至精疲力竭乃止，历时半天。由此可以看出，祭祀中身体运动的强度和密度有多大。

又如彝族，彝族的荡秋千最早源于纪念星神；而摔跤主要在传统节日“密枝节”和“火把节”举行，最早是为了娱神、祭祀、求雨、禳灾；武术则出现在祭祀及丧葬仪式上，其表现形式体现出庄严肃穆、扑朔迷离的宗教色彩。

再如白族，白族的“本主崇拜”是其宗教信仰的主要形式。白族将凡是为他们立过功、做过贡献的人，均视为自己的保护神加以崇拜，并每年为他们举行祭奠，且形成了传统的节日，如“绕三灵”“火把节”“蝴蝶会”“海灯会”等。每逢这些节日，族人都要举行仪式，进行许多相应的运动，以娱神祇。

纳西族的“东巴跳”、土家族的“摆手舞”、傈僳族的“刀杆节”、普米族的“祭神”、傣族的“堆沙”、藏族的“跳锅庄”、瑶族的“抛花包”、仫佬族的“耍草龙”以及一些少数民族的武术等等。这些少数民族体育文化遗存多与他们的宗教崇拜密切相关。因此说，宗教对于丰富我国少数民族传统体育文化的作用至关重要。

4. 娱乐与养生使体育文化渐趋完善

《诗经·大序》记载：“情动于中，而形于言，言之不足，故嗟叹之；嗟叹之不足，故咏歌之；咏歌之不足，不知手之舞之，足之蹈之也。”① 说明人们娱乐是情感的自然流露，以至于嗟叹咏歌、手舞足蹈。娱乐与歌舞的渊源很深，由于社会的需要，除文舞、武舞、乐舞、巫舞外还有歌舞。所谓“坎坎鼓我，蹲蹲舞我”，就是在节日里翩翩起舞的写照。如今在我国少数民族中仍有这种风俗遗存。如壮族三月三的“对歌”、黔南和黔西苗族的“跳场”及“跳花”等。由此可见，以歌舞为娱乐手段，其生命力是何等的强盛。它基本上就贯穿于人类社会的始终。

随着经济的发展，城市的兴起，形成了最初的商业与文化中心，适应市民生活需要的文化娱乐活动相继出现，且内容丰富多彩，形式多种多样。如：蹴鞠，又称蹋鞠，西汉刘向《别录》中载：“蹴鞠者，传言黄帝所作，或曰起自战国之时。”另传“蹋鞠始于轩后”。这些都是蹴鞠起源的传说。但战国时期，蹴鞠曾作为一项娱乐活动在齐楚一带流行。据《史记·苏秦列传》载：“临淄甚富而实，其民无不吹竽、鼓瑟、弹琴、击筑、斗鸡、走狗、六博、蹋鞠者。”② 另据《西京杂记》载：刘邦的父亲生于战国后期，年轻时在家乡沛地（今江苏沛县）同“屠贩少年斗鸡蹴鞠，以此为欢”③。就说明蹴鞠在当时

① 《诗经》，华夏出版社2006年版。

② 〔西汉〕司马迁撰《史记》，中华书局1959年版。

③ 〔东晋〕葛洪撰，周天游校注《西京杂记》，三秦出版社2006年版。

开展的情况。又如秋千，据《古今艺术图》载："秋千，北方山戎之戏，以习轻趫者。齐桓公伐山戎，流传入中国。"再如飞鸢，就是风筝。最早的风筝是由木片制成，又叫木鸢。《韩非子·外储说》载："墨子为木鸢，三年而成，蜚（飞）一日而败。"这是墨子制的木鸢。《墨子·鲁问》述："公输子削竹木为鹊，成而飞之，三日不下。"这是鲁班制的飞鹊。后来发明了纸，就以纸代木，改称纸鸢。据说五代时有人在纸鸢上扎上竹管，风入竹管，发出类似古筝的声音，由此得名风筝。据《续博物志》和《燕京岁时记》记载："春日放鸢，引线而上，令小儿张口而视，可以泄内热。""儿童放之空中，最能明目。"进一步阐明了放风筝的健身价值。当然还有诸如围棋、六博棋、象棋、竞渡、弄丸、弄剑，苗族的上刀梯、哈萨克族的姑娘追、布依族的丢花包、壮族的抛绣球等，均是人们娱乐休闲的运动项目。因此，娱乐使许多身体运动完全脱离于其他社会活动，成为独立的休闲娱乐活动，并逐渐形成了我国的传统体育文化与运动体系。

20世纪以前，"体育"作为一个学科名词还没有从西方引进我国，但我国体育的理论与方法均已比较完善。其中最突出的恐怕就是"养生"了。"养生"是我国传统体育文化宝库中的一颗璀璨明珠。随着生产力水平的不断提高，科学文化的发展，人们在医学方面积累了一定的知识，在此基础上，养生思想开始形成。

（1）以预防为主的养生原则。《黄帝内经》总结了许多包括先秦医学在内的养生经验，提出了对疾病应以预防为主的思想。如"不治已病治未病，不治已乱治未乱。""病已成而后药之，乱已成而后治之，譬犹渴而穿井，斗而铸锥，不亦晚呼?"（《内经·素问》）还提出"食饮有节，起居有常""夜卧早起，广步于庭""夜卧早起，无厌于日"的主张①。认为只要生活有规律，养成好习惯，才能健康长寿。这些观点为养生思想的形成提供了理论基础。

（2）"静以养生"的思想。"静以养生"思想以老子、庄子为代表。在养生方面，庄子继承和发扬了老子的观点，提出"静以养生"的思想。所谓"无视无听，抱神以静，形将自正。必正必清，无劳汝形，无摇汝精，乃可以

① 孙志波、田伟主编《黄帝内经》，中医古籍出版社2010年版。

长生。”又说“目无所视，耳无所闻，心无所知，汝神将守，形乃长生”①。这些思想构成了我国古代养生界主静派的思想基础。后世的养生家、医学家，甚至哲学家修炼身心的主要方法。

（3）“动以养生”的思想。“动以养生”的思想，以杂家的《吕氏春秋》为代表。书中有丰富的养生思想，特别是主张运动强身的思想是十分可贵的。“流水不腐，户枢不蠹，动也”（《吕氏春秋·尽数》）形象地告诉人们，不运动就要生病，阐明了生命在于运动的规律②。荀子的养生思想又有了进步。他主张在养的基础上要动，“养备而动时，则天不能病”，“养略而动罕，则天不能使之全”③。即一个人在饮食起居等方面要注意调养，并经常适时地进行运动，“天”是不能让人生病的，反之，忽略了对身体的养护，而且很少进行身体活动，“天”也不能保全谁安然无恙。荀子这种动养结合“人定胜天”的养生思想，可以说是我国古代养生理论宝库中的精华，也为我国养生术的兴起提供了理论基础。

（4）养生术的兴起。导引是中国独具特色的医疗保健操和养生术，是养生方法的集中体现。狭义的导引一般指“屈伸之法”“俯仰之术”，指人的肢体活动；广义的导引除肢体活动外，还包括呼吸吐纳和自我按摩。根据武汉体育学院陈青山先生等编著的《传统体育养生学》对传统养生术的分类，我们可以看出，养生术除导引术外，还有气功养生术、按摩术、武术养生术、仿生养生术等。可以说内容十分丰富，并有十分突出的健身价值④。

纵观我国民族传统体育文化，从产生、发展、进步、丰富到基本形成自己独特的体系，经历了一个漫长的历史时期，这是我国各族人民共同努力的结果，是我国各族人民智慧的结晶。

（四）体育文化的现状

新中国成立之后，党和国家十分重视提高全民族的身心健康水平，大力倡导发展民族体育运动。当然，这里所说的民族体育运动是一个全方位的大体育的概念，包括一些近现代体育运动在整个中华民族中的开展，并且特别

① 陈鼓应编著《〈庄子〉今注今译》，中华书局 1983 年版。

② 〔战国〕吕不韦等编著《吕氏春秋》，中国文史出版社 2003 年版。

③ 首都钢铁公司炼钢厂白云石车间工人理论小组评注《荀子·天论》，中华书局 1975 年版。

④ 陈青山等编著《传统体育养生学》，湖北科学技术出版社 2000 年版。

重视少数民族地区发展体育运动，增进人民健康事业的发展，还把发展少数民族传统体育作为帮助少数民族进步，实现各民族团结、繁荣的一项重要内容而予以加强和贯彻落实。我国宪法第119条明确阐述："民族自治地方的自治机关自主地管理本地方的教育、科学、文化、卫生、体育事业，保护和整理民族的文化遗产，发展和繁荣民族文化。"为我国的少数民族体育事业的蓬勃发展给予了巨大的支持。

1981年9月，当时的国家民委和国家体委联合召开了全国少数民族体育工作座谈会，研究并制定了我国少数民族体育工作的方针、任务，明确提出在新的历史时期，少数民族体育的任务和发展方向是：贯彻落实党的民族政策，积极开展民族传统体育和近代体育活动，提高少数民族的健康水平和体育运动技术水平，活跃群众文化生活，促进民族团结，建设社会主义精神文明，为社会主义现代化服务。这不仅阐述了我国开展少数民族体育的基本任务，也进一步阐明了我国开展少数民族体育工作的重要意义。为完成上述任务，会议还确定了"积极提倡，加强领导，改革提高，稳定发展"的十六字方针①。

我国少数民族传统体育文化具有悠久的历史，它从不同角度和侧面，在一定程度上反映了各个民族的历史、经济、文化、宗教、风俗习惯及心理特征。有许多内容都是各民族优秀传统文化的重要组成部分，也是中华民族传统文化的重要内容。但是，我国少数民族传统体育文化在历史上是没有地位的，不被统治阶级所重视。中华人民共和国成立后，"民族平等"等基本民族政策的提出，才使我国少数民族传统体育得以正名，并迅速蓬勃发展。

党和政府还为继承和发展我国少数民族传统体育采取了一系列具体的重大措施。如定期举行少数民族传统体育运动会和单项运动会。从1982年开始，每四年举行一次全国少数民族运动会。各省、自治区、直辖市、自治州、自治县根据本地区经济状况，定期举办民族传统体育运动会。1987年至1991年还先后在广西、吉林、内蒙古、宁夏、四川等地举办了抢花炮、秋千、摔跤、木球等项目的邀请赛。满族传统体育研究会在1988年至1995年先后在北京、河北、辽宁、吉林等地举办了六次全国珍珠球邀请赛。

---

① 李文莉《试论发展省民族传统体育的必要性》，载云南省民族事务委员会、云南省体育运动委员会编《云南少数民族传统体育文集》，云南民族出版社1991年版。

各级民委、体委（体育局）、民族院校在少数民族传统体育的挖掘、整理、发展和提高上做了大量的工作，并在工作中注意了以下几点。

1. 在继承和发展少数民族传统体育项目时，注意去其糟粕，取其精华，保持大众喜爱的运动形式以及健康的、进步的、科学的内容。

2. 从实际出发，因地制宜。掌握少数民族传统体育的特殊性和普遍性，结合民俗、民风，坚持业余、自愿、小型多样的原则，以基层活动为主，有计划地开展比赛，用竞赛的办法鼓励各族人民群众积极参与民族体育运动，以达到推动、普及和提高的目的。

3. 兴办各种形式的民族传统体育培训班。据统计，教育部自1984年至1997年曾先后举办九次民族传统体育师资培训班。

4. 注意加强对少数民族传统体育的总结和研究工作。先后出版了各种少数民族传统体育的书籍，开展了大量针对少数民族传统体育的研究工作。如在1984年至1995年先后出版了《中国少数民族传统体育》《民族体育集锦》《中华传统游戏大全》《中华民族传统体育志》等书籍。各省、自治区也分别撰写了具有本地、本民族特色的少数民族传统体育的书籍，如《广西少数民族传统体育》《云南少数民族体育》等。在我国的体育类核心期刊及各级各类学术刊物上，不断有少数民族传统体育方面的研究成果问世。使我国的少数民族传统体育的研究工作有了长足的进步，为加速我国少数民族传统体育的发展与提高做出了巨大贡献。

随着我国少数民族传统体育的发展，少数民族传统体育在国外也产生了良好的影响。特别是改革开放以来，许多地方都采取了“体育搭台，经济唱戏”的手段，为招商引资，推动旅游业的发展，相继举办了风筝、龙舟、武术等国际邀请赛；有的地区还利用传统的节日中固有的民俗体育文化来搭台，并广泛地邀请一些国际客商开展经济活动，并取得了较好的效果。如火把节、那达慕大会、三月三等活动。特别是国家还经常专门组织一些少数民族传统体育运动队赴国外参加一些少数民族传统体育运动会、邀请赛、表演赛、锦标赛等，对提高我国少数民族传统体育运动的水平及国际影响力等，做出了贡献。如1987年，国家体委组队赴日本参加了毽球表演赛，1988年以来，国家民委多次组织广东顺德、番禺和广西桂林的运动队参加国际龙舟邀请赛、亚洲龙舟锦标赛、世界龙舟锦标赛等。这些活动增进了我国各少数民族人民与世界人民的友好交往和感情，促进了社会经济的发展。另外，我国有一些少数民族居住在边境地区，许多风俗习惯、民族传统体育与邻国一脉相承。如朝鲜族摔跤运动是我国朝鲜族与韩国人民都有的民族传统体育项目；射箭、赛马、摔跤是我国蒙古族、塔吉克族、哈萨克族和蒙古、哈萨克等国人民共同喜爱的运动项目；我国傣族的泼水节、赛龙舟，黎族、京族的跳竹竿，壮族的三人板鞋，东南亚一些国家也有。通过与邻国和其他国家的人民进行民族传统体育的交流，研究民族传统体育的一些项目，共同构筑东方民族体育的理论体系，为建立一个东西方体育文化比翼齐飞、相互渗透的体育新格局，并在不远的将来，让我国少数民族传统体育走向世界而做出成绩。

发展少数民族传统体育运动是我国几代领导人共同的心愿。虽然我国少数民族传统体育的发展因为“十年动乱”经历了一些坎坷，但始终呈现出发展的势头。早在1953年8月12日，我国就在天津市举办了第一届全国少数民族传统体育运动会。这届运动会设竞赛项目和表演项目两大类。竞赛项目有举重、拳击、石锁、摔跤、射箭；表演项目有武术（拳术和器械383项）、民间体育（22项）、骑术（各种马上技巧表演9项）。这届运动会历时5天，有13个民族共395名运动员参加了所有的比赛和表演项目。运动会闭幕后，组委会还挑选了部分优秀运动员参加了31场表演，受到了广大群众的热烈欢迎。这届运动会为发掘民族传统体育，推动和发展各民族传统体育以及更好地研究、整理民族传统体育打下了坚实的基础。

1982年9月2日至8日，第二届全国少数民族运动会在内蒙古自治区呼和浩特市举行，我国55个少数民族都有代表参加。其中有46个少数民族800多名运动员表演了68个极具有各民族特色的传统体育项目。其中有傣族的孔雀舞、苗族的滚芦笙、白族的霸王鞭、朝鲜族的荡秋千、黎族的跳竹竿、壮族的抛绣球和高空舞狮及其他少数民族传统体育项目，运动员的精彩表演受到了观众的热烈欢迎。在竞赛项目中还举行了射箭邀请赛和中国式摔跤比赛。有4个代表团的24名运动员参加了射箭邀请赛；有15个代表团的56名运动员参加了摔跤比赛（设4个级别）。这届运动会热烈隆重、盛况空前，取得了圆满成功，受到了全国各族人民的一致好评，在全国上下产生了巨大影响，推动了全国少数民族传统体育运动的共同发展。

第三届少数民族运动会于1986年8月10日至17日在新疆维吾尔自治区乌鲁木齐市举行。全国55个少数民族和汉族运动员、教练员共1097人参加了这届运动会。运动会设7个比赛项目，除保留上届运动会的摔跤、射箭运动外，还增设了赛马、叼羊、射弩、抢花炮、秋千5个竞赛项目。表演项目有115个，比上届增加了47项。这些表演项目中的大多数都是新挖掘整理出来的运动项目，令人耳目一新。

第四届全国少数民族传统体育运动会于1991年11月10日至17日在广西壮族自治区南宁市举行，有30个省、自治区、直辖市的代表团，共55个少数民族1500多名运动员参加了运动会所设的9个比赛项目（龙舟赛、抢花炮、荡秋千、射弩、珍珠球、木球、摔跤、赛马、武术）和120个表演项目。其中的马上项目比赛于1991年8月6日在内蒙古自治区呼和浩特市分赛场举行。参加这届运动会的教练员、运动员共1530人，裁判员250人。

第五届全国少数民族传统体育运动会于1995年11月5日至12日在云南省昆明市举行，有31个省、自治区、直辖市，56个民族共33个代表团参加。这届运动会设11个竞赛项目，有赛龙舟、珍珠球、木球、摔跤、赛马、武术、打陀螺、毽球等；表演项目有129个，为反映各民族历史文化及民俗的传统体育项目。这届运动会共有3467人参加。

第六届全国少数民族传统体育运动会于20世纪末举行。这次全国少数民族运动会的火种来自珠穆朗玛峰，于1999年8月18日在西藏自治区拉萨市分会场点燃，9月24日传递到北京主会场，这次世纪末的盛会汇集了全国31个省、自治区、直辖市和中国人民解放军、新疆生产建设兵团的33个代表团56个民族的参赛人员。其中蹴球和大象拔河被国家民委和当时的国家体委正式选定为参赛项目。这届民运会将“团结、拼搏、奋进”的精神传递到新的世纪。

第七届全国少数民族传统体育运动会经国务院批准，由国家民族事务委员会和国家体育总局主办，宁夏回族自治区人民政府承办，于2003年9月6日至13日在宁夏回族自治区银川市、石嘴山市举行。第七届全国少数民族传统体育运动会的宗旨是：弘扬民族传统体育文化，促进民族团结进步繁荣。第七届全国民族运动会的承办工作指导思想是：全面贯彻“三个代表”重要思想，举全区之力，凝全区人心，不求最大，但求更好，充分发扬宁夏精神，把第七届全国民族运动会办出特色和水平，办成全国各民族大团结的盛会。第七届全国民族运动会共设花炮、珍珠球、木球、蹴球、毽球、马术、秋千、武术、龙舟、民族式摔跤、射弩、高脚竞速、陀螺、押加等14个比赛项目和120多个表演项目。

第八届全国少数民族传统体育运动会经国务院批准，由国家民族事务委员会和国家体育总局主办，广东省人民政府协办，广州市人民政府承办，于2007年11月10日在广州市举行。第八届全国少数民族传统体育运动会遵循“平等、团结、拼搏、奋进”的宗旨，充分展示我国少数民族传统体育特色和运动水平，锻炼和培养优秀民族体育人才，为弘扬民族文化，促进民族团结，建立和谐社会，进一步推动我国少数民族体育事业的发展做出贡献。此次运动会设花炮、珍珠球、木球、蹴球、毽球、龙舟、秋千、射弩、陀螺、押加、高脚竞速、板鞋竞速、武术、民族式摔跤（博克、且里西、格、北嘎、绊跤、朝鲜族式摔跤）、马术（速度赛马、走马、跑马射击、跑马射箭、跑马拾哈达）等15个（类）竞赛项目；同时还设有竞技类、技巧类、健身操类和综合类等4类共100多项表演项目。

第九届全国少数民族传统体育运动会经国务院批准，由国家民族事务委员会和国家体育总局主办，贵州省人民政府承办，于2011年9月10日在贵阳市举行。运动会设竞赛项目和表演项目两大类。竞赛项目有花炮、珍珠球、木球、蹴球、毽球、龙舟、独竹漂、秋千、射弩、陀螺、押加、高脚竞速、板鞋竞速、武术、民族式摔跤、马术等16（类）项。其中独竹漂是本届运动会新增设的竞赛项目，竞赛项目的金牌总数将达到132枚。表演项目150余项，分竞技、技巧和综合三类，分别决出金、银、铜奖。

这一届比一届更加丰富多彩、成绩优异的全国少数民族传统体育运动会，进一步表明了我国少数民族传统体育运动越来越得到国家的支持，越来越受到社会的关注。特别是在全国少数民族运动会之外，各少数民族也向世界充分地展示了自己的民族瑰宝——传统体育运动，如维吾尔族的“达瓦孜”项目就频频向世界“高空王”挑战，并屡创吉尼斯世界纪录。法国明日杂技大赛的中国参赛队员也将具有民族特色的体育项目融会贯通并加以创新，赢得了国际荣誉。这一步步迈向世界的步伐，使中国少数民族传统体育向世界展示了其独特魅力。面对蓬勃发展的我国少数民族传统体育事业，我们在自豪的同时，也不禁对其现状做些思考，如四年一届的全国少数民族传统体育运动会能够满足我国少数民族传统体育运动的发展需要吗？是否可以将国家与社会举办全国少数民族传统体育运动会相结合，充分发挥市场的作用？是否能在避免现代体育运动某些弊端的前提下，结合现代体育运动的竞技形态，使我国的少数民族传统体育运动能够达到普及与提高相结合的最佳效果？是否能有计划、有步骤地提高我国民族传统体育工作者的基本素质，进一步将中国文化与世界文化相结合，在挖掘、整理、交流我国少数民族传统体育运动中有所创新？在党和国家积极倡导、支持少数民族传统体育运动不断发展的几十年来，我国的少数民族传统体育运动取得了丰富的实践经验，也取得了巨大的成就。但是，我们也应该清醒地认识到，对我国少数民族传统体育的研究并不尽如人意，我国的少数民族传统体育走向世界还任重道远，还需要从事我国少数民族传统体育工作的同仁协力奋进，为尽快将我国少数民族传统体育运动推向世界而努力。

二、西部地区体育文化的基本特征

我国西部少数民族传统体育文化虽然多姿多彩、风格迥异，但仍然极具中华民族传统文化的共性。汉族与各少数民族不仅血脉相关，在文化的发展中也不可分离。汉族作为主体民族在中国历史上起到了主导作用，使汉文化占据中国文化的主导地位。但我们必须看到，少数民族在推动中国文化发展的过程中，也做出过巨大贡献。正如毛泽东在《论十大关系》中所指出的："各少数民族对中国历史都做过贡献。汉族人口多，也是长期由许多民族混血形成的。"[①] 我国各少数民族在长期的历史进程中吸收了大量的汉文化来丰富自己的文化。同时汉民族也在长期的历史进程中吸收了大量的各少数民族文化来丰富自己的文化。这样，各民族文化的交融才形成了中国文化多元一体的文化格局，使中华民族的文化具有了共同的核心——共同的文化价值观。当然，西部各少数民族的传统文化也有各自的特点和风格。因为从民俗学的角度来看，即使是同一民族，也存在着"百里不同风，十里不同俗"的差异，更何况是不同的民族呢？我们通过对一些文献资料进行查阅和分析，认为我国西部少数民族传统体育文化存在着以下一些基本特征。

（一）文化的同根性特征

我国传统的体育文化是我国传统文化的一个重要组成部分，也是整个中华文化的亚文化系列的一部分。而我国少数民族传统体育文化又是我国传统体育文化的重要组成部分，是对我国传统体育文化的完善和补充。

我国少数民族传统体育文化与汉民族的传统体育文化一样，在其发生、传承、变革、发展的过程中，都无法离开中国文化这条根所给予的养分和

① 毛泽东著《论十大关系》，人民出版社 1976 年版。

制约。

中国文化是一个以儒学为主流，并融不同时期的不同民族、不同流派的文化要素于一炉的巨大复合体。我国有许多学者认为：自两汉以来，以儒学思想为主体的传统文化之所以能绵延数千年而不衰，创造出文化史上的奇迹，在相当程度上应归功于这一文化所具有的儒、道、释三家的相互渗透、相互补充的内在结构和格局。

儒、道、释三家在各自的发展历程中一直采取适应国情民心，相互吸纳、相互影响的态度。所以到了中国封建社会后期，社会意识形态的基本格局还是以儒治世，以道治身，以佛治心的三者互补，三教合流。

中国文化的这种内在的意识和精髓，在长期的历史进程中逐渐被各少数民族所接受和吸纳，并成了相当稳定的本民族文化的内核。因此，我们从我国西部各少数民族传统体育文化的外在表现形式上可以看出，中国传统文化的印记十分明显。我国西部大部分少数民族传统体育文化，从其主旨意义上来看，均强调“锻炼意志”“陶冶情操”“健身娱乐”等；从其形态形式上来看，多表现为优美的身体运动——舞蹈，以及没有强烈对抗的技艺竞赛，如赛马、射弩、秋千、棋类等项目。这与中国文化所倡导的“仁义”“中庸”“和为贵”“修身养性”等观点有着异曲同工之妙。从中我们也可以看出，中国文化直接渗透到了各少数民族文化的性格深处，成就了存大同，求小异的各少数民族文化。从其体育文化上来看，西部少数民族传统体育文化与汉民族传统体育文化相比较虽略略有所不同，即略显阳刚，但其本质却无法摆脱中国传统文化的影响和制约。

（二）形式的地域性特征

一定的地域是一个民族长期繁衍生息的空间条件。我国西部各少数民族的传统体育文化的价值观念和审美情趣在很大程度上受到所处地域的影响。因此，我国西部少数民族传统体育文化的内容和形式能从一个侧面反映出这个民族所处地区的生产、生活方式和社会风尚。在我国西部，各少数民族至今依然是“大杂居、小聚居”。而一定的地理环境必然会产生一些相应的生产和生活技能，而这些技能又是各少数民族传统体育文化产生的一般前提。如云南的竞渡、西北的冰嬉、草原骑射、大漠的赛驼、山地的竞走、丛林的射弩等，无不是不同地理条件下一定生产、生活方式的提炼。所以，我国西部少数民族传统体育文化形式多样、具有鲜明的地域特征等，是一种必然的社会文化现象。

（三）目的的娱乐性特征

我国西部少数民族传统体育文化从其目的性来看具有突出的娱乐性。它着重于人的身心需要和情感愿望的满足，多以自娱自乐的、消遣的和游戏的活动方式出现。在这些活动中人们可以直接得到令人愉悦的情感抒发和宣泄。由于少数民族传统体育文化的目的大多是为了娱乐，所以它具有极大的吸引力。一些娱乐项目的举行往往成为一个民族集聚的盛会。如西双版纳的基诺族，每逢喜庆节日，不论男女老幼，齐聚一堂，进行打鸡毛球、扔石头、顶竹竿、打陀螺、跳大鼓等活动，大家欢天喜地，沉浸在无比的愉悦之中。虽然我国西部少数民族传统体育文化有强身健体的作用，但在实践中，这种作用并不被人们所认识，也不为人们开展和进行本民族传统体育文化实践的目的所在。

（四）形态的文体性特征

我国西部的少数民族传统体育文化，其表现形式有许多都是将竞技、舞蹈、音乐等融为一体。这些项目既具有各自民族的特色，又具有娱乐和健身的特点，还具有艺术欣赏的价值。类似这样的项目在我国西部少数民族传统体育运动会中的表演类项目中占有较大的比例。如壮族的三人板鞋竞技、苗族的芦笙踩堂、蒙古族的曲棍舞、彝族的打磨秋、瑶族的跳八音等都具有这种文体合一的形态。这种独特的运动形态注重把民族感情、民族精神、民族风格、民族理念等自然融合在其审美对象和审美主体之中，使参与者和观赏者都能获得精神上的享受。这也是少数民族传统体育文化富有魅力和活力的重要方面之一。

（五）形式的变异性特征

传统文化在不同的年代总要打上当时社会的烙印。历史创造了文化，同时也不断地丰富着文化的内涵，使文化的传承不断丰满和深邃，由此也产生了传承的变异。传统的体育文化在传承的过程中也会有它的变异性。这种变异性主要表现在三个方面，一是传统的体育文化特别是少数民族传统体育文化的兴衰受社会因素的制约；二是传统体育文化在实践中根据自身发展的需要，有一个更加完善的过程，即在完善的过程中产生变异；三是受外来文化的影响，有一个学习外来文化的长处来丰富传统文化的过程，即在学习的过程中产生变异。

我国西部少数民族传统体育文化除了包含有一般体育文化所具有的共性，即一般性特征外，还具有西部民族鲜明的民族特征。如有明显的民俗性特征（许多民族在一些节假日和一些喜庆的日子里都要开展一些传统的娱乐活动和游戏活动，并形成了一种固定的风俗），季节性特征（即根据不同的季节开展不同的体育活动，如夏季游泳，冬季滑雪、溜冰等），有些还带有一些宗教色彩的特征和形式多样及式样传承（即口传身教及长期一以贯之的以开展样式进行传承，也就是没有文字及图案记载的传承）等特征。

三、研究西部地区体育文化的意义

我国西部少数民族传统体育是我国民族传统体育的重要组成部分，是中华文化的历史产物，也是人类社会历史文化的特殊遗存。我国西部少数民族传统体育除了具有一般体育所具备的普遍意义外，还具有它独特的体育文化形态与民族文化内涵，与现代体育的形成和发展有着密切的渊源关系。即使在现代工业化的文明社会中，也有着它独特的社会文化价值功能，对现代社会人类体育发展也仍然具有特殊的影响和作用。加强对我国西部少数民族传统体育文化的研究，对于促进少数民族传统体育文化的繁荣与发展，有着十分重大的历史意义与现实意义。具体体现在以下几个方面。

（一）促进民族团结、构建和谐稳定的发展环境

随着西部大开发的进一步深入和全面推进，受历史、地理等诸多因素影响的西部社会与经济发展取得了长足的进步。但与东部发达地区相较，仍存在着较大差距。就目前来讲，西部地区“发展才是硬道理”①。但发展需要有一个和谐稳定的社会环境。我国是一个多民族的国家，大部分的民族集中在西部。要营造和谐稳定的社会环境，民族团结是关键。人类学认为，文化的多样性常常会导致民族间的相互误解，甚至造成摩擦与冲突。而在传承、发展民族传统体育文化的过程中，不同民族的文化能相互接触、交流、融合与碰撞，能为增进民族友谊与理解提供广阔的平台，能为营造和谐稳定的社会环境创造条件。

研究我国西部少数民族传统体育文化，对于增强民族意识，提振民族自信具有积极的意义。西部地区由于历史、自然环境及经济、社会发展不平衡

---

① 引自1992年1月18日—2月21日邓小平在武昌、深圳、珠海、上海等地的谈话要点。

等原因，其文化呈复杂性、多样性状态。研究我国西部少数民族传统体育文化，能促进人们更多地关注少数民族及少数民族传统文化，更好地开展少数民族传统体育。使人们在开展和参与少数民族传统体育的过程中更好地理解少数民族的文化精髓与内核，认同少数民族的性格与风俗。并在此基础上，达成各民族间相互的尊重与理解，促进民族团结，为加速我国西部大开发营造良好的社会环境。

(二) 明晰“修身”文化的历史与现实意义

我国民族传统体育文化是以汉民族传统体育文化为主体，其他各少数民族传统体育文化为补充的完整的统一体。研究我国西部少数民族传统体育文化除了其自身独特的重要意义外，也具有一般体育文化所具有的普遍意义，其中最主要的应该是强身健体，修身养性。

数千年以来，体育文化作为中国文化中最活跃的部分受到了各个历史时期的黎民百姓、知识分子、帝王将相的共同重视。“修身”是人们“立身”“立德”完美理想的人生追求之一。

历史上，《太平经》经常被看作是“安王之大术”。其中的身国之论：“端神靖身，乃治之本也，寿之征也。无为之事，从是兴也。先学其身，以知吉凶。是故贤圣明者，但学其身，不学他人，深思道意，故能太平。”① 得到了大家的认同。明代白云霁在《道藏目录详注》中评论该书时说：“皆以修身养性，保精爱神，内则治身长生，外则治国太平，消灾治疾，无不验之者。”②可谓深明书中之大义。这种内以炼养长生，外以治国安民的思想，受到了历代知识分子、黎民百姓的认同，在历代帝王的治国政策中也有充分的体现。《大学》里提出的修身治国“八条目”曰：“古之欲明明德于天下者，先治其国。欲治其国者，先齐其家。欲齐其家者，先修其身。欲修其身者，先正其心。欲正其心者，先诚其意。欲诚其意者，先致其知。致知在格物。物格而后知至，知至而后意诚，意诚而后心正，心正而后身修，身修而后家齐，家齐而后国治，国治而后天下平。”③ 认为“修身”是“齐家”“治国”“平天下”的根本，故曰：“自天子以至于庶人，壹是皆以修身为本。”虽然这里的“修身”具有德、身、心全面发展的含义，但“修德”“修心”皆以“修身”

① 谢春光著《〈太平经〉研究》，社会科学文献出版社 2007 年版。

② 〔明〕白云霁撰《道藏目录详注》，商务印书馆 1933 年版。

③ 周生春著《经典会读〈大学〉〈中庸〉》，浙江大学出版社 2012 年版。

为注脚。葛洪在《抱朴子·对俗篇》中说："欲求仙者，要当以忠孝、和顺、仁信为本，若德性不修，而但务方术，皆不得长生也。"[①] 道教有一部经典《老子想尔注》也说："积善成功，积精成神，神成仙寿，以此为身宝也。"[②] 都在强调"修德""修心"最终达到"修身"的目的。

"修身"既然能与"治国"并论，必然会受到统治者的支持。对"修身"方法的研究就很自然地成了知识分子的义务与责任。因此，在我国历史上，只要不是动荡不定的战争年代，就会有许多新的"修身"理论和方法被不断地推出。这些理论和方法都受中国文化的影响，深刻地反映出当时知识分子的审美情趣、人生追求、文化素养等基本要素。因此我国民族传统体育文化的形态和方式从一个侧面体现了中国文化的真正内涵和外延。这期间出现难以计数的好的"修身"功法和方式也是不言而喻的。我们审视今天的中国传统体育文化，只能惊叹我们的祖先留给我们的遗产的珍贵和浩瀚。我们在体验或研究传统体育文化时，就会受到传统"修身"文化的熏陶，特别是受到蕴含其间的"仁、义、礼、智、信、忠、孝、悌、节、恕、勇、让"等中国传统精神潜移默化的影响，斧正"做人""立德"的根基。

（三）认识传统体育文化的传承机理

研究我国西部少数民族传统体育文化，能使我国少数民族传统体育文化的传承机理更加清晰，有利于我国少数民族传统体育文化的传承和发展。

我国的传统体育文化在形态上存在着三个互相渗透、互相依赖的基本部分（棋牌类项目除外）。一是以身体运动为基本手段，通过身体运动起到愉悦身心、强身健体的作用；二是以静养为基本手段，通过修炼一些肢体相对静止的具体的功法来达到强身健体、延年益寿的目的；三是介于这两者之间的舒缓运动，即通过舒缓的身体运动，并在运动中注重吐纳与意念，从而达到强身健体、延年益寿的目的。前者因其是以身体运动这种外显的形态方式出现，其体育的作用与功效容易被认识和接受；后者由于多为内隐式的吐纳、静坐、内丹等，其作用与功效的显现相对较慢，又因其练功方法与过程被认为比较玄奥，因此现今社会对这种形态的体育文化一直存在着较大的争议；中者因为介于这两者之间，既有身动又有意动，其健身价值也得到人们的肯

① 〔东晋〕葛洪撰《抱朴子》，上海古籍出版社 1990 年版。

② 饶宗颐著《〈老子想尔注〉校证》，上海古籍出版社 1991 年版。

定。这是当前人们对于我国民族传统体育文化价值认可取向的基本动态[①]。

我国各少数民族的传统体育文化是我国民族传统体育文化的重要组成部分，与汉民族传统体育文化一样，是祖国宝贵的文化遗产。自1953年在天津举办了第一届全国少数民族传统体育运动会后，经过五十多年的发展，我国少数民族传统体育文化出现了一个从量变到质变的过程。特别是1982年全国第二届少数民族传统体育运动会以后，全国各民族都十分重视挖掘本民族的传统体育文化，出现了前所未有的繁荣局势。1987年至1990年4年间，《中华民族传统体育志》的编辑人员经过艰苦的努力，“收集到少数民族体育六百七十六条目……且无重复和雷同”[②]。这说明我国少数民族传统体育文化在量上是有了一定规模的。但是《中华民族传统体育志》主要介绍的是传统体育文化的运动部分，对于各少数民族传统体育文化中的一些养生功法部分除了介绍了回族的“十三太保气功”外，没有过多地涉及。实际上，我国少数民族传统体育养生功法还有许多。如西藏藏传佛教寺院僧众长期修习的藏密，就是一个庞大的养生健身功法体系。其中的“道果法”“三士道修法”“大圆满法”“大手印”等修炼方法又各自包含着一些功能各异的功法，如“宝瓶气”就是“大手印”修身的一种。此外还有“雪山瑜伽功”“拙火定”“乐空双运”“双身修法”“圆满次第”等。有些功法的修持与汉民族的导引等舒缓运动相似，有的功法就是静坐养生功法的翻版。再如湘、鄂西土家族、苗族也有一些类似于气功的养生功法。这充分说明我国少数民族传统体育文化中也存在着大量的传统养生功法，而这些功法还没有被充分地挖掘和整理出来。因此，我们认为：我国少数民族传统体育文化与我国汉民族传统体育文化一样，其主体在形态上也存在着三个互相渗透、互相依赖的部分。即身体运动部分、舒缓运动部分和静养部分。

然而，在科学技术高度发展的当代社会，人们对自然科学和社会科学都有了全面而全新的认识。但对我国民族传统体育文化的认识则因其形态与方式的不同而还存在着不同程度的差异。

以身体运动形态为基本手段，通过身体运动达到愉悦身心、强身健体的传统体育文化部分，其作用与价值，我们从运动生理学、运动解剖学、运动

---

① 卢兵著《中华民族传统体育文化导论》，民族出版社2005年版。

② 中国体育博物馆、国家体育文史委员会编《中华民族传统体育志》，广西民族出版社1990年版。

心理学等科学体系中能够找到其机理，是能被实验证明的。

这一形态部分的内容在我国民族传统体育文化中十分庞杂，但基本上可以分为以下几类。一为游戏类，是以愉悦身心为主要目的而进行的各种玩法，如拔河、木球、珍珠球、斗鸡、跳房子、跳皮筋、打陀螺等；二为游艺类，是有一定技艺要求，以表演和喜庆、娱乐为目的而进行的各种活动，又分一般游艺类和民俗游艺类，一般游艺如达瓦孜、扶卢、相扑、踢毽子等，民俗游艺类如登高、龙舟竞渡、舞龙灯、划龙船、放风筝等；三为竞技类，是以竞赛为目的而组织的各种活动，如赛龙舟、摔跤、马球、蹴鞠、投壶、武术等。

以身体运动形态为主的体育文化多为一些普及型的传统体育文化，有较广泛的群众基础，深受广大人民群众喜爱，历史上长期作为广大人民群众精神文化生活的基本内容。但是这一类传统体育文化有许多内容正在逐渐从我们的身边消失。因为参与这一类活动的群体多为青少年、农村及城镇基层群众。所以究其原因，主要有以下几个方面。一是对外开放，大批新的、奇的娱乐活动涌入我们的身边，人们开始认为传统的东西陈旧了、没有新意了，把注意力转向了一些新的娱乐活动，即出现了兴趣转移；二是现代生活的节奏加快了，人们无暇顾及学习那些传统的体育文化的技艺，而不熟练的技艺往往使参与者的兴趣丧失；三是社会生产力的不断提高，“艺”不再是经济收入的主要来源了，以“艺”作为经济收入的人们觉得得不偿失，所以学“艺”的人少了；四是人们对于民俗节日的概念正在逐步淡化，举办民俗活动基本上成了政府行为，而有些民俗节日基本上是有“节”无“假”，即使是有活动人们也没时间参与。基于这些原因，这一类传统体育文化的内容正在逐步退化，有些已经在我们的面前消失。

以舒缓运动为健身手段，通过圆润舒缓的身体运动，达到强身健体、祛病延年的传统体育文化部分，其作用与价值我们也能从运动生理学、运动解剖学、运动心理学等科学体系中找到答案，这也是被实验证明了的。这一形态部分的主要内容有太极拳、导引、气功等。由于这一形态的传统体育文化符合我国传统文化的基本特征，有柔顺、静逸、中和、稳定、典雅等基本特点，因此近现代以来，深受我国广大的知识分子的喜爱；在当代社会，随着我国中老年人口的不断增加，也受到了中老年人的追捧，特别是太极类健身运动，更是受到中老年人的喜爱。然而，也正是由于舒缓运动的运动方式缺乏激情，青少年一般对此类运动的兴趣倾向很低，基本上不参加此类运动。舒缓运动的导引与气功部分的内容因为与静养功法形态类传统体育文化存在着许多相同的本质因素，所以我们把这一部分的内容归类到静养功法中来加以论述。

以静养功法形态为基本手段，通过修炼某些肢体相对静止的吐纳、内丹、静坐等具体的功法来达到强身健体、益寿延年的传统体育文化部分。与导引、气功有着质的相似之处，有人在分类时把这一类传统体育文化统称“气功”。笔者对此是认同的。把静养功法、导引、气功都归在“气功”的名下，虽不是很严谨，但由于其基本理论、修持方法大同小异，所以在归类时，也可以以“气功”概之。静养功法强调的是“静”，是建立在整体生命观的基础上，通过调整好相对静止的姿势，锻炼呼吸，松弛身心，调节意识，使身心融为一体，从而诱导和启发人体内的潜能，起到摄生保健、防病治病、延年增智作用的一种自我锻炼方法。气功是在此基础上，通过有节律地运动肢体，非常强调肢体运动中的意、气、力的紧密结合，从而达到养生、健身、疗病、治病的目的。导引却是以肢体运动为主，配合意念、呼吸、按摩的一种养生延年的方法。它们在形态上、修炼结果上虽有一定区别，但其修炼理论、过程、方法从实质上讲并没有大的区别，所以用“气功”概之也可以。

我们知道，时至今日，仍然还无法用运动生理学、运动解剖学等科学体系来解释“气功”的机理。所以“气功”这类传统的体育文化长期以来是最具争议的。而最具争议的恰恰又是我国历史上知识分子进行“修身”的首选，也是我国历代知识分子研习的主体部分。虽然“气功”还存在着许多现代科学技术难以解释的机理，但它与中医学却是同根、同源、同理的。特别是中医学与气功均认为经络、穴位等人体的机体系统是客观存在的，并都把它们作为自己的基本理论部分。

虽然在人体的解剖实验中，经络、穴位没有被发现，是被否定的。然而，在现代人类活体科学实验中，经络却又被证实是存在的，并与我国传统的中医学经络图所描述的分布十分吻合①。另外，中央电视台的科学栏目及其网站中都提到了一个信息，在练气功的过程中所谓“开天目”的现象得到了心理学学科科学实验的证实，与练功者自身的心理暗示及成像有关。同时从心理

---

① 中央电视台10频道，2004年9月14日20：30《走进科学》栏目，《发现经络》。

学的角度对气功的养生、健身、治病、益寿等原理也有了一些新的解释[①]。这似乎给了我们一个启示：我国传统的静养功法、导引、气功等虽然目前还无法用现代科学技术的理论和原理加以解释，但其对人体的健康与长寿的影响是存在的。只是我们在认识上，有失科学与公正的评断，以致这一部分的传统体育文化长期以来得不到健康的发展而已。

总之，只有认识了我国传统体育文化的基本形态与传承和发展机理，才能够对症下药，才能在新的历史时期，去发现、发展、发挥传统体育文化的价值与优势，更好地、全方位地传承和发展我国优秀的传统体育文化，当然其中也包含了我国西部少数民族传统体育文化。

（四）完善我国体育的学科体系

研究我国西部少数民族传统体育文化，能进一步完善我国体育的学科体系。1997 年，国务院学位委员会颁布了博士、硕士研究生学位专业目录，将一级学科体育学分为体育人文社会学、运动人体科学、体育教育训练学、民族传统体育学四个二级学科；1998 年，教育部设置的本科专业目录也将体育学分为体育教育、运动训练、社会体育、运动人体科学、民族传统体育学五个专业。其中民族传统体育学作为二级学科，设置武术、传统养生、民间民俗体育三个教育方向。

少数民族传统体育作为我国民族传统体育的重要组成部分，其内容涵盖了民族传统体育学所设置的武术、传统养生、民间民俗体育三个教育方向。但是，我们必须清醒地认识到，我国少数民族传统体育经数千年的历史文化积淀，虽彰显了中华民族的体育文化之光与生命活力，同时也必然会带有浓厚的自然经济与封建意识的历史印迹。因此，有必要做好用现代自然科学、人文社会科学的理论与方法对其进行发掘、整理、改造和提高的工作。只有这样才能让其更好地服务于现代社会，充分发挥其功能与作用。

研究我国西部少数民族传统体育，不能简单地从体育科学的视角入手，也不能仅兼顾其特有的民族性来进行研究。而应该以多学科理论为基础，进行多学科、多层面、多视角、多方位的研究，不然就不能全面客观地分析、探索出我国西部少数民族传统体育的本质特征与发展规律。在具体的研究中，我们必须清楚我国西部少数民族传统体育是我国西部各少数民族人民现实生

---

① 中央电视台 10 频道，2005 年 2 月 26 日《历程》周末版栏目，《我是谁》。

活中的客观存在和体育现象。既可从体育学的视角进行研究，也可从民族文化学的角度进行探索；既可从体育史学、文化学、考古学、民族学、人类学的综合角度进行理论探究，又可从社会学、训练学、经济学、旅游学的角度进行应用性的社会实践性研究；既可从整体上探究少数民族传统体育文化的历史、特征、规律、作用与意义，又可对某一民族某一单项民族传统体育项目进行具体地改造、开展及应用性研究。只有这样，才能够进一步完善对我国少数民族传统体育的历史源流、文化内涵、哲学思想、社会功能、健身价值、产业特性、审美特征、竞技形态、运动结构、项群分类、训练方法、竞赛规则、学科体系的综合性研究。并在此基础上，逐步建立起我国民族传统体育科学的理论体系。而这个理论体系的建立，对进一步科学合理地制定出我国民族传统体育的近、中、远期发展战略规划与战略实施措施；探索我国民族传统体育学科的本质特征与客观规律；特别是在体育全球化进程中把握我国民族传统体育发展的多元化途径与方式提供科学合理的理论依据；以及在整个体育学科领域确立并完善自己独树一帜的思想体系、运动形式、体育文化等方面起到积极的引领与促进作用。

（五）推动人类体育文化的多样性发展

以西方体育为基础发展起来的现代体育，特别是以奥林匹克体育运动为代表的现代体育运动，强调竞技对抗，追求“更高、更快、更强”；而我国民族传统体育运动则体现的是民俗性、自然性、娱乐性、和谐性，讲究的是“性命双修”，与现代体育截然迥异，为人类体育文化做出了以下几个方面的贡献。

1. 确立了一种独具特色的体育思想体系：以西方体育为主体的现代体育注重的是对人类竞技技能和体能的发掘。因此，全世界都十分重视高水平体育运动竞技的技术、战术及训练学等方面理论与实践的研究。这种研究在推动竞技体育运动水平的不断提高和发展中起到了功不可没的作用。但同时也导致了以奥林匹克运动为代表的全球竞技体育运动出现了不可避免的双重矛盾，即所谓内源性矛盾和外源性矛盾。内源性矛盾指由于奥林匹克文化本身因理论缺失而引起的异化现象。如为了单纯地追求“更高、更快、更强”，人们期盼有更好的运动成绩，而人类自身又存在着资源与能力上的不足，于是人们采取了一系列不正当的手段，如兴奋剂、假球、黑哨等一系列问题，使长期以来被人们视为公正、公平竞争的体育运动也失去了其本来的纯洁，使奥林匹克精神因此而蒙羞。外源性矛盾指奥林匹克理想与实践之间的矛盾和冲突。由于政治以及商业化的过度干预与炒作，使单纯的人类竞技运动沦为了各政治利益集团的政治工具，并被经济利益的枷锁牢牢地桎梏，导致奥林匹克运动多次面临危机与困境，使其发展总会产生一些偏差，并不是沿着人们理想中的道路在不断前进。

而我国的民族传统体育强调“天人合一”，追求人与自然、人与社会的和谐，追求精神与身体的统一和发展，追求对人的修身（教化）作用。因此，我国民族传统体育运动呈现出的形态与西方体育运动“追求刺激”“挑战极限”的形态截然迥异。特别是在运动中始终注重贯彻中国传统的道德规范与标准，将“仁、义、礼、智、信”融入运动之中，以“精、气、神”为表现形式予以充分的吸收与表现。这种与现代体育截然迥异的运动形态以及在运动中始终贯彻伦理道德标准的体育运动形态无疑对促进现代体育运动的可持续发展有积极的引导与借鉴意义。同时，我国民族传统体育运动重娱乐、康健、疗养等益寿养生文化，与中医理论异曲同工，将“天人合一”“阴阳平衡”“动静结合”“五形相生、相克、相乘、相侮”等辩证思想与体育运动完美结合，有悖于西方现代竞技体育运动忽视人与自然、人与社会的和谐，忽视人的身体与精神的统一，单纯追求体格与肌肉强壮的机械生命论思想。这对重新建构人类体育思想与健身理论具有重要的意义。

2. 其运动形式和目标对于健身更为适合和有成效：现代体育的实践价值主要体现在追求运动形式的难度、惊险、刺激以及人类体能、运动成绩的无限发掘。人们为了追求“更高、更快、更强”，采用一些超常规的训练，甚至采用所谓的魔鬼训练，其方法无不用其极，使许多运动员因运动强度和运动量过大而导致机能失衡，使身体受损，有些人甚至还与伤病相伴终生。而我国的民族传统体育所追求的目的是顺其自然地获取健康与长寿。因此，我国民族传统体育在实施与实践过程中都强调“修身养性”，讲究“动”“静”平衡，追求“天人合一”，做到“不偏不倚”。

在运动形态上，现代体育运动以人与人之间对抗激烈、个人体能及技战术充分发掘与展现为其基本表现形态。而我国民族传统体育从类型上可分为主动型和被动型两大类型。所谓主动型，即参与者主动参加到身体运动或健身活动中来，亲自体验身体运动或各种健身活动的过程，获得通过自己主动参与后的健身成果。主动型可分三类，即一般运动类、舒缓运动类、静功养生类。所谓被动型，是指通过外部因素，如药物、膳食、按摩、推拿、针灸等作用于身体，达到强身健体、祛病延年的作用。两相比较，其形态特征大相径庭。一是热烈、奔放，尽力发挥；一是具有中国文化典型的“中”“和”含义，是“天人合一”和谐“修身”思想的具体体现。

当今社会在世界新技术革命的推动下正朝着自动化、电器化、信息化方向快速发展，生产力水平得到了前所未有的提高，社会财富直线上升。高科技使人的体力劳动量大幅度减少，但同时也给人类的健康带来了不良影响。如在许多工业化程度较高的国家，社会“文明病”现象不断加剧，身体失衡状况与日俱增。人们试图通过现代体育运动来缓解这一现状，但收效甚微。正是在这种前提下，东方的传统体育，如瑜伽、气功开始在发达国家流行。人们在进行这些运动的过程中尝到了快乐的甜头，收获到了健康的成果。这一现象也使人们开始反思，要重视精神与身体的高度统一与和谐，以达到增进身体健康的目的。所以，在大众体育的热潮中，随着“东学西渐”不断发展，我国的许多传统体育项目，如武术、坐禅、气功等在西方社会得到了广泛的开展与传播。这些项目弥补了现代体育在功能上的缺失与不足，特别是其“低节奏、低频率、稳定绵缓”的运动形态和“身心合一”“动养结合”的运动目标，甚至是“延年益寿”的运动目的都得到了人们广泛的接受。

正是由于现代体育运动与我国民族传统体育运动在终极目标的追求以及运动形态的表现上都存在着极大的反差，甚至相悖，也使人类的体育文化变得更加多元与丰富。

（六）成为全人类共同的文化财富

现代奥林匹克“和平、友谊、进步”的理想旗帜，使不同信仰、不同宗教、不同肤色、不同种族的人们聚集在一起，跨越了意识形态、文化传统、语言障碍，欢聚一堂，进行公平、公正的体育竞技角逐，使奥运会成了人类社会生活中规模最大、影响最广的世界性盛会。体育也因此被人类社会广泛接受，成为一种世界性的文化形态。这种“全球化”的文化接受早在 1896 年第一届国际奥林匹克运动会就开始，至今已有一百多年的历史。

中华民族的传统体育走向世界并不是没有先例，当今世界上颇受欢迎的许多运动项目都来自中国。如风靡世界的足球运动，就是由蹴鞠演变而成的；现代高尔夫球运动，其前身就是捶丸等等。而在我国的民族传统体育运动宝库中，有无数类似蹴鞠与捶丸这样的优秀体育运动项目，我们只要继续加强对其运动形式、竞技形态、评价体系、测量标准等进行全面的研究，真正做到开发得当，运作合理，我国的民族传统体育一定还能为世界竞技体育运动做出新的贡献。此外，我们还可以充分利用我国民族传统体育的运动形态及健身价值优势，在工业化文明程度越来越高的社会环境里，大力倡导开展我国传统体育运动，为人类的健身体育做出中华民族新的、更大的贡献。充分发掘我国民族传统体育运动的教化功能，使运动者在运动中切实做到身心合一，在健身的同时受到思想道德品质的教育。这种教育不仅可以开阔人的胸怀，还可以提高人的修养，有利于缓解人们在竞争日趋激烈的社会环境中所受的压力，从而获得心理上的平衡与健康。总之，就是要在大众体育中充分发挥我国民族传统体育的价值功能，使我国的传统体育文化真正成为全人类共同的宝贵财富。

（七）更有利于民族传统体育文化的传承、发展

2005 年 1 月 30 日，《武汉晚报》有一则题为《“龙阳高龙”“竹马灯”等近七成民间绝技濒临失传》的报道，说武汉市永丰乡在春节期间的民俗大赛中，只能拿出五个项目参加比赛。而在过去的民俗大赛中，永丰乡参赛的项目是很多的。据资料显示，1984 年，永丰乡有十六个项目登台表演，其中很多项目还在不同级别的比赛中拿过不同级别的大奖。因此，永丰乡曾是汉阳区参加各级各类民俗表演和比赛的强队。而现在却有十一个项目正面临因无人领衔，濒临失传而派不出参赛人员的窘境。这则报道从一个侧面反映出我国民族传统体育文化所面临的一个突出的现实问题，即传承的问题。

从报道中我们可以看出，1984 年参加了十六个项目，现在只能参加五个项目，如果再不采取措施，几年以后就有可能一个项目也参加不了了。这里给我们透露两个重要的信息：一是内容递减；二是传承断裂。我们由此联想到我国民族传统体育文化的现状，所呈现出来的基本特征也是“内容递减、传承断裂”。

武汉市汉阳区永丰乡展示的民俗传统文化项目，基本上都属于传统体育文化的范畴。它以一个小区域的现状折射出了全国民族传统体育文化的一些状况，给我们提供了一个很好的样本。如果我们还不引起重视，我国民族传统体育文化将会有越来越多的项目逐步成为历史的记忆。这将是一种不可挽回的损失。因此，我们必须加强对我国民族传统体育文化的传承内容与机制的研究，使我国民族传统体育文化能够健康地延续和发展。

我国民族传统体育文化的传承包含了“传”和“承”两个不同的方面。“传”是在充分研究的基础上，全面理解和掌握所传知识的前提下进行的；“承”则是在充分认识“传”的知识的价值的基础上而进行的。所以“传”是以研究为前提的，“承”是以价值为依据的。“研究前提”要建立在中国传统文化的历史流变上，从“变”中去把握研究的内容与方向。对于不同的历史时期失传的以及目前还无法弄清其基本原理的体育文化，要尽可能地根据其产生的历史文化背景及失传时期的历史文化背景去复原运动形态和弄清其基本原理。对于在不同历史时期产生而现在又濒临失传的体育文化，要尽可能地根据不同的历史时期不同的历史文化背景，具体地研究这类体育文化，尽量做到使其神形兼备、完整无缺。对于有完整记载和正在开展的、形态各异的体育文化，要根据现代竞技体育运动的文化标准，尽量提高其竞技性、艺术性水平。“价值依据”是以社会因素为背景的，过去的“承”因“艺”而动，学“艺”是为了生存，现在的“承”也应考虑社会因素。只有完善了“传”的内容，拓宽了“承”的空间，才能解决发展的问题。

我国的民族传统体育文化由汉民族的传统体育文化和各少数民族传统体育文化共同组成。它们既是一个统一的整体，又因为各自的民族特点而有所区别；但在运动形态上又都呈现出如前所述的三个部分，即身体运动部分、静养部分、舒缓运动部分。这三个部分因各自的特点不同，人们对其价值的认同也各有差异。因此，其传承的方式也有很大的区别，但总体上有如下几种。

一是家族血缘性传承。如维吾尔族的“达瓦孜”，其民族特色十分突出且历史悠久，属于文艺体育表演类项目，表演时表演者穿戴具有鲜明特色的维吾尔族服饰，伴以维吾尔族民族音乐。分空中和地上两个部分，空中又分索上动作与杠上动作；地上主要有翻筋斗、两人以上的武打、月牙弯刀术、飞刀、胸上破石、玩嗡嗡（将四根八十厘米长的木棍挑着筷子快速旋转，因其声嗡嗡而得名）、嚼喷火炭、魔术等。有关“达瓦孜”的记载可追溯至汉代。汉代史籍中称“达瓦孜”为“走索”“走软索”“高絙”“踏索”等。清代演进为“铜绳技”。明《三才图绘》一书有“汉有高絙技，盖今之戏绳”的记载。“达瓦孜”的传承带有明显的家族血缘性，最为突出的要数新疆和田地区墨玉县的阿西木·阿吉家族。阿西木·阿吉（1868—1952 年）自幼随父艾木都拉阿洪刻苦学艺，练就了一身“达瓦孜”绝技，从十五岁起，除了能在索上完成许多高难动作外，还能演奏十二木卡姆曲，有较高的艺术造诣，并培养了一批出色的“达瓦孜”艺人。其中的佼佼者有司迪克·阿木西、努拉洪·阿木西、买买提·吐尔逊等人。司迪克·阿木西还是中国杂技协会会员，新疆杂技团艺委会委员。现在，“达瓦孜”得到了很好的传承和发展。“达瓦孜”与杂技艺术的完美结合使其艺术性和动作难度都有了很大的提高。传习“达瓦孜”也走出了家族血缘的范畴，但对学习者的天赋有了更高的要求。类似“达瓦孜”这种家族血缘性传承的项目还有许多。如最具中华文化特色的武术，其中的许多拳种的传承最初都是严格地控制在家族内部，只是随着时间的推移，这种家族血缘性传承才逐步向社会迁移和扩散。

二是收徒拜师性传承。中国传统体育文化中包含着“艺”的内容十分丰富，仅“武艺”一类就博大精深。此外还有诸如杂技技艺之类的“艺”，其他形式的“艺”也十分丰富。在中国历史上“艺”是可以作为生计而存在的，甚至有“卖艺”之说。所以传授与表演技艺逐步形成了一种职业，收徒拜师成了我国传统体育文化延续和传承的一条重要途径。

三是宗教信仰性传承。在体育的起源之争中就有宗教起源之说。一些宗教除了在祭祀仪式中有大量的身体活动外，还把一些“武功”“绝技”作为护教传教的重要手段。这在我国的几大宗教中都有比较突出的表现。如道教的内丹与武术、佛教的内功与武术、藏传佛教的藏密与武术等。这些在宗教活动中所表现出来的体育文化，也总是在宗教教义的规范下进行着传承。但有些原始宗教中的体育文化的传承目前正面临着一些新的挑战。

四是地域民俗性传承。俗话说“十里不同风，百里不同俗”，不同的地域在一些民俗节日中所表现出来的文化和风俗是有区别的。这些民俗传统体育项目一般都在农闲季节进行训练和传承。在传统的节日中进行表演和比赛，主要是烘托节日的热闹气氛。这种传承也有拜师学艺的，但大多是在休闲娱乐中进行传承的。

我国西部少数民族传统体育文化是我国少数民族传统体育文化的重要组成部分。它的传承除了以上介绍的传承方式外，还有一些符合其自身特点的特殊之处。如我国西部的一些马背民族的骑马运动，就是人们在日常生活中的一种生活基本技能，这种生活技能的传承是一种在生活中顺其自然的传承，也可以叫生活传承。像这一类传承在我国少数民族中，特别是西部少数民族中还有许多，在此不一一述说。

回顾新中国成立以来我国少数民族传统体育文化的发展，虽然挖掘与整理及研究工作自1953年以来，受到了我国广大体育工作者的广泛关注与重视，一大批有价值的研究成果纷纷产出。但是，我们仍然认为对我国少数民族传统体育文化的研究依然停留在应用的阶段。虽然有一些对少数民族传统体育文化与经济的研究、少数民族传统体育文化的现代化的研究等成果的产出，但主体上仍然基本框定在对少数民族传统体育文化的挖掘与整理等方面的研究上。特别是《中华民族传统体育志》一书的出版发行，更是标志着我国对于少数民族传统体育文化挖掘与整理的研究工作达到了一定的水平。据《中华民族传统体育志》一书编者在其《编后》中所述：历时四年，"基本摸清了中华民族体育的'家底'。收集到少数民族体育676条目……"① 由此可以看出，我国少数民族传统体育文化的发展在量上已经没有太多的空间，而只有在质的发展上开辟途径。然而，在科学技术高度发达的当今信息社会，少数民族传统体育文化要在质上有所发展，就必须依赖于传承这根链条发生作用。

我们知道，我国少数民族传统体育文化绝大多数源于各少数民族自身的原始宗教及娱乐活动。但是，随着社会的发展，我国各少数民族不论是物质文明还是精神文明的程度都得到了前所未有的提高，使各少数民族传统体育文化赖以滋生和传承的外部因素发生了根本性的逆转。其一是各少数民族的原始宗教正在逐渐萎缩，有的已经绝迹，从宗教祭祀仪式及其传承的角度去传承过去在原始宗教中呈现出来的传统体育文化已不太现实。其二是各少数民族传统的娱乐活动已经被越来越多的现代娱乐活动方式所取代，广播、电视、网络以及现代许多休闲与运动成了各少数民族青少年及有一定文化程度的人们的闲暇娱乐活动方式。其三是各少数民族的各级各类学校的教育还是将现代竞技体育作为学校体育教育的主要内容，各少数民族传统体育文化在学校教育中基本上没有体现②。而我国少数民族传统体育运动能够得以传承的唯一途径，也是最主要的途径，是围绕每四年举办一次的全国少数民族传统体育运动会，以及以此为主体而每四年举行的各省、自治区、直辖市民族传

① 中国体育博物馆、国家体委文史工作委员会编纂《中华民族传统体育志》，广西民族出版社1990年版。

② 华志、卢兵《论我国体育类非物质文化遗产的现状及其保护》，《贵州民族研究》2010年第1期。

统体育运动会。各省、自治区、直辖市为了筹备参加全国民运会，一般都很注重设点集训国家规定的几项传统体育运动竞赛项目和能够反映本地特点的民族传统体育运动表演项目。但是，这种传承有很大的被动性，是为了参加全国民运会而在小范围内准备，因此也就没有了广泛的群众基础。所以提高和发展也是有限的。各少数民族如何把本民族的传统体育文化和运动引入一个常规的传承机制，有效地继承和发展本民族的传统体育文化，已经作为一个十分重要的课题摆在了我们面前，应该引起我们的高度重视了。而我们之前所讨论的四种传统的传承方式在我国少数民族传统体育文化的传承中也同样存在。这四种传统的传承方式在我国的传统体育文化的传承中虽然各自成为系列，但仍难绝对分开。有些民族传统体育文化的传承就可能是几种传承方式同时发挥作用的产物，这主要是由中国文化的复杂性所决定的。

虽然传统的传承方式有些已不合时宜，但有些到目前为止仍作为传承的主要方式而存在。作为一种文化传承的方式，有些虽然在一定时期内仍有其存在的价值，但随着时代的进步，今天还存在的方式明天说不定就有被淘汰的可能。我们前面提到的收徒拜师性传承、家族血缘性传承、地域民俗性传承就已经显现出被自然淘汰的征兆。既然一些旧的传承方式已经或快要失去作用，我们就要审时度势，顺应历史的要求尽快发掘一些新的传承方式，重新建立一套传承机制，以适应我国民族传统体育文化发展的需要。

在新的历史时期，我们认为通过以下几个途径可以较好地传承我国民族传统体育文化。一是加大对于我国民族传统体育文化的研究力度，把一些好的、有价值的传统体育文化及其研究成果以文字和音像资料的形式完整地保存起来。二是加大学校对民族传统体育文化的教育力度，把一些优秀的传统体育文化引入学校教育体系之中，加强对学生进行民族传统体育文化的教育。特别是少数民族地区，更是要把一些本民族的优秀传统体育文化作为学校教育的重要内容引入学校教育之中，使我国的民族传统体育文化能够更加完整地、有序地得到传承。三是配合旅游业的发展，重点建设一批有价值的民俗文化村，把一些优秀的民族传统体育文化永久性地保存在文化村中，使之成为活动着的文物。四是在企业、村镇及民间建立一些业余的民俗体育文化表演团队，在一些民俗节庆活动中开展活动，宣传和弘扬民族传统体育文化。五是在专业体育院校中设置中国民族传统体育文化专业，通过专业教育传承和提高我国民族传统体育文化的水平。通过这些途径，尽可能地使我国民族传统体育文化的传承能够形成稳定的、长效的机制。

我国民族传统体育文化传承的内容按传承的具体情况分为三个部分。一是现在仍在传承的内容，二是一些失传了的内容，三是一些快要失传的内容。我们知道，我国民族传统体育文化属于整个中国文化中的亚文化。它的形成、发展与传承是要受到中国主体文化和历史背景的规范和制约的。所以，中国主体文化对我国民族传统体育文化的影响的研究是一项基础性的研究。而这项研究正是对中国传统体育文化的实质所进行的研究。中国传统文化集数千年的积淀，虽有丰富的精华，但也不乏有一些糟粕，我国民族传统体育文化从中出世，难免会有一些不健康的成分存在。但我们必须清醒地认识到，我国民族传统体育文化中的精华仍然是主流，切不可因为有糟粕而否定主流，更不能因噎废食而对我国民族传统体育文化采取全盘否定的态度。而是要善于运用马克思主义的科学观科学地予以取舍，使我国的民族传统体育文化能够更加充满活力与生机，更好地为当代社会服务。

我国的民族传统体育运动和文化要走进学校，走到竞技场，走向世界。就目前的整体水平来看还有较大的差距，但并不是没有可能。如我国的民族传统体育运动——毽球，就已经具备了较高的竞技形态水平和审美水平。如果在政策的倾斜和对外交流上加大力度，走向世界并不是一个梦。我国的民族传统体育文化和运动要发展，就一定要重视传承的机制及其文化内容的协调作用，才有可能实现我们努力追求的结果：走进学校，走到竞技场，走向世界。

（八）加快三个面向的步伐

我国民族传统体育文化虽然丰富多彩、博大精深，但其主体并不具备竞技性。因此，我们在选择发展我国民族传统体育文化项目之前，必须首先对我国民族传统体育文化存在的不足之处有一个全面的了解，并在国家、省(自治区、直辖市)、市以及各级各类学校等不同层次，选择一些与之相适应的民族传统体育项目，逐步完善和发展，使其能够具备现代竞技体育运动的基本功能和形态，使之迅速走向世界，得到国际上的普遍理解与认同。

纵观当今世界，约八十个活跃在世界体坛的体育运动项目中无一项是由中国直接贡献的，这与我们这个泱泱大国的地位是极不相称的。但是，中国的传统体育文化在世界体坛中是有体现的，因为在奥林匹克运动中活跃的由日本推出的柔道、韩国推出的跆拳道都是在接受中国古代武术的基础上加以改进，使其更适于教学、训练和比赛，而后以学校作为主要渠道向青少年推广，得到了越来越多的人的喜爱，在国际影响力达到一定程度后才得到国际奥委会认同的。此外还有足球、高尔夫球等当代当红的竞技运动也脱胎于中国古代的蹴鞠和捶丸。所以，中国传统体育项目要走向世界，并不是没有可能，这与具体的选项和运筹都有着更为紧密的关系。因此，有必要借鉴日本和韩国的经验，精选一些有发展前途的项目，进行精心的打造，使之更加能够适宜教学、训练和比赛，更加具备欣赏性和娱乐性。这是一个繁复和浩大的工程。我们应该以科学的态度，对传统体育项目进行梳理，找出一批有发展前途的具体项目，面向学校、面向竞技场、面向世界，逐步完善和发展，朝着精品的目标努力打造，以达到迅速推介的目的。具体要做好以下几个方面的工作。

1. 进一步挖掘与整理我国民族传统体育项目，使其朝着科学化、系统化和规范化的方向迈进。虽然我国民族传统体育运动中绝大多数不具备竞技性，但并不是不能朝着竞技性方向发展。如我国民族传统的体育运动项目毽球，开始只是具有很强的娱乐性、健身性、实用性、艺术性。但在实践中，毽球发展成了具有很强竞技性的体育运动。我们要本着“去其糟粕，取其精华”的原则，在继承和吸收的基础上进行改革和创新，并以长远的战略眼光去选取和选准重点，从普及入手，在具有广泛的群众性的基础上注重提高。还要注意使其不仅成为能在本民族、本国推广、普及的项目，而且还要能够成为不同民族、不同国家、不同语言、不同文化背景的人们都能够理解、欣赏和参与的活动。在挖掘和整理时，既要保持一定的民族特点，更要具备广泛的国际通行性。

2. 进一步强化对我国民族传统体育文化的研究工作，建立较为完善的、系统的、在国际上能被理解的理论体系。我国民族传统体育文化在形成和发展的过程中与我国传统文化形成了水乳交融的状态，一些传统的哲学理念逐步成了传统体育的基本理论。“天人合一”“阴阳互动”“五行八卦”“循环往复”等成为阐释我国民族传统体育文化的基本理论体系，这就形成了我国民族传统体育文化的理论体系既博大精深又庞杂凌乱的无序状态。也使我国民族传统体育文化在阐释运动机理、描述动作规格、解释演练方法的名词术语时带上了中国传统哲学的色彩，而这些语言模糊混沌，缺乏确切定义。因此，中国的民族传统体育文化一般是很难被其他民族和国家理解和接受的，它的传播和发展具有较大局限性。所以，研究和发展我国民族传统体育文化的任务相当繁重和艰巨。这需要有更多、更广泛的学科和学者来共同、协调地做好这一工作，并建立起较为完善的、系统的、在国际上能被理解的理论体系，为我国民族传统体育文化的发展打好理论基础。

3. 注重普及与提高相结合，分级发展我国民族传统体育文化。学校既是发展我国民族传统体育文化的基层单位，也是体育文化产生与培植的摇篮，更是体育文化走向规范化、科学化、普及化的重要场所。现代体育运动大多经历了从学校走到竞技场后又走向世界的过程，如篮球、足球、橄榄球、体操等项目就是这样。我国民族传统体育要走向世界，也必须要经历这一过程。我国的教育主管部门及各级各类学校的教育，首先要把我国民族传统体育文化的传播作为自己义不容辞的义务和责任。要结合本地区和本学校的实际，精心选择适宜的传统体育运动项目，并做到“三进”，即进计划、进课本、进课堂，“四有”，即有教师、有教材、有器材、有场地。切实把我国民族传统体育的教育落到实处。特别是各级各类少数民族地区学校及民族高等学校，更是负有不可推卸的责任，更应该结合本民族的特点及少数民族传统体育文化的特点，精心构筑我国少数民族传统体育文化教育的体系，夯实我国民族传统体育文化教育工作的基础。各县（市）、地（市）、省（自治区、直辖市）也要分级组建相应的民族传统体育运动代表队，并进行有计划的训练和比赛。并能经常深入基层，做好普及基层的指导、示范及提高工作。

4. 发挥竞赛制度的杠杆作用，提高我国民族传统体育的竞技性。体育运动需要有完善的竞赛规则和一定的竞赛制度。有了完善的竞赛规则和一定的竞赛制度就可以推动体育运动的进步和发展。规则可以规范运动形态的形成和展开，而竞赛制度则可以促进运动水平的提高。我国民族传统体育运动要取得突破性的进步，必须充分运用竞赛制度的杠杆作用。逐步完善各级各类的民族传统体育运动会及民族传统运动单项运动会。特别是要将民族传统体育运动会办成全民参与的盛会。现在每四年举办一届的全国少数民族传统体育运动会应该有所突破，要办成全国民族传统体育运动会。汉族同胞也应该成为推动民族传统体育运动发展的生力军。在运用竞赛制度这一杠杆作用时，要科学规划、合理安排，旨在发展我国民族传统体育文化，使我国的民族传统体育文化能够尽快地走进学校、走到竞技场、走向世界。

第一章　负重角力与对抗

力量是人类在肌肉活动中最基础、最重要的身体素质之一。所谓身体素质，是人们在体育运动、劳动及日常生活中，在中枢神经系统的调节下，各器官系统功能的综合表现。除力量外，还有速度、耐力、灵敏、柔韧等机体能力。人们在一定的规则要求下进行的抗阻力及抗阻力对抗运动为角力运动。少数民族角力运动的主要形式有摔、推、拉、顶、压、拔、扯、举、扛、扳、抵、扭、按、掀、晃等对抗性动作特征。按人数可分为单人、双人和多人对抗；按方向可分为相向、反向及多向用力对抗。有按位移的重量决定胜负的，也有按人体肢体直接对抗，使对方身体产生位移决定胜负的，等等。

负重角力与对抗类体育运动一般都源于生产劳动、军事训练以及生活与娱乐。我国西部少数民族力量训练有其悠久的历史与传统。《汉书》载："天水、陇西，山水林木，民以板为室屋。及安定、北地、上郡、西河，皆迫近戎狄，修习战备，高上气力，以射猎为先。"① 又载："山西天水、陇西、安定、北地处势迫近羌胡，民俗修习战备，高上勇力鞍马骑射。"② 都说秦汉时期西北羌胡民族尚武之风尤盛，且气力大、武功强、精骑射。《后汉书》还载："（西羌）南接蜀……不立君臣，无相长一，强则分种为酋豪，弱则为人附落，更相抄暴，以力为雄。"是说西羌民族崇尚武力，以力为雄。力量是成为酋豪的基础，是尊贵的象征。这种尚武崇力的传统代代相传，至今仍在人们的心目中占据着重要的地位。我们可以从西部地区少数民族繁多的角力运动项目中窥见一斑。这些项目既有个体之间的角力运动，也有团体之间的角力运动；既有直接的角力对抗运动，也有间接的有一定技术技巧的角力对抗

---

① 〔东汉〕班固撰《汉书》卷二十八下《地理志下》，中华书局 1962 年版。

② 〔东汉〕班固撰《汉书》卷六十九《赵充国辛庆忌传》，中华书局 1962 年版。

运动。在确定本章节项目归类时，我们认为投掷类运动虽也属角力运动，但由于其技术、技巧含量较高，因此另辟章节予以介绍。而摔跤类项目虽也有较高的技术、技巧性，但角力对抗的特征明显，按模糊聚类分析法将摔跤及角力与对抗类项目放在角力运动之列。使本章集聚了负重、摔跤、拔河及其他角力与对抗类运动项目。

第一节　负重角力

负重是力量练习中最常见也是最基本的一种练习方法。在我国西部少数民族中，有很多传统的力量练习方法。这些方法既是强身健体、增强力量的基础练习，也是进行表演、娱乐和比赛的项目。其项目主要有藏族朵加、举皮袋，土家族举石，撒拉族打日斗来，毛南族石担和石锁、抛沙袋。

藏族朵加

朵加是藏语抱石头的意思。抱石头源于藏族人民的生产劳动，是一项集技巧与力量于一身的运动项目。抱石头运动流传于松赞干布时期。在赞普芒松芒赞（松赞干布之孙）时期（650—676 年）还举行过一次声势浩大的角力大会。据《贤者喜宴》载，吐蕃赞普赤松德赞（芒松芒赞重孙）时期（755—797 年），有大力士将一头牦牛举起[①]。说明在藏族聚居地区，大力士一直都是人们尊崇的对象。到 15 世纪，五世达赖规定男子必须具备“九术”，抱石头就是其中之一。至今，在大昭寺、桑耶寺、布达拉宫等寺庙的壁画中，都有抱石头的壁画。其中的抱石者均为长发梳辫，身着长袍、长裤，腰间系带，足穿翘头鞋威风凛凛的彪形大汉，从起抱到石头上肩的整个过程都描绘得栩栩如生。新中国成立前，拉萨举办的历次抱石头比赛，都于当年的藏历正月十八日在大昭寺松曲绕瓦（广场）举行。石头是经过挑选的，重量一百五十公斤左右，呈椭圆形。为了给参赛者增加难度，还在石头上涂上油脂，使石头更滑、更难受力。在比赛中，参赛者抱起石头，走到五米开外的大杆处并绕过大杆，走回原地放下石头，为成功。也有个别选手将石头抱举上肩，并绕场一周。后来，拉萨一带规定了统一的比赛办法，即在原地双手抱起石头，当高度达到腹前时，将石头从左腋或右腋下放置于后背上，走完规定的

---

① 巴卧·祖拉陈哇著《贤者喜宴》，中国社会科学院民族研究所 1989 年印。

圆圈后，扔石落地，即为成功。在那曲、昌都等地，则是抱石头上肩，然后向后摔出，即为成功。裁判员按抱石头的动作质量和走圈速度来评定成绩，如脱手坠地，为失败。西藏和平解放后，抱石头运动得到了更加广泛的开展。1982 年，在西藏自治区第四届体育运动会上，将抱石头运动列为西藏自治区民族传统体育表演项目，其比赛方法有两种。其一是将重量分七十五公斤、一百公斤、一百二十五公斤、一百五十公斤四个量级，采取先轻后重、从易到难的原则，四个量级必抱。裁判员根据运动员完成动作的质量进行打分并评定成绩，得分多者名次列前。其二是将比赛分为两轮。第一轮为原地抱大石。即要求运动员将重一百二十五公斤左右的大石抱起，并从肩上翻过，每人有两次机会，完成后才能参加下一轮的比赛。第二轮为直线搬大石。即要求运动员将重达二百五十公斤左右的大石抱起来并往前走，每人有三次机会，三次所走的距离相加为总成绩，距离长者名次列前。

藏族举皮袋

举皮袋是四川阿坝州和甘肃甘南州藏族群众十分喜爱的一项运动。在进行比赛时，将一个装有一百五十公斤重的棉花、沙土等物的大皮袋置于平地上。运动员要将皮袋抱起并扛到肩上，能顺利完成者被判为成功。每人有三次试举机会，能成功者将被称为大力士，并有相应的奖励。现在，举皮袋比赛方式大有与抱石头接轨之势，有些地方则直接用皮袋代替石头。其比赛有以下四种形式。第一种形式是将装有重约一百五十公斤的石头或沙子的皮袋捧起，抱到胸腹部再抱至肩上或从腋下移到背上，并按规定范围走圈，走圈多者为胜。第二种形式为投掷形式（在投掷章节介绍）。第三种形式是将重约一百五十公斤的皮袋躬身搬起，然后逐级抱到双腿、腹部、肩膀上，抱举时要求身体挺直，不得晃动，最后将皮袋稳妥地放回地面，即为成功，按完成次数决定胜负。第四种形式是以抱举的高度来决定胜负，即运动员把皮袋抱至左（右）肩膀上，然后把皮袋经过颈部移到右（左）肩头，再抱回胸部，周而复始，以次数多寡决定胜负。

土家族举石

举石是鄂西山区土家族群众十分喜爱的一项强身健体的运动。所用石器都是当地群众就地取材打制而成，其形式有砣、斗、锁、轮等。在鹤峰县的一个农民家中，就有一个家传的石锁，至今已有二三百年的历史了。相传，1929 年贺龙战斗在鹤峰时，曾练过该石锁。练习举石，可以锻炼身体各部位的力量。不同的石器有不同的玩法。石砣（要砣）：形似鼓，中间穿孔，重量十至三十公斤之间。用木、竹或铁杆，在其两端各穿一砣，使之成杠铃状。以单手或双手握杆，做上举、推举及抡要动作。石斗：呈正梯形体，似斗，在上方抠凿一圆柱形抓手，与斗口平，有十至五十公斤不同重量的石斗。练习石斗多用单手托举、扔接。也有用双手从背后上提石斗，锻炼腰腹的。石锁：呈长方体，似老式铜锁。上方有一握柱，分多种重量。练习时主要有单手举锁、推锁或双手举锁等动作。石轮：呈圆柱形，似车轮，中间有孔，每个重十至五十公斤不等。在木、竹或铁杆的两端各穿一轮或多轮，如杠铃。主要练习挺举、抓举等动作。

撒拉族打日斗来

打日斗来是撒拉语要哑铃的意思。在撒拉族，逢喜庆之日都要进行打日斗来表演。表演打日斗来的多为一些青年男子，他们手持一对凿成哑铃状、有一定重量的石头，表演各种动作。除能轻松地将其举过头顶外，还能做劈叉、扔接等各种动作。其熟练与惊险地表演，能吸引众多的观众。

毛南族石担和石锁、抛沙袋

石担和石锁

毛南族山乡有玩石担、石锁的传统。由于毛南族山乡到处是石头，村村有石匠，他们把石头雕琢成磨盘大小，中间有孔的石轮，再像担子一样用木杠穿起来，做成石担。石担的重量还可以在练习的过程中不断增加，一副石担的石盘可由两块逐步增加到四至八块。石担的玩法与杠铃相同。毛南族石锁也用石头凿成，形似旧式铜锁。其大小各异，适合不同人群练习。其方法有单手或双手抓举、挺举、砸肘、背箭等。不论是石担还是石锁，都是毛南族人民在日常生活中用来强身健体的运动器材。没有为此专设的竞赛活动。

抛沙袋

毛南族许多年轻人都喜欢用抛沙袋来练力量。他们用牛皮缝成大小不等的口袋并装上沙子，称沙袋。练习时，把几十斤重的沙袋吊在屋梁或楼梁的中间进行练习。并以此练习来提高自己的力量与灵敏性。初练者一般先吊一个沙袋，练习前后左右抛袋、推挡。以后逐渐增加沙袋的数量，两袋、三袋、四袋。有的人为了练就过硬的本领，甚至蹲在凳子上进行练习；有的还能表演各种惊人的动作；有的以动作名称配合动作，边喊边练。如“四弓平开，左开弓，右开弓，双脚破开；一抓一锤，送锤，擒锤；上前夺锤，退马还锤；

定子脚，蹬脚双砍；上马打短，金刚扫地；梳头一砍，转身外卫；前打死马，后打死牛”等。在练习的过程中，几个沙袋在空中来回腾飞，呼呼作响，甚是壮观。

第二节 特色摔跤

摔跤运动呈现给人们的是力量与勇敢，最能体现男子气概，是许多民族男人们都十分喜爱的一项运动。特别是一些游牧民族，甚至酷爱。摔跤项目有蒙古族的博克，回族的绊跤，藏族的北嘎、加哲，维吾尔族的且里西，苗族的摔跤，彝族的格，壮族的扳腰，侗族的摔跤，土家族的搭撑腰、玩抱箍、搂腰带，哈尼族的摔跤，哈萨克族的摔跤，佤族的布隆，拉祜族的扁达，东乡族的巴哈邦地，纳西族的占占夺，景颇族的咯姆卡，柯尔克孜族的奥塔热希，达斡尔族的拽腰带、薅肩头，羌族的摔跤，锡伯族的摔跤，普米族的摔跤，怒族的摔跤，乌孜别克族的摔跤，裕固族的玛勒啊拉斯，独龙族的阿扁，基诺族的摔跤。下面逐一予以介绍。

蒙古族博克

蒙古语称摔跤为博克。博克、赛马、射箭被称为蒙古族“男儿三项”。在蒙古族不会摔跤的男子就意味着男子汉气概不够。因此，摔跤成为蒙古族男子必备之艺，在蒙古族中十分普及，是一项深受蒙古族民众喜爱的传统体育运动。“博克”现在已是全国少数民族传统体育运动会摔跤竞赛项目之一（见第十四章民运会竞赛项目概述）。

回族绊跤

绊跤是宁夏回族群众十分喜爱的一项运动。比赛时，交手双方出场，相对而立。当裁判宣布比赛开始后，双方迅速抓抱对方，并用腿使绊，以最快的反应、速度和力量，将对方绊倒，并使对方的膝、臀或背部先着地。不限时间，一般采取三跤两胜制。绊跤是全国少数民族传统体育运动会摔跤类竞赛项目之一（见第十四章民运会竞赛项目概述）。

藏族北嘎、加哲

北嘎

北嗄是藏语摔跤的意思。在藏语中，“加哲”“有日”也含有摔跤之意。而四川康定藏族称摔跤为“写则”，白马藏族称摔跤为“卡惹则”。藏族摔跤有着悠久的历史。现在，藏族式摔跤被正式命名为北嘎。北嘎是全国少数民族传统体育运动会摔跤类竞赛项目之一（见第十四章民运会竞赛项目概述）。

加哲

加哲在藏语中含有角力的意思。在四川藏族聚居地区，有一种叫“加哲”的角力十分独特。即在比赛时，两人相互双手抓住对方的腰带，或者是一手抓住对方的腰带、一手抓住对方的肩，等裁判下达“开始”的口令后，各自依靠其自身的腰臂之力，将对方提起、旋转并使其摔倒为胜。比赛中不准用手进攻，不准用脚钩、绊。比赛使用三摔两胜制。获胜者会得到丝绢、哈达或食品的奖励。

维吾尔族且里西

且里西是维吾尔语摔跤的意思。据文献记载，维吾尔族摔跤有着悠久的历史，不仅男子喜爱，姑娘也有不俗的摔跤技艺。维吾尔族摔跤主要有两种形式。一是流行于南疆喀什噶尔、阿图什、阿克苏、和田等地的喀什噶尔式摔跤。这是一种类似于站立式的摔法。二是流行于吐鲁番、鄯善、托克逊和哈密一带的吐鲁番式摔跤。吐鲁番式摔跤在比赛开始前要求比赛双方在右大腿根部各系一条毛巾，以供对方抓握。在比赛中如毛巾松动下滑则立即停止比赛，待系紧后继续比赛。以将对方摔倒并使其肩背着地为胜；如对方倒地后肩背未着地，双方还可以地上滚翻角力，直至使一方肩背着地为止。维吾尔族摔跤除以上两种外，还有一种流行在麦盖腿、巴楚、英吉沙等地的抱腿、抱腰、缠腿摔跤。维吾尔族摔跤一般不分体重级别，也没有统一的服装要求和时间规定。现在，且里西是全国少数民族传统体育运动会摔跤竞赛项目之一（见第十四章民运会竞赛项目概述）。

苗族摔跤

在云南罗平一带的苗族山寨，流行着一种被当地老百姓称为“抱腰”的摔跤。相当于预备式摔跤。比赛时，双方相互抱住对方的腰，听到裁判“开始”的口令后开始进行较量。只能凭借自身的力量进行扳、摔，不得使用腿脚进行缠、绊。将对方摔倒在地为胜。一般采用三摔两胜制，也有一直摔到对方服输为止的。其比赛一般安排在年节期间进行。参加者以男性为主。这是当地老百姓都十分喜欢的一项运动，开展得比较普遍。

彝族格

彝族语称摔跤为格。有的地方叫抱腰，彝语为基根。彝族的先祖属于游牧民族，在长期的游牧生活中，彝族先民创造了彝族特有的摔跤运动。现在，彝族式摔跤按彝族语统一命名为格。格是全国少数民族传统体育运动会摔跤类的竞赛项目之一（见第十四章民运会竞赛项目概述）。

壮族扳腰

扳腰是广西天峨蚂拐节活动中的一项对抗性较强与摔跤类似的活动。参加扳腰运动一般以村寨为单位，每个村选派两名身强力壮的小伙子参加比赛。首先是客队间相互进行比赛，一般采用三扳两胜的淘汰制，最后决出的优胜单位将与主队进行比赛。但是，优胜单位的实力再强、水平再高，也要让主队取胜，这是长期以来形成的传统。扳腰以一对一的形式进行，参加比赛的选手在对抗中要抓住时机，抱住对方的腰部后用力往上提，直到将对方扳倒为止。在比赛中禁止拳打脚踢，但可采用绊、钩、缠腿的方法将对方抱离地面后再扳倒在地。

侗族摔跤

侗族摔跤由于没有文字记载，其产生年代及典故无案可稽。但据民间传说，约在明朝熹宗年间，由于朝政腐败，致世态混乱，匪盗四起。为了加强防范，贵州黎平的四寨、寨高两寨决定联盟，共拒匪盗。两寨分别推选出德高望重、武艺高强的公蛮与公柳作为首领候选人，并定于当年的农历三月十五日以比武的方式最终决定首领人选。当时，两人比试十八般武艺，一百多回合后仍不分胜负。最后大家要求两人比赛贴身肉搏，以摔倒对方为胜，结果两人各一胜负，摔成平手。于是大家就共同拥戴他俩共为首领。此后，公蛮、公柳不负众望，同心同德，带领大家连出奇兵，铲除了匪盗。为了纪念公蛮、公柳，每年的农历二月十五在坑洞，农历三月十五在四寨都要举行摔跤活动，并逐步形成民俗，使这项活动成了当地的一个固定节日。这是传说之一。另有一传说，是说侗族的祖先都囊生得虎背熊腰，身高八尺，力大无比。有一天他在上山的途中遇到一只饿虎，见人就咬，都囊挺身而出，抓住老虎并将它摔倒，与老虎一起从山上滚到了山下，最后将老虎打死。消息传开，四寨、坑洞一带的侗族民众争相前来跟着都囊学习摔虎招数。都囊见要求学习的人越来越多，便确定每年的农历二月十五在坑洞，农历三月十五在四寨集体传习，并举行摔跤大赛，这样便形成了今天的摔跤节。摔跤节是黎平县双江乡四寨、坑洞的传统节日，每年的农历二月十五和三月十五都要举行，至今已有600多年的历史了。一般于农历二月十五在坑洞进行初赛，其优胜者于农历三月十五在四寨进行决赛，并最终决出年度“摔跤王”。“摔跤王”是侗族摔跤选手的最高荣誉，在侗族人民心中有很高的地位。过去，在摔跤节的早晨，参加摔跤的青年要先聆听寨老宣布的摔跤戒律，然后排成一字长队，吹起芦笙，在寨老的带领下步入摔跤场。各寨到齐后，即举行入场式。入场式上，由芦笙高奏入场曲，各摔跤队在寨老的带领下，绕场三周。然后寨老们按传统习惯互相交换摔跤用的布带，并相互缠在对方腋下，做一摔跤动作后退场。参加摔跤的青年后生们则在参加完入场式后，按村寨归于一处，竖上角旗一面，更衣扎带作准备。待铁炮三声巨响，摔跤手按排列次序，依次走到场中，互相拱手施礼后，将寨老授予的布带缠在对方腋下，做好比赛准备。等裁判发出口令后，双方迅速交手，使劲扳扭，力争将对方摔倒。现在的摔跤节在政府的支持下增添了许多新的内容，比过去更丰富、更具观赏性，已成为当地十分吸引人的一个旅游产品。在摔跤节里，人们沉浸在侗族歌舞的世界里，享受着侗家的美酒佳肴，欣赏着小伙子们的摔跤技巧。游客们还可与摔跤手们一试身手，学习摔跤的技巧，尝试摔跤的乐趣。

土家族搭撑腰、玩抱箍、搂腰带

搭撑腰

也叫拔腰带。是鄂西土家族传统的摔跤运动项目。劳动之余，土家族人在田间地头休息时，常以练习摔跤来自娱自乐。凡土家族男子，都在头上扎有一条特有的长头巾。在练习摔跤时，他们要解下头巾并扎在腰间当腰带。摔跤时，两人相互抓住对方的腰带，用力扭摔对方。可用钩、绊、缠、绞、挂等脚法，以及推、拉、搬等手法身法，将对方摔倒在地为胜，但不得使用手、脚、头进行抓、击、撞、踢。双方手掌不得脱离腰带，如果滑脱，要暂停，重新抓稳腰带后继续扭摔。过去玩搭撑腰既没有时间限制，也没有场地要求，更没有级别区分。因此，有时一场比赛既会出现棋逢对手，双方相持不下、难决胜负的状况，又会出现身高、体重悬殊，交手立现输赢的状况。现在统一了规则，场地为直径五至十米的圆圈，被摔倒或被抵出线者均被判该局为输。每局以十分钟为限，如果时间到未出现被摔倒或被抵出线的情况，则以犯规少，进攻次数多者为胜。体重以每相差五公斤分一个级别，相同级别进行较量。采用三局两胜制，既可采用循环赛也可采用淘汰赛来进行比赛并决出名次。

玩抱箍

玩抱箍主要流传于重庆市东南地区的土家族山寨，是较原始的一种摔跤活动。一般在农闲、劳动之余、过年过节进行。主要为男性青少年参与，也有女子参加的，但对摔时双方必须是同性。玩抱箍比赛是比赛双方相互抱好后，依靠腰臂力量将对方提起旋转至倒地为止的一种摔跤。以谁先倒地并处下方为输。双方可用脚绊，但不得用手进攻。比赛除有挑战赛外，还有擂台赛。挑战赛一般比较自由，在相对公平的前提下，挑战者可以向任何值得挑战的人进行挑战，一旦对方应战即可进行比赛。一个人既可向一个人进行挑战，也可连续向多人进行挑战，直至战败为止。擂台赛属摆擂形式，一般由一名强手出面充当“寨主”。凡参加比赛者依次上场与“寨主”较量，输者背着地，胜者充当“寨主”。最后以获胜次数多者为“大力士”。一般以一跤定胜负，也采用三跤两胜制。

搂腰带

搂腰带是湖北长阳一带土家族青少年喜爱的一项活动，又叫“扳架”。一般情况下，搂腰带比赛在一个长宽各八米的正方形场地内进行，也有不限场地，自由“扳架”的。搂腰带进行正规比赛时，一般要按体重进行分组。比赛时，比赛双方站在场内，右手相握，使手腕劲以气势先压倒对方，然后双方借势搂住对方腰带，运用缠、绊、钩、拉、挂、摔、拖等手法、脚法、身法，将对方摔倒。先倒下且背部着地者为负。比赛中不得以手、脚、头抓、击、踢、撞、顶对方，违者为犯规。一局比赛中，若同一人先出现三次犯规，为负；如一方被对手摔、抵至双脚出界，为负。比赛中，双方的手始终不得脱离对方腰带，如若脱离必须暂停，待重新抓握好后方可重新比赛。比赛一般采用三局两胜制。

哈尼族摔跤

哈尼族源自古代西北部诸羌集团，于隋唐时期进入云南哀牢山、无量山区。为了生存，哈尼族传承了源自本民族的原始格斗术，其中就有摔跤。哈尼族人普遍喜爱摔跤运动，民间自发的摔跤活动十分丰富，参与面从中壮年到青少年很广。云南元江哈尼族称摔跤为“拿把则”，俗称“干跤”。称摔跤比赛为“台阁”，分自由式和预备式两种。每到火把节（农历六月二十四日），元江的哈尼族都要举行盛大的摔跤比赛。胜利者会被披红挂彩，由本村青年抬回寨子，被视为全寨的光荣。“里玛主”（哈尼语译音，意思是春天的盛况）是红河岸边哈尼族人民的传统节日，相传“里玛主”节是为了纪念布谷鸟而形成的。据说在古时候，天神派布谷鸟到人间报春，由于路途遥远，布谷鸟急于赶路，在飞越大海时已筋疲力尽，眼看就要掉入大海，突然海里面出现了一棵由龙尾变成的大树，布谷鸟就落在大树上休息，最终在历尽千辛万苦后终于把春天的信息带到了人间，使哈尼族人民及时春播而获得了丰收。人们为了纪念布谷鸟的功绩，每到阳春三月，当人们听到布谷鸟的叫声以后，各村寨都要按传统习俗，在羊日（以十二生肖记日）筹办美酒佳肴献给布谷鸟，还会聚集在村坡寨头唱歌跳舞，男子还要进行摔跤比赛。红河岸边的哈尼族摔跤很有特点，跤手可以使用抓腰带、抱腿、过臂、夹臂翻、穿腿等摔跤技术，一般采用三局两胜制，以双肩着地为负。澜沧江哈尼族僾尼支也经常以摔跤为娱乐方式，且多在田间地头及农闲时节进行。

哈萨克族摔跤

哈萨克族人民非常喜欢摔跤，几乎所有的男性都是摔跤手，即使是少年儿童，也经常以摔跤来自娱自乐。摔跤贯穿在哈萨克族人的生活之中，是他们进行娱乐时必不可少的重要项目。即使在日常生活中，遇有空闲，也会随时随地进行摔跤比赛。特别是在婚礼、割礼及周年祭祀上，摔跤更是必不可少的重要项目内容。相传哈萨克族历史上的英雄，大多都是摔跤能手。因此摔跤能手是最受人们尊敬和爱戴的。过去，摔跤多在部落间进行，哪个部落胜了，荣誉就属于哪个部落。获胜的摔跤手会得到他应得的奖品，如骆驼、马匹等。哈萨克族摔跤比赛在开始前，选手为了显示自己有能力、有信心战胜对手，一般都要模仿猛虎捕猎或公牛的吼叫，甚至还用手挖地取土扬撒；有的则让部落长老或德高望重的人驮在马背上绕场炫耀，之后下马跪地，威风凛凛、虎视眈眈地等对方上场较量。哈萨克族摔跤形式多样，既有古典式摔跤，也有自由式摔跤，还有马上摔跤等。古典式摔跤之一是在比赛开始时，两人相互抓住对方的腰带，躬身对顶，尽力拼搏，你推我搡，扭成一团。跤手既可以把对手抱起来，也可以扭别对手的手、脖子，尽量使对手仰面倒地。只要能把对手摔倒在地就算赢。古典式摔跤之二更具有哈萨克族特色。在比赛时，比赛双方都要在下身套上一个大口袋，齐腰高。并让人把袋口在腰上扎紧，然后双方交手，在交手中只要设法把对手摔倒在地即可。古典式摔跤一般采用三赛两胜制。参加自由式摔跤的选手一般都赤裸着上身，只系腰带。为了有一个好运气，他们还要在头上扎上彩带或戴上帽子。比赛时，双方要选出一个德高望重的长者当裁判。参赛的各队派出运动员参加比赛，一般会按年龄大小排序，年龄小的先上场比赛，年龄大的后上场比赛，最后是水平高的选手上场比赛。在两名摔跤手比赛时，各方会有一个骑手带着马匹在场外助威。只要己方选手将对手摔倒成背着地，就算获胜。此时带马骑手会在最短的时间内冲进场去，迅速驮起己方队员离开赛场。否则，等被摔倒的选手爬起来，被他纠缠住，获胜的选手就不算得到了最后的胜利，还要继续比赛下去，直到按前面的比赛方式决出最后的胜利为止。哈萨克族摔跤除了在地面上进行外，还有在马背上进行的。马上摔跤是哈萨克族特有的一项运动项目。比赛时，两人各自骑着马，相互交手，以把对方拉离马鞍，摔倒地为胜。马上摔跤要求摔跤手不仅要有力量，还要和自己的坐骑配合默契。马上摔跤采取打擂的方式进行比赛，一人败阵，另一人上来，以连续战胜的对手多少决定优胜者。

佤族布隆

佤族称摔跤为布隆。在每年的春节期间、火把节前后或开撒谷种的季节，佤族都要举行摔跤比赛，称摔跤会。摔跤会大多由一个村寨举办。旧社会，摔跤会是祭祀山神的一种方式。在那时，差不多每个阿细村寨都会建一个小小的山神庙，里面供奉着本村的守护神——山神。每隔三年五载或更多一点时间，人们就要举办一次摔跤会，来祭祀山神，希望得到山神的庇护，并祈求山神给全村人除病消灾。直到新中国成立后，摔跤会才逐渐演变成欢庆丰收与喜事的活动。据佤族老人讲，过去阿佤人举行大型的娱乐活动很少，但只要举办大型的娱乐活动，总少不了有摔跤。在佤族内部，还形成了约定俗成的规矩，就是部落间、村寨间在年节和喜庆的日子里常常要互相邀约，开展摔跤活动，并以此作为本民族间相互了解、增进团结和友谊的一种纽带和媒介。现在，随着人们的物质文化生活的不断提高和丰富，摔跤作为佤族群众一项健身、娱乐的民间体育活动项目，得到了广泛的开展。平时，在田间地头也经常自由开展。两个村寨的小伙子也经常相互邀约，选好场地，在一起进行摔跤比赛或切磋摔跤技艺。由村寨举办的摔跤盛会都会热闹非凡，从摔跤会的前一天傍晚开始，家家户户都忙得不可开交。他们有的在热情地招待着前来观看摔跤会的亲朋好友，有的在加紧练习摔跤的技艺，有的在演练摔跤会的举行程序，还有的在排演与摔跤会有关的文艺表演节目，整个村寨到处洋溢着欢声、笑语、快乐和喜庆。佤族的摔跤活动，老、中、青包括少年儿童男子都可以参加。参加比赛的选手既有须发斑白的老手，又有身强力壮的小伙，还有憨态可掬的少年，他们各成一组。但已婚者和未婚者是分开的。裁判由参赛各方共同推荐。在比赛中一般采用三摔两胜制。佤族摔跤大多都属于预备式摔跤，对抗双方相互抱住对方的腰或抓住对方的腰带后才能开始。在摔跤时，跤手间头靠头、肩顶肩，奋力拼摔。由于佤族摔跤开展得十分普及，各地规矩虽大致统一，但仍存在着些许差异。如在有些地方摔跤是允许抱腿摔的，而在有些地方则又不允许抱腿摔；在有的地方只要摔倒对方就算取胜，而在有些地方则必须将对方摔倒成肩背着地才算取胜。此外，佤族还有一种摔法，就是比赛双方相互抱住对方的头后开始角力，摔倒对方即算赢。但无论哪种摔法或规则，只要大家达成一致即可开始比赛。一般情况下，比赛要在太阳快下山的时候结束，以便给获胜选手颁奖。一般会给在比赛中获得第一名的选手奖约二十五米的布匹，获得第二名的选手奖约二十米的布匹，获得第三名的选手奖约五米的布匹。获奖者身披奖品绕场一周，向观众们致意，欢乐热闹的摔跤盛会就此结束。对在比赛中获得了冠军称号的选手，本村寨的人就要把他抬回去，为他喝彩，敬上水酒让他痛饮，祝贺他取得的胜利，并把他获得的荣誉视为整个村寨的荣誉，为他高兴、为他欢呼。

拉祜族扁达

拉祜族称摔跤为扁达。拉祜族摔跤多在节日、农闲期间进行。无专用的场地和裁判。其摔跤形式有预备式和自由式两种。预备式摔跤是双方相互抱住对方的腰腹或抓住对方的腰带后再开始进行较量的一种摔法，摔倒对方即为胜，为三跤两胜制。自由式摔跤是一种近似于国际自由式的摔跤，也是摔倒即算赢，三跤两胜制。

东乡族巴哈邦地

东乡族称摔跤为巴哈邦地。东乡族每个村寨的青壮年都喜欢摔跤。无论是在田间劳作之余，还是在喜庆聚会之时，只要有摔跤的对手，都要摔上一摔，以增添一份欢乐。东乡族摔跤有许多种摔法。如“花花抱”“揽腰抱”“后腰抱”等。连续三次被摔倒为输。在摔跤比赛中，围观者往往自发地组织成啦啦队，给摔跤者助威呐喊鼓气。摔跤的对手有时由摔跤者自由选定，有时由本村寨的人共同选定。能在摔跤比赛中获得胜利者，会被大家尊为摔跤手，得到大家的爱戴。

纳西族占占夺

占占夺是纳西族摩梭支系摩梭语摔跤的意思。占占夺流行于云南宁蒗的永宁摩梭人之中，俗称抱腰。一般在转山、结婚、葬礼、放牧和剪毛时进行。过去，摔跤活动常由土司出钱召集比赛，以均等的人数组队参加，也允许永宁的普米族、彝族男子组队参加当地的摔跤赛事活动。虽没有严格的年龄与体重分级，但会使比赛者之间的年龄和体重区别不是太大，以维持相对的公平。参加摔跤比赛者要系腰带，双方相互抱住对方的腰部或由肩至腋下斜抱住后才能开始比赛。比赛不许用脚，不准前抵、后推，以将对手抱起摔翻在地为赢，并因此得名抱腰。比赛一般采用淘汰制，能坚持到最后者为优胜，并因此而名声大振，在当地俗称“找面子”。如是婚礼摔跤，则由男、女两家出队互摔，胜多负少的一方为优胜。

景颇族咯姆卡

景颇语称摔跤为咯姆卡。景颇族摔跤较随意，多为田间地头劳动之余和节假日人们娱乐消遣之戏。无统一的规则、场地、时间，只要摔倒对方就算赢。如对方不服，可以重来，直到服输为止。

柯尔克孜族奥塔热希

奥塔热希是柯尔克孜族语“在马背上赛力气”的意思。也称“马上摔跤”。史诗《玛纳斯》这样形容马上摔跤：“一边一个棒小伙，赤膊上了场。相搏在马上，马术有高低。得胜靠力气，斗勇也斗智。一场鏖战后，胜负见分晓。”马上摔跤的源起有不同的两种说法。一种说法是源于军事训练。在战争频繁的岁月里，柯尔克孜族人为了保卫家园及部落民众生命与财产的安全，在生产劳动之余，都要进行军事训练。除了学习战场搏杀、擒拿格斗之术外，他们还结合自己马背民族的特点，练习马上格斗技术。一旦发生战争，全民族不论男女老幼，全民皆兵，为部落的安全而战。后来由于兵器的出现和使用，徒手搏击失去了意义。但马上摔跤则由于与柯尔克孜族的生产、生活密切相关被保留了下来，成为柯尔克孜族人娱乐、消遣的活动内容。另一种说法是早在唐代，柯尔克孜族人就喜欢角力运动。由于柯尔克孜族是马背民族，马背角力就成了人们的最爱。马背角力还成了当时年轻人裁决难以解决的事情的一种手段和方式，就像过去一些西方民族的决斗、击剑一样，以马上角力来判定是非及对某一事物的取舍。后来，马上角力被保留下来，并成了柯尔克孜族人十分喜爱的一项民间娱乐活动。马上角力受到柯尔克孜族人的普遍重视，不论男女老幼，都十分喜爱、积极参与。在节日、婚礼、祭祀等场所，一般都会有马上角力比赛活动。现在的马上角力更趋正规。在比赛时，一般会将参赛者按年龄、性别各分成若干个人数相等的两个队，两队选手分别头戴红、绿头巾，坐骑的鬃毛以彩线缠上，马尾打结卷起，鞍后绑上一床叠成多层的被子，这样装饰一番后，作好随时参赛的准备。正式比赛时，双方各挑选一名选手上场，在两名裁判的监督下进行比赛。竞赛双方在相距一百至二百米远的地方开始，相向纵马疾驰而来，待靠近时，裁判示意开始后，两选手即可借助坐骑的配合及自己精湛的骑技开始较量。有时是闪电式的突袭，在对手猝不及防中将其拉下马来；有时双方在马上扭扯成一团，进行着长时间的斗智斗勇。马上角力与地上角力完全不同，情况变化快，稍有不慎，优势就会变成劣势、主动就会变成被动。因此，选手在比赛中要沉着、冷静、果断、机动灵活、随机应变、能攻能守。比赛是一人对一人，每人只可参赛一次。以获胜人数多的一方为优胜方。如是选拔赛，先是两人进行角逐，获胜者再与第三者进行比赛，直至最后选出一名无敌的勇士。马上角力规则规定，参赛选手只能用手臂的力量将对方拉下马，不得抓对方除手臂以外的任何部位，不得做任何其他不正规的动作，否则按犯规论处。

达斡尔族拽腰带、薅肩头

摔跤是达斡尔族最为普及的一项运动。是比武的重要项目之一。优秀的摔跤手被达斡尔族人视为英雄，称为“布库”。在达斡尔族的民间传说故事中，有许多都是描写“布库”机智勇敢、坚强不屈英雄品德的。达斡尔摔跤有以下两种形式。

拽腰带

拽腰带是在比赛开始前，双方选手腰间系一条宽布带。当双方互相抓住对方的腰带后即可开始比赛。以倒地为败。一人被摔倒后围观者中的任何一人均可上场进行比赛，经与多人较量而不败者为优胜，赐“布库”之誉。少年儿童拽腰带则在比赛前将参赛者分为两队排列，首先由排头对阵，倒地者下场，其队内下一名选手上场与对方胜者较量，直到把一方全部队员摔倒为止。在比赛中，可以使用钩、绊、背、晃、旋、踢、抬等多种技术动作。

薅肩头

薅肩头是比赛双方相互抓住对方的肩头衣服后开始比赛。在比赛中也可使用钩、绊、背、晃、旋、踢、抬等多种技术动作。

羌族摔跤

羌族摔跤分两种。一种为双方相互抓握住对方的腰带或相互抱住对方的腰部，听到“开始”口令后，再想法用力将对方摔倒，连续三次将对手摔倒为胜。在摔的过程中，不得使用脚踢、脚绊。另一种为“抱花肩”。即双方相互抱住对方肩膀，听到“开始”口令后，再用力将对方摔倒，先倒地者为输。在摔跤的过程中，可以使用绊脚、缠腿等摔跤技术。

锡伯族摔跤

锡伯族人认为摔跤能磨炼人的斗志，培养人好胜的性格；也是一种比试力量和技巧的运动。因此，锡伯族人都喜欢摔跤这项运动。锡伯族摔跤历史悠久。相传，早在元代，锡伯族人就经常参加一些王公贵族举办的摔跤比赛，并总会取得很好的名次。因此，还经常受到蒙古王公的奖励。锡伯族摔跤手还经常与一些外族的摔跤手进行较量，并取得胜利。现在，锡伯族每逢婚嫁、节日等吉庆日子，都要举行摔跤比赛，并对获得胜利的选手予以奖励。锡伯族摔跤的形式多样。其一是自由式摔跤。参加这种摔跤比赛的选手不分体重、年龄，不受时间、场地的限制，只要把对手摔倒就行，一跤定胜负。其二是古典式摔跤，摔跤手的年龄、体重大致相当，摔跤时没有固定的程序，只要将对方摔倒成双手、膝或背部着地即为胜。此外，还有支跤、抢跤、抱后腰摔和马上摔跤。所谓支跤，是双方互相以两臂搭肩支架好后开始摔，倒地者为败，两人同时倒地为平，按三摔两胜决定胜负。所谓抢跤，是两人在场内站好，裁判下令后双方各自寻找对方弱点，抢先下手，摔倒对方算赢。所谓抱后腰摔，是一种强者对弱者的摔法，强者先让弱者从后面抱住腰，然后再摔，倒地为输。所谓马上摔跤，也叫马上角力，比赛时双方骑在马上，一手执辔，一手采用抓、拉、推、搡、扭等技术动作，将对方摔下马为胜；也有将辔压在坐鞍上，马鞭叼在嘴中，在两马相交之际，用双手将对方拉下马为赢。马上摔跤在争斗中两骑往往左右盘旋，骑手扭在一起拼力拉摔，斗智斗勇，险象环生，惊心动魄。

普米族摔跤

普米族摔跤历史悠久。隋朝《续高僧传》载：“有西贡一人云‘大壮’，在北门试相扑无得者。”是说普米族摔跤手在北门摔跤时没有遇到对手。普米族摔跤多在节日及转山期间进行。一般为村中自己组织比赛，也有村与村之间组织的对抗赛。普米族摔跤预备式摔跤。比赛时，双方相互抓握紧对方的腰带，然后用肩、臂和腰的动作将对方摔倒为胜。在摔跤的过程中，不得抱腿和绊脚。采用三摔两胜制。如果双方的肩同时着地，称为“平肩”，即算平局，如三次平肩就不能再比赛了，可名次并列。

怒族摔跤

怒族青少年都喜爱摔跤，虽没有固定的场地和时间，但常三三两两聚在一起玩耍摔跤。怒族摔跤属预备式摔跤。即两人相互抱住对方的腰或抓住对方的腰带，由第三者发令开始。在摔的过程中可以使用一些摔跤的技巧，但不得有踢、击等伤害对方的动作，只要摔倒对方就算赢。三跤两胜。

乌孜别克族摔跤

乌孜别克族的摔跤历史悠久。现在已成为群众性的民间传统体育项目。乌孜别克族摔跤不限时间和场地，只要大家聚在一起，又有比较松软的土地或草坪，就可以相互邀约并摆开架势摔上几跤。乌孜别克族摔跤比较自由：摔跤时不分体重级别，可以使用一些摔跤技巧，有时一跤定胜负，有时则取三跤两胜制，按双方事先的约定施行。在摔跤的过程中，凡有伤害对方的动作，如踢、抓、击、撞等都算犯规。

裕固族玛勒啊拉斯

摔跤在裕固语中称玛勒啊拉斯，是裕固族传统的体育运动项目。裕固族人十分重视并积极参与当地一些民间组织的摔跤赛事。如在比赛中获胜，会被裕固人称为“巴特尔”，是牧民心中的好汉子，会受到人们的普遍赞誉，成为姑娘们眼中的英雄。裕固族摔跤采取自愿报名或由众人推荐选拔摔跤手参赛的办法进行比赛。当双方人选确定之后，主持人会说：“依勒玛勒啊噢什，依采尔沟什卡丢尔特。”意思是说：“一个马鞍子，是用四块木板做成的，好汉子的本事只拼三次。”之后，比赛开始。双方侧身抱好对方的腰，当确认双方都相互抱好后，主持人才宣布摔跤开始。在摔跤的过程中，双方可以用腿绊倒对方，可以用极低的姿势压倒对方，也可以用收拢双臂勒紧对方腹部，使对方难以呼吸而失去抵抗能力，还可以用僵持的办法稳住自己的阵脚，消耗对方的体力，再伺机摔倒对方等各种方法。总之，就是要在比赛中斗智斗勇，尽力将对方摔倒。裕固族摔跤一般采用三跤两胜制。

独龙族阿扁

阿扁是独龙语摔跤的意思，属独龙族的传统体育运动项目。独龙族人们在劳动之余，会在田间地头进行摔跤比赛，也会在喜庆之时和节假日组织进行摔跤比赛。在摔跤时，比赛双方相互抱住对方的腰和肩，以将对方摔倒在地为胜。但在摔的过程中，不得使用抱腿、绊腿等动作。一般采用三跤两胜制。

基诺族摔跤

基诺族人喜爱摔跤，只要是在农闲季节或节假日，都要进行摔跤比赛。在进行摔跤比赛时，双方相互抱住对方的腰部，在听到裁判“开始”的口令后开始摔。在摔的过程中，只准抱对方腰部以上的部位，不得使用腿绊，不得抱腿，只可采用拉肩、扭腰、搂颈和推、压等动作。一般采用三跤两胜制。

第三节　多彩拔河

拔河在西部许多少数民族中都有开展，且形态多姿多彩，开展广泛。所谓“拔”，即拉、扯、提；所谓“河”，即有以两岸为边界的区间。所谓“拔河”，是参与双方使用规则规定的方法使对方产生规定的位移。西部少数民族拔河内容十分丰富，形态各异。有回族拔河、拔腰、抱小腰，藏族拔腰、互背、“大象拔河”、蹬棍，苗族拉鼓，彝族对手拉、“望骂掷”“绵羊拉绳”、拔腰力、尔满古，白族人拉人拔河，土家族拉头巾，哈萨克族躺倒拔河，傈僳族拉绳、四方拔河，佤族卓威达威，拉祜族拔腰力、嘎克依峨达，景颇族拉拉，柯尔克孜族马背拔河、科力布卡、交安尼希、阿尔罕塔尔提希，土族拉棍、拔腰，达斡尔族颈力，撒拉族拔腰，保安族抱腰、拔腰，裕固族拉棍、拉爬牛，基诺族藤条拔河等。

回族拔河、拔腰、抱小腰

拔河

在宁夏回族自治区的开展有一定的历史，是宁夏回族自治区的传统运动项目。据史料记载，民国时期，宁夏先后于1933年、1936年、1940年、1944年举办过四次春季、秋季运动会，每次运动会都设有拔河项目。新中国成立后，拔河更是得到了全面的普及。无论是机关、工厂、学校还是农村，都会在劳动与学习之余，组织大家进行拔河比赛。特别是在1952年、1953年、1954年宁夏举行的三届人民体育运动大会上，均将拔河作为体育运动大会的正式比赛项目。这对进一步促进宁夏拔河运动的普及与提高奠定了坚实的基础。以至在后来的若干年中，在宁夏全境都形成了一种惯例，在职工运动会、农民运动会、机关干部运动会、“三八”妇女节举行的妇女运动会以及节假日期间为了活跃群众文化生活而开展的各种娱乐活动中，都少不了拔河比赛。

拔河比赛简便易行，对场地器材要求不高。只要有一条长三十米左右的大麻绳，正中拴一条红布条，下吊一坠物。然后在地面上画上一条宽为三米的河界和一条中线，即可开展拔河比赛。在宁夏，拔河比赛一般要求比赛双方上场人数为十二人，设裁判一人。先将拔河绳置于场地上，使红布条和坠物放在中线之上。当裁判员宣布“准备”后，双方运动员进入场地，拉起拔河绳。当裁判员宣布“开始”后，双方运动员尽力向后拉拔。双方指挥及啦啦队为了调动己方全队队员的情绪与士气，协调全队队员的用力及一致，都竭尽全力呐喊助威。以把对方拉过河界为胜。每局比赛时间不限，胜一次为一局，一般比赛采用三局两胜制。

拔腰

拔腰流行于宁夏回族自治区，是宁夏农、牧民劳动之余进行的一项自娱自乐活动。在拔腰比赛中，设裁判一人。比赛时，比赛双方的两人两腿叉开，弓腰侧身反搂住对方的腰部。当听到裁判“开始”的口令后，双方同时用最大的力量向上拔对方，以先把对方拔至双脚离地者为胜，如其中一方没做好准备，则拔起无效。一般采用三局两胜制，每局的时间不限，中间休息一分钟。

抱小腰

抱小腰亦称抱腰拔河，在云南昭通回族中流行。抱小腰比赛要求比赛双方人数相等，一般为三至七人。设裁判一人。在地上画一条二至三米的河界和一条中线。预备时，两队成纵队，排头相互间手拉着手，并使两人手相握的中点处垂直于中线，其余的人按队依次抱住前一人的腰。当听到裁判“开始”的口令后，各队合力后拉，以将对方拉过规定的河界为胜。比赛一般采用三局两胜制。为增添比赛的欢乐气氛，组队时经常会有男女混合队、老少混合队及家庭队等。

藏族拔腰、互背、“大象拔河”、蹬棍

拔腰

拔腰是藏族民众自娱自乐的一种角力游戏。拔腰时，设裁判一人，互拔的两人对面站立，用单手或双手相互抱住对方的腰部。听到裁判发出的“开始”口令后，双方同时用力将对方向上向后拔，先被拔起成双脚离地者为输。不能采取突然攻击或偷袭的方法，否则视为犯规。

互背

互背与拔腰一样是藏族民众自娱自乐的一种角力游戏。设裁判一人，只是角力的两人背对而立，双手向后与对方双手在肘关节处相挽，当听到裁判“开始”的口令后，双方同时用力弯腰背负对方，若一方被背负至双脚离地，则为输。

“大象拔河”

“大象拔河”在不同的藏族聚居地区称谓不同，有双人拔河、“奔牛”、“拉扒牛”“拉乌龟”等称谓。藏语称“格吞”“押加”“朗毒杀响”等。“押加”是全国少数民族传统体育运动会的竞赛项目之一，相传它起源于格萨尔王在率部攻打达惹、罗宗国后的凯旋途中，发现了上千头牦牛，为了更合理地分配这些牦牛，便采取拔河的这种方式，通过拔河的胜负而获取相应的牦牛份额。后来这种拔河方式被传承下来，成了藏族传统的娱乐和竞赛项目。也有人说“押加”起源于印度，后随佛教一起传入而流行于藏族聚居地区。由于格萨尔王曾经在藏族聚居地区的中北部活动，从那个时代开始，“押加”就流行于藏族聚居地区的中北部。时至今日，“押加”依然盛行于西藏北部及青、川、甘等省区的藏族聚居地区群众之中。因为藏族崇尚大象力大无穷，故又称“大象拔河”。在藏族聚居地区，“押加”比赛的开展得到了普及。一到节假日，各地都要举行“押加”比赛。即使平日，只要是农、牧闲暇之时，不论是在牧场还是在田间，人们都会两人一组，互相把两条背带或腰带连在一起，并将其套在脖子上，经腹部、胸部，从裆间穿过，背对背各朝一方，双手扶地，以游戏的形式进行比赛。在比赛中，主持人在中间的地上画三条线，线的间距为八十米，并把悬吊绳上的红布条对准中线。当发令后，模仿大象动作，相互爬拉，先把红布条拉过自己一方的横线为胜。由于参赛的双方趴在中线的两端，头部向前，屁股相对，形如乌龟，因此该项运动在藏族聚居地区又叫“拉乌龟”。“押加”比赛一开始，参赛的双方就开始用力往自己的一边猛力爬拉，在拉的过程中，不准双手（脚）离地。如将对方拉过中线者，便算获胜。比赛一般采用三盘两胜制。在藏族聚居地区的民间，“押加”比赛要求在平整的硬质地面上进行。比赛场地为长方形，宽两米，长九米。按体重分级别进行比赛。“押加”比赛在藏族聚居地区还有以两人、三人各为一方进行比赛的。“押加”比赛于1999年第六届全国少数民族传统体育运动会上被正式列为竞赛项目，并重新修改了竞赛规则。新的竞赛规则规定，“押加”比赛的场地为长方形，宽两米，长不作限制。比赛场地应有明显的界限，长边叫边线，短边叫端线。在两条边线的中点，画一条与端线平行的连线叫中线。在中线的左右一米处，各画一条线与中线平行为决胜线。比赛用的带子由两头有圈的彩色绸缎制成，绸带中间有一坠条，作为判定胜负的标志。运动员要着民族服装，胶底鞋，双手不能增加任何辅助器材。

蹬棍

蹬棍是甘肃天祝藏族群众喜爱的一项活动。在蹬棍比赛时，两人相对席地而坐，双腿并拢伸直，双脚相抵；双手互握一根长约一米的木棍。当听到裁判发出“开始”的口令后，两人同时使用脚、腿、腰、臂的力量，将对方拉起成臀部离地为胜。在拉的过程中，双膝不得弯曲。

苗族拉鼓

《融水苗族自治县概况》载，拉鼓产生于苗族母系氏族社会向父系氏族社会过渡时期。苗族先民为了祭祀祖先、消灾避邪、祈求风调雨顺以及庆祝丰收而逐步形成了拉鼓这一活动。但苗族民间传说则说，拉鼓原本是天上专供天庭仙人们享用的一项娱乐活动，凡人要想看拉鼓，要费尽气力搭上天梯上到天上才能看到。仙人们发现人间看拉鼓如此不易，就把拉鼓赠送给了人间，并说敲鼓就能避邪除害。苗族青年勇朋夫妇抬鼓回家，在途中不慎将鼓坠入大河之中，他们费尽千辛万苦，最终找回了拉鼓，人间从此有了拉鼓。自人间有了拉鼓后，人们每拉一次鼓，寨子就会安宁十三年，森林就会兴旺十三年，稻禾就会丰收十三年，牲畜就会满栏十三年。所以苗家隔十三年就要拉一次鼓，久而久之就形成了节日，称拉鼓节。十三年举行一次的称长鼓或大鼓，长一丈三尺加三个拳头；七年举行一次的称短鼓或小鼓，长七尺加三个拳头。

拉鼓活动一般会选择在农历的九、十月份分三个阶段进行。第一阶段是请鼓和封鼓。请鼓是把上一届鼓社祭祀完毕后存放在高山石窟中的木鼓抬回寨中，或鼓社头人带领全寨的户主上山选择最大、最好、最平直的泡桐木或杉树制造本届拉鼓节的新木鼓，是祭典的开始。封鼓又叫箍鼓。鼓的制作很独特，砍树时举行庄严的仪式。要选择鼓社内聪明伶俐、身体健康、父母双全、兄弟众多的人砍树；再选择“吉日良辰”，并沐浴斋戒，祷告祖先后才能砍树。砍树后要在三年内将树挖空并制作成木鼓。木鼓制成后，由鼓师主持举行庄严的封鼓仪式。封鼓仪式多在夜间进行，全鼓社的男女老少穿上节日盛装，齐集鼓场，清点人数，才把鼓两端用牛皮蒙箍密封起来。第二阶段是转鼓和唱鼓。转鼓是上届鼓社头人举行简单的仪式把新制的木鼓转交给本届鼓社头人。唱鼓是歌颂祖先的功德和对鼓社成员进行历史和道德教育，一般以唱歌的形式进行，是祭典的中心，时间较长。第三阶段是拉鼓和送鼓。拉鼓规则原是以鼓社或联社为一方，以我地宾朋为另一方，双方拼劲抢鼓，哪里聚集的人多就把鼓往哪里拉，以致往往使一排排人墙倒下，引起人们阵阵大笑。抢鼓在平缓的山坡上设立场地，类似拔河。将鼓抬至鼓坡，用野藤编织成粗绳穿过鼓上面并将其箍紧、箍实。在场地中央画出两道“河界”，把鼓对准河界中间，哪一边把鼓拉过“河界”，哪一边获胜。比赛人数少则十至十五人，多则二十至三十人不等，但两边的人数必须相等。比赛开始时，各队啦啦队拼命吆喝：“哩咯！”“哩咯！”观众也“嘿嘿”地呐喊助威。在场中助兴的芦笙队则吹着有节奏的曲调，随着两队的拼拉左晃右摆。演奏者头巾上的锦鸡毛和长长的六管芦笙互相交错，指挥和激励着拉鼓手们奋力拼搏。姑娘们花哨的衣裙及银光闪闪的项圈和头饰交相辉映、叮当作响。其浓烈的苗家风情场面热烈而和谐。拉鼓后，人们要尽情地跳芦笙踩堂舞。姑娘们舒展着美丽的衣裙，随着芦笙的节奏翩翩起舞。送鼓，也称葬鼓。是把木鼓抬回到固定的岩穴或鼓棚存放。也有少数村寨将木鼓推下悬崖绝壁，任其碎毁。拉鼓和送鼓在同一天举行，先拉后送。送鼓后，宣告拉鼓节结束。

彝族对手拉、“望骂掷”、“绵羊拉绳”、拔腰力、尔满古

对手拉

对手拉是两人右侧相对站立，两腿分开，脚外侧相抵，两人右手相握，身体向左后倾斜。听到裁判“开始”口令后用力拉扯对方，以将对方拉过中线为胜。

“望骂掷”

“望骂掷”俗称“拔萝卜”。首先从男性中挑选一体格健硕者充当拔萝卜者。然后其他数十名男女青年鱼贯而坐，并依次从后抱住前面人的腰部，算是“萝卜”。最前面的一人双手紧握一根木棍，与后面的“萝卜”一起对抗“拔萝卜者”。如果前面的“萝卜”被拔起，则没被拔起的“萝卜”继续与“拔萝卜者”抗衡，当只剩最后一名“萝卜”时，“拔萝卜者”则抱住其腰部，用力将其拉起而宣布最后获胜。否则重新换人从头再拔，直至有人最后获胜。

“绵羊拉绳”

“绵羊拉绳”是彝族女子所玩的一种对抗性游戏。先在地上画两条相距两

米的平行横线，再从中画一条平行于两线的中线。比赛时，两名女子以背相对，用一根长度适宜的绳子斜挎在肩上，绳中间扎一标志物，置于中线上。当听到裁判“开始”的口令后，两人朝各自的方向用力，手可扶地，将中间标志物拉过靠近己方的横线为胜。

拔腰力

拔腰力时双方运动员在对抗前先相互抱住对方的腰部或相互侧身反抱住对方的腰，预备好后开始比赛，以将对方拔起双脚离地为胜。实行三拔两胜制。

尔满古

尔满古是彝族男女青年都十分喜爱的田间地头游戏。用一根绳子，结成圈，同时套在三个人的腰间，然后三人向不同的方向拉直绳子成一等边三角形。在三方相等距离（约一米）处分别放置三个石头。当听到裁判“开始”口令后，三人尽力拉扯并去拣放在地上的石头，先拣到者为胜。

白族人拉人拔河

人拉人拔河是白族群众自娱自乐的一项群体性运动，一般为自发性组织开展。先将参与者分成人数相等的两边，一边几人或十几人均可。每边选一位壮实、力量大的人为排头。两排头双手相互握住对方手腕，其他人依次从后抱住前者的腰腹部。当两边都准备好后，由一人发令“开始”，两边的人开始发力向后拉，以将对方拉过来或拉散为胜。也有排头用单手相握拔河的，用单手相握拔河一般在参赛各方有两人或人数较少的前提下进行。

土家族拉头巾

土家族人都有裹缠头巾的风俗习惯。头巾经常被土家族青少年儿童作为玩游戏的用具，进行一些有趣的活动。其中拉头巾游戏最为典型。拉头巾比赛前，先在地上画一个直径约五米的圆圈，然后参加对抗的两人将自己的头巾取下，交叉套住并各自握住自己头巾的两端，站在圆圈的中央。当听到裁判“开始”的口令后，双方用力拉扯，将对方拉出圈外为赢。三拉两胜。比赛中不准突然松手丢掉头巾，不准接触对方身体。违例犯规为输。

哈萨克族躺倒拔河

这是哈萨克族少年儿童喜爱的一种游戏。其方法是先在地上画三条距离相等的平行线，一条中线和两条边线（两条边线为界线）。两名儿童将一根两至三米长的皮绳子中间系一标志物，两头做成套并套在自己的肩上，然后面向相反的方向趴在地上，将皮绳拉直，并将标志物对准地上的中线。当听到“开始”口令后，两人同时奋力向各自的方向爬拉，以将对方拉过界线为胜。

傈僳族拉绳、四方拔河

拉绳

拉绳是流行于怒江沿岸傈僳族中的一种角力游戏。其方法是两人拉绳结圈斜挎于各自的肩上，面向相反的方向俯身向下，手足着地。当听到口令时两人同时用力向前爬拉，以将对方拉过来为胜。

四方拔河

四方拔河是流行于傈僳族中的一种四人对抗游戏，盛行于青少年之中，也是傈僳族“盍什”节的重要内容之一。其方法是将一根绳子两头连接起来成一绳圈，将绳圈同时套在四个人的腰间并使之成为一个正方形，在距每人前面一至两米的地上放置一块大小基本相同的石头。游戏开始后，四人拼力向前拉，谁先拿到石头谁就是赢家。

佤族卓威达威

卓威达威是佤语拔腰力的意思。卓威达威是佤族男子常玩的角力性游戏之一。对抗的双方相互躬身反抱住对方的腰部，然后用力将对方拔起至双脚离地为胜。一般采用三拔两胜制。也有采取不服再来，直到对手认输为止的。

拉祜族嘎克依峨达

嘎克依峨达是拉祜语拔河的意思。拉祜族嘎克依峨达有两种形式。一种为两人对抗，又称拉包头。参与的两人将自己长约四米的包头解下连接并拴在各自的腰间，以将对方拉过一定的界线或将对方拉倒在地者为胜。另一种为多人对抗。每队七八人，只要参与人数相等均可。比赛一般采用藤子作拉绳。多在农闲或节日举行，男女青少年均可参加。

景颇族拉拉

拉拉是景颇族青年男女常玩的游戏之一。在游戏开始前，将参与者分成男女人数相等，总人数也相等的两个男女混合队；在地上画两条间隔为两尺左右的平行界线。然后两队各出一人，须为一男一女（即 A 队出男，B 队必须出女。否则反之），站在界线的两边，单手相握，听到口令后互拉，以将对方拉过线为赢。赢者继续，输者换人。如果是男子输，则换女子上场对拉，如果是女子输则换男子上场对拉，如此循环往复，直至将对方所有的人拉输为止，即为该队获胜。

柯尔克孜族马背拔河、科力布卡、交安尼希、阿尔罕塔尔提希

马背拔河

马背拔河是柯尔克孜族人十分喜爱的一种角力游戏。双方选手各骑在自己的马上，拉一根两米长的皮绳，将对方拉过界线为胜。在比赛中，不仅是比力气，还要与自己的坐骑相配合。因此，马背拔河与地面拔河相比，其胜负优势瞬息万变，别具乐趣。

科力布卡

科力布卡是柯尔克孜族语“牛式拉力”或“颈力拔河”的意思。科力布卡是两人对抗的游戏，所用器材是一根五米长的粗大羊毛绳，在绳子两头各挽一个成死结的圆环套。在地上画三条相距一米的平行线。比赛时，两个选手背对背、脸朝外分别站在绳子的两端，将绳子从两腿中间拉过来并套在自己的脖子上，手脚着地趴在地上成爬行的姿势，并将绳子上的中间标志置于中线上。当裁判员发令后，对抗的两人用手、脚和颈部的力量向前爬拉，以将对手拉过边界线为胜。科力布卡游戏有个人赛和分组赛两种。分组赛以优胜者多名次列前。

交安尼希

柯尔克孜族语“交安尼希”是二人角力的意思，也叫背人角力。比赛时，比赛双方背靠背，互相挽起手臂。比赛开始后，两人用力力争将对方背起来，直到一方背不起另一方认输为止。交安尼希有个人赛和分组赛两种。

阿尔罕塔尔提希

阿尔罕塔尔提希是柯尔克孜族语拔河的意思。是柯尔克孜族小学生常玩的游戏。其方法是先选一块平坦的场地，根据参加游戏人数的多少在地面上画一个圆圈。再将参加游戏的人分成相等的两队，一队人站在圈内，面朝外均匀分布站立；一队人站在圈外，面朝内与圈内人一对一站立；相对的两人手拉手。待发令者发出“开始”的口令后，圈内圈外的人相互扯拉，若圈内的人将圈外的人拉入圈内者多，圈内队获胜；反之则圈外队获胜。

土族拉棍、拔腰

拉棍

拉棍是土族人喜爱且十分普及的一项二人对抗性活动。拉棍的方法十分简单。参加拉棍的两人脚蹬脚坐在地上，手握一根事先准备好的木棍（如没

木棍也可用锹把代替），由另外一人当裁判。当裁判发令开始后，对抗的两人用力向后拉扯，以将对方拉起或将对方拉成臀部离地为胜。拉棍又叫蹬棍，因此在拉蹬的过程中双膝不能弯曲，否则则算违例。

拔腰

拔腰是土族青年十分喜爱的一项两人间的角力活动。参加拔腰的两人面对面站立，各从右侧将对方的腰抱住，挺直腰、抬起头。待发令后双方同时憋气用力，将对方向上抱起，使对方双脚离地为胜。

达斡尔族颈力

在清代，凡年满十五岁的达斡尔族男青年，都要定期进行军事训练。在练兵习武的项目中，就有颈力比赛。由于颈力比赛不受场地器材限制，开展十分方便，又符合人们自娱自乐的要求。因此，使这一项目得以流传至今。现在，在节假日，特别是在除夕之夜，在达斡尔族的家中，人们坐在热炕一端，一边喝着节日的美酒，一边兴高采烈地观看少年“布库”（达斡尔语“大力士”的意思）进行颈力比赛。颈力比赛是二人角力的对抗比赛。参加比赛的两人相对坐在地上，双腿伸直，双脚相蹬，各自双手叉腰或将双手放在自己的双膝上。将一条两米左右的布带两头打结并系实，使之成一环状并分别套在比赛者的脖颈上。当裁判发令后，两人用脖颈使劲，用力向后拉。如一方被拉成臀部离开原地、屈膝歪倒、布带中心点明显偏向对方则为输。

撒拉族拔腰

撒拉族拔腰源于小伙子们比力气时把碾场的碌碡用双手倒搂，从平地搬起走圈。后来发展成人与人之间的拔腰较量，并逐步形成了传统。拔腰比赛有抢抱拔和定抱拔两种。所谓抢抱拔，是双方争先抢抱对方的腰部，用力将对方向上拔，以将对方拔起成双脚离地为胜。所谓定抱拔，是双方从容抱住对方的腰部，听到裁判“开始”的口令后，再同时用力，力争将对方向上拔起成双脚离地为胜。定抱拔有双手抱拔和单手抱拔两种。不论是抢抱拔还是定抱拔，一般都采用三局两胜或五局三胜制。胜者还有资格迎接新的挑战。

保安族抱腰、拔腰

抱腰

保安族青少年非常喜欢参与抱腰活动。保安族抱腰属抢抱比赛，除了要有一定的力量素质外，还需要有很好的灵敏素质。在比赛中，比赛双方力争抱住对方的腰部，谁先抱住了对方的腰部谁就争取到了主动权。但光抱住对方腰部并没有获胜，还要将对方抱起来，使对方双脚离地才是胜利。在比赛中，先被抱住的一方不一定注定失败。他还有反败为胜的机会。因此，比赛有时会异常激烈，并使围观者的情绪激动。该比赛不分级别，在体重相当者中进行。

拔腰

保安族青少年非常喜欢参与拔腰比赛。拔腰比赛是二人角力的对抗活动。拔腰比赛时，两人相对站立，互相抱住对方的腰部，裁判员宣布开始后，双方尽力将对方提起至双脚离地为胜。分单手拔和双手拔。也分个人赛和集体赛。不分级别，在体重相当者中进行。

裕固族拉棍、拉爬牛

拉棍

裕固族人在生产劳动之余，喜欢进行拉棍比赛。拉棍比赛是两人相对，席地而坐，两腿伸直，两脚相顶，两手共同握住一根木棍或其他劳动工具的木把，在听到“开始”口令后，两人同时用力向后拉，以将对方拉离地面或两腿弯曲为胜。

拉爬牛

裕固族拉爬牛是将一根长三米左右的绳子两头打个结，使之接成圈，将绳子分别经裆部套在两个臀部相对、背向趴在地上的人脖子上，在与绳子的中间点位置相对应的地上画一条中线。当两人听到“开始”的口令后，用手爬、脚蹬的力量将对方拉过中线为胜。也有将绳子经臀上拴在腰间比赛的。

基诺族藤条拔河

基诺族人每逢年节，都要用原始森林中的一种又软又结实的藤条来进行拔河比赛，男女老幼都参加，热闹非凡。基诺族拔河既可以是两人的对抗，又可以是两个集体的对抗；既可以是男女分开比赛，又可以是男女混合比赛，还可以是男女的混合赛。在拔河比赛前，先在地上画一条中线，然后在中线的两边分别画两条距离相等且平行于中线的边线。三条线画好后，再在软藤的最中央拴一条系着标志物的细绳。在比赛时，待两边的人拉着软藤站在中线的两边准备好后，裁判发令“开始”，两边的人用力向后拉，以将软藤中间的标志点拉过靠近己方的边线为胜。

第四节　角力对抗

一些角力项目有其独特的角力对抗的形态特质，深受人们的推崇与喜爱。还有一类项目是以基本力量作为基础，并在此基础上进行的一种对抗性游戏，我们在这里称之为对抗。在本节中，我们将这两类项目整合在一起，称角力对抗。具体项目有回族掼牛。“斗鸡赛”，苗族踢角架，彝族“互布吉则”、顶头、抵肩、顶扁担、阿克登登土、“高脚马对踢”，瑶族对顶木杠，侗族学斗牛、骑木马格斗，土家族抵扁担、扭扁担、扁担上扳手劲、抵杠、拔地功、“高脚马角斗”，傈僳族尼昂急、拉肚夺、扭扁担、背什，佤族能顿、堵，畲族“斗牛”，拉祜族迈切切、哈呜郭、戛水戛都，纳西族“偷狐儿”，景颇族扭杠、顶杠，柯尔克孜族二人翻、莫西拉西、交安尼希、阔容铁，仫佬族象步虎掌，羌族推杆、扭棍子，布朗族“斗鸡”，毛南族同填、同顶、同拼，怒族虎熊抱石头、踢脚，保安族夺腰刀、抱腰，裕固族“顶牛”，京族顶竹竿，独龙族“老熊抢石头”，基诺族顶竹竿、扭竹竿、“羊打架”、高跷踢架。

回族掼牛、“斗鸡赛”

掼牛

掼牛源于回族民间生活中的宰牛。宰牛时，需多人同时配合行动，将牛摔倒捆绑开宰。相传有一青年，骁勇力壮，动作敏捷，徒手将牛掼倒并捆住。赢得了父老乡亲们的赞赏。从此，掼牛并成了回族群众十分喜爱的一种比赛项目。现流行于宁夏、甘肃、河南、河北等地。掼牛时，十里八乡的许多人都会闻讯前往观看。被掼的牛身上披红戴花，掼牛者则身着披风，威风凛凛地走到牛前，用双手握住牛角左右摇晃，待牛性起，掼牛者即以左手握牛角，右手握牛下颌，以爆发力猛拧牛头，使牛失去重心，摔倒于地，博得众人的喝彩与欢呼。旧时，云南的回族聚居地区亦有掼牛表演。

斗鸡赛

斗鸡赛是宁夏以北回族聚居地区长期流传的一项游戏活动，有着悠久的历史。所谓“斗鸡”，是参与者用一条腿支撑，以跳跃的方式移动并维持平衡；另一条腿大小腿折叠弯曲，用双手抓紧；以前伸的膝盖为“鸡头”，去碰撞对方，使对方失去平衡双脚落地而失败的一种游戏。回族斗鸡赛多以集体斗的形式出现。在进行斗鸡赛前，先要选出两个水平较高、实力相当、能代

表一方的队头。然后由队头按“打砂锅”或“大压小”的办法决定挑选本方的队员，直到将参与者分成人数相等的两个队为止。然后在地上画一个长方形的场地边框，在场地的两端各画一个大小尺寸不限叫“营地”的圆圈，并在圈内放一些物品。设一名裁判（或证人）。当裁判宣布“开始”后，双方队员除一至两名队员被分配看守自己的营地和营地的物品外，其他队员立即端起大小腿折叠弯曲的膝盖“鸡头”，以支撑腿跳跃的方式从营地出发，迅速移动，并尽快占领有利地势，以顶、压、闪、碰等动作攻击对方。在攻斗中，凡因失去平衡双脚落地者，即刻被淘汰。经过反复争夺，凡能获得对方营地中的物品并能返回自己营地者为胜。在整个斗鸡赛的过程中，只要是参赛队员，不论是谁，在什么地方，在裁判没宣布比赛结束前双脚落地均将被淘汰。

苗族踢角架

这是一种二人对抗性角力游戏。在对抗中，对抗双方只允许单腿支撑着地，另一腿采用踢、钩、蹬、扫等动作进攻，不准踢对方的裆部及腰部以上部位，以将对方踢倒为胜。在互踢的过程中，双方可以交换支撑腿，但不能双脚着地。踢角架对抗性强，一场比赛常可达半小时之久。

彝族互布吉则、顶头、抵肩、顶扁担、阿克登登土、“高脚马对踢”

互布吉则

互布吉则是彝语雄鸡斗架的意思，俗称蹲斗。是流行于大、小凉山彝族地区的一项融音乐与角力于一体的独特的、传统的角力游戏。多在节假日或劳动间隙休息时进行。互布吉则比赛一般在欢快的芦笙、笛子乐曲的伴奏下进行。互斗的人蹲在地上，两手抱膝，相互用肩对撞。有两人对撞和四人对撞。比赛时，不得用手推对方。如一方首先失去重心倒下或被对方撞倒，或手、臂部着地，或抱膝的手松开都为输。比赛一般采用三赛两胜制。

顶头

顶头是彝族人模仿水牛打架的动作而玩的一种游戏，有两种玩法。其一是在比赛时，双方缠好包头，四肢着地趴在地上，在一直径约四米的圆圈内，头顶着头，相互用力，以趴顶的方式，将对方顶出圆圈为赢。其二是互顶的两人站立，两手交叉，头对头用力相顶，向后移动脚步者为输。

抵肩

彝族抵肩比赛在一直径约四米的圆圈内进行。预备时，两人趴在地上，两手扶地，各以肩相抵对方。当裁判发令“开始”后，双方同时用力向前抵。

以将对方抵出圈外为胜。

顶扁担

顶扁担所用的扁担稍宽，长两米多，两头呈凹状。双方将包头解下，围在腰间，各顶住扁担的一头，两手叉腰，站成弓箭步，裁判在与扁担中点位置相对应的地上画一中线。当听到裁判“开始”的口令后，双方用力向前顶，以谁的脚先踩住中线就判谁为胜。比赛一般采取三局两胜制，人数较多时采取分组循环或淘汰制进行。

阿克登登土

在云南祥云地区的彝族中盛行阿克登登土，俗称“斗鸡”。当地的青年男女都喜欢玩这种双人对抗游戏。阿克登登土是一腿支撑；另一腿膝盖弯曲，一手提握住脚踝，另一手托住其膝盖上方的大腿。采用单脚跳跃移动，用弯曲的膝盖头去进攻对方。以使对方倒地或使提起的脚掉落或触地为胜。其动作技术有冲、顶、抬、压、扫等。

“高脚马对踢”

彝族“高脚马对踢”俗称高跷，是用两根带树杈的小树干做成。行走时脚踩在离地面约三十厘米高的杈丫上，两手扶杆，杆高约一百八十厘米。“高脚马对踢”为两人对抗。即踩着高跷的两人彼此互踢，以使对方身体失去平衡掉下“马”为胜。比赛一般采取淘汰制，失败即失去继续比赛的资格。

瑶族对顶木杠

对顶木杠是广西龙胜瑶族群众喜爱的一项群众性娱乐项目。对顶木杠比赛时，较量双方的两人各以红布缠住腹部，然后双手扶杠，分别以腹部顶住一根碗口粗、三米左右长的木杠两端，做好比赛准备。当听到裁判“开始”的口令后，迅速奋力向前推顶，直至一方体力不支败下阵来，再换一人与胜者较量。如能连胜五人以上者，被誉为“大力士”。

侗族学斗牛、骑木马格斗

学斗牛

学斗牛是湖南通道一带侗族青少年十分喜爱的一项传统游戏。过去，通道侗乡地僻人少，田多牛多。侗族青少年在放牛时模仿牛打架的样子，相互用头、肩去撞击对方，以此取乐。在秋收之后，这项游戏的开展更加频繁和普及。在学斗牛比赛中，参与者必须服从裁判，有很高的道德修养要求，如有故意伤人者，会受到同伴们的集体唾弃。学斗牛比赛为两人的对抗性游戏。在一个宽约三米的两条平行线内，相互对抗的两个人同时进入里面。设裁判一人，站在线外。比赛开始后，站在线内的两人相互用头和肩击撞对方，以将对方击撞出线外为胜。在比赛中，不准用手推，不准有伤害对方的攻击性动作。学斗牛比赛不分体重级别，不计时间长短，不暂停，以斗出胜负为止。

骑木马格斗

在侗乡，骑木马又称踩高跷。相传早在明清时期骑木马格斗就在侗乡盛行。侗族小伙子可以骑着木马走村串寨，翻山越岭，上山下坡，技艺纯熟精湛。木马的制作十分简单。用两根长短与人身高相近，粗细与锄把相仿的木棍，在每根木棍的下端（距底部约一尺）夹上与人的脚掌长度相当的木板，并用藤绳捆扎结实。骑木马时，手扶木棍上端，脚踩木板而行。骑木马格斗为两人对抗性比赛。比赛双方可以采用撞、扫、踢等动作，使对方掉下马为胜。没有严格的比赛规则，也没有严格的场地要求，在侗寨鼓楼边的石板坪、家里的堂屋都可进行骑木马格斗。

土家族抵扁担、扭扁担、扁担上扳手劲、抵杠、拔地功、“高脚马角斗”

抵扁担

鄂西地区的土家族人经常在田间地头或劳动之余玩抵扁担。其方法是先在地面上画出两条平行边线，间距等于扁担的长度，然后在其正中画一条中线并与两条边线平行。准备比赛的两人分别相向站在中线的两边，以肩胸抵住扁担，在扁担的中间系一悬垂物并使之对准中线。在听到裁判“开始”的口令后，两人用力相抵，以将对方抵至扁担中间悬垂物越过对方边线者为胜。

扭扁担

扭扁担是土家族人在劳动之余经常玩的一种游戏。1929 年年初，贺龙同志到鄂西鹤峰邬阳关斑竹园收编那里的“神兵”，看到“神兵”们在比赛扭扁担，很感兴趣，随即抓起一条扁担，和当时的“神兵”大队长、后来的红四军团团长陈家瑜（土家族）比赛了一盘扭扁担，结果贺龙获胜。此事至今仍被当地人民传为佳话。扭扁担的方法是参加比赛的两人用双手各握住扁担一端，当听到比赛“开始”的口令后，双方同时用力向相反的方向扭转，谁能使扁担向自己用力的方向扭转 90 度谁就为胜。

扁担上扳手劲

两人各以一手握住一根扁担，贴紧自己的腰腹部。另一手相互紧握，并将其手肘置于扁担上。听到“开始”口令后用力扳压，将对方手臂扳倒为胜。在扳的过程中手肘不得抬起、移动。扳完后可换手再扳。

抵杠

抵杠是湘西土家族人在日常生活中经常参与的一项传统性角力对抗活动。相传是源于一次抵御外族部落的进攻。据探报，一个外族部落要在过年这天进犯土家族山寨。于是土家族首领通知各家各户提前一天过年。到了真正的除夕，男人们事先埋伏在寨外要口，其他人则在家装成热热闹闹过年的样子，等敌人进入埋伏圈后被打了个措手不及，全被歼灭在寨外。到了正月初一，人们欢聚在一起庆贺胜利，有人用抗敌的棍棒玩起了抵杠游戏，引起了大家的兴趣。从此以后，抵杠走进了土家族人的生活。如新年期间、走亲访友时、甚至是女婿首次到丈母娘家，进屋都要与主人抵三杠作为见面礼。

拔地功

拔地功是土家族农民在生产劳动之余，用木杠或扁担进行角力的一组传统游戏。其形式有三种，一是面对面拔地功。先在地面上画一直径约五米的圆圈，相对抗的两人于圆圈中央面对面半蹲，双手分别握住一根木杠或扁担的两端，并用大腿夹住。当听到裁判发出“开始”的口令后，两人用力向前推杠，双脚可以移动，双手不得离杠，把对方推出圆圈为胜。二是背对背拔地功。两人背对背以大腿共夹一根木杠或扁担，双手紧握杠端，半蹲。听到裁判“开始”的口令后，用力向后推，直至将对方推出圆圈为胜。三是靠膝拔地功。两人面对面手握木杠或扁担，并以杠端靠紧右膝，身体重心下沉，两腿成前弓后箭姿势。当裁判发出“开始”的口令后，两人用力向前推杠，双脚可移动，但不准拉、摆、放杠。以将对方推出圆圈为胜。

“高脚马角斗”

“高脚马”是现在的名称，以前叫作“竹马”或“骑竹马”。是两脚分别踏在两个竹马的脚蹬上，走、跑、跳或前进、后退。“高脚马角斗”顾名思义就是骑在竹马上撞架。就是在规定的场地内骑在竹马上，在规则允许的范围内运用各种攻防技巧，将对方撞倒或撞下竹马，自已仍骑在竹马上为胜利。具体方法如下：先于地面画一直径为五至十米的圆圈，通过圆心画出中线。对抗的双方在场地外做好准备，待裁判发出指令后，双方即进入场内进行角斗。双方可用身体各部位撞、顶、拐、挤或用竹马在下端绊、扫等方法，以使对方下马或出边线为胜。但禁止击打对方的头、腹、裆等部位，更不准以竹马的踏板以上部位弹击对方，也不允许用拳、腿、膝、足撞击对方。双方在进攻中都不得离开踏板。采取九斗五胜或五斗三胜制。“高脚马”以人踩上后顶端与肩齐，男子使用的踏板距地面三十厘米，女子使用的踏板距地面二十五厘米为宜。

傈僳族尼昂急、拉肚夺、扭扁担、背什

尼昂急

尼昂急是傈僳族语顶牛的意思，是模仿牛羊打架的角抵对抗。尼昂急的优胜者被傈僳族人视为勇敢、智慧和强大的象征，有着特殊的殊荣。尼昂急比赛一般会在沙滩上进行。相顶的选手赤裸着上身，头顶头、肩抵肩，为了获胜，可顶对方的腋下，也可从侧面顶；而防守者则尽可能地将肩部压低着地，只留给对手一个背脊，使其难以进攻。进攻者可以正面进攻，将对方顶成转体朝后为小胜；将对手顶翻在地为大胜。在松软的沙滩上俯卧相顶进行角斗，要想取胜十分困难，常常是沙土飞扬，犹如一对殊死搏斗的壮牛在拼死相争，煞是好看。

拉肚夺

傈僳族语拉肚夺的意思是顶杠。拉肚夺流行于怒江两岸，为双人角力对抗性游戏。拉肚夺比赛可用扁担或木杠，相较的两人相向而立，各持扁担或木杠的一头，将扁担或木杠的一头顶在各自的肚子上，成弓箭步相互推顶。以将对方顶退为胜。

扭扁担

扭扁担是一项流行于怒江沿岸的对抗性游戏。比赛双方站好后，各持扁担的一头，互向相反的方向扭。在扭的过程中，扁担脱手或站立不稳为输。

背什

背什是傈僳族语踢脚的意思。是一种双人互踢的对抗性游戏，为傈僳族盍什节的内容之一。背什比赛时，两个选手相互对踢。在对踢的过程中，只准踢对方的脚底部。以将对手踢倒为胜。

佤族能顿、堵

能顿

能顿是佤族人十分喜爱的双人对抗性游戏之一。是用脚、膝攻击对方，左右脚均可使用，但限踢腰部以下，不准踢阴部。动作主要有踢、蹬、扫、钩、顶、挑等。以将对方踢倒为胜。男女均可进行该游戏。

堵

佤族语称顶杠为堵。堵是一项双人角力的对抗性游戏。在佤族青少年间盛行，深受佤族人喜爱，是佤族节假日或田间地头常进行的一项活动。堵比赛时，对抗双方双手各自紧握一根长约三米，直径约十厘米的木杠两端，并将其杠头顶在自己的肚子上，听到裁判“开始”口令后用力向前推顶木杠，以将对方推动并向后退二至三步为赢。

拉祜族迈切切、哈呜郭、戛水戛都

迈切切

迈切切是拉祜族语“踢脚架”的意思。是拉祜族男子游戏。在游戏开始前，将参加的人分成两个人数相等的队，设裁判若干。在裁判宣布开始后，双方赤脚互踢，以将对方踢倒在地为胜。其动作有踢、蹬、踹、钩、扫等，不准踢对方小腹以上部位，更不准踢对方的阴部，违者直接判输，并退出比赛。

哈呜郭

哈呜郭是拉祜族青少年十分喜爱的一种对抗性游戏。在地上画一称域的圆圈，放三样东西在里面，一人俯身守护着这三样东西，其他数人则要想法从守护者身下将这三样东西取出。守护者采用脚踢的办法进行防守，如踢到抢物之人为胜，被踢的抢物者为“死”，并换为守护者。如东西被抢光，游戏重新开始，守护者仍充当原职。

戛水戛都

拉祜族苦聪语“戛水戛都”的意思为高跷。高跷一般用竹木制成，踏板离地三十至六十厘米。拉祜族戛水戛都有很多种运动方式，其中高跷对打就属于对抗性较强的运动项目。其比赛方式是双方绑上高跷，用高跷绊、扫对方，使对方落地或逃跑为胜。在比赛中不得用手推、拉，拳击等。

纳西族“偷狐儿”

“偷狐儿”是纳西族青少年男女在闲暇时常玩的一项传统游戏。游戏中，一人扮作狐狸，俯卧支撑于地，身下放数枚石头为“狐儿”，“狐狸”要尽力保护好自己的“狐儿”不被其他人偷走。在护儿的过程中，“狐狸”采取用脚踢的形式攻击来偷“狐儿”的人，若被踢中，则与“狐狸”对换；若“狐儿”被偷走，则“狐狸”护“儿”失败，被众人戏称为“死狐狸”，并会被大家抓住手脚抬起来抛甩几下。寓意为让其清醒清醒，以后要注意保护好自己的“狐儿”。

景颇族扭杠、顶杠

扭杠

扭杠是景颇族男人在一起时常玩的一种双人对抗角力游戏。分为马步式和下蹲式两种。比赛时，角力双方分别握住一根长约两米，粗若碗口的竹竿两头，采用马步站立或下蹲的形式稳固好下盘，然后各自向相反的方向用力扭动，如一方脚移动或手滑动则为输。一般采取三局两胜制。

顶杠

顶杠是景颇族男子相互角力的一种双人游戏。比赛时，双方站在一条中线的两边，双手紧握一根碗口粗细、长约两米的竹竿或木杠，并将两头分别顶在各自的腹部。在裁判宣布“开始”后，双方同时用力向前推顶，以将对方推顶出距离中线两米左右并踩住中线为胜。一般采取三局两胜制。

柯尔克孜族二人翻、莫西拉西、交安尼希、阔容铁

二人翻

二人翻游戏深受柯尔克孜族青年喜爱，又称翻跟头。一般在草地上进行，人数不限。二人翻游戏为二人一组的对抗性翻转游戏。在主持人的指挥下，用出手指的方法决定谁先翻谁后翻。先翻的一方反抱住对方的腰，用力将对方翻转过来成头朝下，脚朝上。然后换翻。这样来回翻转，直到有一方将对方翻转不过来而认输为止。也有多组同时进行翻转的。多组翻转现场效果更为热烈。

莫西拉西

莫西拉西游戏与斗鸡相似。相传是源于古柯尔克孜人由叶塞河上游向阿勒泰、天山及帕米尔高原迁移时，人们在途中取暖时采用的一种游戏演变而成的。也有说是柯尔克孜族人在放牧时，从牛羊的角抵中受到启发，模仿形成的。多在集会上进行，为青年人所喜爱。莫西拉西比赛是对抗的二人各自盘起左腿，用右手抓握住左脚，以右腿支撑，在跳跃中移动，以盘起的左腿去挤压对方盘起的左腿。在规定的时间内，以能把对方盘起的左腿压得离开右手，落地或落到右膝以下部位为赢。该比赛分分组赛和淘汰赛两种。分组赛是将参赛者分成两个人数相等的组。每次比赛，双方各出一人。如胜，得一分；若在规定的时间内不分胜负，算平局，各得零点五分；若消极退缩、躲避，不主动进攻者，判输，记对方一分。赛完退下，再上一对比赛，直到

所有人轮流比赛完毕，然后根据总分评定成绩。淘汰赛一般不限人数，先挑选一个选手出来向其他人进行挑战，若有人应战，即开始比赛，若胜了继续再战；若败了，由胜方继续再战。最后以胜的人数多少排定名次。在莫西拉西比赛中，担任裁判者一般为德高望重的长者。并要求比赛双方只能用盘起的左腿挑压对方。不得用手推、搡；不得用头顶；不得用身体撞；不得用脚踢。若出现以上动作为犯规，取消其比赛资格。

交安尼希

交安尼希是柯尔克孜族语二人角力的意思，也称人背角力。交安尼希比赛为二人对抗。比赛时，两人背靠背并相互挽起双臂，在裁判宣布“开始”后，两人力争将对方背起来，最后背不起对方者为输。交安尼希比赛有分组赛和个人赛两种。分组赛是先将参赛者分成两个人数相等的组，然后按一对一抽签决定比赛对手，最后按各组取胜的人数多少来决定优胜队。个人赛一般采取挑战赛，胜者继续再战，败者下场，最后按取胜场数多少决定名次。

阔容铁

柯尔克孜族双人对抗游戏，深受柯尔克孜牧区青年喜爱。其方法是在一块平地上，两人头、脚朝相反的方向，紧挨着平躺在地，右胳膊相互紧挽，右腿伸起。相互间设法去蹬踢对方，谁能将对方蹬踢翻转为赢。

仫佬族象步虎掌

象步虎掌在仫佬族民间广泛流传。传统竞技方法是先在地上画一“界河”约七十厘米宽。然后对抗的双方面对面分站界河两边，以马步站立。比赛开始后，两人双掌向前、手指朝上，用掌心与对方掌心相击，以将对方击成重心不稳或以虚招吸引对方使对方站立不稳而失去平衡为胜。比赛时不得越过“界河”冲撞对方，不允许抓人或拉人。

羌族推杆、扭棍子

推杆

相传推杆活动源于“羌戈大战”。在很久以前，羌人南移至岷江上游，为了争夺生存之地，同当地的“戈基人”进行了一场战争。危急关头，羌人挑选一批精壮的战士，在天神几波尔勒的帮助下，终于打败了“戈基人”。在庆功会上，要推举一名英雄，但谁也不愿说出自己的功绩，于是人们便以“推杆”来决定英雄人选。战士们将长矛的矛尖取下，用矛杆来进行较量。胜者敬酒一碗，胜三次敬酒五碗。轮番比赛，选出力气最大的一名勇士为英雄。

这一活动被人们延续下来，至今仍流行于羌寨之中。在四川阿坝地区，羌族群众不论是在逢年过节之时，还是在婚嫁喜庆之时，都会把场院中晾晒东西的木杆取下来，进行推杆比赛，看看谁的力气大。推杆是一人双手握住一根长三至四米，粗约二十厘米的木杆一端，用双腿夹骑于上并用力顶住，成守势；另一人握住木杆的另一端，用力向前推，成攻势；攻方在进攻的过程中，要使木杆保持平衡，严禁抬高或左右晃摆木杆。在裁判下令开始后，进攻一方开始前推，时间以拍巴掌五次为限（约五秒钟）。如攻方将守方推倒或将守方向后推移五十厘米者为胜，否则为负。进攻一方也可增至二至三人进行进攻，如增至二至三人进攻，其推的时间和距离也要相应增加。如两人进攻，则以在拍十次巴掌（约十秒钟）期间推出一米距离为胜，否则为败；如三人进攻，其时间和距离则相应增加。比赛多采用三局两胜制。

扭棍子

扭棍子是羌族二人对抗性游戏。方法是取一根长约一米，粗约五厘米的木棍，参加比赛的二人各握住木棍的一端，在听到裁判“开始”的口令后，双方各自向事先约定的不同方向扭动，以能将木棍扭转一周者为胜。在比赛的过程中，木棍不得接触身体，否则为犯规。

布朗族“斗鸡”

布朗族双人或多人对抗性游戏，为布朗族青少年儿童所喜爱。在游戏时，用一只腿支撑移动，另一只腿大小腿折叠并用手掌握住，用其膝盖去冲顶对方，以将对方击倒或将对方击成双脚落地为胜。其动作有跳、压、冲、扫等。

毛南族同填、同顶、同拼

同填

毛南语“填”是“撞”或“碰”的意思。同填是毛南族青少年十分喜爱的一项相互碰撞的对抗性传统游戏。同填比赛分个人赛和团体赛。个人赛为二人之间的较量；团体赛则不限人数，只是将所有参赛的人按单位或地域分成两个人数相等的组，然后采用一对一的方法循环进行比赛，每人只能参加一场比赛，最后以获胜场次多的组为优胜组。同填比赛的方法有两种。一种是先在一块平地上画一个直径一米左右的圆圈，一人在圆圈内为守方，另一人进入圆圈内后作为攻方，守方扎好马步进行防守，攻方则设法将守方撞出圆圈即为胜；另一种是先在圆圈内经圆心画一条分界线，分别作为比赛前双方参赛队员的活动区域，当比赛开始后，双方队员即可在圆圈内的所有地方进行对撞，在对撞中被对方撞出圆圈者为输。在对撞的过程中，双方队员必须将双手交叉置于胸前抱紧，呈半蹲式，允许相互间用肩膀碰撞，也可以采用闪、展、腾、挪的方式诱使对方碰撞落空而冲出圆圈失败。

同顶

在广西毛南族民间，同顶甚是流行。相传，同顶源于六圩。毛南族逢农历的六和十日为圩日，传统上以逢十为小圩，逢六为大圩。毛南族六圩的早期圩址在下团的“顶齐才”（毛南语“旧圩址”），已有三百年以上的历史（《广西风物志》）。每逢圩日，毛南族民众除在圩上进行买卖交易外，一些后生和姑娘们还聚集圩场会见“估傍”（毛南语“朋友”），共叙友情和互相祝愿。在会见“估傍”时，还要开展同顶活动，以增加圩日的热烈和欢乐气氛。现在，在广西地区，同顶除在毛南族本民族的圩日进行外，在其他民族的年节及闲暇时间也经常开展，并被规范为统一名称，曰“顶竹竿”，是广西壮族自治区少数民族运动会的竞赛项目。“同顶”是同时发力相顶推的意思，是一种双人角力的对抗性游戏。比赛前，先准备一根长约两米，直径五厘米左右的木杠或竹竿，在杠子的正中画一条线，并在该处悬吊一重物，使之垂直于地面；然后在地上画三条相互平行、距离相等的直线，中间的线为中线，中线两边的两条线为比赛线。比赛时，对抗双方的两人站在中线的两边，各自用双手握住木杠或竹竿的一端，并将杠头顶在自己的小腹部，使杠中下垂的重物置于中线之上。当裁判发出“开始”的口令后，双方用力向前推顶，以将对方推顶出比赛线，并使杠上悬挂的下垂重物越过对方一边的比赛线为赢。

同拼

同拼是毛南族的一种双人角力对抗性游戏，毛南语叫“都拼”。同拼是参与对抗的两人分别各用一只手握住一根长约两米，粗约三厘米，表面光滑的木棍的两端，一人防守，一人进攻。防守者紧握木棍，尽力不让进攻者扭动木棍；进攻者则用力扭动木棍，如果木棍被扭动，则防守者为输，反之则为赢。不论输赢，双方可交换位置再赛。

怒族“虎熊抱石头”、踢脚

“虎熊抱石头”

“虎熊抱石头”流行于怒族青少年之中，是怒族传统的游戏活动。具体方法是一人俯卧支撑于地，用身体护住身下的几个石头，并用脚攻击前来抢石头的人；另外数人则设法将石头从护石者的身下抢出。若在抢的过程中被护石者的脚碰上，则被碰者与护石者的角色进行互换；若石头被抢光，护石者的脚又没有碰到任何人，则为护石者输，护石者要表演节目。

踢脚

踢脚又叫脚斗，是怒族青少年经常开展的一项对抗性很强的传统游戏，多在怒族男子中开展。踢脚可双人，也可多人对抗。其方法是参与者用脚互踢，以将对方踢倒在地为胜。在踢的过程中，只能踢对方腰腹以下的部位；不得用手推拉对方。

保安族夺腰刀、抱腰

夺腰刀

保安族传统的双人对抗性游戏。在游戏中，相互对抗的双方各将一把带“什样锦”刀鞘的小双刀藏在身上，以前进、后退、左右移动等方式避免对方触摸，尽量不让对方发现自己的刀藏在哪里，并保护好自己的腰刀；同时，又要想方设法发现对方的藏刀之处。一旦发现对方的藏刀之处，要果断出击，迅速将对方的腰刀夺到手为胜。在夺刀的过程中，双方在保护好自己腰刀的同时，要及时发现对方的藏刀之处。于是双方采取试探、触摸的方法去感觉、发现对方的腰刀，并设法夺之。在此过程中，双方施展各自所能，运用撕、拉、拱、摔等搏斗动作，奋力将对方的腰刀夺到手。夺到对方腰刀者为胜；双方腰刀相互易手为平。一般采取三局两胜制。每局之间休息五分钟。

抱腰

抱腰是保安族青少年十分喜爱的一项传统双人对抗性游戏。比赛双方力争抱住对方的腰部，先抱住对方并将其抱起来，使其双脚离地为胜。比赛不分级别，在体力与体重相当者之间进行。

裕固族“顶牛”

“顶牛”是裕固族传统的两人角力对抗性游戏，常在人们聚集的场合进行比赛。比赛时，将一根长一米多的木棒的两端分别顶在对抗者各自的肩胛处，并在两人身后的地上画两条平行线，称“终线”。在裁判发出“开始”口令后，双方尽力向前推顶，以将对方推顶过“终线”为胜。

京族顶竹竿

它是京族传统的双人角力对抗性游戏。对抗的两人用单手同握一根长约三米，粗四至五厘米的竹竿两端，手伸直，在裁判宣布“开始”后，两人用力向前顶，若一方力量不支导致其手臂弯曲则为输。京族顶竹竿比赛男女均可参加。

独龙族“老熊抢石头”

游戏双方分护石者和抢石者。护石者一人，身体俯卧撑地，护住身下的数块石头；抢石者若干人，设法从护石者身下将石头抢出来。护石者用脚踢的方式进行防守，抢石者则在抢石的过程中尽量避免被护石者踢到。若被踢到，双方位置互换（即抢石者变护石者，护石者变抢石者）；若石头被抢光而护石者没有踢到任何人，则游戏重新开始，双方位置不变。

基诺族顶竹竿、扭竹竿、“羊打架”、高跷踢架

顶竹竿

顶竹竿是基诺族青少年十分喜爱的一项二人对抗角力活动。比赛前，取一根长二三米，粗十厘米的竹竿；准备较量的两人各自解下自己的包头布围在腰间，将竹竿拿起并相互顶住竹竿的一端；双手叉腰不得碰竹竿，两脚站立成弓箭步。两人站稳后，在与竹竿正中相对应的地面上画一条中线。比赛开始后，两人用力向前顶，以其中一人的脚先踩着中线为胜。基诺族顶竹竿按年龄分组比赛，多采用淘汰赛，最终的获胜者会受到大家的尊重和赞扬。

扭竹竿

扭竹竿是基诺族人都十分喜欢的一项对抗性角力运动。扭竹竿比赛时，比赛双方面对面蹲在地上，双手共同紧握住一根长二点五米，粗八厘米的竹竿两端。比赛开始后，两人用力向相反的方向扭转竹竿，谁的竹竿被扭动谁就为输。一般采用三局两胜制。

“羊打架”

是基诺族青少年模仿羊打架所玩的一项游戏，为男性青少年所喜爱。游戏时，两人一组，一人背着另一人，四手相握并举起形成“羊角”，两组之间以“羊角”对冲、对顶、对撞，以将对方拆散或将对方背上的人击落下地为胜。可重复进行，直到一方认输。

高跷踢架

高跷是在竹竿上绑上一块脚踏板，脚踏板距地面约六十厘米。踩高跷时，手扶在竹竿上端，脚踩在踏板上并行走。高跷踢架是两人对抗的游戏。即双方踩着高跷互相对踢，在对踢中使对方失去平衡从高跷上掉下来为赢。

第二章　奔跑与竞速

奔跑是人类社会最早的一项身体运动，是人类为了生存而发展起来的一项基本技能，为人类战胜自然、繁衍生息创造了一定的条件。奔跑是与速度紧密相关的一项运动。不论是短距离的竞速度奔跑还是长距离的竞耐力奔跑，都是在追求用最短的时间跑完一定的距离。正是因为人类会奔跑，才有了人与人之间的相互竞速。然而竞速并不仅限于奔跑，一切要求人们在最短时间内达到相应技能要求的比赛，我们都认为是竞速。竞速要求人们首先要具备一项最基本的素质，这就是速度素质。速度素质是指人体快速运动的能力。速度素质分为反应速度、动作速度和移动速度。速度素质是竞速运动的基础。我国西部许多少数民族自古以来都有奔跑与竞速的运动，并呈现出多样式、多形态的运动风貌，且大多数奔跑与竞速运动都源自于军事、生产、生活与娱乐。如北魏名将杨大眼，武都（今甘肃武都东南）人，氐族，骁勇，尤以行走迅捷著称。北魏太和年间，被选为军主，旋迁统军[①]。再如《宋史》载："自古行师用兵，或骑或步，率因地形。兵法云：蕃兵惟劲马奔冲，汉兵惟强弩特角，盖蕃长于马，汉长开弩。今则不然，西贼有横山部落谓之'步跋子'者，上下山坡，出入溪涧，最能逾高超远，轻足善走；有平夏骑兵谓之'铁鹞子'者，百里而走，千里而期，最能倏往忽来，若电击云飞。每于平原驰骋之处遇敌，则多用铁鹞子以冲冒奔突之兵；山谷深险之处遇敌，则多用跋子以为击刺掩袭之用。此西人步骑之长也。"[②] 是说西夏不仅有骑兵，还有被称为"步跋子"的山地步兵。这些步兵专门在山谷深险之地"击刺掩袭"。这些步兵不仅耐劳"百里而走，千里而期"，而且速快"若电击云飞"。可见

① 《北魏·杨大眼列传》，载刘挥编《魏书·崔浩列传》，新世界出版社 2012 年版。
② 〔元〕脱脱等撰《宋史》卷一百九十《兵志》，中华书局 1977 年版。

其奔跑行走的能力非同小可。这种训练兵士奔跑行走，培养能征善战的步兵队伍的方法在我国西部民族中一直传袭，并从军中扩散至民间，形成了形态多样的奔跑与竞速运动。其中有一些是徒手奔跑与竞速，而有些则是持器械奔跑与竞速。这些项目为发展人们的速度素质提供了帮助，并传承至今。

第一节　徒手奔跑与竞速

徒手奔跑与竞速项目主要有蒙古族贵由赤，彝族互布吉则，壮族拾天灯，土家族跑泽田，傣族“青蛙赛跑”，畲族站柱，柯尔克孜族月下赛跑，布朗族亚都都，普米族赛跑等。

蒙古族贵由赤

贵由赤是元朝一支禁卫军的称谓。贵由赤均由蒙古族人组成，因能跑善走而闻名于世。由于这支部队每年都要举行一次声势浩大的长距离赛跑活动，于是人们便将贵由赤当作蒙古族长距离赛跑的代名词。元世祖忽必烈于至元二十四年（1287 年）组成了一支名为贵由赤的禁卫军，由“亲军都指挥使”统率，担负大都和上都的警卫任务。这支禁卫军，从这一年开始，每年举行一次长距离赛跑。比赛有具体的规则，朝廷上下都很重视，相当隆重，皇帝也要亲临观看，并给优胜者颁发奖品。据元太史杨瑀《山居新语》：“贵由赤者，快步也。每岁一试之，名曰放走，以脚力便捷者膺上赏。故监临之官，齐其名数而约之以绳，使无先后参差之争，然后去绳放行。在大都，则至河西务（今河北省宣化东）起程。越三时，走一百八十里，直抵御前，俯伏呼万岁。先至者赐银一饼，余则缎匹有差。”贵由赤作为训练禁卫军的身体素质和长跑能力的重要手段，对于提高禁卫军的战斗能力，特别是长途奔袭能力起到了重要作用。同时，由于每年都要举行一次距离长达九十公里，约六小时的长跑活动，客观上也起到了娱乐沿途民众及官员的作用。贵由赤是我国历史上举行的仅有的一项超长距离的长跑运动，虽然它随着元朝统治阶级的灭亡而退出历史舞台，但在我国体育历史上却留下了浓抹重彩的一笔。

彝族互布吉则

彝语互布吉则为雄鸡斗架之意。俗称蹲斗。是流行于大、小凉山彝族地区的一项传统运动。蹲斗一般在节日或劳动闲暇之余进行。比赛方式有两种，一为互撞，一为蹲走。蹲走一般采用三赛两胜制，属耐力性比赛项目。参加的人数不限，比赛要求按一定的下蹲形状竞走，以坚持的时间长为胜。

壮族拾天灯

广东连山一带的壮族同胞，每逢喜庆节日和丰收之后，都要开展拾天灯活动。天灯的外形如水桶，以青竹为支架，外面糊一层牛皮纸，在灯的底部放一盏小油灯，油灯点燃后，天灯内气温会逐渐升高，待气温升到一定程度时，天灯便会徐徐升到空中并随风飘走，直至油灯熄灭而下降。拾天灯比赛就是要拾到落下的天灯。比赛开始时，先鸣炮三响，天灯升高后，各村寨派出数十名身强体壮的后生跟着天灯奋力追赶。天灯飘过之处，人们仰头观看、欢呼。按当地习俗，天灯象征吉祥和长寿。故拾天灯活动争抢十分激烈，人们逢山过山，逢河过河，紧追不舍。每次比赛完毕，拾到天灯者除能获得奖品外，本人及其代表的村寨都会受到附近各村寨的祝贺。

土家族跑泽田

跑泽田是土家族姑娘、小伙在水田劳动歇息时常玩的一种游戏。一般会在未种庄稼的水田进行，参加人数不限。参加比赛的人一字排开站在田埂之上，听到“预备”“跑”的口令后，各以双手提起自己的两条裤腿，迅速跑过水田，到达水田另一边的田埂，先到为胜。在比赛中，不得放下裤腿，如滑倒要爬起来再跑。

傣族“青蛙赛跑”

傣族“青蛙赛跑”实为蛙跳迎面接力比赛。将参与者分成两个人数相等的队，成纵队站在起跑线后，当裁判发令“开始”后，各队站在最前面的人采用蛙跳的方式向转折处跳去，到转折处绕杆跳回并击第二人的手，第二人开始向转折处跳去，如此继续下去，直到全队跳完为止。在不犯规的前提下，先跳完的队获胜。在“青蛙赛跑”的过程中，所有参与者在跳动时必须两腿并拢，同时起蹬跳，双臂同时前摆、同时收回，如青蛙往前跳，直至与下一人击手。整个赛程不得改变动作，如若改变算犯规，判为败。

柯尔克孜族月下赛跑

月下赛跑是柯尔克孜族的一项古老的传统游戏，据说产生于玛纳斯时代。过去，柯尔克孜族妇女是不能抛头露面的。如男女不能同桌进餐、同室交谈，更不能同场游戏。一次玛纳斯率部与契丹人交战打了个大胜仗，柯尔克孜族各个部落在欢庆胜利时，男人们都在尽情地欢呼游戏，而妇女们则只能站在远远的地方偷看。玛纳斯看到这种情况，就命令自己的妻子卡尼凯组织妇女在傍晚游戏，以示欢庆。卡尼凯组织的第一个活动就是月下赛跑。以后又发展了月下找羊角骨的游戏。后来她们将二者结合起来，形成了新的月下赛跑。现在柯尔克孜族妇女们开展月下赛跑，一般都是在大型集会或是在婚礼期间在皎洁的月光下进行，由妇女们自己组织。有三种比赛方式。一种是从出发点开始，沿着规定的路线跑至折返点，在折返点拾取预先放在那里的羊肉骨或其他物品，再跑回到起点，根据跑回起点的先后顺序决定名次。另一种是在赛跑的路线上设置一些障碍，或将赛场选在有深涧、水渠、山丘的地方，参加比赛的人按规定路线跑进，到达终点后，拾取放置在终点的羊角骨或其他物品。还有一种是负重跑，即背上小孩或书包、包袱等进行赛跑，跑完规定的路线，按到达的先后顺序决定名次。

布朗族亚都都

亚都都是人们在游戏中发出的一种声音。亚都都是布朗族男女所玩的一种混合游戏，一般为一男数女。游戏者从一边向场地中间鱼贯而入，手叉腰上，边走边唱“亚都都、亚都都……”上身随着节拍一左一右地摆动。男子在前面领队，女子在后面紧跟。来到场地中间，女子迅速向四面八方跑开，男子则转身去追赶身后的任意一名女子，将要被追上时，若该女子迅即卧倒在地，男子就得放弃卧地的女子而去追其他女子。但被追者不得卧地不起，如躺倒后被逗笑，应自认为输。若该女子在卧倒前被捉，她则要立即帮助男子去抓其他女子，直到全部女子被捉住为止。

普米族赛跑

普米族赛跑一般会在转山会期间进行，参加者不分男女老少。比赛为两人较量，距离自定，败者淘汰。通常是在村寨边邻之间进行。

第二节　持械奔跑与竞速

持械奔跑与竞速的项目主要有回族对棍，维吾尔族顶瓜竞走，苗族穿针赛跑、织麻赛跑、穿花衣穿花裙赛跑，彝族“高脚马”赛跑，壮族舂榔争蛙、“板鞋”，侗族骑木马竞速，土家族抱磨盘赛跑、摇（跷）旱船、“高脚马”、滚环，哈萨克族掷白骨头，傣族“鸭子赛跑”，畲族操石磙、赛海马，柯尔克孜族月下赛跑，拉祜族戛水戛都，东乡族“跑火把”，纳西族“跑罐子”，景颇族“赶猪”，毛南族同背，京族踩高跷，塔塔尔族赛跳跑，基诺族高跷赛跑等。

回族对棍

这是回族青少年的一项活动。青少年在放牧时，每人自备约五尺长的牛棍一根。在比赛时，参赛者双手握棍与肩同宽，与比赛对手面对面靠近站立，在握距之内以推的形式使两棍相互交叉相碰，速度由慢到快，节奏性很强，以比试双方臂部力量和各自的快速反应能力。最后以动作速度缓慢，赶不上对方节奏者为输。胜者再与其他人进行比赛。一般采用淘汰赛。如参加的人很多，可采用分组淘汰赛。

维吾尔族顶瓜竞走

顶瓜竞走是维吾尔族的一项趣味运动。参加的人数不限。在比赛前，先按参加的人数多少，选定一些重量、大小基本相近的瓜顶在头上，双手不得扶瓜。当听到裁判发令后，比赛者从起点出发，快速平稳地走到终点，以到达终点的顺序决定名次。在比赛的过程中，只能是头顶着瓜，手不得扶，如出现扶瓜现象，视为犯规，退出比赛。

苗族穿针赛跑、织麻赛跑、穿花衣穿花裙赛跑

穿针赛跑

穿针赛跑是苗族女性参加的一项奔跑比赛项目。首先，将参加比赛的人分成若干人数相等的组。每组在比赛时，先在起跑线后成一字排开，每人在裁判手中领取缝衣针三至七根，棉纱线一根。当听到裁判员发出“预备”“跑”的口令后，参赛者要在规定的距离内（距离长短由裁判根据当地的场地条件确定）将线穿进针眼内，并跑完全程，按到达终点的顺序决定名次。另一种比赛方法是在裁判宣布“预备”“开始”的口令后，参加比赛的人迅速将三颗针的针眼对齐，并将线一次性从三个针眼里穿过去后，再朝终点奔跑过去，以到达终点的顺序决定名次。人数较多时，一般采用分组预赛，再取每组的前一至二名进行决赛。

织麻赛跑

织麻赛跑是苗族女性参加的一种奔跑比赛项目。比赛方法：先分组比赛，再进行决赛。先将所有参加比赛的人分成若干人数相等的组，并分别进行比赛。每组在比赛时，先在起跑线后站成一排，每人发四至七根原麻麻线，待裁判发令“预备”“开始”后，参加比赛者迅速抽出一根原麻麻线的线头，与另一根原麻麻线线头相连，并使接头无明显连接痕迹（即两根线的连接处

没有疙瘩，并可使线在针眼里穿过），直至将所有原麻麻线连完，使之成为一根麻线为止。接完线后再向终点跑去（也有边连接边跑者），先跑到终点且经检查麻线符合要求者名次列前。

穿花衣穿花裙赛跑

是苗族女性参与的一项比赛项目。比赛一般依据场地条件进行。如在一百至二百米的距离内，参赛者将自己亲手编织绣制的自认为最满意的花衣、花裙分别放在相对等分的距离内，当裁判发出“预备”“开始”的口令后，参赛者边跑边穿衣、穿裙，直到穿好衣、裙并跑到终点为止。并按穿衣、裙的质量和到达终点的顺序决定名次。另一种比赛形式是参加比赛的人穿好自己的衣、裙，在起跑线前站成一排，当听到裁判发出“预备”“开始”的口令后，按事先规定好的程序，在规定的距离内先解绑腿，再脱花裙，最后脱花衣。跑至中线再转回来，再依次穿上花衣、花裙、打上绑腿并跑过终点。穿好衣、裙，并打好绑腿先跑过终点者名次列前。

彝族“高脚马”赛跑

据《云南志略》载：“足踩高跷，上下坡如奔鹿。”彝族“高脚马”俗称高跷，是用两根带树杈的小树干做成的。行走时脚踩在离地面约三十厘米高的杈丫上，两手扶杆，杆高约一百八十厘米。“高脚马”赛跑分单脚和双脚两种。单脚“高脚马”赛跑为单足跳比赛，距离一般在二十米左右。双脚“高脚马”比赛的距离一般视场地情况而定，一般设三十米比赛，也可往返多趟进行。视参加比赛人数的多少，可进行分组比赛，每组几人或十几人均可。比赛以先到达终点者为优胜。

壮族舂榔争蛙、“板鞋”

舂榔争蛙

壮族人认为地皇、上帝是天地的主宰，人们要获得风调雨顺、六畜兴旺、五谷丰登，就要在年头祈求地皇和上帝的保佑。在广西东兰县长江乡一带至今仍保留着舂榔争蛙的风俗，以祈求风调雨顺、六畜兴旺、五谷丰登。所谓舂榔，就是用木棍在一种木器上敲击，使之发出“咚”“咚”的响声，以引起地皇与上帝的关注与好感。从每年的正月初一开始，这里的人们就开始进行舂榔争蛙活动，持续时间在十天以上。人们为了喜庆丰收，后来发展到秋季新谷收获后也进行舂榔争蛙，以感谢地皇与上帝的保佑。舂榔争蛙一般以村寨组队，以队为单位参加比赛。各队选派一名公正无私的人组成一个评判组。在一般情况下，要求参加的队各自带一套用具，其中包括铜鼓四个，皮鼓一个，大镲一副，长木棍四根，短木棍四根，长四米、宽、高各六十厘米木榔一个，在顶端挂着四只青蛙、高三丈的竹竿一根。同时，由组织者在场地中间埋一根较大的竹竿，竿顶挂一只大青蛙。入场时，各队准备参加比赛的后生手持长短木棍，与本队带器乐者一道有节奏地敲打着锣鼓，列队走到指定的位置。比赛开始时，各队锣鼓声不断。参加比赛的后生们也用长短木棍有节奏地对打或敲击木棍与木榔。舂榔按击打不同的节奏，分为"一巴郎""二巴郎"直至"九巴郎"。当击打到"三巴郎"时，各队派出一名爬竿技术较好的后生，手执一只用竹子编成的蝴蝶，快速爬上本队的竹竿，挂上蝴蝶取下青蛙，并跑回本队。如此拿蝴蝶、挂蝴蝶、取青蛙往返四趟，直至取完本队挂在竹竿上的青蛙为止。最后冲向设在场地中央的大竹竿，爬上去挂上蝴蝶，取下青蛙并跑回自己的队伍。先者为胜。按当地群众的说法，哪个队取得了大青蛙，他们当年就会有好年景。负队为了沾光，求个好的年景，也纷纷给胜队送猪送羊作为礼物，以求共同丰收。比赛中，还有一些约定俗成的规则。如上竿动作要像青蛙；去取大青蛙时，可以争抢，但不许推倒对方。

"板鞋"

"板鞋"是壮族群众十分喜爱的一项传统体育竞赛运动，于2005年被定为全国少数民族传统体育运动会的正式竞赛项目，定名为"板鞋竞速"。"板鞋竞速"是由多名运动员一起同穿一双板鞋进行一定距离的竞速比赛。在规则允许的前提下，以在同等距离内所用的时间来决定名次，时间少者名次列前（见第十四章民运会竞赛项目概述）。

侗族骑木马竞速

在侗乡，骑木马又称踩高跷。相传早在明清时期就已盛行。侗族小伙子可以骑着木马走村串寨，翻山越岭，上山下坡，技艺纯熟精湛。木马的制作十分简单。用两根长短与人身高相近，粗细与锄把相仿的木棍，在每根木棍的下端（距底部约一尺）夹上与人的脚掌长度相当的木板，并用藤绳捆扎结实。骑木马时，手扶木棍上端，脚踩木板而行。侗族骑木马竞速有多种形式，没有严格的比赛规则，没有固定的比赛场地，有平地比赛竞速，也有上下山比赛竞速等。多人同时出发，以最先到达目的地者为胜。

土家族抱磨盘赛跑、摇（跷）旱船、"高脚马"、滚环

抱磨盘赛跑

石磨是土家族人家中常用的一种磨米和面的用具。土家族抱磨盘赛跑就

是抱着家中磨米和面的磨盘进行赛跑。一般情况下，选一块比较平坦的场地，先按参加人数的多少，一人一道画好跑道，并在跑道的另一端给每条跑道打上一根木桩作为折返点。终点线和起跑线为同一条线。参加比赛者站在起跑线后，当听到“跑”的口令或看到起跑信号后快速跑向折返点折返再跑回起点，按到达顺序决定名次，先到者名次列前。

摇（跷）旱船

摇旱船又叫跷旱船，是五峰土家族自治县山区农民劳动之余，在田间地头常玩的一种游戏。方法是两人相对，坐在对方脚背之上，并紧扣双手，利用与对方的配合和两脚的蹬力及身体的屈伸起伏前进，犹如水中行船。有时还配一人扮成艄公于后跟进。摇（跷）旱船可组织进行各种距离的比赛，有两人组和三人组（配艄公）两种形式。参加比赛的各组在起点做好准备后，当听到裁判“开始”的口令后，各组按一定的路线来回划行进行比赛，以行进的速度快慢决定名次。

“高脚马”

湖南湘西一带的土家族青年男女喜爱踩“高脚马”。“高脚马”原名“竹马”或“骑竹马”，为两根长及肩部的竹子或杂木，并在其下部三十至五十厘米处装上踏脚而成。最初的“高脚马”取材于有杈的小树干，一端留有自然形成的短树杈供脚踏，因而又叫“自生马”；而经过加工制成的叫“再生马”。由双手各持一根，脚踏在踏脚处，可行走，也可奔跑。因在浅水及泥地中行走不湿鞋袜，一些土家族青少年除了用它做游戏外，还经常踩着它去上学。现在，高脚马竞速已被正式列为全国少数民族运动会的比赛项目，并拟定了相应的竞赛规则，定名为高脚竞速。在土家族，“高脚马”比赛有竞速和对抗两项比赛。高脚竞速参见竞技运动章节；高脚对抗参见角力章节。滚环。滚环是手持底端装有弯钩，长约一米的竹（木）棍，钩住一个铁、竹或藤圈做成的环的后下部，推动环在地面滚动前进的游戏。是湘鄂西地区土家族青少年经常玩耍的一种游戏。滚环有许多技巧和花样，如跳滚、翻滚、飞滚、转圈、刹车、滚越沟、桥、坎、包、坑等障碍等。比赛分速度、持久、花样和滚越障碍等。在比赛中，如途中环圈躺倒，只能用环杆将其钩“活”，继续再滚，不得用手拣。持久赛则以环圈躺倒为止。花样比赛多为自编套路，以花样多，失误少，难度大者领先。

哈萨克族掷白骨头

掷白骨头是哈萨克族儿童游戏。孩子们在玩耍前先备好一些牛或羊的长骨。在玩时，先将长骨散落扔放在距大本营数十米的地方，所有参与者都站在事先确定的大本营内，由一人发令“开始”后，大家迅速跑出寻找，找到长骨并最先跑回大本营者为胜。

傣族“鸭子赛跑”

“鸭子赛跑”流行于云南勐海一带。大家手握并骑在一根长竹竿上跑进，因在跑的过程中，身体前倾，两腿分开，跑动犹如鸭子而得名。在比赛时，参加比赛的各队（各队人数在比赛前协商确定，三至十人均可），每队都要骑在一根长竹竿上，队员要求用双手握好竹竿，成纵队站在起跑线后，等裁判发令后，成整队建制协调一致地向前跑进。先到达终点者名次列前。所跑距离依场地条件而定。

拉祜族戛水戛都

拉祜族苦聪语戛水戛都的意思为高跷。高跷一般用竹木制成，踏板离地三十至六十厘米。拉祜族戛水戛都有很多种运动方式，其中竞速的为竞走。竞走的距离可根据场地的自然条件来决定。比赛以到达终点的顺序决定名次。

东乡族“跑火把”

“跑火把”是东乡族的习俗。在农历正月十五这天傍晚，村村寨寨的青少年都会点燃用麦草扎成的火把，排成一字长龙，满山遍野地奔跑，在茫茫夜色中煞是好看。这种奔跑有时会持续一个多小时，需要有一定的耐力。在青少年“跑火把”的过程中，东乡族的长辈、老人及妇女都会站在村头观看，跑火把的火色越红，预示着当年会有越大的丰收。

纳西族“跑罐子”

“跑罐子”是纳西族摩梭人在添丁进口后的一种风俗。摩梭人在家里生了小孩后，为了祭祀女神，要准备一些酒食并在山间找一块较为平坦的地方，将一些盛放着“苏理玛”酒的酒罐放在旁边，并在这里举行祭祀仪式。当“达巴”（巫师）主持完保佑新生儿平安的仪式后，参加仪式者迅速跑向酒罐处，抱起酒罐痛饮。这种风俗后来逐渐演变成一种赛跑活动。就是将盛有酒的罐子放在有一定距离的地方，大家站在起跑处，待发令后，迅速跑向罐子，并将其抱住痛饮。

景颇族“赶猪”

“赶猪”是景颇族男性青少年常开展的一种游戏。其方法是两人一组，其中一人俯卧并手撑地，另一人双手握住其脚踝处，让俯卧支撑者用两手在地上爬行疾走，在一定的距离内，以先到达终点者为胜。一般比赛分若干组同时比赛，比赛到达终点后，换人从起点再赛。

毛南族同背

同背是毛南族民间常见的一种传统背人赛跑游戏。有两种形式，按毛南语的说法，这两种形式分别称为都劲和都麻。都劲为两人一组，一人两臂伸直并撑在另一人的两肩之上，两脚离地，身子伸直。待发令员发令后，各组迅速向前跑进，按跑到终点的先后顺序决定胜负。比赛规则规定，在奔跑的过程中，如撑在跑动者肩上的人手伸得不直或掉下来，为犯规，退出比赛。都麻为两人一组，相互间背对背并扣紧双臂，其中一人背起另一人。待听到发令员发令后，各组向前跑去，按到达终点的先后决定名次。规则规定，各组在跑的过程中，必须直线跑进，不得故意阻挡对方，否则判为犯规。跑道长度一般为二十米左右，若场地太小，可做折返跑。

京族踩高跷

踩高跷俗称缚柴脚，亦称高跷、踏高跷、扎高脚、走高腿等。踩高跷是京族传统的民间竞赛活动。由京族渔民在浅海捕捞鱼虾的传统劳作方式演变而来。《山海经》载："长股之国在雄常北，被发，一曰长脚。"晋人郭璞对此的注释为："长脚人常负长臂人入海中捕鱼也。"这一注释酷似当今京族人在脚上绑扎着木跷，手上拿着长木制作的捕鱼工具，在浅海中撒网捕鱼捞虾的形象。另据京族人自传，早在一百多年前，每当夏末秋初，在京族人居住的京岛浅海区域，会有许多小虾生活在这里二至三米深的海区。京族人为了弥补人身高不足不能到达捞虾海区捞虾的缺陷，发明了高跷捕捞法。他们借助八十至一百四十厘米高的木制高跷来实施浅海捕虾作业。并使这一特殊的传统捕捞方式延续至今，并由此延伸和创造出了许多有趣的娱乐与竞赛活动。其中特别突出的有高跷迎面接力、高跷竞走等。高跷迎面接力。高跷迎面接力的场地要求平坦，可以是泥土地、草地或海滩，距离可根据场地的实际决定，如二十米、三十米、五十米等。依据人数的多少，组织两个以上的比赛队，使各队成一路纵队站立于起跑线后。当听到裁判发出的开始信号后，各队第一人快速向前奔走，至转折处后绕转折标志返回。当返回至本队跑道的起跑线后，第二人接着奔走，直至全队最后一人走完并到达终点。按到达终点的顺序决定名次。迎面接力还可以设置负重比赛，如背负自行车等。在进行迎面接力的过程中，如出现下列情况为犯规：1. 在转折处没有绕过转折标志者；2. 途中掉下高跷者；3. 前者未到达规定的接力标志线时后者即奔出。犯规不记名次。高跷快走。选择一块平坦的泥土地、草地或海滩，依场地的大小，画好起、终点线。要求参加比赛者站在起点线后，做好准备。当听到开始的口令后，大家一起向终点快速走去，以到达终点线的顺序决定名次。在竞走的过程中，不得故意阻挡、拉扯、推撞他人，否则为犯规。

塔塔尔族赛跳跑

塔塔尔族赛跳跑是一种趣味性竞速游戏。选择一块平坦的场地，依据场地的大小，可取二十米、三十米或五十米的距离。画好起、终点线。使参加赛跳跑者站在起点线后，每个人的口中衔一汤匙，并在汤匙里放上一个鸡蛋。当听到裁判发出“跑”的信号后，大家向终点跑去，以鸡蛋没有掉在地上且先到达终点者为胜。

基诺族高跷赛跑

基诺族高跷属手扶式高跷。即在一根竹竿上绑上一块脚踏板，脚踏板距地面约六十厘米。踩高跷时手扶竹竿上端，脚踩在踏板上行走。高跷赛跑的距离一般为五十米。依据场地的状况，可直线跑，也可折返跑。每组几人至几十人均可。以先到达终点者为优胜。

第三章 投远、掷准

投掷是人类的一种基本活动能力，也是人类社会最早的身体运动之一。投掷是人类最早的狩猎技能之一，也是人类最早的战争技能之一。投掷在很大程度上帮助人类提高了生存能力。

在旧石器时代，人类就学会并初步掌握了使用石块和石器的技能，并用它们进行投掷，并以追求准确为其主要目的。因为这一时期的投掷技能主要属于生产技能，而这一时期的主要生产任务是狩猎，因此投掷打击的目标主要是被猎取的物种。人们只有准确地打击目标，才能获得食物。只要有了食物，人类才能获得生存的基本条件。随着人类社会不断的进步，人们希望能从更远的距离准确地猎取飞禽与走兽。于是，人类开始将目标追求放在了投远上。我国少数民族许多投掷项目都延续了这种投远与掷准的目标追求，而且绝大多数项目就是直接源于狩猎这种原始的生产劳动。其中最著名的要数投壶、击壤。投壶、击壤的实质就是掷准。可上溯至春秋战国时期，投壶最早是以一种礼仪制度的形式出现的。北朝时，高澄之子高孝珩、高孝璀投壶都在壶前加置小屏障，以增加投壶的难度。先秦时投壶，壶中装一定数量的小豆，以防止投入壶中的箭跃出。到西汉汉武帝时，郭舍人改进投壶之戏，将柘木箭改成竹箭，增加箭的弹性，使之跃出还回手中，这就叫“骁”。南北朝时，又出现一种叫“莲花骁”的投壶技巧，这种技巧显然难度更高。据《太平御览》卷七百五十三引《晋书》说：“石崇有妓，善投壶，隔屏风投之。”又引《晋阳秋》说：“王胡之善于投壶，言手熟闭目。”由此可见，因这一时期儒学受到鲜卑统治者的青睐，作为儒家礼仪的投壶得到了一定程度的发展。而这一时期的击壤也得到了相应的发展。永平三年（510年）冬十月丙申，诏曰：“朕乘乾御历，年周一纪，而道谢击壤，教惭刑厝。”[①] 看来不仅是民众在

① 〔北齐〕魏收撰《魏书》卷八《世宗纪》，中华书局1974年版。

道谢击壤，连帝王也有所好，可见击壤之盛行，绝非一般。此外，《吉林外记》载，蒙古族猎人“风气醇古，人纯厚，常用投掷的木棒，捕捉飞禽走兽，不论马上、步下，无不百发百中”[①]。可见在我国西部，少数民族的投掷运动历史悠久，且传承不息。

第一节　投　远

投远项目的追求是远。要投得远就要掌握好出手的速度与出手的角度，要求有一定的技巧。我国西部少数民族在生产生活的实践中逐步掌握了投远的技巧，借助自制的一些简单器械进行投掷，并能投得更远。其投远项目主要有蒙古族打布鲁，回族打石头，藏族俄尔多，苗族掷鸡毛，彝族“皮风子”，布依族丢花包，哈尼族打石头架，傈僳族投掷，拉祜族投矛，纳西族飞石索，柯尔克孜族昂克尔代克，保安族甩抛尕，裕固族浩尔畏、“打蚂蚱”，独龙族网石等。

蒙古族打布鲁

布鲁为蒙古语投掷之意。布鲁是蒙古族猎人狩猎的工具和防身武器。早期的布鲁是木制的，用榆木制作。为提高杀伤力，后改为头部带有金属的布鲁，用铅、铜、铁等金属包扎或浇注在头部花纹上。布鲁长约50厘米，宽6厘米，厚1.5厘米，头部弯曲，形似曲棍球杆。可击打飞禽走兽、野鸡、野兔和狐狸等动物。被击昏或被打死的动物，皮毛完好。单人狩猎时和数人围住动物时使用。打布鲁起源于古老的狩猎生活，据说已有上千年的历史。为准确地打击猎物，掌握打布鲁的娴熟技术，猎手们平时注意练习布鲁的投准投远，并经常相互比试高低，逐渐形成比赛项目，作为锻炼身体的手段保留下来。它对锻炼人的臂力和灵巧等身体素质有一定的作用。早期在嫩江一带居住的蒙古族中流传较为广泛，今日流行于内蒙古自治区通辽市、赤峰市、呼伦贝尔市、兴安盟和吉林省的前郭尔罗斯蒙古族自治县、辽宁省的阜新蒙古族自治县及黑龙江省的杜尔伯特蒙古族自治县一带。当地蒙古族儿童自小就练习打布鲁。在喜庆节日举行打布鲁比赛。由于用途和形状的不同，布鲁又可分为“吉如根布鲁”“图固立嘎布鲁”“海雅木拉布鲁”三种。“吉如根

① 〔清〕萨英额撰《吉林外记》卷八《风俗》，（台北）文海出版社1974年版。

布鲁”是将铅或铁制成的心状物，用皮条绑结在布鲁头上。这种布鲁是专门为打大猛兽而制的，分量较重。“图固立嘎布鲁”是在布鲁头上刻上很细的花纹，用铅熔化了倒在花纹中而制成的。这种布鲁是专门为打小野兽而制的。“海雅木拉布鲁”是扁形的，在布鲁头上不加任何金属，它是日常练习用的布鲁。打布鲁比赛分掷远和投准两种。个别地区有用布鲁打滚动的铁环和打抛向空中的布鲁这两种比赛。掷远布鲁为扁的海雅木拉布鲁，握柄是圆的，重500克。布鲁的投远区与标枪的投掷区相同。比赛以谁投得最远为胜。也可因地制宜，在至少长200米、宽25米宽的长方形平坦场地里举行比赛。因地制宜比赛时，先在场地一端画一条投掷线。不论是在标枪投掷区还是在简易场地进行比赛，都以每人投掷三次为限，每次投掷的时间不得超过30秒。投掷的姿势不受任何限制。内蒙古自治区的运动员在1953年于天津举行的第一届全国少数民族传统体育运动会上和1982年于呼和浩特举行的第二届全国少数民族传统体育运动会上都表演了打布鲁。1957年在呼和浩特市举行的庆祝内蒙古自治区成立十周年的那达慕大会上，选手在布鲁投远中掷出99.85米的成绩，创全区纪录。近年来，内蒙古自治区许多地区都将打布鲁列为当地那达慕盛会的项目，打布鲁活动得到了进一步发展。纪录也多次被刷新。1985年在哲里木盟举行的内蒙古自治区第一届少数民族传统体育运动会上，哲里木盟库伦旗选手贺什格掷出142.10米的成绩。

回族打石头

打石头流行于甘肃一带的回族之中。打石头一般使用50至100克左右的小石子，有赛远与赛高两种，分别以掷出去的石子距投掷者之间的远近、高低来判别谁胜谁负。

藏族俄尔多

俄尔多也称抛尕、打抛兜。在阿坝、若尔盖、红原草地的牧民中，常用它来防范狗的攻击和驯服牛羊。牧民们还称它为打狗棍。藏族俄尔多有三种样式。一种是用一根一米多的毛绳，在中部装一个皮兜，在绳子的一端绾一扣。在使用时，将扣扣于食指，将皮兜里放上石子，并握住绳子的另一端，然后旋转，当有一定的速度后突然松开握住的绳子一端，使石子飞出。另一种是用一根一米多的绳子，在绳子的一端系一活扣，以绑缚石子，一手握住绳子的另一端，一手抓住绳子的三分之二处，然后旋转，当旋转到一定速度后，将石子抛出。还有一种是将一根一米左右的毛绳连接在一根约三十厘米的短棍上，使之成鞭状，在鞭梢扣一活结用于绑缚石子，然后摇动短棍使绳子旋转，当绳子转到一定的速度时将石子抛出。在甘南地区，当地的藏族同胞称俄尔多为打抛兜，一般用牛毛线编织而成。长约一米，一头为梢，一头为环，中间将绳分开并缀缝上一十字形毡片兜。用右手抛时，将环套在右手中指上，收起梢头，在毡片兜里置一小石子，然后抡转绳子，突然放开梢头，石子飞出，一般能打出去五百米左右。俄尔多赛远一般采用单人对抗赛，以甩出去的石子远为胜。

苗族掷鸡毛

苗族掷鸡毛即鸡毛球掷远比赛，是苗族青少年及儿童常玩的游戏。鸡毛球类似鸡毛毽，可分男、女比赛，也可男女混合分组比赛，以掷得远为胜。

彝族皮风子

皮风子是彝族人放牧时用石子驱赶畜群及狩猎时打击猎物的一种投掷工具，因用其投出的石子与空气摩擦产生呼呼声响而得名。在四川凉山牧区，男女老少几乎都会耍皮风子。据文献记载，同治七年（1868 年）春，贵州提督周查武率军万众到四川越西镇压彝族群众的反抗，彝族人民在夜色掩护下，利用皮风子掷石技术偷袭其营地，雨点般的石子打得清军晕头转向，不敢久驻而撤兵。现在，在彝族青少年中，仍十分盛行玩皮风子，主要用于放牧及打飞鸟。皮风子有三种。第一种是用竹皮、麻绳或皮革作敞口网，沿边系三根约一米的绳索。使用时将三根绳索的绳头合起来，网兜里放上石子，手执绳头在头上旋转后利用其离心力将石子抛出。第二种是在网兜上系两根绳索，其中一根绳索的绳头结成套，使用时，将结套的绳头套在手指上，在兜里装上石子后，将另一绳头捏在手里，然后旋转加速，突然丢掉捏着的绳头，石子便从兜里飞出。第三种是将抛兜的绳头系在一个二尺多长的木棍上，手持木棍旋转后将石子抛出。在云南西部的彝族聚居地区，也盛行类似的掷石，当地人称“入尔”，即飞石索。飞石索在两根一米多长的麻绳前端装一用兽皮做的小兜，可装石子一至三枚。使用时，先持绳头在头顶旋转，然后将其中一根绳头松掉，石子便借助旋转的力量飞出。彝族青少年常用皮风子进行掷远比赛。经常是三五成群进行较量，以掷得最远为胜。

布依族丢花包

贵州布依族青年男女非常喜爱丢花包活动。关于丢花包有很多传说。其中最流行的是说古时候有一个美丽聪明的布依族姑娘叫糠妹，有七个后生同时向她求婚。为了选择一个勇敢、正直、勤劳、善良的伴侣，她亲手做了七个布包，内装七种东西，然后约七个后生到山坡上以丢花包的形式择定婚配，谁捡到她最心爱的布包，便和谁订婚。到丢花包的这天，六个游手好闲的后生早早地就跑过来，抢走了装有糯米、粳米、黏米、小米、小麦、高粱的布包，只剩下一个装谷糠的花包被最后赶来的后生得到，结果糠妹嫁给了他。从此，布依族青年兴起了用丢花包选择情侣的活动。丢花包历史悠久，宋人朱辅在《溪蛮丛笑》中说僚人“飞砣”已成“土俗”。“岁节数日，野外男女分两朋，各以五色彩囊豆粟，往来抛接，名‘飞砣’”。清康熙年间《贵州通志·蛮僚》中载：“仲家（明清时期对布依族的俗称）……于孟春跳月，用彩布编小球如瓜，谓之花球，视所欢者掷之。”说明在明清时期，布依族丢花包活动即已盛行，并形成风俗。花包的样式最早是球形，后改为枕形或六角形，约七寸见方。由布依族姑娘亲手缝制。花包用五色彩布缝制，中央绣有美丽的图案，顶端缀有一根提绳，边沿饰有彩穗，有的在四角镶上花边或系上铜线。包内装有米糠、细砂、豆粒或棉籽，重约一斤。每个花包都有四根二三尺长的彩色飘带，为手提、抛接所用。在布依族地区，各地都有固定的丢花包时间和地点。但一般都选在春节、六月六、七月十五等传统节日及民族节日里进行。在丢花包开始之前，青年男女要互相对歌，并暗中寻找自己要丢的花包伴。对歌后，姑娘和后生们各站一排，相距二三十米。姑娘们手握提绳将花包左转右转后向自己的如意郎君抛去，后生接到花包后，即回掷给自己心爱的姑娘。如此往返抛接，为他们传情达意。若干回合后，便一对对悄然离开，另寻去处去谈情说爱。丢花包有一定的惯例，一般事先规定花包丢过肩可以不接，如没有过肩而自己没有接到，不论男女都要给对方一件礼物，如项圈、手镯、戒指等。丢花包现在已成为布依族的一种比赛项目。比赛参加人数不限，但要对等进行。除了男子单项和女子单项对掷外，通常还设男女混合比赛。在比赛中，掷远只是其中之一。

哈尼族打石头架

打石头架流行于云南元江、红河一带的哈尼族中。在“十月年”期间，男女老少云集于朗都河两边，分村、分寨对打。人们拿来事先准备好的小卵石，在河岸两边取一定距离用锄头画线为界。由各村寨长老担任公证人。比赛开始后，双方互掷石头，掷过线就在木头上刻一记号，最后累计，以记号多者为胜。这主要是比掷远，属文打。在红河一带，还流行着对抗性很强，相互对打的打石头架，一般以商定的形式定下时间、地点。到时倾寨出动，以将对方“赶跑”为胜。深受当地人民喜爱，称“不打石头架，一年不舒坦”。

傈僳族投掷

傈僳族在狩猎生产劳动中积累了使用矛、投石器等器械的投掷技能，并将其广泛运用于狩猎、放牧及娱乐之中。清《滇南新语》描述傈僳族为：“男女皆佩刀，习标弩，好斗轻生……”在今大理云龙的傈僳族中，仍保留有麻制与皮制投石器，并在日常生产与生活之中用于狩猎、放牧及打鸟。现在，一些傈僳族青少年还经常使用这些投掷器械进行投掷比赛。通常以赛远为主，有时也比赛投准。

拉祜族投矛

苦聪语“阿郭”是投矛的意思。逢年过节，苦聪人都要举行投矛和射弩比赛。拉祜族的矛用竹子制成，头部有锋利的斜口，长两米左右。投矛比赛分掷远和掷准两种。掷远比赛时，每人掷三支矛，取最好成绩为比赛成绩。谁投得最远，成绩最好，谁就是优胜者。

纳西族飞石索

云南丽江地区的纳西族在狩猎及放牧的生产劳动中发明了用飞石索打猎与牧羊，后来还将飞石索引入竞赛活动之中，以愉悦身心。制作飞石索所采用的材料有两种，一为动物皮，二为植物麻。其制作方法也有两种。一种是采用单股绳，长五十厘米以上，一头拴有一石球，投掷时先提绳旋转，加速后看准目标用力甩出，使石球脱离而打击目标。一般用来猎获岩羊、麂子等。另一种是用双股绳，长一百二十厘米左右，中间有一网兜，兜内放数块小石子，也是采用旋转后甩出的方法投掷。一般用来打击飞鸟及离散的牛羊，也常用来进行比赛。其比赛有掷远和掷准两种。在云南永宁地区，那里的纳西族称飞石索为“直罗头”或“皮风”。在每年的九月，当麻成熟时，这里的青少年都会自行采麻制麻并自编一个飞石索进行投掷练习，并组织掷远和掷准的比赛。

柯尔克孜族昂克尔代克

昂克尔代克即扔木棒之意。柯尔克孜族有两句谚语，一句是：“是不是一个好牧羊人，看看他的放牧棒就知道了。”另一句是：“勇敢的牧羊人扔棒打狼，胆怯的牧羊人只会喊叫。”相传，过去柯尔克孜族牧主雇用牧人时，扔木棒是考察牧人牧羊的基本技术之一。牧人不仅要会用扔木棒指挥头羊，还要在羊群遭到狼的袭击时能准确无误地扔木棒将狼打死而又不伤及羊。柯尔克孜族放羊用的木棒很讲究，两头修饰成圆形，上涂酥油和羊尾巴油烘烤，使之光滑发亮，有的还精雕细刻上自己喜欢的图案。使用时间越久的木棒越为人们所喜爱。柯尔克孜族扔木棒比赛主要比三种能力。一比技巧；二比投远；三比投准。其比赛形式有个人赛和分组赛。比技巧是把木棒扔出去时，看谁的木棒翻的跟斗多而又能达到规定的距离。比投远是看谁的木棒扔得远，以远取胜。比投准是在共同商定的距离（要有一定的远度）设置目标，看扔出去的木棒是否能击中目标，能击中者为胜。

保安族甩抛尕

甩抛尕相当于飞石索。源于保安族人放牧时指挥头羊的一种技能。抛尕由绳子和盛石子的布窝子组成。绳由牛毛线缩织而成，粗约如拇指，长约五尺，绳中间装布窝，可盛石子。甩抛尕时，将绳子一头的小孔套在一手的中指上，另一端夹于食指和拇指间，在布窝子中盛上石子，然后预摆转圈，瞅准目标后松开手指，使石子直接向目标飞去。甩抛尕有掷远和掷准两种比赛。掷远比赛以甩出的石子飞行的距离越远为成绩越好。比赛一般在田野中进行，有分组赛和个人赛。是保安族青少年冬季在空旷的田野里经常举行的一种比赛。

裕固族浩尔畏、“打蚂蚱”

浩尔畏

裕固语浩尔畏指飞石索，又称打撂抛。原为放牧时用来赶羊和吓唬狼的，后成为人们比赛投得高和远的项目。打撂抛一般用牛毛或皮条编成。长短不等，长的有近两米，短的仅五十厘米。在其中段装有一块小皮子，用以置放石子。在其一端编有指环，供套在手指上起固定作用。在抛甩石子时，将撂抛折叠并放置好石子，对准目标甩几下，突然撤掉捏在手上的绳头，将石子抛出，击打目标。

“打蚂蚱”

“打蚂蚱”是固裕族青少年儿童都十分喜爱的一项游戏活动。将一截拇指粗细，二十厘米长短的木棍两端削尖，作为“蚂蚱”，平置在地上。另用一根较长的木棍或木板敲击“蚂蚱”，使其一头弹起后，再迅速用木棍或木板用力将其击向远方。以击得最远者为胜。

独龙族网石

独龙族网石又称响石，因掷出的石子呼呼地响而得名。网石是用麻绳织成一个菱形的网石兜，在网石兜的两边各装上一根四尺多长的麻绳，一端结扣套于手指上，另一端结疙瘩夹于手指之间。投掷时，将鸭蛋大小的一枚石子置于网石兜内，持网石在头上旋转加速，看准目标后，将夹于手指间的绳疙瘩放开，石子会利用惯性飞出。一般可将石子掷出三百米左右。独龙族网石比赛可比掷远和掷准。一般为个人之间进行比赛。

第二节　掷　准

掷准项目绝大多数源自于狩猎，要求在一定的距离之内准确地打击靶标。其项目主要有蒙古族打布鲁，回族打石头、打砖，藏族俄尔多、打牛角、套圈，苗族打泥脚，彝族皮风子，布依族丢花包，侗族投火把，傈僳族投掷，拉祜族蜡河毕、打马桩、投矛，东乡族三连石，纳西族“皮风”，柯尔克孜族奥尔达、昂克尔代克、奥尔托托甫，达斡尔族掷坑、陶勒塔日喀贝（陶力棒），锡伯族打瓦，保安族甩抛尕，裕固族浩尔畏，独龙族网石，赫哲族叉草球、叉草人等。

蒙古族打布鲁

布鲁为蒙古语音译，意为投掷。布鲁的历史沿革及掷远运动形态我们在掷远一节中有介绍。打布鲁除比赛掷远外，还有掷准的比赛。如用布鲁打滚动的铁环和打抛向空中的布鲁这两种比赛，就属掷准比赛。布鲁掷准还分马上掷准和徒步掷准。掷准布鲁为圆的图固立嘎布鲁。重量不限。掷准的目标一般为三根圆形木桩，桩高五十厘米，木桩上端直径为一厘米，下端为六厘米，立在投掷线外三十米处。木桩的间隔为十厘米。在正式比赛时，每人均以三次为限，每次投掷时间不得超过三十秒。投掷的姿势不受任何限制。“布鲁”掷准的记分法是一次直接掷中三根木桩得十分，一次间接掷中三根木桩得八分，一次直接掷中两根木桩得两分，一次间接掷中一根木柱得一分。满分为三十分，最后按得分情况决定名次。马上布鲁掷准同徒步布鲁掷准计分办法相同。掷准时，马沿一百米长的投掷线快速奔跑三趟。骑手投三次。1953 年在天津举行的全国民运会上和 1982 年在呼和浩特举行的全国民运会上，内蒙古自治区的运动员表演了打布鲁。近年来，内蒙古自治区许多地区都将打布鲁列为当地那达慕盛会的项目和民运会项目，使打布鲁活动得到了进一步的发展。

回族打石头、打砖

打石头

打石头流行于甘肃一带的回族之中。分小石子赛远和大石子击准。大石头击准是指用重约五百克的石头击打规定的目标。一般比赛都不事先确定目标，只在临比赛时约定一个目标，如村中的树兜或垒起石堆等都可作为打击的目标。要求在不同的距离进行掷击，以击准的次数多者为胜。旧时，在每个家庭的院落、屋角、楼檐上都放有一堆鹅蛋大小的石头，以备在战乱不定的年代起保家防身之用。由于人们平时都十分注重打石头的练习和比赛，也出现过一些“百步击杨，百发百中”的打石头好手。

打砖

打砖在宁夏回族中流传已久，深受青少年儿童的喜爱。打砖每次五人参加。在五米左右的距离画一直线，在直线上每间隔五十厘米立一块砖，共立五块，并给每块砖分别命名为“兵”“花样”“汉奸”“打手”“皇帝”。然后五人站在同等的距离轮流用砖打前方的五块砖，根据击中的砖头来充当相应的角色。如打到“兵”的就充当“兵”，以此类推。一轮打完后，开始裁决：“皇帝”就座，“兵”捉“汉奸”，“花样”出谋“打手”打，“打手”打“汉奸”。一般都要求“打手”打时用手弹“汉奸”的前额。第一轮结束后再打第二轮。

藏族俄尔多、打牛角、套圈

俄尔多

类似飞石索。也称抛尕、打抛兜。其制作方法及结构在掷远一节中已做了具体的介绍。俄尔多掷准比赛有个人赛和团体赛两种。在团体比赛时，将参赛者按地域或单位分成两个人数相等的组，分别站成两列纵队。按站队的顺序，由两位排头采用猜拳的办法确定谁先投掷。若先投掷者对准目标进行投掷时击中了目标，对方选手便被罚下。胜者再与对方排列第二的选手进行猜拳，以决定投掷顺序。获胜者先投，若未击中目标，便由对方投掷，若击中，前者罚下，若未击中，则两人同被罚下，由两组排列顺序中的下一对选手按上述方法进行比赛，直至全部比赛结束。以全队所有人都被罚下的一队为输。

打牛角

打牛角是以牛角为打击目标的一项投掷娱乐活动，在四川阿坝藏族羌族自治州一带较为流行。先将参加者分成人数相等的两组，分别站在投掷线后。将两支涂有标记的牛角，角尖向上，相距三四丈，安放在距投掷线有一定距离的地上。以猜拳的方式决定两队投掷次序的先后。获胜队按站队秩序依次先投，投完后另一队再投。分别计算两队投掷掷中的次数，以击中次数多者为胜。在甘孜州巴圹一带，则以石饼投掷击打牛角。打牛角活动在寺庙中也十分盛行。但一般是以牛角进行投掷，击打用其他物件设置的目标或靶子。以击中目标的次数多少或远近决定胜负。

套圈

套圈是藏族民间的一项十分有趣的套准游戏。主要流行于马尔康境内。参加人数不限。有“套人”和“套砖头”两种游戏。藏族青年特别喜欢玩“套人”游戏。玩“套人”游戏时，先将参加者分成两队，各自将五米左右长，一厘米粗的绳子的一端结成圆圈，打的结要能松动，并将圆圈及剩余的绳子都挽在手中，然后在跑动中甩出绳圈，套住对方的头部。以先套完另一队的人为胜。玩“套砖头”游戏时，先将若干砖头竖放在场地的中间，在距砖头五至六米的一边画一条投掷线，在对应的另一边也画一条投掷线。“套砖头”的绳子要长一些，一般长八至十米，所结的绳圈较小。将参加“套砖头”的人平分成两个人数相等的队，然后双方各派一名队长以猜拳的办法来选边和确定套的顺序。最后各队依次用绳套将放在中央的砖头套住，并拉到自己的这一边，以套拉砖头的多少决定胜负。砖头多者为胜。

苗族“打泥脚”

“打泥脚”是湖南城步、广西龙胜等地苗族群众都十分喜爱的一种传统的掷准对抗游戏。据传，湖南城步苗族“打泥脚”源于一个机智勇敢而又十分美丽的少女对寨王的藐视。在金南山，有一个五十多岁的寨王，平日里依仗势力无恶不作，甚至经常强抢民女进行糟蹋，人们对其恨之入骨。一天，寨王上山打猎回家途中，偶遇一个十七八岁美丽俊俏的少女，顿起歹念。他命家丁将这个少女抢回家中，强迫少女与自己成亲。这少女说：“成亲可以，但你要答应我一个条件。”寨王说：“只要我能办到的，都依你。”少女说：“我卷起裤脚从田基边走过，你派八名家丁在离我五丈远的地方用泥丸打我的双脚，如我的脚被泥丸打中三丸以上，我就与你拜堂成亲，如若打不中三丸你就得放我回家。”寨王一听，哈哈大笑，说道：“好！咱们一言为定!”于是，少女卷起裤脚，走到田基头。而寨王则在家丁中精挑细选了八名彪形大汉，并准备了一大堆泥丸，心想你一姑娘家能挡得住我八名家丁的齐掷滥打？消息一出，四邻八乡的乡亲们都赶来看热闹，一下子就围了好几百人。大家无不为这少女暗自担心。只听寨王一声令下，八名家丁一齐将泥丸向少女的脚上掷去。面对雨点般掷来的泥丸，只见这少女一蹦一跳、左接右挡，将泥丸一一避开。不一会，八名家丁就打完了全部的泥丸，一个个累得精疲力竭。这时，寨王迫不及待地跑到少女跟前亲自查验少女脚上的泥印，结果却一个都没有。寨王迫于无奈，只得作罢，怏怏地命人放少女回家。众乡亲都被少女的机智、勇敢及身怀的绝技所折服，一个个欢呼雀跃，为她的胜利而高兴。

此后，“打泥脚”成了当地群众都十分喜爱的一项游戏，并传承至今。在每年春暖花开的季节，村村寨寨的男女青年都要就地取材，做许多约鸡蛋大小的泥丸，分两队开展“打泥脚”活动，以打中对方膝盖以下部位多者为胜。在广西龙胜一带的苗族地区，也十分盛行打泥脚活动。据传，这里的打泥脚活动已有四百多年的历史，源起于一对热恋的苗族青年男女。这对青年男女自由恋爱，为逃避封建的包办婚姻，躲进深山，结为夫妻。用自己的智慧与勤劳开发山坡，种下庄稼，精心护理。眼看丰收在望，可却来了一条水桶粗的大毒蛇，占领了他们辛苦开辟的坡地，糟蹋粮食。眼看自己亲手创造的劳动成果将会毁于一旦，夫妻二人鼓足勇气，奋起打死了毒蛇，保护了庄稼。从此夫妻二人定居下来，生儿育女，繁衍后代。后人为了纪念他们，每年秋收后都要举行一次“跳脚会”活动。“跳脚会”由寨主主持，预先选定一男一女，模仿与蛇搏斗的动作并边跳边唱，绕场一周后，全场男女老少均跟着跳起来，并手拿黄泥团，你打我、我打你，只能打膝盖以下。为避免被击中，人们都要不断地跳跃、闪躲。因此，该活动名曰“跳脚会”。人们都会在这里尽情欢娱，尽兴而归。后来“跳脚会”逐渐传开，不仅在附近的苗村举行，连瑶寨也积极参与。并逐步发展到村与村、寨与寨之间的比赛。在比赛前，甲、乙两村寨共同商定，先选择一个宽敞的地方，双方各自准备好充足的泥团。比赛时，双方面对面站立，相距二丈开外，一方攻、一方守。攻方在规定范围和时间内向守方打完规定的泥团数，在进攻的过程中，不准用石头，不准打对方膝盖以上的部位。守方则在规定的范围内运用跳跃、闪躲、掩护等方法以防被击中。如此轮流攻防，直至一方认输为止。新中国成立后，跳脚会得到了一些改进。如将泥团改为沙包。此外，还制定了一些规则，如男女分别组队参赛；人数对等，打沙包数对等；以积分多少分胜负（击中一次得一分）；实行三局两胜制或五局三胜制等。通过这些改进，使这一活动得到了进一步的发展。

彝族皮风子

彝族皮风子的结构、制作方法以及历史沿革与运动形态等，都在掷远一节中做了具体介绍。由于皮风子是彝族人生产劳动中的一项基本技能，因此掷准是其基本要求。在彝族聚居地区，特别是凉山地区，几乎所有的男女老少都会用皮风子掷石，并经常进行掷准比赛。其比赛方法一般都会因地制宜，以击中事先确定目标的多少决定胜负，击中目标多者为胜。

布依族丢花包

布依族丢花包的历史沿革及方法我们在掷远一节中做了具体介绍。但布依族丢花包除了掷远外，还要求掷准。现在，丢花包作为比赛项目，一般不限参加的人数，只要参加的两队人数相等即可。通常是男女混合进行比赛，也有男子单项和女子单项对掷的比赛。

侗族投火把

侗族投火把流行于贵州省的侗族聚居地区，比赛一般都在村与村、寨与寨之间进行。秋收后，侗族群众为了庆祝丰收，都要择日进行投火把比赛。到了晚上，相约的两个村寨的年轻人就会分别在河的两岸燃起篝火，将一根根长约一米的木棒点燃。比赛开始后，两边的人拿起燃烧的木棒相互甩投，以将木棒投进对方篝火中多者为胜。

傈僳族投掷

傈僳族有投掷标枪与长矛的传统，由于是狩猎生产的基本技能，因此他们在平日也经常聚集相互切磋、交流与练习。此外，在大理云龙的傈僳族中，还有麻制与皮制的投石器，也是用于狩猎的器具。由于狩猎是以获取猎物为最终目的的，因此，掷准是基本要求。所以，傈僳族人都能十分熟练地使用标枪、长矛和投石器。也常聚集在一起进行掷准比赛。

拉祜族蜡河毕、打马桩、投矛

蜡河毕

蜡河毕是一种爬藤植物，其果实蜡河毕呈圆球状，厚一厘米，宽五厘米，包有棕色硬壳。拉祜族青少年用蜡河毕进行投掷并击打目标的游戏称蜡河毕。进行蜡河毕游戏先要找一块比较空旷的地面，支上一块十至二十厘米的木板或石片当靶子，然后站在五至十米不等处用蜡河毕豆弹击靶子。用蜡河毕击打靶子有一套规定的程序动作。即按脚尖推击、足弓推击、双膝夹击、双脚夹击、脚趾夹击、脚背甩击、手指弹击、最后闭上双眼摸到靶前用手抛击目标。在游戏时，将参加者分成人数相等的两个队。要求每队每人必须按以上击打程序击打目标，并依次全队做完一轮后再由另一队全队依次击打并完成一轮。以全队完成击打程序的人数多少决定胜负。在击打的过程中，如有人完不成上述击打目标的程序，或在某一环节没有击中而失败等，都不得补击。只能做完规定的击打程序后顺轮至下一位队员来完成他所要完成的和规定的程序动作。

打马桩

打马桩是以拴马桩为器具的插、打游戏。马桩为木制，长尺许，一头尖可像标枪一样插在地上。游戏时，每队参加的人数不限，但要相等。双方对面而立，中间相隔区域为打马桩区域。甲队队员轮流将马桩掷向打马桩区域，插稳即可得分。掷完后，由乙队轮流用马桩在十米开外击打甲队插在地上的马桩，击倒便可得分。双方全体队员均掷过一次后轮换。最后以得分多少决定胜负。

投矛

苦聪语“阿郭”是投矛的意思。逢年过节，苦聪人都要举行投矛和射弩比赛。拉祜族的矛是用竹子制成的，头部有锋利的斜口，长两米左右。投矛比赛分掷远和掷准两种。掷准比赛时，在一定距离内布置一些物体为靶，每人掷数支矛，以击中靶子多者为胜。未击中靶的矛全被当作奖品，奖给胜利者，归胜利者所有。

东乡族三连石

据说三连石是东乡族在抵御外来侵略时常使用的一种攻击性技艺，能使敌人防不胜防。三连石比赛是一手拿三块重三十克左右的石子，看准目标后连续击出，以速度快、准确度高判别胜负。

纳西族“皮风”

云南丽江地区的纳西族人和永宁地区的纳西族人在狩猎及放牧的生产劳动中发明了用飞石索打猎与牧羊。在永宁，那里的纳西族人称飞石索为“直罗头”或“皮风”。并在每年的九月，当麻成熟时，大家都会自行采麻、渍麻，并自编一个“皮风”进行投掷练习。为了提高投掷的技艺，他们还经常自发地组织大家进行“皮风”掷准比赛。

柯尔克孜族奥尔达、昂克尔代克、奥尔托托甫

奥尔达

柯尔克孜语“奥尔达”或“奥尔多阿提树”即“攻皇宫”（有叫“打皇宫”“攻宫”）。据柯尔克孜族民间传说，“攻皇宫”游戏产生于柯尔克孜族人反抗卡勒玛克人的统治时期。柯尔克孜族在卡勒玛克人的残酷统治与压迫之下，虽奋起反抗，但屡屡失败。后在汗王玛纳斯的率领下，以玩羊拐骨游戏的形式，研究攻克卡勒玛克皇城的战术。经数年浴血奋战，终于取得了胜利，获得了民族的独立。人们为了纪念玛纳斯功绩，将玩羊拐骨的游戏直接取名为“攻皇宫”，并流传下来。在玩奥尔达游戏时，先在地上画一个大圆圈，直径五至七米。在圆圈中间挖一小坑，象征“皇宫”。在“皇宫”里放上金币或镍币象征“汗王”。在“汗王”周围摆放羊拐骨，按参加游戏的人数多少摆放，每人五个，摆成一圆圈，象征士兵在攻城。然后大家站在圆圈外，用一长约十厘米、宽约五厘米的牛角或野羊角去打羊拐骨，每人各打一次。若将羊拐骨打出圈外，可继续再打，若连续三次都打出了羊拐骨，就可去打放在中央的“汗王”。若未打出羊拐骨，换下一个人打。打出的羊拐骨多，并打出“汗王”者为胜。如为分组赛，则按打出的羊拐骨多并打出“汗王”的组为胜。若打出的羊拐骨少，但打出了“汗王”，则为和局。

昂克尔代克

柯尔克孜语“昂克尔代克”为扔木棒之意。柯尔克孜族扔木棒比赛主要比三种能力。一比技巧；二比投远；三比投准。其比赛形式有个人赛和分组赛。比技巧是把木棒扔出去时，看谁的木棒翻的跟斗多而又能达到规定的距离；比投远是看谁的木棒扔得远，以远取胜；比投准是在共同商定的距离（要有一定的远度）设置目标，看谁扔出去的木棒是否能击中目标，能击中者为胜。

奥尔托托甫

柯尔克孜语“奥尔托托甫”的意思是用球击打圈中人。在游戏前先准备一个用毛线绕成的球，找一块平坦场地，在地上画一直径为十米左右的圆圈。参加者一般为十人，五人站圈内、五人站圈外，裁判一人。裁判持球，等圈内的人背靠背站好，圈外的人与圈内的人面对面站好后，宣布比赛“开始”，同时将球传给圈外的任何一个人。圈外的人接球后迅速用球击打圈内的人，若球击中圈内的人，被击中者遭淘汰；若球被圈内的接住，则扔球的人被淘

汰。最后按淘汰的人数多少来确定胜负与名次。若圈内的人先被淘汰到只剩下最后一人，则圈外的人为胜；若圈外的人先被淘汰到只剩下最后一人，则圈内的人为胜；若圈内圈外的人均被淘汰到只剩最后一人，则为平局。若还要比出输赢，则由圈外的人扔球击打圈内的人，若球被圈内的人接住，则圈外的人为输；若击中圈内的人，则圈外的人为胜。

达斡尔族掷坑、陶勒塔日喀贝（陶力棒）

掷坑

在相距十三米远的两头各挖一个直径十二厘米、深十四厘米的圆坑。参加者三至六人，各持“撇子”（铅砣）从一头的坑边依次投向另一头的坑中，投进者为胜，其他人则以离坑远近排定名次。

陶勒塔日喀贝（陶力棒）

是模仿打兔子的一种比赛活动。在一块空地上立一高一尺左右的木桩。参加者人数不限，站在二十米远处，依次用一根一尺半长的木棒击打木桩，若将木桩击倒为胜。

锡伯族打瓦

打瓦原叫“把靶”，由于传承的年代相对久远而逐渐被人念白而成为“打瓦”。相传打瓦起源于锡伯族的狩猎时代，主要是用来培养猎手，锻炼少年儿童的臂力和眼力的一种活动。打瓦比赛分两组，每组三人，以“老大”“老二”“老三”称呼并按此顺序排列。每人手持一块方形木块，叫“瓦”。比赛开始前，双方通过猜拳决定打瓦组和立瓦组，一般都是胜者为打瓦组、负者为立瓦组。在场地的一端画一线，为打瓦线；在场地的另一端（约距打瓦线二丈左右）画一线，为立瓦线。打瓦组站在打瓦线后，轮流用手中的瓦击打前方立瓦组立着的瓦，若打中为胜。

打瓦有七套规定的打瓦动作，必须完成。一是单箭直射：双手开弓式、双腿蹲裆式。迈左脚，右脚撤左脚后，右手将瓦扔出，同时口中念“白搂”。以将对方瓦打倒为胜。如三人一组，出现二胜一负，可选一人救之，救活了可继续往下打；如出现二负，则为全组负。二是单腿轮射：先斜身（舞蹈大掖步）将瓦扔出约两步远，随后念“迈步如一”，同时单腿跳两步上瓦，跳不上瓦为负，再跳下拾瓦，右臂抡圆扔出打瓦。打倒对方立瓦为胜。三是斜射：“端腿”式站立，将瓦扔出约三步远，然后右脚单足跳三步上瓦，并念“迈步加一，里二，垫二”，再跳下拣起瓦，右臂抡圆将瓦从左裆中扔出打瓦。打倒对方立瓦为胜。四是大骗马：用“顺风旗”式准备，将瓦扔出四步远，并念“迈步加一，里二垫，外二垫”，跳四步上瓦，再跳下拣瓦，左脚立，从右外裆中扔出打瓦，打倒为胜。五是虚射复原：用“顺风旗”式准备，将瓦扔出约五步远，右脚单足跳五步，并念“迈步加一，里二垫，外二垫，卯瓦”，第五步跳上瓦，再跳下，右脚单立，踢自己的瓦并使之将对方的瓦打倒，然后单脚立于原瓦处，将对方瓦卯立起才算胜。六是斜身探海：男站“大八字”、女站“踏步式”，将瓦扔出六步远，离对方瓦越近越好，但打倒对方瓦为负。然后右脚跳六步并念“迈步加一，里二垫，外二垫，卯瓦”，第六步跳上瓦，再跳下拣瓦，用“探海式”去刮对方的瓦，把对方的瓦刮过打瓦线，再六步跳回打瓦线为胜，刮不过打瓦线为负。七是鹰展翅：男站“大八字”，女站“踏步式”。将瓦扔出七步远，而且必须扔过立瓦线，打倒对方瓦为负。然后右脚起跳，第六步要在立瓦线内，第七步要跳到自己的瓦上，接着跳下，用“老鹰展翅”式将瓦拾起，去刮对方立瓦，并须刮过自己立脚点才算胜。上述七套动作全胜为总胜。全组全胜一套动作后再进行下一套动作。如果一方在进行中有一套动作被判为负，则给另一方“卯瓦”；如果打瓦的一方在进行某一套时动作被判为负，则让给对方接着原先被判为负的一套动作重打。打瓦规则：不应打倒对方瓦而打倒了，为负。打倒对方立瓦时，如果“打瓦”压在“立瓦”上为负。不应过立瓦线而过立瓦线为负，应过而未过（如第七套）也为负。

保安族甩抛尕

甩抛尕相当于飞石索。源于保安族放牧时指挥头羊的一种技能。抛尕由绳子和盛石子的布窝子组成。绳由牛毛线绾织而成，粗约如拇指，长约五尺，绳中间装布窝，可盛石了。甩抛尕时，将绳于一头的小孔套在一手的中指上，另一端夹于食指和拇指间，在布窝子中盛上石子，然后预摆转圈，瞅准目标后松开拇食指，石子直向目标飞去。甩抛尕有掷远和掷准两种比赛。掷准比赛一般有个人赛和分组赛。先在田野里取一定距离，设置一个靶标，然后比赛者站在投掷线处瞄准靶标甩抛尕，每人甩三次或五次，以击中的次数多者为胜。是青少年在冬季空旷的田野里经常举行的一种游戏。

裕固族浩尔畏

裕固语“浩尔畏”指飞石索，又称打撂抛。原为放牧时用来赶羊和吓唬狼的，后成为人们比赛掷准的项目。撂抛一般用牛毛或皮条编成。长短不等，长的有近两米，短的仅五十厘米。在其中段装有一块小皮子，用以置放石子。在其一端编有指环，供套在手指上起固定作用。在抛甩石子时，将撂抛折叠并放置好石子，对准目标甩几下，突然撒掉捏在手上的绳头，将石子抛出，以击打目标。

独龙族网石

独龙族网石是用麻绳织成一个菱形的网石兜，在网石兜的两边各装上一根四尺多长的麻绳，一端结扣套于手指上，另一端结疙瘩夹于手指之间。投掷时，将鸭蛋大小的一枚石子置于网石兜内，持网石在头上旋转加速，看准目标后，将夹于手指间的绳疙瘩放开，石子会利用惯性飞出。独龙族网石掷准比赛一般在个人之间进行。

第四章　跳高、跳远、花样跳

跳跃是人类的一种基本活动能力，是人类为了生存而发展起来的一项基本技能。跳跃技能的掌握，为人类保护自己、战胜自然以及繁衍生息创造了一定的条件。

跳跃的目的是为了使自己的身体越过一定的高度或一定的远度。在远古时代，人类的主要生产部门是狩猎。在狩猎的同时，人往往也会成为其他猛禽、猛兽猎取的对象。因此，人类的跳跃能力不仅体现在猎取其他物种上，更多地还体现在规避被其他物种的伤害上。随着人类社会的不断进步，人们需要在保护自己的同时使自己变得更为强悍，这一是为了生存，二是为了提高生存或生活的质量。因此，就有了有组织的跳跃练习。并把能跳得更高、跳得更远作为孜孜以求的练习目标。我国西部许多民族在自己的生活中，都有许多运用跳跃技能的场合，特别是一些以狩猎、捕鱼为生的民族，更是注重跳跃能力的培养。其中多以跳障碍及花样跳的形式来进行。如蒙古族在套马时，就有从一匹马的马背跃到另一匹马的马背的技能。《清稗类钞》载："凡达骈之产，初入牧群，不受羁鞚者，蕃王子弟，辄执长竿，携彩索，或跃而登，或超而过，馨控酣呼，疾如风雨，必使调良驯习而后已。"[①] 再如鲜卑族进行娱乐时就有花样跳的项目。《魏书·乐志》载："增修杂伎，造五兵、角抵、麒麟、凤凰、仙人、长蛇、白象、白虎及诸畏兽、鱼龙、辟邪、鹿马仙车、高絙百尺、长趫、缘橦、跳丸、五案以备百戏。"[②] 其中的"跳丸"据说就是一种带有花样跳的"弄丸"。跳绳也是鲜卑族的嬉戏活动之一。《北齐书》载："初河清末，武成梦大猬攻破邺城，故索境内猬膏以绝之。识者以后

---

① 徐珂编撰《清稗类钞》第二册《礼制类》，中华书局 1981 年版。

② 〔北齐〕魏收撰《魏书》卷一百九《乐志五》，中华书局 1974 年版。

主名声与猬相协，亡齐徵也。又妇人皆剪剔以著假髻，而危邪之状如飞鸟，至于南面，则髻心正西。始自宫内为之，被于四远，天意若曰元首剪落，危则当走西也。又为刀子者刃皆狭细，名曰尽势。游童戏者好以两手持绳，拂地而却上，跳且唱曰‘高末’，高末之言，盖高氏运祚之末也。然则乱亡之数盖有兆云。”[①] 此外，汉代蓬勃开展的“跳丸”“跳剑”等就是在吸收西域诸族技能的基础上发展起来的。《后汉书》载，永宁元年，“掸国王雍由调复遣使者诣阙朝贺，献乐及幻人，能变化吐火，自支解，易牛马头。又善跳丸，数乃至千。自言我海西人，海西即大秦也，掸国西南通大秦”[②]。这是有记载的跳跃，还有许多没有记载的跳跃运动存在于我国西部许多少数民族之中。当然，在形成传统的游戏及竞赛形式方面，就整体而言，这些跳跃项目相对较少。

第一节　跳高、跳远

跳高、跳远在我国西部少数民族中多以游戏的形式进行。而游戏的主要目的是为了娱乐。其跳高项目主要有藏族跳高，傈僳族傈德德，景颇族跳高，普米族跳高，怒族跳竹，独龙族跳高、撑竿跳高。

藏族跳高

云南中甸的藏族同胞在春节期间，一般都要祭祀当地的五凤山。年轻人有在五凤山仙人洞旁进行跳高游戏的传统。其方法是由一人坐在地上，其他人列队依次从其头顶上跳越。然后坐地者再逐步增加高度，即弓腰、站立低头、站立抬头。跳得最高者会受到大家的尊重。

傈僳族傈德德

傈德德是傈僳语跳高的意思。跳高为傈僳族青少年所喜爱，只要遇闲暇及节假日，他们都会组织跳高活动。傈僳族跳高一般都采用因地制宜的办法解决跳高的场地和器材。如将一根竹篾片的两端分别插在地上，使竹篾片的中间自然拱起形成一定的高度，且拱起高度还能进行调节，如竹篾片插地的两端距离越近，中间拱起的高度越高。再如用两人抬一根竹竿即成跳高架。

---

① 〔唐〕李百药撰《北齐书》卷八《幼主帝纪》，中华书局 1972 年版。

② 〔南朝（宋）〕范晔撰《后汉书》卷八十六《南蛮西南夷列传》，中华书局 1965 年版。

又如将两根带叉的竹竿立起，用一根绳子将两端各拴一砖块，分别悬挂在竹叉上，使绳子自然绷直而形成跳高的横竿等。而跳高的方式一般不限，只要跳过即算成功。有双脚起跳的，也有单脚起跳的。很多人都能跳过齐胸的高度。

景颇族跳高

景颇族青少年一般都喜欢跳高，视跳高为最有趣的游戏之一。此外，因地制宜是景颇族跳高的一大特色。不论何时何地，几个人相聚且兴趣所至就可开展跳高活动，他们一般只比能否跳过某一特定的高度，如能跳过，跳过者会有自豪感。景颇族跳高一般都是由两个人抬一根横竿，调节到某一高度后稳定不动，供人们逐一助跑并从上跳越。同一高度每人可跳三次，三次不能跳过者被淘汰；跳过者跳下一级别即更高的高度，以此类推，直至最后决出第一名。

普米族跳高

普米族青少年在春节期间，往往要举行跳高竞赛，一般会从正月初一开始，到正月十四才结束。而跳得最高的两人会得到众人的祝福并敬酒。普米族跳高采用双脚起跳收腿跳跃的方法，跳过由两人拉直的一根绳子，其高度从低到高可调节。

怒族跳竹

跳竹是怒族青年男女喜爱的一种休闲娱乐游戏。不论是节假日还是农闲时节，只要大家聚在一起就会玩一会跳竹。跳竹的地点常选在村寨里或田间地头。其方法是将一根长约五米的竹竿两头插入地中，使其中间自然隆起，形成一个离地有一定高度的弓形（两头距离越近弓背就越高），然后大家呼喊着依次从隆起的最高处跳越。如跳过，可增加高度。随着高度的增加，跳不过者会被逐步淘汰，跳到最后的人会得到大家的称赞。

独龙族跳高、撑竿跳高

跳高

独龙语称跳高为“阿格来依”。在独龙江一带，长期流行进行“阿格来依”的游戏。人们在农闲时节或集体饮酒之后，都会以跳高来进行娱乐。他们将两根带叉的树干栽埋在地上，然后在树杈上横搭一根长四五米的长竿。人们采取正面助跑，用单脚或双脚起跳，纵越横竿。很多青年男子可跳过齐胸的高度。

撑竿跳高

在独龙江一带还流行着另一种跳高，即利用竹竿进行的撑竿跳高。与跳高相同，多在农闲及集体饮酒后进行。人们将两根带叉的树干栽埋在地上，再在树杈上横搭一长竿，以正面举竿助跑、插竿、起跳、推竿、摆体过竿及落地等一系列动作完成整个撑竿跳高动作。一般能跳过一人多的高度。

跳远项目则主要有土家族攀藤跳远、撑竿跳远，傈僳族德细来火。

土家族攀藤跳远、撑杆跳远

攀藤跳远

土家族多聚居于湘、鄂、渝边区交界处，这里山高林密。因生活所需，攀藤跳远是土家族人跨沟、跃坎、过洞的基本手段。过去，攀藤跳远被土家族人应用于丛林狩猎及野外作战。现在，攀藤跳远已成为土家族人娱乐及健身的运动项目。所谓攀藤跳远，即用结实藤条或绳索捆绑于大树干上，双手紧握藤（绳）下端，退后一段距离，助跑至起跳，使身体屈伸并用力向前荡去，然后丢藤（绳）、屈腿下蹲落地。如若比赛，主要看谁能荡得更远。

撑竿跳远

撑竿跳远也是土家族人跨沟、跃坎、过洞的基本手段。撑竿跳远是用一根结实而富有弹性的竹竿作撑竿，设起跳线，双手握竿于起跳线后方一段距离向前助跑，至起跳线处插竿、起跳、推竿、撑竿、落地。如比赛，则主要是看谁能跳得更远。

傈僳族德细来火

德细来火是傈僳语跳远的意思。德细来火为傈僳族青少年所喜爱的传统运动项目。在田间、沙滩，经常会有一些青少年在一起玩德细来火。他们因地制宜，三五成群，利用田间及沙滩松软的场地进行跳远活动。其目的主要是娱乐，有时也进行比赛，比赛主要是看谁能跳得更远。

第二节　花样跳、障碍跳

西部少数民族跳障碍及花样跳的形式较多，主要集中在跳绳及跳有一定高度的障碍物上。主要项目有回族花式跳绳、跳格、跳皮筋，藏族跳绳，彝族跳火绳、“跳牛”、跳板凳、跳小单门、跳大单门、设渡比拉、“跳大海”，白族跳伟登、跳火把、“老虎跳”、跳花棚，土家族“跳马儿”，傣族跳竹竿，傈僳族“跳牛”，拉祜族卡扎吸峨，阿昌族蹬窝罗，京族跳竹竿。

回族花式跳绳、跳格、跳皮筋

花式跳绳

河北沧州一带，不论是农村还是城镇，人们都喜欢玩花式跳绳。尤其是当地的回族群众，更是喜爱。此外，沧州素有“武术之乡”美誉，当地群众习武之风甚浓，许多人都把跳绳当作习武强身的基本功训练。每年秋收后，每当场院清理干净，人们都会聚集在一起玩花式跳绳。最初玩花式跳绳时，大家一般在一起比跳的次数多少。后来，随着跳绳技术的不断提高，慢慢地大家玩出了一些花样，还开创了“拾棉花”“青蛙式”“腰里串”等动作，并将这些动作进行教习而传承了下来。现在，在沧州一带会跳花式跳绳的人有很多。著名回族武术家王子平对跳花式跳绳十分擅长。他根据武术的一些基本动作，结合跳绳的一些基本规律，创造了许多花样跳法，形成了丰富多彩、技巧性很强、形式优美的花式跳绳技艺。1923 年，王子平移居上海，组织并创办了“中国武术社”（简称“国武社”）。在国武社，王子平除传授武术外，还同时传授花式跳绳。直至 20 世纪 60 年代初期，国武社的跳绳表演依然风靡上海，很受国内外各阶层人士的欢迎。

花式跳绳的绳长在十至十三米之间，直径三厘米左右。跳绳时，由两人各持绳的一端，同时向同一方向摆动，使绳形成一定弧度并使弧度有节奏地转摆。人可择机进入其中，在绳落地瞬间跳起，使绳摆过而不绊停绳索。花式跳绳分单人、双人或数人在绳上跳动并模仿各种动物的姿态和动作，要求动作优美并有一定的难度。绳子的摆动幅度及快慢可根据跳绳者的动作进行配合性地调整，做到手眼相随，疾徐相合。花式跳绳的动作主要有“拾棉花”“青蛙式”“腰里串”“纺车转”“燕子飞”“霹雳响”“大扑虎”“朝天登”“大翻车”“元宝壳”“两头忙”“五祥卧鱼”“鲤鱼打挺”“鹞子翻身”“鹞子双翻身”“旱地拔葱”“枯树盘根”“青龙腾跃”等。其中“青蛙式”是跳绳者进入绳子中，手足撑地，模仿青蛙姿势灵活地弹跳腾空、窜伏起落，因其形象逼真酷似青蛙而得名。而“两头忙”则是跳绳者仰面朝天，背部着地，交替作头顶脚蹬、使身背离地，绳子从下而过，因其动作快速紧凑，头脚交替离地而得名。“青蛙式”“两头忙”都是花式跳绳中的难度动作。

跳格

据说跳格始于清代。从 20 世纪 20 年代到 50 年代，跳格在北京地区许多回汉民族聚居区的青少年中都十分盛行。尤其是在民国时期，许多中小学还把跳格作为体育课的教学内容。除课堂教学外，还在课余时间开展各种形式的跳格比赛。如全校范围的比赛、年级各班间的比赛、年级间的比赛、班组间的比赛以及个人间的比赛等等。就是在学生放学后，也会经常看到三五成群的学生聚集在街头巷尾，十分投入地进行跳格比赛。跳格场地可以随意选择，居家院落、街头巷尾，只要场地平整即可划格而跳。格的式样多种，通常为双排方格。即并排设格五至十个，格的大小多少因参加者年龄和季节而定，无严格要求。跳格比赛分单人和集体，集体比赛每队三至五人，比赛内容有单、双腿逐格跳；单、双腿越格跳；单、双腿踢包跳；单、双腿踢包越格跳；顶包单腿跳等。单、双腿逐格跳。单腿左右均可，但跳格过程中不能出现两腿交替动作。单、双腿逐格跳时不能踩线。此外，手着地或跳越后坐在地上等都算失误。失误后，由对方跳。单、双腿越格跳。越格分两种：一种是起跳时直接跳向第二格，以后是空一跳一，直至跳完；另一种是指定跳越的格子，其跳越的格子多少由参加者双方商定，这种跳法一般难度较大。无论哪种形式，均不能出现踩线、手着地等现象。若出现，算失误。换由对方跳。单、双腿踢包跳。与前相似，所不同处是增加了踢包动作。所谓“包”，可以是石块，也可以是小布包。将包按顺序一格一格地踢，直至踢完所有的格为止。单、双腿踢包越格跳时，包须踢过空格，若停留在空格内算失误；踢包时，包不能压线或越出格外，否则算失误。出现失误则由对方起跳。顶包单腿跳。即将包置于头顶，然后起跳，在跳的过程中，手不得扶持、触碰包。此外，在跳格的过程中，除脚不能踩线外，包也不能掉下，否则算失误，由对方起跳。跳格落脚需要准确熟练，并掌握好自身的平衡，越格跳还须有良好的弹跳能力。

跳皮筋

跳皮筋曾经在宁夏回族自治区城镇少年儿童中十分流行，特别是在女孩子中流行更甚。皮筋是用弹性较好的橡皮带或松紧带做成，一般长约十米。跳皮筋多在室外进行。跳皮筋时，先将皮筋套拴在距离五米左右的树干或直接套在两个同伴的身上，其高低可根据跳者的身高和要求进行调节。跳皮筋可成分两队进行比赛。也可一对一、二对二进行比赛。有时因年龄悬殊，也可一人带数人跳。开始时，皮筋的高度以手下垂后中指的末端能触到皮筋为准。起跳后，用右脚钩下皮筋，先一个后交叉跳，接着一个前交叉步紧接一个双足跳。在跳的过程中，要边跳边唱，还不能使皮筋掉下来，跳法也不能错、乱，直到唱完一段儿歌，才算达到了跳皮筋第一阶段的要求。之后，要把皮筋向上升一定的高度，即升至髋的部位，然后再跳。依此，一直升至齐耳，甚至头部以上的位置。如在跳皮筋的过程中，皮筋脱掉或步法错乱或儿歌唱错等，都叫“坏了”。如出现“坏了”，要换人跳。先跳完皮筋不同高度的全部动作，且唱完儿歌，并不出现错乱者为胜。

藏族跳绳

按传统，每逢春节，云南中甸地区的藏族青年都会自发地组织并参加当地的跳绳活动。这里的跳绳活动一般为二人甩绳的单人跳、双人跳、集体跳和男女混合跳。其跳绳的花式有双脚跳、单脚跳、原地翻跟头、跑动翻跟头、单手翻、双手翻、捡石头跳及拜年鞠躬等动作。男女混合跳有时还是男女青年互诉衷肠、表达爱慕之情、互相交换信物的最佳时机。

彝族跳火绳、“跳牛”、跳板凳、跳小单门、跳大单门、设渡比拉、“跳大海”

跳火绳

跳火绳是大凉山彝族古老的独具特色的传统体育活动之一。跳火绳表达了彝族人民对光明、幸福的追求，对吉祥、繁荣的渴望。跳火绳多在喜庆佳节和丰收之后在夜间举行活动。每逢火把节，彝族男女老幼都来观看跳火绳的比赛。比赛场面极为壮观，火绳有单人跳和集体跳两种。比赛的距离没有严格的规定，一般在三十至六十米之间。火绳用一根长三米左右的藤条拧成，在藤条的中段绑上浇有菜油、松油、煤油或香油的布条或棉纱后点燃。在场内两端画上起跑线与终点线，比赛者站在起跑线后，手执燃烧的火绳，待号令一发，双手握住火绳的两头像单人跳绳一样，摇荡火绳，直线跳跃着前进，最先到达终点者为胜。持火绳跑步和走跑都要被判为犯规，不计比赛成绩。五六十人集体比赛或表演，更是饶有情趣。这时，比赛场内宛若火的海洋，闪动的火花犹如一丛丛盛开的映山红，整个场面充满了热烈向上的气氛。

“跳牛”

又称“跳小牛”。一人躬身，手着地支撑，为支跳；其他人助跑，依次双手撑其背从其上方跳越。以后支跳逐渐将身子向上抬起，使其高度逐渐递增，最后以直立低头为最高。“跳牛”时，可一人做支跳，也可多人做支跳，如多人支跳，跳越者须不停地跳越所有的支跳。跳板凳。流行于滇西，以板凳为跳越物。依据板凳的高低，先跳过一条或两条架起的板凳，跳过一轮后，再向上增架一条板凳，跳不过即被淘汰，跳过者继续增加板凳再跳，直至淘汰至最后一人。助跑及跳的姿势都不限，以直线、斜线助跑，单脚、双脚跨越均可。

跳小单门

四人叉开双腿坐在地上连成一方形，外面的人要想法跳进去而又不能被坐着的人踢到，如被踢到，则与坐着的人交换。跳进去的人要想法跳出来，跳出来时必须双脚纵跳出来。相对而言，跳出来增加了一定的难度。

跳大单门

跳大单门流行于滇西、滇中一带。具体做法是两人对面席地而坐，将四脚向上伸直搭起，其他人助跑从上跳越。若在跳时被坐地者踢着，则跳者与坐地者相互交换。设渡比拉。流行于云南新平一带。具体玩法是根据参加的人数多少，在地上划一直径约十米的圆圈，一人蒙上眼睛去抓一个抱着一只脚，以单脚跳跃逃避追抓的人。其他人则围着圆圈站立。逃者若被抓住，则与追者角色互换；也可以重新安排一对其他人上场追抓。逃者在逃的过程中要不停地发出声音，引导抓者追抓。

“跳大海”

在云南的许多彝族地区，都流行着玩“跳大海”的游戏，在女性青少年中更是盛行。所谓“跳大海”，就是在地上划出各种阵形（相连的方框或圆），然后依次序用单脚跳的方式推踢石片或瓦片到规定的区域，如果用力过大，将石片推过了规定区域或用力过小没有将石片推到规定的区域，都算失败。若失败，则要重新从头开始依次跳踢。若比赛，视每盘跳踢的得分多少而决定胜负。如按规定，第一跳是从第一个区域到第三区域，则要求首先要将石片从一区踢到三区，如踢到三区，还要求跳踢者采用单脚跳从一区直接跳到三区才算完成了第一步的动作，可得分，其分值可根据跳踢的难易程度，由比赛双方在赛前协商确定。

白族跳伟登、跳火把、“老虎跳”、跳花棚

跳伟登

流行在云南怒江兰坪一带，多为青少年参加。游戏中，攻守两方人数相等，守方坐在地上将腿叉开，张成一个圈，攻方要设法跳进圈内，如果在跳的过程中，其中有一人被守方用脚踢中，则攻守双方位置互换。

跳火把

火把节之夜，青少年点燃束束火把汇集到广场，排起队一个跟一个来回跳跃，称跳火把。持火把跳绳也为跳火把。在火把节晚上，白族地区的广场上都会聚集着许多人，有些人还专门准备了一些绳子，由两人各执一端拉绳甩圈，持火把者排队依次鱼贯跳绳跑出再排队依次而跳；也有单人、双人或多人连续持火把跳的。

“老虎跳”

这是白族男性少年儿童爱玩的一种游戏。游戏中，由一人身体前俯、曲背、弯腰且双手撑地或扶膝扮作老虎，其他人在离“老虎”十多米远处开始助跑，跑到“老虎”跟前，用双手撑“虎背”腾空跳越“老虎”。

跳花棚

这是白族女孩子们十分喜爱的游戏。方法是由两人相向席地而坐，脚、手对搭，其他人依次助跑从上跳过。其高度可根据跳跃人的具体情况而进行调整。

土家族“跳马儿”

“跳马儿”是川东土家族少年儿童经常开展的一项游戏。游戏形式有两种。一是由两名参加者先仰面躺在地上，两脚掌互相抵紧，其余儿童依次从躺地者脚上纵跳而过，称为“第一脚”。然后躺地者两脚上下连接，一脚脚尖与另一脚脚跟相靠，高度递增，为“第二脚”。“第三脚”“第四脚”照前。凡跳不过或触及躺地者，自动与其交换。另一种方法为支撑跳。第一高度称半蹲跳，被撑者成半蹲姿势。第二高度为直膝躬身跳。被撑者成直膝体前屈姿势。第三高度为直立低头跳。被撑者成低头直立姿势。跳马人经助跑，双手支撑其背，随之跃身分腿而过，但在跳第一高度时，不准用手撑“马儿”，必须用双腿直接跳过去。鄂西一带土家族又称“跳拱”，做拱人弯腰躬身，两手下垂，手指触地，为低拱；两手掌按扶腿膝为中拱；两手叉腰，埋头弯腰为高拱。先做拱者以抽签或猜拳确定，其他人轮流逐个跳跃低、中、高拱。跳跃不过或腿碰拱桥，与做拱人对换。以后，凡跳不过者，均当做拱人，各拱之间距离约十步，最后以跳过拱桥的高度和连跳数排列名次。

傣族跳竹竿

傣族人民喜爱跳竹竿，分打竿和跳竿。打竹竿者十几人，两人一组，分别执竿一端相对而坐。竹竿互敲或敲击地面，时起时落，时分时合，随着音乐的伴奏，竹竿一击一分的频率不断变化、加快。跳竿者灵巧地跳跃在竹竿的分合之间，运用双脚跳、单脚跳，变化出优美、舒展的动作。有时男打女跳，有时女打男跳，有时是男女混合跳。

傈僳族跳牛

傈僳族男性青少年的游戏。助跑以双手支撑跨越牛背。此活动难度较大，因为牛是活动的。这项运动对力量、速度、弹跳反应和协调性等有一定的要求。

拉祜族卡扎吸峨

拉姑语“卡扎吸峨”即跳绳，在男女青年中进行。两人甩绳，两人跳。在跳绳的同时，一人边跳边将一枚橄榄放在地上，另一人则配合跳绳将橄榄拾起。反复进行，以增加跳绳的难度和兴趣。

阿昌族蹬窝罗

蹬窝罗是阿昌族独特的一种体育活动。其特点是在乐器伴奏和歌唱中旋转蹲跳，突出脚上功夫，阿昌族称之为蹬窝罗。无论喜庆节日，或是盖新房，还是迎丰收都要进行，甚至还将正日初四定为“窝罗节”。那天各村寨的阿昌人民穿上节日盛装，扶老携幼，成群结队赶到窝罗场蹬窝罗。蹬窝罗时，一人在队前领唱，其余的人双手叉腰，一边唱一边大蹲大跳，左右回顾，一会面对面，一会背对背。边转边跳，边跳边对歌，男女青年往往在蹬跳和对歌中产生感情。

京族跳竹竿

在两条平行放在地面上的长木上横放八根竹竿，分成四对，由八名男子或女子分坐两排，双手各执竹竿一端，按照有节奏的鼓点敲木杆、合竹竿，发出抑扬顿挫的响声。年轻姑娘们随着节拍和竹竿的开合，巧妙地在上面做着各种动作。单人跳时，在四个空格中一步一跳，边跳边舞，穿梭往返。双人跳或多人跳时动作协调整齐，前后相互照应，舒展而优美。

第五章　枪、箭、弩射击

射击是我国西部许多狩猎少数民族的生产生活技能。他们用枪械、弓箭和弩进行狩猎，在长期的生产实践中练就了百发百中的技能。随着社会的进步和发展，特别是生态环境的建设与保护，许多狩猎民族都逐步脱离了狩猎生产，但与许多体育运动一样，脱胎于狩猎这种生产劳动的射击，也随着其逐渐脱离狩猎生产而演变成为人们休闲、娱乐、健身的运动项目。这种演变在有些地方刚刚结束，在有些地方尚未结束。无论是刚刚结束还是尚未结束，这种发展趋势是必然的。

射击，特别是射箭、射弩，在西部很多少数民族中一直传承，有着悠久的历史。在内蒙古阴山和乌兰察布地区，留存有许多铁器时代人们进行狩猎的岩画图案。在这些图案中，人们手中所拿的武器有棍棒、绳索、弧、刀、弓箭，其中以弓箭为最多。而这些图案作品显然不是哪一个民族的，而是曾经生活在这块土地上的狄、匈奴、鲜卑、突厥、羌、和蒙古等族中某些民族的作品[①]。有关弓箭的图案，在乌兰察布岩画、巴丹吉林沙漠岩画、宁夏贺兰山岩画、甘肃河西走廊岩画、青海海西岩画、新疆阿尔泰山岩画、天山岩画和昆仑山岩画中都大量存在。在我国考古发掘中也被大量发掘。在我国古籍文献中，更是多有记载。如《史记》，在对匈奴的描述时说："匈奴，其先祖夏后氏之苗裔也。……逐水草迁徙，毋城郭常处耕田之业，然亦各有分地。毋文书，以言语为约束。……其俗，宽则随畜，因射猎禽兽为生业，急则人习战攻以侵伐，其天性也。……利则进，不利则退，不羞遁走。苟利所在，不知礼义。"[②] 说明匈奴人是以射猎禽兽为生业的。《后汉书》说乌桓人"俗

① 盖山林著《阴山岩画》，文物出版社 1988 年版。

② 〔西汉〕司马迁撰《史记》卷一百十《匈奴列传》，中华书局 1959 年版。

善骑射，弋猎禽兽为事”①。鲜卑人更是强调骑射，连皇帝都亲自示范讲授射经与战法。永兴二年（410年）秋，拓跋嗣“立马射台于陂西，仍讲武教战”②。像这样的记载很多，几乎涉及古代我国西部各民族。在此不一一列举。说明我国西部少数民族枪、箭、弩射击有深厚的历史渊源。现在，枪、箭、弩射击在我国西部少数民族中得到了有序的传承。在有些地方，这些射击已经脱离人们的生计而上升至竞技运动与休闲娱乐的高度，正在以一种全新的方式进行着传承。

全国少数民族传统体育运动会设置了这些射击运动的部分项目，其中有骑射、射箭、射弩等。这些项目的设置，进一步推动了射击运动的发展与进步。特别是运动器材的革新与精制，使这些项目的运动水平正在不断地得到发展和提高。

第一节　枪械射击

在枪械射击中，跑马射击是我国西部许多马背民族的一项生产与生活技能，开展得十分普及，有很高的竞技水平。跑马射击现已被列入全国少数民族传统体育运动会的竞赛项目，属马术类。虽然跑马射击要求有很高的驭马能力和射击本领，但最终是以射击中的的成绩为最后获胜的评判标准。因此，我们将跑马射击项目放在射击章节中，特此说明。我国西部少数民族传统的射击项目主要有藏族跑马打枪、骑马点火枪、枪械射击，维吾尔族骑马射击，哈萨克族骑马射击，景颇族火枪射击，柯尔克孜族射元宝，仫佬族打灰包，羌族骑射，撒拉族骑马射击，门巴族狩猎。

藏族跑马打枪、骑马点火枪、枪械射击

跑马打枪

跑马打枪是藏族的传统活动之一，其意在驱魔除邪，使新的一年吉祥如意。比赛前，各家屋顶燃起柏香，父母祈告上苍，求神灵保佑自己的孩子赛马获胜，平安归来。比赛开始，骑手们一组一组地通过跑道，在较短距离内时而将枪抛向空中复又接住，时而又举枪向空中扣发扳机，以此向人们展示

① 〔南朝（宋）〕范晔撰《后汉书》卷九十《乌桓传》，中华书局1965年版。
② 〔北齐〕魏收撰《魏书》卷三（一）《太宗纪》，中华书局1974年版。

其熟练的控枪技艺。在藏族聚居的一些地区，还流行奔马耍枪，即要求射手们在一百米左右的路程中策马奔驰并放三枪。每放一枪都必须完成从头顶后方取下背着的枪，在马脖子上绕一圈，再装枪举至头顶上绕三圈，再向左右上方各虚放一枪这一系列动作。比赛骑马射击，则射固定的靶标。就是在快马奔驰的前方设置靶标，骑手从起点策马奔驰并瞄准射击，以射中的目标及环数多少来决定胜负。

骑马点火枪

骑马点火枪多在每年的农历正月十五或重要节日举行。比赛时，一骑手骑马在前引导，火枪手骑马随后，头上围插着一排冒着火的火绳，口中衔着两排装火药的纸筒，由于枪手要左手持枪，右手装药、点火，所以必须脱缰乘骑。在策马飞奔的同时，枪手取下一个纸筒，将火药从枪口装入抢内，然后从头上拔下一根火绳点燃抢内火药，只见枪口处火光一闪，一声巨响，装火药的纸筒也随之飞上天空。也就是要将持枪、装火药、点火药、放枪等动作一气呵成。许多优秀的选手在千米的跑道上，可快速完成二十次左右。该比赛以马跑得快，放枪的次数多为优胜。据传，这项运动始于唐朝松赞干布迎娶文成公主时的开道仪式。也有人说这项运动始于明朝，因当时藏族聚居地区各部落间时常发生一些纠纷，在藏族聚居地区统治者裁决后仍置之不理，继续扩大争端，极大地影响了藏族聚居地区统治者的权威。为了起到震慑作用，藏族聚居地区统治者训练了一支骁勇善战的飞马火枪手部队，以执行裁决和平息纠纷。后来，这支部队的训练手段之一骑马点火枪流入民间并逐步演变为群众喜闻乐见的一项活动。

枪械射击

如在甘肃天祝藏族聚居地区，射击是很受人们欢迎的一项活动，平时比赛有几种方式。一是打死靶。白天，在百米远处置一瓷碗或立一木石为靶，大家轮流射击，以击中靶标多者为胜；晚上在二三十米远的地方插上一排香火，大家轮流射击，以击中香火多者为胜。二是打活靶，即从山上向下滚动筛子，射手在半山腰，用立、蹲、跪、卧等姿势连放三枪，以打中次数多者为胜。三是在马上打靶，即骑马快速跑动，射击侧翼入置的靶标，每人三枪，以中靶环数多者为胜。

维吾尔族骑马射击

维吾尔族骑马射击在过去都是立一些草人、石头、木棒等为靶子，在确定一定的距离后，策马快速奔跑并对靶进行射击，以策马速度快且击中靶子多者为胜。

哈萨克族骑马射击

哈萨克族骑马射击与维吾尔族骑马射击一样，也是立一些草人、石头、木棒等为靶子，在确定一定的距离后，在马快速奔跑时对靶子进行射击，以马奔跑的速度及击中靶子的多少决定射击的成绩。

景颇族火枪射击

景颇语“打汤跌”为火枪射击之意。“打汤跌”比赛一般在景颇族新年“恩鲜鲜”中举行。除夕，正式公布组织火枪射击的挂靶人家。挂靶的是一家也可多家，要设靶供人们射击，靶为用线吊起的钱包。初一，人们汇集一起，待挂靶人家挂靶后，射手们在距其三五十米处用火药枪射击。只准打线，并只许射击一次。击中后钱包掉下，射击者将钱包里的大部分钱买酒肉与众人分享。在景颇族，还有一种以求偶和娱乐为目的的射击。即一些未婚男女青年群聚山间，自由交往。在跳舞对歌后，每人出一份钱用作吊靶，或以熟鸡熟肉作靶挂在树上供男青年射击，击中者会得到姑娘们的青睐。

柯尔克孜族射元宝、狩猎

射元宝

射元宝是柯尔克孜族最喜爱的一种比赛。射元宝比赛时，首先要确定射击的距离，一百米、一百五十米、二百米都可以，但要得到大家的认可。然后在放置元宝（或钱币）的地方竖立一根十至十五米高的木杆，顶端架上长二至四米的一根横木，横木上分悬五至十枚用细皮条拴着的元宝（或钱币）。参赛的骑手逐一在听到“开始”口令后，立即策马向目标奔去，在距元宝三十至四十米处射击，谁能在规定的时间内把悬挂的元宝击中落地，元宝就奖给谁。也有以命中目标的多少，排定名次进行奖励的。优胜者可得到一只山羊或其他奖品。比赛规定骑手在射击过程中不得停下，必须在奔跑中完成射击。射元宝是训练和检查人们射技的一种活动，一般在婚礼、节日祭祀及运动会等重大场合中举行。参加这项活动的人，多为草原上著名的猎手。由于他们的技术不相上下，争夺十分激烈，有时比赛进行了几轮还难以分出胜负。

狩猎

柯尔克孜族自古就以畜牧业和狩猎为生。公元 8 至 9 世纪时，渔猎业也颇盛行。从已出土的手工艺品及大量岩画上描绘的狩猎场面真实地反映了柯尔克孜族先民当时的狩猎生活。到了冬季，虽然冰天雪地，狩猎也从不间断。使许多柯尔克孜族人练就百发百中的好枪法，也练就了在山林峭壁上与野兽赛跑的能力。如在捕猎盘羊时，因盘羊的视觉十分敏锐、动作非常快速，即使在中弹后，还能狂奔十多公里才能倒毙。因此，做一个合格的柯尔克孜族猎手不但要求枪法准，还要有快速奔跑的能力，有时还要在快速奔跑中再次射击。有些猛兽往往一枪难以致命，在受伤后被激怒，会顺着枪弹射来的方向不顾一切地扑过来。这时，猎手如果不能以最敏捷的速度撤离现场，选一个有利位置快速向猛兽射击，不仅可能让带伤的猛兽跑掉，有时还可能遭到猛兽的伤害。因此，狩猎中的射击准确性不仅是获取猎物的前提，也是自我保护的手段。

仫佬族打灰包

打灰包又称“打猪脚”，是仫佬族群众喜爱的传统游戏活动。相传打灰包在仫佬族中盛行可追溯至清朝时期。每年农历五月初五，以村或几个相邻的小村为单位，每户一人，集中于祠堂，举行“会款”。所谓会款，就是制定保护农作物和防盗防偷的公约。“会款”这天杀猪聚餐，凡有猎枪的人家都要把猎枪带来，举行打灰包比赛。目的在于提高枪法，以便更好地维护治安和保护好农作物。灰包用蚊帐布包裹着石灰密缝而成，长宽各约五寸。挂在距地面两米多高的柱子上，离射击点约四十米远。比赛开始前，从各村中选出一人做公证人，参赛者按抽签秩序轮流射击，每次一枪周而复始。打灰包以跪射为主，凡打中灰包（以灰粉飞出为打中）的，奖励猪脚及猪肉。

羌族骑射

古时，羌族精于跑马射箭，《后汉书·西羌传》云：“今虏皆马骑，日行数百里，来如风雨，去如绝弦。”到明清之际“人马俱被锁子甲”《理蕃厅志》。骑马、操弓挟矢在羌族男子生活中占有重要的地位，骑射是必不可少的项目，许多活动离不开骑射比赛或表演。随着人类社会的进步，火枪逐渐替代了冷兵时期的弓弩，但羌族人仍然秉承骑射传统，只不过是以火枪代替了弓箭而已。在四川茂县境内一些羌族聚居区。每年阴历正月十七有“打靶节”。届时参加者各携猎枪，聚集在较大的开阔场地，用麦面、肉馅做成各种小兽作靶。击中者标志其开年大吉。在每年或每两年举行一次的“大议话坪”中，射击比赛是重要内容之一。羌族俗语“十五岁传铠甲，枪法好，二十岁在议话坪讲话，就算好小伙子”。在较场、赤不苏、沙坝等羌族聚居地，每逢祭祀、婚嫁、丧葬及较重要的集会，都离不开射击活动。羌族射击比赛分固定靶与活动靶。在较正式的场合，固定靶一般是用青稞面做成的各种各样的动物模型。平时则由参赛人商定，多用石头、铜钱、银圆、鸡蛋或任意指定一物为靶，晚上则用香火为靶。靶距，白天在一百六十米以上，晚上在五十米左右。活动靶则是抛向空中的旋转面纸。

撒拉族骑马射击

撒拉族骑马射击就是选手骑在马背上用撒拉族自制的土枪进行射击。在一千米左右的距离内，选手骑马奔驰，从装火药、火帽到射击，能射击出八至十枪者为优。因为一般人最多只能射三至四枪。自步枪普及后，自制的土枪比赛办法又有了新的规定，除有一定的射击枪数外，还要求能射中目标，以射击枪数及射中目标多少为评判选手是否优秀的标准，射击的枪数及射中的目标越多越优秀。

门巴族狩猎

狩猎在门巴族人民生活中占有重要位置。他们在狩猎中，主要用弩箭，火枪射击，也用竹桩、陷阱、支绳套等方法进行狩猎。门巴族男子出门都携带弓箭或火枪，随时猎取禽兽。比较集中的狩猎，每年有两个时期。夏季主要是猎獐子，以及防止熊猴等野兽糟蹋庄稼；冬季是狩猎的黄金季节，主要是猎野牛、岩羊、野猪、豹、虎等动物。进山打野牛，是规模较大的狩猎，常常是几个猎手共同行动。打中野牛后在山上点火，村里人看到烟火，便上山背肉。一头野牛的肉得十多人背回。首先命中野牛的人分两份，同去的人分一份。背回村后，每家都分到一块肉。

第二节　射　弩

弩是我国西部山林民族射猎的重要工具。在长期的生产生活实践中，这些民族对弩的掌握已十分娴熟。主要有苗族射弩，彝族射弩，傈僳族射弩，佤族射弩，拉祜族射弩，阿昌族射弩，普米族射弩，独龙族射弩。下面逐一予以介绍。

苗族射弩

朱辅《溪蛮丛笑》载：“……苗族自己能生产多种铁质工具……剑、斧和箭镞，他们制造的甲胄、标牌、牛尾枪（火枪）、偏架弩等兵器都很有名……

偏架弩强劲有力，长六七尺，三人共张，矢无不贯。”又据威宁彝族回族苗族自治县县志载：生于威宁朱崴（现属贵州赫章县）的苗族农民阿尤黑，咸丰十年（1860年）五月参加苗族义军，后成为一支苗族义军的首领，曾把自己的弩藏在一座山上岩石的石缝里，由于岩石坍塌不能全部取出。后代苗民做弩弓必设法抠取此弩一片嵌在自己的弩上便成为神弩。此外，《大定府志》《毕节县志》等对苗民善使弩的事也有记载。相传海南岛苗族的弩和箭，是先人在明代从大陆作为作战武器而传入的，在清代的地方志及其他文献中也有类似记载，称为“药弩”。使用的箭镞上涂有剧毒的植物汁液，人或鸟兽中箭，便中毒而死，即所谓“见血封喉”。苗族男子几乎人人都备有弩箭，男童自幼习射，还常常进行比试。因弩击发无声，射击精度颇高而又可就地取材自行制作，用以打猎和射鱼，所以弩射的习俗也沿袭下来。贵州苗族人民使用的弩一般用岩桑木制作，在海南岛的苗族则以坚韧的“白茶”等木料刨削弯制而成大弩的弩枇（弓）长一点五米，弩身长一米左右，弩床长五十至七十厘米，弩床上开一箭槽，箭槽从紫京、青皮等硬木雕削而成。发芽（扳机）用牛羊角制成，弩绳以野兽的筋、皮制作成，或选用上好的青麻搓成。箭杆用细毛竹或山树条削制，粗细与筷子相似，长短一般在二十五至三十五厘米之间，根据弩的大小而定，多使用铁箭头（成三角形或圆形）尾翼用竹皮、玉米秆的外皮制定。海南岛上的苗族则多选用一种坚韧的“鸭骨”竹削尖制作，箭尾无羽。大弩最大射程二百米左右，小弩最大射程一百米左右。大弩需八十至一百公斤的拉力，小弩需五十至七十公斤的拉力才能拉开。苗族男子从小开始练习射弩，十岁左右练“娃娃弩”，可射十米目标。用托石块或用绳子绑砖头或重物吊在手腕上练臂力，用原木轱辘从山上滚下来进行射击的办法练习射击移动目标等。当掌握了一定的技术后，就可以参加射野兔、野猪等活动。在春节期间和跳花场时，往往都要举行射弩比赛。比赛的姿势有立姿、跪姿两种，比赛时用粑粑和肉片当靶子，射手在同一距离轮流射击，谁射中了粑粑和肉片，粑粑和肉片就归谁，射得粑粑和肉片最多的就是最好的射手，除了会受到大家的尊重外，往往还能获得其他的奖励。

彝族射弩

彝族使用弓、弩的历史久远，在其先民的传说中，也有类似“后羿射日”的故事。《勒俄特衣》载，英雄支格阿龙出世后，天上出现了七个太阳，八个月亮，晒得世上万物濒于灭绝。支格阿龙找到舅舅——神鹰门，要来了金光闪闪的铜弓和铜剑，终于射落了六个太阳七个月亮，大地从此获得生机。《越西厅志》载，彝族“居十之九土地贫瘠，不生五谷”。以畜牧与狩猎为主，弓、弩是其主要的狩猎工具。另据《雷波厅志》载，“夷性牧猎，出入多以柴弓弩箭相随。”由于彝族人居住的地方土地贫瘠，不易农耕，所以他们一般都以畜牧或狩猎为生。所以他们出门都会随身带着弓弩箭矢。彝族弓弩制作考究，弓体多为木质，弦用牛皮制成。箭杆多为木质，也有铁质。箭镞也有铁质、铜质和骨质三种，又分有毒和无毒两种。《越西厅志》载：“彝族使用的弓长四尺，两头无梢，以牛皮作弦，箭二尺五寸，有倒钩装皮筒带左腋下，每筒五十支。内药箭三支，中人立死，有倒钩者，中人不能拔，必连肉割去寸许而后出。”射箭比赛是彝族在节庆和婚丧活动中的主要内容。古代射箭比赛，有射准和射远两种形式，即所谓“村间比远射，入村比射靶”。射远比赛系大家站成一排，同时向对面的空地射去，然后各寻回自己的箭以远近分胜负。清中叶，清军攻打凉山彝区至牛牛坝（现美姑县牛牛区），土司阿苏司约清军统领罗大人赌射，在四普河谷，罗大人只射到普坝上，而阿苏土司则射到了黄茅埂上，罗大人认输而退了兵。射准一般都有固定的目标，由竞射双方临时确定目标。目标大至山羊，小至树叶，距离一般分五十步、一百步、一百五十步不等。射准又可分骑射和步射两种，步射有固定的位置，骑射则驰马而射。现在射击比赛多采用射准的方式，也分骑射与步射，鸡蛋、烟头，乃至于玉米粒都可作靶。

傈僳族射弩

旧时，傈僳族的采集和狩猎在其经济生活中占有重要地位。过着“刀耕火种”“狩猎为生”，农猎并举的生活。因此也使傈僳族人练就了精准的弩弓之技，留下了善用弩弓、射技精准的美名。如清乾隆《姚州志》就载：“技善弩，经年以射猎为事。”傈僳族弩弓历史悠久，明天启《滇志》卷三十说：“……善用弩，发无虚矢，每令其妇负小木盾经之，四寸者前行，自后发失其盾，而妇无伤，……”傈僳族弩弓制作精良，弩扁担（弓背）用岩桑制成，用栗木或柘木做弩身。大弩的弓背长一百一十厘米，射程一百五十米左右。弩箭用雪山实心竹制成，配尾羽，分有毒、无毒。毒汁用野生药熬成，素有见血封喉之称。清代《维西见闻录》载：“药矢弩所用也，矢及镞皆削竹而成，扎篾为翎，镞沾水裹药，药采乌头，曝而研末者，猎中禽兽入皮肤，飞者昏而坠。走者麻木而僵。”傈僳族射弩比赛有粑粑打、射鸡蛋、射刀刃等。粑粑打：每当过年时，怒江傈僳族都要举行射弩比赛，射手每人出几块苞谷粑粑做靶子，放在五十步开外用弩弓射击，射中者意味着新的一年财运好，打猎收获大。射弩比赛以男人为主，女人也时有参加。比赛以谁射中的粑粑多为优胜，优胜者有一定的物质奖励。颁完奖后，大家都把从家里带来的美食、美酒拿出来与大家分享，并以歌助酒，尽欢而散。射鸡蛋：射鸡蛋流行于怒江峡谷各地，多在“盍什”节或正月间的澡堂会时举行。作为靶子的鸡蛋不是放在地上，而是置于姑娘们的头上，她们每个人头上顶一个碗，碗中放上米，鸡蛋放在米上，面对射手而立。射手距姑娘的距离十米、三十米、五十米不等，要看双方的胆量和技术，是技高者的游戏。比赛时，弩箭射出，鸡蛋在头顶破碎，甚是惊险。射刀刃：射刀刃流行于怒江和丽江的傈僳族中。在春节期间，人们将一把长刀竖立在二十米开外，刀刃朝射弩者方向。参加比赛者面向长刀，依次瞄射，如射中刀口，弩箭自然剖成两半，为胜；如射不中，箭就输给胜利者。此外，还有村寨之间的对抗赛。即村寨间进行的射弩比赛。比赛一般用粑粑和猪头作为箭靶。参加者数十或上百人，以村寨为单位分成两队。以射出相同的箭数，按中靶多少决定胜负。胜者赢得粑粑和猪头。

佤族射弩

弩弓是阿佤人的常备之物，从小习弩，练就一手箭无虚发的绝技。射弩其最高水平当是射刀刃，是检验一优秀猎手的最佳手段。方法是将一缅刀插在地上，刀口朝着射手，距离二十步左右，射手们蹲在地上用弩箭向刀刃射击，一旦射中，竹制弩箭被刀口切为两半。这种比赛需要有准确的击发，锋利的刃口和强劲的力量才可能作此射击。射刀刃不但成年人喜爱，少年儿童也喜爱参加此项目的比试。

拉祜族射弩

狩猎是拉祜族生活中不可缺少的部分，出猎时，几乎整个寨子的男子都出动。新年初五是拉祜族人上山狩猎的节日，届时猎手们汇集寨边，选一棵大树去皮一块，画上野牛、马鹿、松鼠、野鸡和小鸟等。将自己的银手镯放在树下，然后点上自制的香烛，在三十步开外射一箭，或打一枪，射中什么意味着出猎就有什么收获。拉祜族猎手猎获的兽肉，除头分给打中的人外，其余不分男女老少，包括过路看见的人都有一份，连撵山的狗也都有一份。剩下的心、肝、肺等内脏统统砍成碎块装进二尺长的竹筒，放在篝火上烧熟，然后大家分食。拉祜族男子从十四岁开始就准备弩箭，随长者上山打猎，逢年过节都要打靶射箭，用以娱乐，形成一套传统的教育方式。拉祜族射弩比赛一般分为村寨对抗和个人对抗两种赛制；分立姿和跪姿两种射姿。射击距离由双方赛前协商决定。比赛以射中靶的箭数多少决定胜负，优胜者获得奖品。拉祜族弩箭有：大弩，要两人才能拉开，射程较远，用来猎获大野兽；筒弩，弩身用竹筒制成，将箭放在竹筒内射击；双弩箭，一次可发两支箭；单弩箭，一次可发一支箭等。弩箭由弩身、弩扁担、弩槽、弩绳、弩发销（弩机）组成。弩箭构造各有不同，有的箭头上安铁尖，锋利无比。有的箭头上带倒钩，击中目标后易取出。还有箭头上浸以毒药的药弩。箭靶通常为动物等图案。拉祜族射弩比赛时，先在高大的柏树上画一圆圈，再插上三支箭。射手们在五十米外瞄准目标连发三箭，要把柏树上插的箭统统击落。技艺高的还可以射刀刃，箭射出后刀刃能把箭杆和箭花劈为两半。

阿昌族射弩

阿昌族善弓弩。清代王凤文在《云龙记·阿昌传》中载："阿昌……与人较弩，射海靶，中其心；植刀，中其刀。"要射中仅有纽扣大的海靶和细长的刀身，说明射技都很高。弓箭不仅是阿昌人的武器，还是崇拜的对象。每年正月初四日，云南梁河阿昌族在窝罗节的台坊之上，都要高高竖立一把巨大的弓箭，被称为神箭，箭头直指蓝天。据传说，这是为了纪念祖先遮帕麻。遮帕麻曾用黄栗树做了一张千斤弓，大龙竹做了一支长箭，他才射下了假太阳，挽救了人类。阿昌族人尚武，而善射弓弩是其尚武精神的表现之一。

普米族射弩

普米族在大年初一、初二、初三都要举行射弩比赛。比赛前，在距离三十至五十米处设靶，靶用木板制成，大小在二十五至五十厘米之间。比赛时先射大靶，射中后再射小靶，最后射仅有鸡蛋大小的靶，能射中此靶者，为公认的优秀射手，众人要敬酒，表示祝贺。此外，还有用粑粑或熟肉块挂在树上作靶的，由参加者自备，比赛时轮流以弩射去，射中者食物归己，最后以得粑粑和肉块最多为胜。

独龙族射弩

独龙语"卡秋哇"为"开始"之意。在新的一年开始的第二天，独龙族就要举行射猎庆典。庆典事先由各家各户用荞麦面捏成各种兽形，如熊、野牛、野猪等，然后放在簸箕里送到寨外坡地集中排列起来，并摆上水酒，由长者召集全寨男女祭祀山神。大意是向山神祈祷，用荞麦面捏的兽类向山神换取真正的野兽，并要山神保佑自己的族人。祈祷完毕，要将面兽抛在山坡上，众人用弓弩射击，以此来预卜未来狩猎的收获，谁射中的面兽谁拾回家。独龙族在集体入山行猎时，要祭祀山神“仁木大”。祭祀以酒和面兽若干作祭品，并唱祈：“我们将酒和面兽献给你，——山神！用熊换熊，虎换虎，野牛换野牛，一点也不亏你。”祈毕举行竞射，在五十米外砍去一大树皮，用木炭画上各种兽形，猎手们张弩劲射。此外还有将兽皮作靶进行卜射的。独龙族的弩用楸木或亚缘青木制成，质坚而轻，遭雨水浸淋而不变形。长约八十厘米，上平，下作乌首之形，弓背用岸桑背阴一面制成，长约一百二十厘米，弓身上挖箭槽，用野兽骨制成弩机，弓弦用麻编制而成。箭用硬竹制成，长约十厘米，尾羽为三角形竹片嵌之。箭包长五十厘米，宽二十五厘米，用两块带毛的生熊皮缝合而成，上口有一搭盖，用一皮带缝上以便佩戴，斜套于肩上。

第三节　射　箭

射箭是我国西部许多少数民族都普遍开展的一项传统运动。分骑射和静射两种。其中骑射与枪械射击的骑射一样，现已被列入全国少数民族传统体育运动会的竞赛项目，属马术类，被命名为跑马射箭。虽然跑马射箭要求有很高的驭马能力和射术，但最终是以射击中的的成绩为最后评判优胜标准的。因此，我们将跑马射箭项目也放在射击章节中，特此说明。我国西部少数民族传统的射箭项目主要有蒙古族射箭，藏族射箭、射碧秀，苗族射背牌，彝族射箭，壮族射柳，东乡族一马三箭，纳西族内窝扑，柯尔克孜族射元宝，达斡尔族射箭，羌族骑射，锡伯族射箭，普米族射箭，裕固族射箭，鄂伦春族夏巴，门巴族射猎，珞巴族射箭、碧秀，基诺族射箭。

蒙古族射箭

13 世纪，成吉思汗统一蒙古诸部落后，蒙古族射箭有了迅速发展，骑射之风闻名于世，军队尤甚。（意大利）普拉努·卡尔皮尼《出使蒙古记》载：“每个战士必须带有下列武器：弓二张到三张，其中至少有一张好弓，三个装满箭的大箭筒……”成吉思汗的军师木华黎就是一位著名的射手。《元史·列传》记载，木华黎“猿臂善射，挽弓二百强”。新疆的蒙古族人传袭了重射的传统，戈尔通斯基《1640 年蒙古卫拉特法典》载，新疆蒙古族每逢喜庆集会，卫拉特的军队，都要进行射箭比赛。乌鲁木齐南郊的“乌拉泊”（准噶尔语“红色靶场”的意思）。就是准噶尔人经常举行射箭比赛的地方。《乌鲁木齐史话》载，因每次比赛结束后，群众把鲜红的彩巾披在优秀射手的肩上，所以取名为“乌拉泊”。历史上，蒙古族射箭使用的是牛角弓、皮筋弦、木制箭、铁镞比赛时距箭靶 15 米或 20 米。箭靶是用 5 种不同颜色涂成的“毡片靶”。靶的中心是活的，箭射着中心后就掉下来。还有一种比赛是不设箭靶，从几十米处远射堆在地面上的目标。该目标是堆砌起来的，呈塔形，箭射中并使其全部倒塌，为优胜。

新疆的蒙古族用的弓箭是土弓箭。其规格是：弓长 2.3 米，弓宽 4 厘米，两头尖扁圆形；箭杆长 1 米左右，箭把有 3 排羽毛，箭杆箭头都是木制，杆粗一指，箭头像小孩拳头那样大，长 5 厘米；箭靶为牛筋等皮条绕起来的拳头大小的圆球。射箭比赛的距离有 10 米、20 米、30 米。

蒙古族射箭分静射和骑射两种。一般规定，每人射 4 支箭，分 3 轮射完，以中靶次数多少评定胜负。比赛时，射手身穿彩袍，脚蹬马靴。静射比赛，裁判员一声令下，众射手盘弓搭箭，一齐射向靶心。凡是射中的，靶心自行脱落。骑射也是蒙古族人喜爱的一项运动。每逢重大节日，多举行各种骑射活动。如内蒙古自治区阿拉善盟，过去在庙会和祭“敖包”等集会上都举行骑射比赛。男女老少都可参加，一般规定每人射 9 支箭，分 3 轮完成。以中靶的箭数多少评定前 3 名，并给予奖励。新中国成立后，阿拉善盟为了保持和发扬骑射传统，在每年各旗办的那达慕大会上，除摔跤、赛马外，将骑射也列为比赛项目。大型的骑射比赛，参加者多达百余人，一般也有二三十人。比赛的跑道为 4 米宽、0.66 米深，85 米长的一条沟，共设 3 个靶位。靶位与靶位之间相距 25 米。靶位是在 2 米高的木垛上挂 1 个约 1 米见方的彩色布袋，3 个布袋里边装的都是棉花。第一、二靶位在射手的左侧，第三靶位在射手的右侧。比赛规则规定 1 马 3 箭，即每人每轮 3 支箭，共射 9 支箭。不分男女老少，凡参加比赛的人都要自备马匹弓箭。弓箭的式样、弓箭的拉力、箭的重量和长度等不限。比赛时背上弓，把 3 支箭插在背后箭袋里，骑马到骑马线。裁判员发令后，开始起跑，同时取弓抽箭，搭箭发射。每轮跑完全程没射完 3 箭者，被认为最不光彩。比赛以 3 轮 9 箭射中靶的多少决定名次，射中多者名次列前。

藏族射箭、射碧秀

射箭

射箭比赛是藏族节日、祭祀活动中不可缺少的项目之一，藏族谚语中有“不射箭不能见英雄”。至今康定、巴塘等地还有古代较射遗址。射箭比赛分立射与骑射。立射又分射远与射准两种。射远一般不设靶，较量射手各自的弓力。以不同的弓力分长、中、短距离比赛。射准即设立固定靶位，较量射手们的射技。比赛采取两人一组进行，也有多人共射的。骑射，藏语“大达潘巴”，《巴塘志略》：“柳林台北二里滨临溪河，平芜浅草，春时土司请台站文武校阅番兵骑射于此。”清末改土归流后“柳林较射”消失，但民间的骑射活动仍继续开展。随着火器传入藏族聚居地区，增加了火药枪射击，但仍保留着骑马射箭的传统。

青海省乐都、化隆、民和、平安等地的藏族射箭别具一格。比赛一般在农活较少、自然气候较好的农历五月份，各村寨的射箭爱好者在“箭头”的指挥下，由技术熟练的老人做教练。从立姿到握弓搭箭，再到瞄准放箭等动作，一一指导，并由技艺精湛的射手做现场示范。端午节前后，是藏族举行射箭比赛的日子，赛前相互邀请，主方操办吃喝，男人杀鸡、杀猪、宰羊、备酒，女人们擀长面、做凉粉等。双方要首先物色好各自的“对摹子”（即对手）。射手持牛角弓，拿着木杆铁镞带羽毛的箭。靶子是用杨柳枝编成的，约一米见方，中间有碗口大的红心叫“月儿”，靶顶上插四至六面醒目的小彩旗，用以辨别风向。起射线后面一二米处，分客主两方各摆放若干个茶碗大的河光石记分，俗称“羊儿”。不远处各挖一个土坑，为投放记分石用。赛前客主双方各选两名监靶人，手持杨柳枝分别坐在靶子两边。比赛中每射中一箭，以举杨柳为信号，这时坐在记分石旁的公证人在命中者的土坑里及时投放记分石一枚，即赶羊儿入坑。比赛中每命中一箭，本队的射手们大吼三声，以示庆贺和鼓励。射手本人随着吼声向前跑去，有的甚至跑到靶前才回转，一手举弓，一手叉腰，又呼又喊，又唱又跳。有时众人还将神箭手高高抬起，走回射箭处。比赛由客主轮流进行，每个射手射完两箭为一轮。下午的第二轮比赛也是当天比赛的高潮。比赛接近尾声时，神箭手上场盖靶。他让监靶人扶住靶边，进行难度很大的指靶点射，每命中一箭全场欢声雷动。比赛结束后，主方箭手还会邀请自己的“对摹子”到家中热情款待。

云南迪庆藏族自治州农历四月有射箭节以纪念格萨尔王，射箭节二至三天，以德高望重者为主持人。各村都有专门的射场。距五十步处各立一靶相对，射手可选任意方向射箭。比赛中每人每轮可射一对箭，凡男人都要射箭，老人和儿童可由人代射，射箭前要饮酒，唱射箭歌。

射碧秀

碧秀即响箭。射碧秀活动流行于西藏自治区，相传已有四百多年的历史，每逢望果节举行。碧秀长八十厘米，箭杆竹制，尾部插天鹅羽毛，头部有木制椭圆形装置，四侧有小孔，射出后因空气进入小孔而发出声响。比赛时射程三十米，靶场空中悬吊二十厘米见方的靶子，靶心是活的，可以脱落，参加比赛的选手，每人射两箭，中一箭献哈达一条，中两箭献哈达两条，两箭都失利者，罚喝酒一杯。

苗族射背牌

射背牌是流传于贵州省花溪、高坡、龙里、惠水等地的苗族传统活动，其娱乐和竞技性都较强。据传，射背牌始于三国时代，现一般安排在每年的农历十二月至翌年四月八日期间举行，被青年男女视为择偶婚配的良好时机。射背牌活动场面热闹，一般在中午时分进行。活动之日男女老少都身着民族盛装，姑娘们背着自己精心绣制了一年、美丽而又富有民族特色的背牌，含情脉脉地站在高坡上，小伙子们站在坡下。手挽弓箭，欲试自己的“红运”。四周锣鼓声、唢呐声、芦笙声此起彼伏，观众们齐声欢叫呼喊，小伙子们在欢叫呼喊声中，举弓拔箭朝自己所倾心爱慕的姑娘背的背牌射去，每射中一箭，周围的男女老少们都报以热烈的欢呼声，发出阵阵“射中了”的叫喊。被射中背牌的姑娘在俯身拾箭时，要看射箭的小伙子，如果姑娘中意，便一阵风似的跑开，小伙子便高兴地向姑娘追去，这样就有可能谈定恋爱的对象，并可相约来年今日结成良缘。如果姑娘看不中射箭的小伙子，则原地不动，继续等待“如意郎君”射来的命运神箭。小伙子则另择姑娘再射，有的则选定一个姑娘频频射箭，直到姑娘跑开为止。若射不中，则要待来年才有良机。这一活动往往至夕阳西下时才散去结束。背牌是苗族妇女的主要绣制装饰物品，在开展射背牌活动的地区，背牌则是择偶的信物。一般被射中背牌后，姑娘只要中意，往往将背牌赠送给射箭的小伙子。开展射背牌的活动，多在山坡上进行，距离在二十至五十米左右不等。坡上的姑娘与坡下的小伙子均为横排站立，形式比较自由。小伙子用的弓箭多是自制的，也有请人特制的，为能射中心中所爱的姑娘，小伙子们往往都要练箭法，有的家族则提早教未成年的男孩进行射箭训练，以盼早日了却父母的心愿。

彝族射箭

彝族使用弓、弩的历史久远，在其先民的传说中，也有类似“后羿射日”的故事。《勒俄特衣》载，英雄支格阿龙出世后，天上出现了七个太阳，八个月亮，晒得世上万物濒于灭绝。支格阿龙找到舅舅——神鹰门，要来了金光闪闪的铜弓和铜剑，终于射落了六个太阳七个月亮，大地从此获得生机。彝族“居十之九土地贫瘠，不生五谷”（《越西厅志》），以畜牧与狩猎为主，弓、弩是其主要的狩猎工具。“夷性牧猎，出入多以柴弓弩箭相随”（《雷波厅志》）。彝族弓弩制作考究，弓体多为木质，弦用牛皮制成。箭杆多为木质，也有铁质。箭镞也有铁质、铜质和骨质三种，又分有毒和无毒两种。《越西厅志》载：“彝族使用的弓长四尺，两头无梢，以牛皮作弦，箭二尺五寸，有倒钩装皮筒带左腋下，每筒五十支。内药箭三支，中人立死，有倒钩者，中人不能拔，必连肉割去寸许而后出。”射箭比赛是彝族节庆、婚丧活动中的主要内容。古代射箭比赛，有射准和射远两种形式，即所谓“村间比远射，入村比射靶”。射远比赛系大家站成一排，同时向对面的空地射去，然后各寻回自己的箭以远近分胜负。清中叶，清军攻打凉山彝族聚居地区至牛牛坝（现美姑县牛牛区），土司阿苏司约清军统领罗大人赌射，在四普河谷，罗大人只射到普坝上，而阿苏土司则射到了黄茅埂上，罗大人认输而退了兵。射准一般都有固定的目标，由竟射双方临时确定的目标，目标大至山羊，小至树叶，距离一般分五十步、一百步、一百五十步不等。射准又可分骑射和步射两种，步射有固定的位置，骑射则驰马而射。现在射箭比赛多采用射准的方式，分骑射与步射。鸡蛋、烟头，乃至于玉米粒可作靶。

壮族射柳

《中华全国风俗志》载，云南开化府一带“五月五日正午，走马以角力射柳为节”[①]。清乾隆《开化府志》载：“明土司龙者宁，永乐八年入贡京师，适五月五日。上幸东苑，观击球射柳……自皇太孙而下，诸王群臣，依次击射，时龙者宁亦在观看。后者宁回，每年以五月端午日，开展骑射，以志不

① 胡朴安编著《中华全国风俗志》，河北人民出版社 1986 年版。

忘之意。后之子孙皆以为常。”这是对壮族射柳活动的历史记述。是说龙者宁在京师朝贡期间，观看了京师的击球、射柳活动，皇太孙及诸王群臣都积极参与骑射。龙者宁回家后，命每逢五月端午节都要开展骑射活动。并形成传统，其子子孙孙代代相传。

东乡族一马三箭

“米拉尕黑与海迪娅”是东乡族一个美丽的传说。传说中的男主人公米拉尕黑像天神一般英武，有着高超的射箭术。他弯弓射月，将月亮射缺而与美丽的姑娘海迪娅相遇并相爱。后历经千难万险，最终与有情人终成眷属。故事中的米拉尕黑是一个神射手。从这个故事中我们不难看出东乡族人民对神射手的尊敬和崇拜。而在现实生活中，东乡族人以一马三箭的办法来练习骑射。所谓一马三箭，即在一百米左右的距离内设一目标，乘快骑连射三箭，以击中目标的环数多少记优劣。东乡族人就是以此来培养青年人的骑射能力的。

纳西族内窝扑

纳西语内窝扑，即射箭。纳西族射箭在不同场合有不同的射法。如祭礼射，是在每年正月初九和十二祭天时进行。在祭天台上搭一象征敌城之小台，或立一小松树，参加祭祀者手持弓箭对小台或小松树射击，射倒或射中表示吉利，意为敌人被打败，可以得到安宁。此外，在葬礼上要进行四方射，以示驱邪。纳西族自古崇尚武勇，刀弩弓矢是必备之物。古以藤盔藤甲闻名，美国人洛克著《中国古纳西王国》中摄有12世纪保留之藤甲照片一帧。还有“石桑之弓，黑水之矢”美称，“石桑之弓”乃出自丽江的永宁、鹤庆二府，得名甚早。

柯尔克孜族射元宝

柯尔克孜族射元宝除用枪械射击外，还有弓箭射，均以射中目标次数的多少来决定胜负。射元宝首先要确定所射的距离，有100米、150米、200米，以协商的方式达成共识；然后在放置元宝（或钱币）的地方竖立一根10至15米高的木杆，顶端架上长2至4米的一根横木，横木上分悬5至10枚用细皮条拴着的元宝（或钱币）。当骑手听到开始口令后，立即策马向目标奔去，在距元宝30至40米处开弓引箭，谁能在规定的时间内把悬挂的元宝击中落地，元宝就奖给谁。也有以命中目标的多少，排定名次进行奖励的。优胜者可得到一只山羊或其他奖品。比赛规定骑手引弓箭时不得停骑。射元宝是训练和检查人们射技的一种活动，一般在婚礼、节日祭祀及运动会等重大场合中举行。参加这项活动的人，多为草原上著名的猎手。由于他们的技术不相上下，争夺十分激烈，有时比赛进行了几轮还难以分出胜负。

达斡尔族射箭

射箭是达斡尔族人民十分喜爱和重视的传统项目。过去在狩猎生产中，用弓箭猎取禽兽是一种重要手段，并逐步演变成比赛项目。每个哈拉（部族）和莫昆（氏族）都把提高本族的射箭技术列为各自的职责范围之列。每隔几年，哈拉都要组织所属的莫昆，分为两方进行比赛。莫昆每年组织所属成员进行一至两次比赛。在每年的公祭敖包会上，还要以旗、佐（区）为单位，举行射箭比赛，并奖励优秀射手。达斡尔族的射箭运动分为少年男童的“萨克·哈日博贝”（射动物踝骨）和成年男子的“通库·哈日博贝”（射靶）。射萨克比赛又分为两种。一是把萨克横列在地上，用箭射。先进行预赛，以决定复赛的位置和次序。预赛的胜利者站在近处射，负者则站在远处射。以射中萨克多少决定胜负。一是由两人比赛。先将若干萨克一块挨一块横排在地上，射倒一块后能碰倒其他的萨克，以射箭少而碰倒的萨克多者为胜。射靶比赛也分为两种，一是跑马射箭，一是站立射箭，曾是清朝八旗考取披甲的主要科目。哈拉举行射箭比赛，多在树木发绿的春天。所属莫昆分成两方，每方选出18名优秀射手，在村外草坪上进行比赛。比赛之前，举行双方射手共宰牲取“珠勒特”（内脏）的隆重仪式，非射手概无分享“珠勒特”的资格。然后，埋木柱两根，其间牢挂毡制圆靶。靶的直径为50厘米，厚5厘米，靶环5道，以红白二色相隔，靶的中心都是洞眼。射程以弓长（1.6米）测量计算，有12弓、16弓、18弓不等。采用哪种临时商定。箭靶由毡制成，因此比赛使用无铁头的箭。射手列于指定地点，分别发箭射靶，中靶多者为胜。负方支付猪牛等宰牲费用。赛罢双方射手同观众一起欢宴。射手还会得到长老们特意分给的一串好肉。过去，达斡尔族的莫昆常以拥有多名神箭手而感到光荣和自豪。在黑龙江地区，弓用桦木、榆木制成，一人多张。箭以硬质树条为杆，头部装上铁尖或骨质箭镞，箭尾嵌上两排对称的雕或鹰的羽毛，使箭在飞行中保持平衡。男孩玩的弓多用臭李子树枝制作，箭杆装有拇指粗细、长约2厘米、中心有圆孔的柳条作箭头。旧时当地还有一种叫“爱公哈日巴欠”的射法，俗称“一马三箭”，即骑马驰过箭靶时连射，此法今已失传。

羌族骑射

古时，羌族精于跑马射箭，《后汉书·西羌传》云：“今虏皆马骑，日行数百里，来如风雨，去如绝弦。”到明清之际“人马俱被锁子甲”《理蕃厅志》。骑马、操弓挟矢在羌族男子生活中占有重要的地位，骑射是必不可少的项目，许多活动都离不开骑射比赛或表演。

锡伯族射箭

锡伯族人喜爱射箭运动，察布扎尔素有“箭乡”之称。古代的锡伯族以狩猎为主，弓箭不仅是他们猎捕禽兽的主要工具，而且也是他们抵御外敌的重要武器。清代把锡伯族编入八旗。当时，每旗要挑选百名左右善射能骑的青壮年为甲兵，平时从事生产，战时皆为兵勇。由于各旗主要首领须从甲兵中委任，被挑选为甲兵者，可得田一百亩。因而，锡伯族练骑乘习弓箭者颇多。18 世纪 60 年代，三千多锡伯官兵和家眷从东北移居新疆后，锡伯营一千名官兵作为清政府的边防部队，弓箭又成了锡伯族戍边作战的武器。在锡伯营中，除体弱病残者外，都要当骑兵。骑马、射箭是军事训练的主要科目。他们对战马、弓箭，有着特殊的感情。谁家出生一个男孩，都要在门口用红丝线悬挂一张小弓箭，希望孩子长大后能成为一名弓马娴熟的勇士。十三岁的少年编为预备队，接受军事训练。年满十八岁，进行披甲测验。每年或隔年的正月十五日，要把适龄青壮年召集拢来，进行距离百步的拉弓射靶。成绩合格者，戴盔披甲，步入戎行，正式选为甲兵。现在，逢年过节，或日常闲暇，锡伯族人也经常举行各种射箭比赛。锡伯族在弓箭训练方面积累了丰富经验。他们首先着重开展增强两臂力量的训练，除采用举石担、抬石磙、擎车轴外，还要压肩、吊膀，以求拉弓用力一致，提高放箭射靶的命中率。压肩：背向炕角（锡伯族房中三面有炕，两炕相连处成直角），两臂张开撑在炕沿上，两肩压重物，躯干垂下，两腿自然前冲，持续约一袋烟功夫。吊膀：两根约三米长粗绳，一端制环。套在两臂靠近腋窝处，另一端挂在屋梁上，以此把人吊起来，并在上面做拉弓动作数次，近一袋烟的工夫。每逢农历四月十八日迁移节（锡伯族官兵迁到伊犁的日子）和正月间，各“牛录”（村）之间相约举行射箭比赛。各方派出对等人数，商定比赛的箭数和距离。箭是用牛骨制作的，射出时发出哨音的三眼响箭，靶是用毽毡和马皮制作的，靶上粘着用五种颜色布条缠成的活动套圈（颜色从中心向外依次为红、黄、蓝、白、黑），名叫“古斯”。射中哪一圈，哪一圈就掉下来。青壮年农闲时，常自发相约数十人，自愿结对射“古斯”。比赛以累计中靶圈数定胜负。赛输的“牛录”带上油、肉、大米，吹着动听的“飞察克（苇笛）”前往获胜的“牛录”祝贺。获胜的牛录则要设宴庆祝，向优胜者颁发奖品。

普米族射箭

在祭天时进行。距离四十米左右处设木板作靶，中间画一红心约五厘米，参加祭天者轮流举弓射箭，射时大喊一声“杀”，射中红心者众人敬酒一杯。

裕固族射箭

受传统狩猎影响，裕固族人常三五成群聚在一起，指定目标进行比赛。在传统的婚礼上，新郎都要事先备好用红柳条做成的一弓三箭，当新娘走向帐篷时，三箭齐发射向新娘和两个伴娘，射不准新娘便不能进帐篷。为了能在关键时刻一箭中的，未婚男青年就须提前苦练基本功。

鄂伦春族夏巴

夏巴为鄂伦春语射箭之意。鄂伦春人自古以狩猎为生，射箭是狩猎的主要手段，是鄂伦春族向下一代传授的主要技能之一，也因此成为鄂伦春族开展得最为广泛的传统比赛项目。鄂伦春族的孩子们从小就摆弄弓箭，随着年龄的增长，驾驭弓箭的能力也逐渐娴熟。鄂伦春族用的弓是带有自然弯的落叶松和臭李子树木所做成。弦由狍子或猂的皮筋制成，很有韧性。箭由松木做杆，铁箭头，或将箭杆前端削尖。杆的后端扎上四根羽毛翎，以保持箭在射出后的运行方向准确。在其射箭比赛中，射箭多以树木为目标，有立射和马上射。以射中目标次数多者为胜。

门巴族射猎

狩猎在门巴族人民生活中占有重要位置。他们狩猎主要用弩箭、火枪射击，也用竹桩、陷阱、支绳套等方法进行。门巴族男子出门都要携带弓箭或火枪，随时猎取禽兽。门巴族比较集中的狩猎主要分布在每年的两个时期。一是夏季，主要是猎獐子，以及防止熊、猴等动物糟蹋庄稼。二是冬季，是狩猎的黄金季节，主要是猎野牛、岩羊、野猪、豹、虎等动物。进山打野牛，是规模较大的狩猎，常常是几个猎手共同行动。打中野牛后在山上点火，村里人看到烟火，便上山背肉。一头野牛的肉得十多人背回。首先命中野牛的人分两份，同去的人分一份。背回村后，每家都分到一块肉。

珞巴族射箭、碧秀

射箭

珞巴族擅长狩猎。弓箭和长刀是陪伴珞巴族男子一生最重要的物件。不管谁家生了男孩，邻居和亲友都登门祝贺，送来弓箭作为礼物。小孩长到七八岁，便开始操弓习射。从此，弓箭就成了珞巴族男子永不离身的武器。死后，弓箭还是不可或缺的重要陪葬品。居住在南伊山沟的珞巴族自称“博嘎尔”人，他们所用的竹弓一般长一百五十厘米左右，是用竹板弯制成的，弹力很强，有效射程达六十米。弓弦是用麻或野生植物纤维拧成的，比较结实。竹箭的尾翼是用一种植物叶子做成的。箭镞是铁制的，通常有椎体、扁三角和点状等类型，适用于猎射不同的禽兽。用竹筒作箭筒，内装若干不同类型的箭支。用野兽的皮制作皮索，系于腰间，有的皮索上还缀饰着野兽头骨、牙齿，造型十分讲究和美观。珞巴族习惯于集体行猎，猎获的野兽，按古老风俗平均分配，即使最小的猎物也由大家分享。有的则用分到的猎物作为与其他民族以物易物的交换品。珞巴人的射猎本领十分高强，有百发百中的功夫。他们采集一种含有剧毒物质的野生植物配制成毒药，涂抹在箭镞上用以射杀凶猛的野兽，据说象、虎、豹、野牛、熊一类的庞然大物，一旦被射中，便会见血封喉，跑不了多远就会倒下来。当猎手们背着猎物走出森林，高高兴兴地回村时，全村男女老幼都要出村迎接。如果是猎到猛虎，欢迎的场面非常隆重，要向最先射中猛虎的人奉献青稞酒和食物，祝祷平安，然后给他戴上虎头皮制作的帽子，插上虎须，作为荣耀勇敢的标记，永远受人尊敬。

碧秀（响箭）

受藏族习俗的影响，珞巴族中也十分流行射碧秀活动。碧秀是在深山密林中狩猎时寻找伙伴用的信号，平时则用于比赛。碧秀的弓是竹制的，两块竹板以牛胶粘牢，用皮绳捆紧，再包上一层带花纹的树皮。弦用精致的细皮绳。箭头是青橡木制的方形风哨，射出后发出“呜呜”的声音。箭靶也很别致，这是一种活动的环靶，它用三种颜色的牛毛绳编织成三个圆圈，套在一起，外圈白色，中圈黑色，靶心红色，直径约二十厘米。响箭射中靶心，靶心就会自动落下。在靶后面约八十厘米处，还挂着挡箭帘，帘长三米、宽两米，是用氆氇呢和鹿皮精工缝制的。比赛时没有裁判，只有一个捡箭的人。人多分组，先争取出线权；人少就一起比赛。每人射两箭，两箭连中的再射一箭，如射中，叫“检札”（连中三箭）。如射中红靶心，并穿过去的，就可连续射，直到射不中为止。

基诺族射箭

射箭比赛是基诺人常进行的一项活动。基诺族人绝大多数以狩猎为生，射箭是基诺族人基本的生活技能。在这项技能的传承过程中，逐渐形成了许多种形式的射箭比赛。这种比赛的主要目的是为了培养更多更好的猎手。基诺族狩猎有一整套完整的规矩，每一个猎人及村寨的老人和妇孺都会自觉遵守。每当有人猎获到大动物时，全寨人都来共享并祝贺，其间饮酒唱歌，跳竹筒舞。由于基诺族人狩猎一般都是集体出动，首先击中猎物者是大家心目中的英雄，按传统，第二天要到寨外举行“回送”仪式，用枪或弓箭向丛林下跪并瞄准射击，口中还要吟诵祷词。如果在射击时有野兽闯到枪口上，则是极大的幸事，还得举行第二次“回送”仪式。

第六章　惊险有趣的攀爬

攀爬是人类最早的生存、生产与生活技能之一，也是人类最早的身体运动。从原始人类开始，人类就会借助攀爬来进行采摘而获取食物，也会借助攀爬来躲避洪水猛兽的袭击。在当时的生存环境下，掌握一定的攀爬技能，就能极大地提高人类生存与生活的能力。我国西部少数民族的许多攀爬运动承袭了这种生产与生活的技能，但绝大多数却早已从生产与生活技能中脱离出来，成为人们愉悦身心的运动项目。更有许多项目因动作难度大，并带有一定的惊险性而演变成动作内涵复杂、有较强技巧性的表演项目。如达瓦孜就属于这一类的项目。据库尔班·巴拉提所著史诗《白头巾的女神》中描述，早在回鹘还信奉萨满教的时代，人们为了欢庆丰收，就会架起高索，悬挂五色彩旗，奏响鼓乐，在高空的绳索上表演各种惊险的动作，以谢天神。诗中写道："在不远处沙砾遍地的平地上，踏索人架起高接云天的索緪。软索上翩翩而舞的少年，正把种种惊险动作表演。五色彩旗迎风飘舞，唢呐和手鼓一齐奏响。欢乐的掌声献给表演者，眼望他一步步升上碧天。高声呐喊者是跳神的萨满，呐喊着把绳戏的寓意演讲：意寓对高空的永恒向往，意寓对蓝天的虔诚敬仰。他们同声祝告祈祷，不住把身躯和头颈摇晃。红色的僧帽托在手里，披发随身躯左摆右荡。"回鹘在北魏时称"袁纥"，隋时称"书纥"，唐宋时称"回纥"。贞元四年（788 年），回纥合骨咄禄可汗上表唐朝，请求改回纥为回鹘，"义取回旋轻捷如鹘也"[①]。在《突厥语大词典》中，有"人们表演的达瓦孜，就是在绳索上表演杂技"[②] 解释。伊梅尔·侯赛因·卡孜·阿洪努木在其所著的《编年史全集》中说："在成吉思汗的后裔托柯洛克·铁

---

① 〔北宋〕司马光编著，〔元〕胡三省注《资治通鉴》卷二百三十三，中华书局 1956 年版。

② 麻赫默德·喀什噶里编《突厥语大词典》（第一册），民族出版社 2002 年版。

木耳汗时代，达瓦孜特别盛行。伊尔夏特、迪尔夏特两兄弟善于表演踩绳技艺。他们还带领徒弟走遍铁木耳汗的领地，各处表演走绳的技巧。”关于达瓦孜，在回鹘人中还流传着一个传说故事。说古时候，在一座城市上的云端里，出了一个妖魔，恣意妄为。时常将灾祸降给人间，使全城人不得安宁。人们想铲除妖魔，无奈它在云端里不出来，深受其害的人们没办法。一天，来了一个名叫乌布利的青年，他决心杀死妖魔，救人民于水火。乌布利立起了数根高接云天的粗木柱，木柱用粗绳索连接。等妖魔一出现在云端，他便灵巧地踏索而上，与妖魔展开了殊死搏斗。最后终于砍下了妖魔的头颅，为人民除去了大害。从此以后，达瓦孜便成了英雄的象征。

第一节 爬坡、爬杆、爬刀梯

我国西部，特别是西南地区的许多少数民族都十分擅长爬杆甚至是爬刀梯，他们在攀爬的过程中，展现出其风趣、娴熟、惊险的动作技能。有很强的表演性及观赏性。其项目主要有回族顺风扯旗，苗族爬坡杆、爬花杆、上刀梯，白族登山，彝族爬油杆，傈僳族爬树爬竹竿、“逮来火”，佤族爬竿，景颇族爬滑竿，布朗族爬竿，撒拉族溜道滑柴，塔塔尔族爬杆，独龙族登独木天梯，基诺族爬竹竿。

回族顺风扯旗

也叫“爬杆”“顺风打旗”。与古代“百戏”中的“缘杆”类似。因在竖立的木杆上做身体倒悬、平衡等动作，如同一面顺风飘扬的旗子而得名。“顺风扯旗”盛行于河北沧州一带，昔年练习的人很多，曾是练武者练习轻身功夫的一种手段。顺风扯旗的形式比较简单，将一根长竹竿、木杆或金属管固定立于地面（固定杆），不大的一块场地就可以进行练习。杆子的粗细根据技术的基础而选定，初学者细，有基础者粗。杆子的长度六米到九米均可。此外，还有一种活杆，是一种悬吊着的杆子，当人抓住活杆扯旗时可以来回摆荡。扯旗基本动作练习：面对杆子而站立，右手心向外，左手心向反向外，成两掌心相对，术语称“阴阳把”。阴阳把握竿时，两手间距一米左右，头向下栽，以腰腿力蹬地纵起，使两脚悬于空中，就似握住杆子做倒立一般，双脚并拢，两腿伸直或斜上或与地面呈水平状，如杆子上挂着一面旗子。扯旗以单练为主，也有双人、多人练习，可组成许多花式。在练习倒悬基本动作的同时，必须掌握“爬杆”的基本技术。如练习者面对杆站立，双手先后握杆，同时两脚交替蹬杆，两手两脚交替攀缘，灵活轻巧往上爬，就像小猴子爬树一般，故又名“猴爬杆”。扯旗动作内容丰富，传统的动作有：“顺风打旗”“夹包”“粘糖人”“一字平旗”“顺水下井”“玉龙吐水”“寒鸡浮水”“仙人睡觉”“扛肩倒上”“工字旗”“单开把上”“双开把上”“大倒把”“莲花旗”“百花迎春”等。

苗族爬坡杆、爬花杆、上刀梯

爬坡杆

爬坡杆是苗族在一年一度的“坡会”上举行的一种民间传统运动项目，有着悠久的历史。苗族口头流传的叙事长诗《坡杆的来历》上说，“坡杆”是为了纪念苗族英雄孟子佑。他率领苗族奴隶向残暴的那祖（苗语，奴隶主）进行顽强的斗争而不幸牺牲。苗族群众在他的墓前竖了一条又高、又滑的木杆，并将酒肉置其上，以表达对孟子佑的悼念情怀。此外，还有一个动人的传说。在宋代中期，桂西一带有一对年过七旬的苗族孤寡老人住在坡顶，每年正月初二至十五，都要在自家的门前竖起一根碗口粗、长约十米的长杆。并在杆顶上挂一葫芦酒、几斤肉、一对粽粑并插上香，以此来祭奠他们的民族英雄孟子佑。附近村寨里的群众听说后，都来观看。老人当即提议，今天谁能身子不贴杆，只用手与脚爬到顶就奖励醇酒一坛。结果到场的许多青年小伙子踊跃参与，其中一位英俊的小伙子的爬法与众不同。他只用双手抓住木杆，两脚朝天，头部朝下，顺杆迅速爬到杆顶，接着双脚夹住木杆快速下滑，顺利到达地面，赢得在场的观众一片欢呼，并称他为“倒杆郎”。“倒杆郎”以其独特的爬杆技艺得到了人们的交口称赞，也因此成了本民族最受欢迎的人，也成了姑娘们心中的白马王子。

苗族“坡会”，是指在每年春季的农历正月初三至十七这段时间内，人们为了悼念先烈、禳灾祈福、鼓舞斗志、交流感情、集体聚会娱乐所举办的盛大民间传统节日。赶“坡会”时，苗族青年男子都要身着新衣，头扎新帕；女子则要穿着鲜艳的花边外衣和百褶裙；连老人和小孩也要身着富有民族特色的服装，高高兴兴地从四乡八寨汇集到坡场来，参与“坡会”的活动。“爬坡杆”是“坡会”的保留节目。“爬坡杆”传统的爬法主要有手攀法、抱杆爬、转爬法、倒爬法、爬蹬杆法等多种。“手攀法”是两手攀杆两脚悬空，髋关节靠住杆用臂力向上攀爬。“抱杆爬”可手脚并用抱竿蹬爬。“倒爬法”即头朝下，脚向上，手脚夹杆倒爬。“爬蹬杆”即两脚抵蹬杆两手攀住杆，像蹲在地上走路那样向上攀爬。在广西西部的苗族地区，人们在进行“爬坡杆”比赛时，爬到杆顶后，还要打开悬挂在杆顶的酒葫芦盖，喝上几口酒，然后用嘴咬住葫芦的红飘带及杆上所挂的肉、粽粑，脚向上头向下迅速下滑，谁到达地面后不掉一样东西，谁就获胜。所取酒、肉、粽粑即为奖品，归其所得。

爬花杆

在贵州仁怀、遵义、镇宁、金沙、黔西等苗族聚居区，人们在其传统节日“踩山”中，都要开展一系列的传统竞技活动，其中就有爬花杆。每年的农历正月初一至初八（亦可延长或缩短，但最长不能超过元宵节，最短不能少于三天)，当地的苗族人都要到踩山坪进行踩山活动（踩山坪一般都选在比较平坦而适中的荒山上，地址一经选定，不再轻易更动)。初一的早晨，由族中最有威望的领袖率领，先在踩山坪中央竖起一根花杆。花杆通常用杉木做成，长一丈八尺至三丈之间，胸径数寸至一尺。顶端用红绸及彩纸扎成彩球。花杆上还另缚有一根茶杯粗细能够升降的竹竿，上悬青、蓝、白三色迎风飘扬的彩布。每天早饭后，主持踩山的人便鸣放火铳和鞭炮，当听到铳、炮声，苗家男女老幼，穿着绚丽的民族服装，带着芦笙、箫筒、木叶、苗家口琴等民族乐器，从四面八方汇聚到踩山坪上，纵情歌舞、尽兴娱乐。最后，才拿出最精彩的压轴戏——爬花杆表演，供大家欣赏。爬花杆表演者吹着芦笙绕花杆跳舞一圈，然后一个鹞子翻身飞上花杆，头向下，脚朝上，用双脚交叉紧紧绞住花杆，同时用双肘夹住花杆，分担双脚的负荷并吹奏芦笙。稍后，一个鲤鱼打挺让身体倒转一百八十度，头向上脚朝下，仍以肘脚支撑身体，双手紧握芦笙吹奏。然后，又以双肘支撑住全身的重量，疾速地向上翻转一百八十度，恢复上杆时的姿态。如此循环往复，一直爬到杆顶，把双脚伸出杆顶亮相，接着仍以肘脚夹住花杆，头下脚上，吹奏着芦笙，倒挂身躯，沿花杆缓缓蛇形而下，滑到离地面数尺时，一个筋斗翻落下地，并绕花杆跳花杆舞一周。

爬花杆源于一个优美动人的故事。相传在唐朝，苗族头人黄福全的女儿不幸被喜鹊精迷住，面黄肌瘦，奄奄一息。有个武艺高强、以打猎为生的苗族青年郎兰，自告奋勇与喜鹊精搏斗，最终杀死了喜鹊精。并用它的肉熬药给黄福全的女儿吃，治好了她的病，没要任何谢礼便悄悄地走了。黄福全的女儿病愈以后，感激郎兰的恩情，羡慕郎兰的勇敢，钦佩郎兰的品质，便与父亲说她要与郎兰相好。黄福全四处差人寻找，都没有找到郎兰的影子。于是他以头人的身份，指定在正月初一，于寨子旁边的一块荒地作为娱乐场所，让全族的青年来此唱歌跳舞，以便从中找寻郎兰。为了及时发现郎兰，黄女又在荒草坪中央竖起一根杆子，不时爬上杆顶四处瞭望。到了初五，郎兰果然来了，黄女便主动和他唱歌、跳舞、吹芦笙、爬花杆，表白了自己的心愿，郎兰接受了她的爱。三天后，他俩便在踩山坪上举行了婚礼。在大家的请求下，郎兰还当众表演了吹芦笙爬花杆，受到了人们的赞赏。从此，当地苗族人在每年的正月初一到初八，都要进行踩山活动和爬花杆表演，并一直流传至今。

上刀梯

上刀梯是湘西苗族长期传承和保留的一项传统且神秘的技能。相传在很久以前，苗岭出现一个到处害人的妖怪。一位叫石巴贵的青年，自告奋勇带着三十六把钢刀来到一座高山上，将刀一把一把由下而上插在一株大树上，插一把就踩着刀上一步，直到插完最后一把，他踩着刀登上了树梢。在树梢，他舞动着手中的降妖鞭，吹响了牛角号，高声呼喊，要与妖怪决一死战。跟随他上山的村民则在树下点燃鞭炮、鸣放铁铳、敲响锣鼓，造成了浩大的声势。妖怪见此情景，吓得逃之夭夭。人们为纪念石巴贵为民除害的英勇精神，便学着石巴贵的样子上刀梯，表现出刀山敢上的大无畏英雄气概，便逐渐形成了传统延续至今。如今，在苗寨，每当赶年场或是重大节日，都有勇士来表演上刀梯。表演上刀梯时，需先立一根高十米以上的木杆，杆上凿眼安插钢刀。钢刀锋利的刀刃朝上，安装钢刀时要加闩紧固，以防钢刀摇动，一尺一梯，共三十六梯，分左右安插。木杆四周拉线固定。攀登者身着民族服装，赤脚并露出小腿，高挽衣袖，光着膀子，双手抓住刀刃，双脚踩着刀刃一梯一梯往上爬。爬上三十六梯时，吹响牛角号，再一梯一梯地下来。整个攀爬过程的情景惊险刺激、扣人心弦。

白族登山

又名“松花会”，农历正月初九的早晨，云南大理一带的白族人民早早起身攀登中和峰的中和寺。传说中和峰是仙都，中和寺是玉泉诞生之地，登上中和寺的人会在这年里获得健康和幸福。现在已成为锻炼身体的体育活动。

彝族爬油杆

爬油杆流行于云南姚安、牟定的彝族地区。在姚安县东山彝乡，每逢婚娶之时，男方家都要事先栽好一棵高而滑的松杆，把树皮剥净，并在杆上扎几道包有野猪油或香油的纸袋。婚礼中，亲朋好友欢聚一堂，大家围杆起舞。这时，由男方舅家在其表兄弟中推选一人出来爬杆，并燃响悬挂的鞭炮。如能顺利爬上杆顶，女方代表则满饮清酒一杯以表示祝贺。如攀爬失败，则由女方在其表兄弟中选一人来爬。爬杆技术好的，可以绕过杆子上的油纸袋。技术稍差者，碰破油纸袋，满杆满身都是油，不但爬不上去反而会往下滑。在牟定的三月会上，也有爬油杆的传统。

傈僳族爬树爬竹竿、“逮来火”

爬树爬竹竿

傈僳语“马跨字德”是爬树的意思，“似字德”是爬竹竿的意思。傈僳族青壮年及少年儿童多在“盍什节”及其他假日中进行爬树、爬竹竿比赛。一般爬的树都是高约十来丈的核桃树，或者是吊在核桃树上的竹竿。在爬树或爬竹竿时，还要计时。即用一个竹筒，在底部开个洞，装上沙后做一个沙漏仪。比赛开始时打开沙漏仪，以漏出沙子的多少来看爬竿的快慢。漏沙少者为快。

“逮来火”

傈僳语“逮来火”的意思是爬山。在过年期间，傈僳村寨多有爬山的习俗。众人出钱买来一把刀，并把它置于山顶，每家选派一名身强体壮者参加比赛。以先到者得刀作为奖励，意求吉祥平安、驱灾免难。清《维西见闻纪》载其“登危峰石壁，疾走如狡兔，妇从之亦然”。

佤族爬竿

爬竿是佤族青年喜爱的活动。他们将一根竹竿竖在地上，或吊于树上，爬竿者手足并用，看谁在最短的时间内爬到竿顶，以决胜负。

景颇族爬滑竿

爬滑竿是景颇族的传统竞技活动。多在农闲或节庆期间举行。滑竿用十来米长的龙竹制成，将竹节砍平栽在村广场中央，顶端的竹节里盛满清油，再挂上鲜艳的筒帕，筒帕里装着银钱、树叶及姑娘们的信物等物。爬竿者身背灶灰、稻草、麻布等物上竿，要求上竿者爬上竿顶，不得半途而废。在爬的过程中因故失败即失去参赛机会。在爬的过程中，人爬、竿晃、油泼，使竿成了名副其实的“滑竿”。爬竿者在爬竿的过程中，如果抓握不住向下滑，可用双腿夹紧滑竿（脚不得落地），用抹灶灰（增加摩擦力）擦竿子（将油擦干净）的办法重新再上。即便如此，仍然时常会出现进一退二的现象，也往往会出现全身用力、招数使尽却一滑到底，前功尽弃的结果。而能到顶者，必经艰苦努力，在观众欢呼声中，胜利者取下筒帕。下竿后，要拿出筒帕中的信物让物主认领，姑娘们拿到自己的物品后会格外欢喜，要给予热情的款待和一定的奖赏。如果双方中意，则可就此亲近，谈情说爱并结为伴侣。

布朗族爬竿

清《顺宁府志》载："蒲蛮……婚娶无礼文，长幼跳踏，吹芦笙，为孔雀舞。男以是还，女以是送，至婿家，立标竿，竿上悬荷包精囊，藏五谷银器，复取油脂抹其竿使滑，令人难上。而后男妇两家大小争上取之，得者为胜。"这是对布朗族爬竿比赛的历史记载。现在，布朗族青年男女在婚庆之时，仍有爬竿比赛。

撒拉族溜道滑柴

积石山上森林茂盛，由于常年砍伐，山中形成了许多条自上而下的溜道。年轻的樵夫们便利用这些溜道彼此间展开激烈的竞争。竞争从山下开始。听令后开始登山、快速砍伐木柴，然后尽量抢时间并充分利用已形成的溜道等有利地形快速下山（一旦溜道受阻，便火速排除障碍）。下山慢者将予以寻找牲口驮柴的处罚。

塔塔尔族爬杆

塔塔尔族爬杆比赛时，要在木杆上涂抹肥皂，故意使其湿滑，以增加爬杆的难度。爬杆比赛可选在一平地举行。先并排栽几根高四五米的木杆，参赛者站在杆下，听到"开始"的口令后，一起奋力向上爬，先爬到顶点者为优胜。在爬的过程中，由于树干湿滑，参赛者使出浑身解数，使整个活动尽显风趣、幽默和滑稽，观众在观看中欢笑、呐喊、鼓劲，全场一片欢声笑语。

独龙族登独木天梯

独木天梯是旧时独龙族登山行路的工具。独木天梯是用一根数米长的树木斜靠于绝壁，树干上砍若干斜口，供人攀缘。现多用于身体锻炼和比赛攀爬，以先登顶为胜。

基诺族爬竹竿

基诺山生长的大竹有的约十米高、十多厘米粗，是基诺族人在生产生活中取之不尽、用之不竭的基本材料。也是基诺族人进行娱乐游戏活动的基本器械。基诺族人利用竹竿进行的比赛活动有很多，爬竿就是其中之一。基诺族爬竹竿与爬树一样，可手脚并用。以最先爬到竿顶者为胜。

第二节 爬绳、溜索、走钢丝

爬绳、溜索、走钢丝在我国西部少数民族中，有的民族是当作生活中的交通工具，利用溜索飞渡天堑，如怒族溜索；有的民族是作为高空技巧技能表演，以娱己娱人，如维吾尔族达瓦孜等。其项目主要有维吾尔族达瓦孜，土家族倒挂金钩，傈僳族爬绳，怒族溜索，独龙族爬绳梯、溜索比赛。

维吾尔族达瓦孜

达瓦孜亦称“达尔哈齐克西”，“达”在维吾尔语中是悬空之意，“瓦孜”是指嗜好做某件事的人。达瓦孜一词是借用波斯语“达尔巴里”，意思是高空走大绳表演。达瓦孜表演在我国维吾尔族中，具有悠久的历史。我国古文献史籍中“走索”“走软索”“高絙”“踏素”等称谓，都是达瓦孜的汉语别称。清时，达瓦孜演进为“铜绳技”。明《三才图绘》一书有“汉有高絙枝，盖今之戏绳”的记载，说“高絙”等类杂技，“大率其术皆西域来耳”。新疆维吾尔自治区博物馆保存的吐鲁番阿斯塔那古墓出土的佛像中，有两尊手持平衡杆、腿向上翘的佛像，酷似今天的达瓦孜动作。维吾尔族史诗《白头巾女神》说，早在维吾尔族人民信仰萨满教的时代，在丰收时节，人们都架起绳索，弹奏琴弦，在高空的绳索上表演各种惊险动作。再如克孜尔千佛洞第七十七号窟洞的壁画中，有表演达瓦孜的绘画。《突厥语大词典》中，也有“人们表演了达瓦孜，在绳索上做了表演”的记载。到了清代，达瓦孜还流传到了京都，并供皇帝观赏过。还有一些文人墨客为其填词赋诗。如清代王芑孙在《西陬牧唱词》中写道：“度索寻橦绝伎兼，部分双引到重檐；锦襕红袜蹲蹲舞，巧走钢丝昔昔盐。”清福庆在《异域竹枝词》中写道：“高架双竿与屋平，铜绳盈丈两头横；持裙莫漠留飞燕，看取凌风蹑影轻。”众多史实说明，达瓦孜源于西域，是维吾尔族具有悠久历史的传统特殊技能表演项目。

达瓦孜表演包括地上与空中两个部分（空中又分索上动作与杆上动作）。表演场地要求宽大而平坦，一般长一百米，宽八十米。器材主要由以下几部分组成。主杆，高三十米以上，由长十米以上，直径三十厘米以上的原木连接而成；顶端横接拱形木板，以红布覆盖，称牌楼，上插彩旗三面；牌楼下连附一横木，左右等长；右端两绳系一横杠为单杠，左端两绳端挂铁环如吊环。主索，长八十米，上接牌楼，下系于地面木桩，与主杆成四十五度俯角。主索由交叉的支杆从两处支撑分成三段，长支杆十二米，名哈瓦孜沙帕依，短支杆九米，名哈瓦孜。固定索，一种为固定主杆的绳索，在面对主索的一面和主杆左右，各以三十米长绳系地固定之；另一种为分段系于主索左右的绳索，使主索稳定。走索表演者头戴扁形皮帽，上缠彩巾，着袖子和前胸绣传统图案的圆领衫，短外套和紫红色的腰带，穿石榴花色或粉红色的内衣，穿裤管较窄、下沿绣着花边的长裤，赤脚。入场时，多骑雪青马，马颈悬铜铃，鞍覆缀鲜艳穗子的金丝绒盖布，上绣月牙形图案。马头系三色调。乐队演奏者也着鲜艳的民族服饰。走索者双手横握长三米多的平衡长杆，由平地踏上渐陡的主索，做前后走动、盘腿坐索、侧身走、翻筋斗、蒙眼走、脚踩铁蝶走、鸭式走、穿木鞋（鞋底高二十厘米）走、分身跳跃等动作。技高者每到高处，还做出一些惊险的失控动作，引得观众一片惊呼。使整个表演既惊心动魄又精彩绝伦。当表演者走到杆顶的牌楼处，就要进行单杠和吊环表演。单杠动作有双回、坐杆后闪、悬腰后闪、单臂夹杠悬体、脚钩倒悬、脖子钩杠松手悬体和龟缩身躯等。吊环动作有一手握环、脚套环的全身滚转；当转速渐渐加快而突然松手，脚上头下快速旋转及双腿伸入环中，身体后闪等。地上表演的节目主要有翻筋斗、二人以上的武打、月牙弯刀术、飞刀、胸上破石、玩嗡嗡（将四根八十厘米长的木棍挑在筷子上快速旋转，其声嗡嗡）、嚼喷火炭、魔术等。表演时多以民族音乐进行伴奏。一般按上索、通过三段顶点和杠与环上表演四种曲调，紧扣主题进行演奏，以烘托氛围、加强表演的效果。

现在，达瓦孜的表演艺术日趋成熟，技巧也有了重大突破。如表演时，女艺人沿着接地的斜绳逐步向上，登上横绳，开始技巧表演。其技巧除了表演俯仰身躯，前进后退，舞蹈翻腾之外还创造了一些更难的动作。如借绳的反弹连续向上跳起；在大索上急速地跳绳；两位艺人绳上对剑格斗，斗剑时还能互换位置等。特别是达瓦孜的第六代传人阿迪力·吾守尔，在传统的达瓦孜表演的基础上，创新性地推出了在高空钢丝上小顶倒立、劈叉、骑独轮车、弯腰采莲等高难度技巧性动作，并创造出几项高空世界纪录，被国际上誉为“高空王”。使古老的达瓦孜表演，焕发出了新的活力。中国政府十分重视达瓦孜的传承与发展，2006 年 5 月 20 日，达瓦孜经国务院批准，被列入第一批国家级非物质文化遗产名录。

土家族倒挂金钩

倒挂金钩是湘西土家族一项传统的体育活动。“改土归流”以前，土家族有位名叫“若帕”的姑娘，长得如花似玉，聪明伶俐，且善良忠厚，她爱上了当长工的汉族小伙子龙望。而当时的土司想霸占若帕，并设下一条毒计想拆散这对鸳鸯。除夕时，土司命家丁在宽六十米的酉水河上横拉了一根粗绳，然后把龙望叫来说：“如果你能用脚尖倒挂在绳子上过河，我就成全你与若帕的婚事，否则休想。”忠于爱情的龙望毫不犹豫地答应了。若帕含着眼泪为她的心上人祝福，数百名乡亲们站在酉水河两岸为龙望鼓劲。龙望沉着地双脚倒挂在绳索上，一步一步地往前移，双手还表演着各种武术动作。强壮勇敢的龙望离到达对岸仅剩下五米的距离了，乡亲们欢呼着，若帕双眼闪动着喜悦的泪花，凶狠的土司眼看毒计将要失败，就命家丁砍断了绳索，龙望跌入到滚滚的酉水河里，悲痛万分的若帕撕肝裂肺地一声呼喊：“龙望哥，我跟你一起走吧！”也跟着跳进了酉水河。后来，土家族人为了纪念这对不同民族誓死相爱的恋人，便把倒挂金钩作为节日里的一项传统表演项目，并流传至今。土家族的倒挂金钩分为大挂（用膝关节挂）、小挂（用脚背挂）两种，表演和比赛的形式有单人、双人和多人三种。比赛前由各寨挑选代表，参加夺魁。选手们身穿上绣“银钩”的花条胸衣，下着青色镶金边的裤子。在一块空坪里竖起两根高高的木杆，系上用葛藤绞成的绳子，下面烧着熊熊的炭火，并放上十几种不同大小的方石。参赛者一边倒挂着前移，一边双手还要表演挖土、种苞谷、插秧、割草、打谷子、砍柴、收桐茶籽、打糯米粑粑以及“海底捞针”“双龙抢宝”“双凤朝阳”“青龙探爪”“出爪亮翅”“持弩射猎”“持叉围猎”“持棒赶虎”“关公挑袍”“老鼠翻车”“骑马翻车”等动作，以反映劳动、打猎等日常生活情景。

傈僳族爬绳

它是由爬溜索演变而来的活动。用一根长约二十米的篾绳拴在两棵树上，空手爬绳，比谁先爬过另一端而分胜负。此活动流行于怒江一带。

怒族溜索

溜索是横断山谷江河上所持有的交通工具，过去怒江地区交通十分不便。怒江两岸高山峭壁千仞，危崖嶙峋，怒江穿流其间，汹涌澎湃，水流湍急，落差极大，难以行舟摆渡。许多年来，两岸的怒族人民只有依靠溜索往来。传说怒族的祖先为了渡江，徘徊在江岸看见蜘蛛在树间结网，来回爬行，于是受到启发，便用竹篾扭成竹索，将竹索拴在箭上，用力射到对岸，再把横在江上的竹索固定下来，这样就发明了溜索。溜索有平溜、陡溜两种。平溜用一根溜索，两岸之间没有倾斜度，来往都可溜渡。陡溜需要一来一往两根溜索，一头高，一头低，溜渡既省力，速快有度，但雨天溜索过滑，溜渡时容易撞伤。因此，要求有高超的溜渡技术。平溜溜渡时，要将溜板扣在溜索上，把三米多长的麻布溜带从溜板孔中穿过，向臀部、腰部各绕一圈，最后一圈系在脖子上，然后用手紧扶溜板，同时用力蹬固定溜索的柱子，顺势下溜，霎时即可飞越江面。滑至江心时，随着溜索上倾，溜板徐徐停止，溜渡人脚蹬溜索，用手上攀，直到溜索尽头的溜柱旁，则可解带下地。过溜索需要胆量、技巧和力气。艺高者身轻若燕，飞溜而过，还可旋转，放手、侧手。并能携带大动物如猪、羊、牛等溜过江去。新中国成立后，怒江两岸架起了多座吊桥，还架设了数十条钢丝溜索，取代了竹索。每逢赶街和节日，一些后生小伙们就在溜索上进行滑溜比赛，你追我赶，异常热闹。

独龙族爬绳梯、溜索比赛

爬绳梯

爬绳梯是旧时独龙族登山行路的工具。绳梯，单绳打结悬垂于绝壁，作用与独木天梯类似。现在，这种绳梯多用于身体锻炼。

溜索比赛

溜索是横断山特有的交通方式，因峡谷之中山崖陡峭，水流湍急，难以渡舟，只能依靠溜索过江。因此，溜索便成为独龙族的一种绝技，并逐渐形成了一种比赛活动。溜索用竹篾扭编而成，现在由钢索代替。可分为平溜和顺溜两种。平溜以溜索一根水平悬垂于两岸，需手援脚蹬方能过江。顺溜则用两根溜索，固定时一高一低，可自然滑溜至对岸，溜渡来往须借助溜板。爬溜索比赛有姿势、速度、负重的比赛，溜技高者能放开双手，飞速溜过天堑，还能做旋转、四脚朝天等动作，其溜滑身轻若燕。

第七章　技巧、秋千、陀螺

技巧、秋千、陀螺在我国开展的历史十分悠久。上古时代，技巧就存在于人类的生活与生产劳动之中。先秦时，技巧以杂技的形式进入到宫廷之中，供人观赏娱乐。尔后，还成为宫廷娱乐表演的百戏之一。秋千则从春秋战国时期开始，就在我国广为流行。正于《古今艺术图》载："秋千，北方山戎之戏，以习轻趫者。齐桓公伐山戎，流传入中国。"而在山西夏县新石器时代的遗址发掘中就发现了石制的陀螺，距今已有四五千年。而陀螺在史籍中出现，则于后魏时期，当时称独乐。技巧、秋千、陀螺在我国西部少数民族中开展也有着悠久的历史。《旧唐书》载：回鹘族"又有舞轮伎，盖今戏车轮者。透三峡伎，盖今透飞梯之类也。高絙伎，盖今之戏绳者是也。"[①] 说明当时回鹘人的技巧了得。不仅有车上技巧，还有梯上技巧和高空绳上技巧。关于新疆少数民族，除技巧外，还有秋千。《突厥语大词典》是这样解释秋千的："秋千。姑娘们玩的一种游戏名称，将绳子的两端绑在一根木头上或是檩子上，一个姑娘坐在中间，用脚跺地，以此有时升高，有时降低。"[②] 产生于11世纪的长诗《玛纳斯》说："阿依乔鲁克时代，姑娘小伙来相聚。圆月撒下遍地银辉，绳子拎在白杨树上，齐把秋千飘荡。目光对视中相互爱慕，悄悄把定情物送递。"说明新疆的少数民族还把爱情与荡秋千联系在一起，给秋千增添了些许浪漫。《析津志辑佚》载："清明寒食，宫廷于是节最为富丽。起立彩索秋千架，自有戏蹴秋千之服。金绣衣襦，香囊结带，双双对蹴。绮筵杂进，珍馔甲于常筵。中贵之家，其乐不减于宫闼。达官贵人，豪华第宅，悉以此为祓除散怀之乐事。"[③] 这是蒙古族在析津开展秋千的记载，说明秋千的普及。

---

① 〔后晋〕刘昫等撰《旧唐书》卷二十九《音乐志二》，中华书局1975年版。

② 麻赫默德·喀什噶里编《突厥语大词典》（第三册），民族出版社2002年版。

③ 〔元〕熊梦祥撰《析津志辑佚》，北京古籍出版社1983年版。

而陀螺在西部少数民族中开展从史籍中没有查到，但并非就没有开展。因为从很多运动项目的相互交流来看，汉族有很多项目都被西部许多民族所吸收。所以，陀螺也不会例外。总之，技巧、秋千和陀螺在我国西部少数民族中开展的历史悠久，并传承至今，是因为其深受西部地区少数民族喜爱的结果。

第一节 技能技巧

我国西部地区，许多少数民族都有自己独特的技能技巧运动和表演。如回族中幡、擢杆，彝族杠术，壮族搭人山、踩风车、跳桌，侗族踩石轮，土家族滚坛子，水族翻桌子，东乡族打鞭子，锡伯族欻嘎拉哈等。下面一一予以介绍。

回族中幡、擢杆

中幡

据传中幡源自佛教法器的“幡”，为佛门八宝之一。中幡由杆伞盖旗组成，全长三丈多高，上有三面旗，中间的叫飞旗，两侧的称小旗，旗下有三伞。中幡上一般拴有六个长方形的竹圈，俗称“拍子”，大小不同，音响各异，悦耳动听。耍中幡是北京年节庙会上“走会”的表演活动之一，通常还伴有划旱船，踩高跷，舞狮子等。中幡可分为单练，二人对练和集体练，其动作共有五十多个，寓于二十几个套路之中。中幡演练的每一个动作都有名称，还有几个动作组成一个以历史人物为中心的完整套路。如“霸王举鼎”“苏秦背剑”“太公钓鱼”“封侯挂帅”“张飞骗马”等。中幡演练的特点是惊险紧张、轻松幽默、刚柔兼备。惊险的动作往往使观众目瞪口呆，幽默的表演又使人哄堂大笑。在农村，常以精练的中幡表演喜庆丰收。演练中幡能提高四肢活动能力。可以锻炼筋骨，增强腰部和腿部力量，培养目测力、判断力、准确性、灵活性和协调性。演练中要做到快速、稳、准，手眼配合一致。1986 年，在全国第三届少数民族传统体育运动会上，北京的中幡获得了优秀表演奖。擢杆。擢杆是河北邯郸地区大名县城关镇南关回族的传统项目。相传，当地的擢杆表演已有 100 多年的历史了。据说，当时在清王朝的统治下，有个赃官，依仗权势，欺压当地的回族民众。大家对其深恶痛绝，不畏权势，纷纷反抗。为了表达对赃官的厌恶，聪明的回族民众创造出了擢杆的表演形式。擢杆表演是让赃官的扮演者坐在三丈六尺长的擢杆上，随着鼓乐声，做出各种滑稽可笑的动作，然后把杆一甩，以示将赃官擢走。这种表演形式幽默风趣，很受大家的喜爱。凡集市、庙会都会有擢杆表演，是当地回族群众喜闻乐见的一种传统活动。

彝族杠术

彝族的杠术和单杠、双杠相似。两人各扛竹竿一端，另一人在竿上翻转，做出各种回环和上下的动作。其演练形式灵活多样。有两人或四人同扛两根竹竿，形成双杠，由一人或几人在上面做出各种动作，进行杠上技巧表演。彝族杠术，经常有乐鼓伴奏，有时表演者还戴着各种不同的面具，其气氛热烈而欢快。

壮族搭人山、踩风车、跳桌

搭人山

搭人山属于蚂拐节中的技巧性项目，场地不限，由数十名身强力壮的青年人参加。先由十来人搭肩围成圆圈蹲在地上作为最底层，另由十来人攀踩其肩上，搭肩半蹲。这样一层一层地搭上去，一般可搭到第五层，最多的可搭到第七层。最后各层的人站立起来，形成一高耸的宝塔状，场面十分壮观。人山搭成后，最底层的人由慢到快绕着圆圈小跑一周。动作十分惊险，且难度较大，吸引着众多参加蚂拐节的人们驻足观看，并情不自禁地喝彩。很受当地群众欢迎。

踩风车

广西隆林县的壮族青年，不论男女都酷爱传统的踩风车活动。踩风车活动代代相传，至今已有上百年了。在每年的正月十五及三月初三前后，这里的踩风车活动最为热闹。踩风车比赛一般分四人一组，均等分列在木条搭成的风车架上，比赛时，四人分别用手抓握住木架，由着地者用力蹬地，以启动风车，让风车能转起来；以后不论轮到谁着地都要用力蹬地，以加速风车的旋转速度。这样不停地加速，使风车能快速旋转。最后，以在相同时间内，所转得的圈数最多，姿态最为优美者为胜。踩风车曾在第二、第三届全国少数民族传统体育运动会上做了精彩的表演。特别是1986年，在新疆乌鲁木齐举办的第三届全国少数民族传统体育运动会上，还被指定为开幕式和闭幕式上的压轴表演戏。

跳桌

在广西壮族村寨，每逢喜庆节日，总要举行跳桌活动。相传此项活动已有数百年历史。跳桌活动，原为模仿猴子的跳跃动作，后几经演变，加入了一些传统的民间武术动作，并形成了今天这样的一整套完整的表演形式。表演时，在场地中央摆一八仙桌，表演者在鼓乐鞭炮声中，在桌子上模仿猴、鸡、青蛙等各种动物的动作。该表演以动作轻盈、形象逼真为佳。跳桌除在本村寨举行外，还经常要走村串寨进行表演。这种活动深受壮族群众的欢迎。

侗族踩石轮

传说在宋代中期，广西龙胜（原名桑江）平等侗乡连年遭受旱灾，歉收缺粮，许多穷人都被迫背井离乡。有个叫贵田的人逃荒到汉族平原地区，给财主打工。他见汉族兄弟用大轮水车车水浇田，觉得这是好办法，于是拜汉族兄弟汉良为师。后来他们一同到贵田的家乡，在乡亲们的帮助下造出了水车，使大片的稻田得到了灌溉。从此，侗寨年年都有了好收成。可是，寨里的财主却不容穷人过上好日子，对贵田和汉良恨之入骨。在农历十月十四日的晚上，派人将他们二人秘密杀害，并捣毁了水车。侗家穷人知道贵田和汉良被害，水车被毁，非常悲痛，并成群结队来到河边缅怀这两位给侗家造福的兄弟。为了使侗家世代不忘他们的功德，一位老石匠仿照水车的样子把大石头凿成能旋转的圆锥石盘，并根据水车转动的节奏编了石盘操，名曰“踩石轮”。并在每年的七月十四日，于侗寨鼓楼前开展纪念活动。从此，侗家踩石轮就流传了下来，并逐步传入贵州、湖南等地的侗族村寨。踩石轮活动在明清时期相当盛行，到民国时期则很少见了。然而，在广西龙胜一带则仍保留着传统的踩石轮活动。

踩石轮先在平地的中央安放一块约三尺见方、厚约两寸的平滑石板，称为座板，在座板上放置一块直径约四尺、高约一尺的圆锥形大石盘，名为石轮。演练时以五人为一组，每人腰缠青布头巾，一人立于石轮中央，为轴心人，谓之掌舵人；其余四人分别站在轴心人前后，抓住轴心人的腰带，另一手抓住同伴的腰带，谓撑轮人。大家围绕轴心人互相拉紧联成一体，准备就绪后，由轴心人指挥。叫左旋，则四个撑轮人以一脚撑地将石轮向左旋转，达到一定速度后，收脚站立在石轮上，并在轴心人指挥下做各种动作和造型。如果改变方向则由轴心人发出制动口令，撑轮人以脚撑地，将速度减慢，并迅速转身和换手抓带，以脚撑地，使石轮向右旋转，如此反复多次，最后以石轮自动停转即算结束。如进行比赛，则先选定三至五人为评判者，分组抽签并按先后顺序轮流踩完后，由评判员按石轮转速快且持续时间长，旋转中无人中途退场和中止活动，集体配合好，造型美，稳定性好，石轮不旋出下面的座板为原则评出优胜者。优胜者在一片欢呼声、锣鼓声、爆竹声中接受比赛主持者赠送的猪头、米、酒、糯米粑、酸鱼、肉、酸鸭和侗布等物品，并在众人的簇拥下，吹吹打打回到村寨。踩石轮是一项内容健康，很有特色又很有趣味的活动，参加者多为青壮年男子。它可锻炼勇敢机智、提高平衡能力，是一项很有价值的活动。

土家族滚坛子

滚坛子是全身蜷做一团，双手十指交叉相握抱住小腿，在地面连续滚翻，如坛子在地上滚动，故称滚坛子。是土家族儿童经常玩的传统项目。姿势有前滚、侧滚及后滚。滚翻的路线有圆圈、椭圆、梅花等。比赛分个人赛和团体赛。个人赛主要看谁滚翻的姿势优美、路线精确；团体表演则看可变换滚翻姿势及滚动线路所显示出的各种动态图案。

水族翻桌子

翻桌子由十几张或二十张桌子重叠在一起，最高达十几米，表演者从最低一张开始，从下而上，一张一张往上钻，钻到最高一张桌面时在上面表演各种惊险动作。

东乡族打鞭子

打鞭子是牧童中经常开展的一项竞赛。在每年的七八月份，当地的麻沤熟后，即将其取出，用麻搓成绳索制成三节鞭。三节鞭分大套、二套、鞭梢三部分，将大套一端与木棍的一端连接起来，即成鞭子。打鞭子比赛一般分为单人、双人和集体赛三种。单人赛即每人甩五鞭，以响亮程度判胜负。双人赛是将两对打鞭人分开成两边，两边同时打鞭，以打出的鞭声大，能压倒对方的鞭声为胜。集体赛时则将所有人分成两队，在划定的两个区域内同时甩鞭子，以清脆响亮的鞭声压倒对方为胜。打鞭子比赛也是一种体力、技巧与智力的比赛。

锡伯族欻嘎拉哈

欻嘎拉哈是锡伯族男女老幼都非常喜爱的一种户内体育活动。据传，约在1701年，锡伯族人第一次大迁徙到新城子区兴隆黄家锡伯族乡以后，在民间就有欻嘎拉哈的活动。欻嘎拉哈的活动主要在农历正月期间开展。欻嘎拉哈，也叫“欻子儿”。是锡伯族人喜欢在冬季室内炕上玩要的游戏。欻嘎拉哈除了装备“嘎拉哈”外，还要装备抛起物，女人常用铜钱串或布口袋装，男人常用石球。玩时，大都在炕上铺上毡子，因毡子有弹性，石球等抛起物落在毡子上能蹦起来。毡子撒上“嘎拉哈”（比赛时应不少于150个），待球落在毡子上蹦起来时再接球，接球时不能碰到别的“嘎拉哈”，碰到无效；也不能把手中的“嘎拉哈”砸出去，砸出去无效；当然，接不住球也无效。“欻嘎拉哈”可几个人同玩。可一对一地“欻”；也可几个人轮流“欻”，只要不“欻”死，就可继续“欻”下去。比赛的胜负，取决于“欻”到的“嘎拉哈”多少。如多局比赛，则以净胜“嘎拉哈”数分胜负，不以局胜数为准。锡伯族“欻嘎拉哈”的特点是要有很强的分析、判断能力。要掌握好抛、抓、接“嘎拉哈”的配合，技术好抓“子”就多。要求抛出的“嘎拉哈”要既高且直，接时要准确、灵活、机敏。

第二节　荡转秋千

西部地区少数民族的秋千形式较多，有吊秋、磨秋、轮子秋。秋千是各民族民众自娱自乐、休闲交友、切磋技艺、健身比赛的工具。主要有维吾尔族萨哈尔地，苗族秋千，彝族磨秋，壮族磨秋，布依族秋千，白族秋千，土家族秋千、打磨秋，哈尼族磨秋，拉祜族阿浅，纳西族秋千，景颇族秋千，柯尔克孜族二人秋，土族轮子秋，羌族“观音秋”、荡秋，阿昌族荡秋、车秋，普米族磨秋等。

维吾尔族萨哈尔地

维吾尔语“萨哈尔地”是汉语“转轮秋千”之意。多流行于新疆南部地区。在阿克苏地区则称之为“恰克皮来客”。萨哈尔地与秋千同属一类。在新疆称之为“竿术”。《杜阳杂编》记载，唐代有一位名叫石火胡的西域女子，能与百尺杆上张弦五条，以八九女子各居一条之上①。这种技艺与现在仍在维吾尔族传承的萨哈尔地十分相似。另外，维吾尔族古典叙事长诗《优素福——阿合麦特》记录了这样一个故事。王子优素福和阿合麦特兄弟二人因与叔父包格拉可汗发生矛盾，被迫离家出走，他们率领部分民众来到一处地方，架起空中转轮使众人戏之，并伴以鼓乐以吸引各方散居农牧民前来投奔以壮大实力。由此可知，萨哈尔地的产生至少不晚于13世纪。清人肃雄在《嬉

① 〔唐〕苏鹗著，阳羡生校点《杜阳杂编》，上海古籍出版社2000年版。

乐》一诗中对萨哈尔地有过这样的描写："一架秋千索影微，风前摇杨彩霞衣，由来此技传西域，怪底佳人爱奋飞。"萨尔哈地由高十五六米的主轴、木轮、轮杆以绳索连接而成。主轴垂直立于地面，轮杆套子至轴底部，由两组（各四人）向同一方向推转，主轴顶端装木轮，与底部轮杆以绳相连。推动轮杆即带动木轮转动。木轮两端各系两根长绳，供游戏者牵附。游玩时，人人推轮杆带木轮转动，绳端攀附者随之转动，木轮越转越快，人也越转越高。推杆人撒手以后，还可以借助惯性之力转飞良久。还有一种较简单的形式。即在地上竖一六米至八米高的木杆，下端埋地，上端同样套一车轮，轮上按等分间隔安四个环，每环垂一绳到地，绳末端结成能伸进大腿的环套，每绳一人，左腿伸进环内，左手援绳，同时以右腿蹬地，使之旋转，愈蹬愈转，愈转愈快，愈快愈高，可离地飞转。转轮时，每次可由二人或四人同上，以保持平衡。其比赛的游戏规则一般由众人当场拟定。

苗族秋千

苗族的秋千活动很有特色，一是集体打秋，二是打秋时唱歌。八人秋是湘西苗族的传统游乐项目。也是一年一度"赶秋节"的一项主要活动。每年的农历立秋这天，小伙子们头戴丝帕，姑娘们顶着花伞，扶老携幼来到会场，参加与观看八人秋表演。参加表演一般为男女各四人。秋千的旋转靠站在架旁的人用手推和秋千上的男人用力蹬地形成。随着旋转速度的逐步加快，一对对苗族男女，在秋千上做出各种惊险和优美的动作。他们时而燕式平衡，凌空飞转；时而向下俯冲，惊险迭出。大家用力推动着八人秋高速旋转，在转速均匀时，便开始进行丰富多彩的对苗歌活动。男女双方盘歌对唱交流感情，表达身世。这也是苗族青年男女锻炼身体、自娱自乐、寻找配偶的一种方式。相传八人秋是一位叫巴贵达惹的苗族青年设计的。巴贵达惹英俊勇武，技艺超群。一天他弯弓搭箭射落一只山鹰，鹰爪抓着一只绣有"鲤鱼戏水"的花鞋，绣工精巧。他想，能做这样漂亮绣花鞋的姑娘一定聪明美丽，巴贵达惹为了找到这位姑娘，便精心设计了八人秋，邀请百里苗寨的青年男女在赶秋节这天到这里来对歌荡秋千。果然，在赶秋节这天，有位叫乜琅的姑娘，所穿的绣花鞋与鹰爪上的鞋一般无二。于是二人就开始对歌，以表达心中的爱慕。最终，巴贵达惹与乜琅结成了百年之好。

八人秋以一根四米长、直径二十厘米的圆形木为主轴，然后将其划分为五段，每段约八十厘米。从两端的八十厘米处起，依次凿两个对穿的孔，再插入长三米左右的杂木棒，形成四个对称的十字架，并在各十字架的顶端以九十厘米长的杂木条相接并固定好，是为横轴。横轴上套上两根用篾或藤条制成的粗绳，绳索下安上踏板。使用时用两个三脚架将八人秋悬在空中，推动使其旋转。云南苗族于农历立秋这天过“赶秋节”，人们架秋千，赛苗歌，大家欢聚一堂，共庆五谷丰登。苗族秋千有八人的，还有十二人的。赶秋节有个规矩，凡是上秋千的人都要会唱歌。当旋转的秋千突然停下来时，谁停在最上面，谁就要唱苗歌。玩秋千技术好的人可以利用惯性，用脚蹬住秋千的梁木，让自己的位置错开，就可以避免停在最高处而不必唱歌。也有人为了显示自己的唱歌才能或寻找得到爱情，总愿停在顶上愉快地高歌，以赢得众人的喝彩和异性的羡慕。苗寨的秋千场，也是寻找伴侣自定终生的社交场。

彝族磨秋

在广西彝族称磨秋为“磋逻磋”。每当金秋时节和春节，隆林、西林等地的彝族兄弟姐妹们便在自家的寨子里竖起秋杆，欢乐地荡起来。彝族磨秋是将长二米多，直径约为十五厘米的硬木栽于平坦的地面上并固定好，上面露出一米多；顶端用铁或圆形木做成磨心；另用一根长六米至八米的横杆，在中间凿一个圆孔并套在磨心上；在距杆头一米处缠着红、黄、绿各色纸并绑上几朵大红花，使磨秋运转起来绚丽多彩。磨秋的横木可以升降转动，如推磨一般，故曰磨秋。打磨秋时，横杆两头的人数须相等，可以两人或四人，先将横杆摆平，两人或四人在横杆的两端推转磨秋，而后先由一方跃上，爬在横杆上，以腹依杆，用手支撑保持平衡，横杆上下起落旋转，发出吱吱喳喳的令人动听的响声。表演者在杆上做出许多惊险的技巧动作，如年轻的小伙子在磨秋上打回环，翻滚；姑娘们则爱在磨秋下降时捡花或贴在横杆上四肢悬空，随着磨秋的起落，让花裙随风飘扬，犹如仙女下凡。

打磨秋有着悠久的历史，在彝族民间还流传着一个动人的故事。在很久很久以前，桂西一带的彝寨，天黑沉沉的。不下雨也不见晴天，这样持续好几个月。使草木干枯、河水断流，种下的庄稼颗粒无收。人们不是染上疾病，就是惊恐外逃，死亡的阴影笼罩在彝寨的上空。绝望中，寨中的李家兄弟想出了个办法，他们拿来两根木头做成磨秋，兄弟俩坐上磨秋到天上去找老天爷说情。他们打了十五个昼夜的磨秋，终于说服了老天爷答应了他们的请求。突然，大地刮起大风，紧接着下起了大雨，然后雨过天晴，阳光普照大地，庄稼返青，人们得救。大家欢天喜地要给李家兄弟庆功，谁知兄弟俩受到雨淋后得了重病而去世。人们为了纪念李家兄弟，每年的正月初一至十五，都要打磨秋，以示悼念。

云南昆明及楚雄地区的彝族称磨秋为磨担秋。他们在春节期间必打磨担秋。打磨担秋时，男女青年还可择机示爱。通常情况下，打秋都是一男一女打一秋。男女各处一头，互相打趣取悦，谈情说爱。打秋时，女的可在地面迅速换人，换人时动作灵敏，姿势优美；而男的则在秋杆上升到最高处时纵跳撑上，称之为“拿秋”，以显示其勇敢矫健的身手。男的上杆后，还有踢腿伸腰以助磨秋旋转，并做各种有一定难度的惊险动作，如骑秋、滚翻、吸烟筒等。

壮族磨秋

《云南通志》载：“龙人知耕织，其俗以正月元日作秋千戏，殆以习轻趆而寓介寿之意欤，普洱附近廓有之。”清《罪惟录》载：“龙家……春秋立木于野，谓之鬼竿。女子旋跃而择对。”明《炎徼纪闻》载：“黎人（坞）蛮也……春时笄女戏秋千以诱散子，携手跳歌各作剧。”《中华全国风俗志》载：“又竖一直木于地，以一横木凿其中，合于直木上，二人一左一右，扑于横木两梢头尾戏。此落彼起，此起彼落，腾于半空名曰磨秋。”现在，在云南文山州的壮族地区，每逢节日，都有十字秋和磨秋的活动，深受当地青年男女的喜爱。

布依族秋千

布依族秋千主要有两种形式：一为“观音秋”，又称十字秋。是由四人同时在水车形的秋上打转，夜间在秋千上挂上灯笼更是别有一番情趣，男女老少都能参加，也都爱参加。二为夹板秋，又称磨秋。一人着地转动秋板，另一人则向上翘起做各种动作，青年人特别喜爱。可男女同打。

白族秋千

秋千是白族传统的休闲娱乐活动，其型制与其他各地不同。大理洱源和兰坪白族拉玛支等最为流行。洱源秋千架用十二根木杆搭成，每边六根。其中四根较粗，叫“门槛柱”，代表一年四季和东南西北，十二根木杆象征一年十二个月。木杆用新布裹上，每根二丈四，上面搭上犁田用的牛档作横杆，拴上藤子即成。打秋千在春节，初一立杆，十五拆杆。秋杆要未婚男性上山砍伐，三十晚上一定要到家，青年姑娘们则带着自备的酒肉到半路迎杆。初一立杆后，摆香祝酒颂五谷丰登，人畜兴旺，风调雨顺等，为古老的祭天仪式。之后由德高望重的老者先荡几下称“开秋”，再由一男童荡玩，意图吉祥和尊老。然后开始打秋。有俗话说“打一回秋，平安三百六十天”。打秋千有单人和双人及男女混合，也有一人躺着打，主要是比打的高低。兰坪白族秋千是以皮条式藤子挂在澜沧江边的大青树或核桃树上而成的荡秋，高二十米左右，荡秋时间在春节和火把节。

土家族秋千、打磨秋

秋千

土家族自古爱好荡秋千，据《施南府志》记载，清乾隆进士、施南府同知商盘写有《蛮村秋千曲》：“散毛司畔多村舍，柳秭乍生梅欲谢，蛮姑结队斗轻盈，早春已见秋千架，秋千之架高入云，凤翥鸾翔影不分，翩翩可惜落荒土，未展六福湘波裙。黑白罗罗留部曲，芦管声中男女逐；此戏还堪纪岁华，相沿何用移风俗。君不见豪家高馆三月时，十寻彩索双画旗，江南旧梦成追忆，安得梨花作寒食。”生动地记叙了当时散毛司（湖北来风）土家族姑娘荡秋千的情景。清代有位土家族诗人写道：“绿荫门前打秋千，无数娇娃争上前。忽报一声阿爸到，忙抛同伴躲篱边。”这首诗记叙土家族少女打秋千的情景，也另有一番风味。湘西一带秋千设在晒谷坪，用六根十米高的杉树扎成两个三脚架，中间相距三米，再在两个三脚架之间横放一杉树，将两根六七米高的竹子系在横杆上，两竹之间相距一米，底端以一木板连接并固定，是为秋千架。另一种用山藤两根，上端系树杈上，下端系踏板即可。秋千分单人荡、双人荡、四人荡三种。技术高超者能在空中变换位置，并表演“燕子抄水”等高难度动作。打磨秋。打磨秋是土家族男女青少年儿童喜爱的传统娱乐活动之一。磨桩用一根长约两米的原木，上端削细做磨心，下端栽入地中。另用一根直径二十厘米以上的原木或两根细直杉条捆成小木排，于其重心处凿孔，套安在磨桩上，安磨秋要在一块约二十平方米的平地上。打磨秋时，秋杆两端人数一般应相等。打秋者手扶秋杆推动快跑，并腾身跃上秋杆，随秋杆旋转起伏。如脚落地，顺势蹬地，为秋杆加速。在秋杆上，还可以做出各种花样动作，如起时可作大鹏展翅式，直冲蓝天；落时作沉鱼落雁式，缓缓飘下。打磨秋还可以进行比赛，二人或四人为一组，以旋转速度、持续时间，姿势优美、花样难度和失误多少等综合评分，以见高低。打磨秋一般在春节期间和秋收之后进行。

哈尼族磨秋

夏历五月的“苦扎扎”是哀牢山哈尼族重要的传统节日，各村寨推选出节日庆典和祭祀活动的主持者“勒收”进山挑选粗大笔直的青松木作磨秋杆。磨秋杆是节日中必不可少的神圣之物，传说每年“苦扎扎”节时，天神“摩来”派小神“威嘴”骑着马来到哈尼山寨，人们便竖立一根磨秋来迎接。节日的第二天，全村人们在“勒收”的主持下举行祭祀磨秋仪式。先让“威嘴”象征性地骑磨秋转一圈，然后是村里成员骑磨秋。在磨秋桩顶端横架的松木秋杆两端，人们或坐或扑伏在杆上。一般一边一人，以落地者用力蹬地，使磨秋腾空旋转。如此反复地飞腾与蹬地，使磨秋起落飞旋不停。除磨秋外，节日期间还有在大树上系荡秋、架车秋等荡秋活动。一般男的只能单人荡，而妇女则可单荡和双荡。人们在打秋的过程中，还可边荡边赛歌。其赛歌形式有独唱、对唱、领唱、合唱等。哈尼族车秋有四人秋、八人秋，在过节后的三天里，都是人们的打秋、串游的日子，忌下地劳动。人们自动相聚，组成一支支走村串寨的队伍，参加各村的打秋（车秋）、荡秋（秋千）、撵秋（磨秋）活动。每到一秋场，都要争取登秋比试，以赛高低。在红河的浪堵、浪堤等较大的磨秋场，届时每天都会聚集二三千人，男女青年在此荡秋并寻找朋友、建立友谊，也约会、谈情。此外，在节日期间，当年出生的新生婴儿，也由其父母抱着在秋千上荡一荡，以祈福求乐。

拉祜族阿浅

阿浅即秋千。荡秋千是拉祜族人民喜爱的一种活动。青年男女在节日里一起荡秋千，荡得高，荡得好，姿势优美就会受到人们称赞。拉祜族秋千分荡秋和磨担秋两种。秋千用藤索拴在大树上而成。荡秋千有单人荡和双人荡。而磨担秋既可二人玩，也可多人同玩，只是要尽量使担秋保持平衡而已。不论是荡秋千还是磨担秋，都是拉祜族十分喜爱且开展较为普遍的活动。

纳西族秋千

打秋千是纳西族的传统活动。在纳西族村寨，都有秋千。有的在村头或村尾竖有高大的秋千架，有的在大树的枝干上挂起竹绳和麻绳为秋千。每逢节庆，全村男女老少及外来宾客，都会聚集一堂荡秋千。秋千在不同的地区，又有不同的形式。如磨担秋，流行云南中甸纳西族中，在二月八日水台祭天时举行，参加者不分男女老幼。荡秋，流行于云南丽江地区，或在大树上系上秋绳，或搭成秋架。荡秋的主要时间是在春节，人们将竖秋千架同盖新房一样看重，除夕上午，由有经验的木匠师傅指挥上架，村头和村尾各搭一个。按习惯，男人上山砍树支秋架，女子织麻成绳，篾匠合编竹绳。先用六根长约十二米、粗七十厘米的松木，扎成两个三脚架，上担一横木，在横木上吊一短横木供系秋绳。秋千立起后，要鸣放鞭炮、燃香祭奠、祝福祷告。当年新婚者还要将小红旗插于秋千的两端，系红绳子于秋绳之上，以示吉利，并分送糖果接受祝福。祭祀完毕，要请有名望的健康长者试荡开秋，并预祝全村新年顺达安康。春节期间，秋千场上人来人往，络绎不绝，单荡、双荡目不暇接，青年男女竞相比赛，以时间长短和起落高低来评比荡秋的优劣。直至正月二十日下午才拆秋，并将秋绳截而分之，视为吉祥物，赠给出力最多的青年男女，以资鼓励。云南摩梭人荡秋在正月初一至十五，荡秋千是摩梭人交结“阿注”（对象）的场合，男女青年双双向上，情投意合者则离去，互表衷情，从此建立起“阿注”关系。

景颇族秋千

景颇族的秋千为荡秋，用藤子吊在树上，是青少年喜爱的游戏。分单人荡和双人荡两种。景颇族秋千时间无规定，一年四季都可邀约三朋四友结伴荡秋千，但一般在农闲和节假日进行。

柯尔克孜族二人秋

柯尔克孜族的秋千有其独特之处，在两副约三米高，固定于地上的三脚架中间，搭上三股套马的缰绳，下垂离地二三十厘米。两人相对而立，各人腰背部搭上一股缰绳，手臂展开扶住绳子，两人的双脚一齐踏在另一根绳子上。先由一方用脚蹬地，使绳子悠荡起来，然后轮流使劲蹬地，秋千便越荡越高。再在秋千下面放上一些手绢等小东西，看谁能拾起，还可用来抛打对方，借以取乐。柯尔克孜族的姑娘们很喜欢这种活动。

土族轮子秋

轮子秋是土族人民在长期的生活、劳动中产生并形成的一项娱乐活动。在碾完场后的农闲时节或春节期间，是开展轮子秋活动的大好时机。相传土族先民为了寻求生活的出路，上云天擒青龙，驾金犁耕地没有成功，再攀石山捉野牛套银犁也失败了，于是又下平滩牵黄牛，终于将“又肥又壮的黄牛驯服了，驾上铁犁把荒开”，“犁了南滩犁北滩，洒下金子般的青稞种子”。秋天，把庄稼运进场院，当最后一车稞子运上场时，车子翻了。朝天的那扇轱辘转个不停。只见两个光肚娃娃在车轮上飞舞，唱着丰收的歌曲《杨格喽》。此后，人们就在每年冬季碾完场时打轮子秋。打轮子秋的日子里，全村人身着节日盛装，不约而同地聚在一起。轮子秋活动大都在平整宽阔的麦场或宽敞的平坦的空地举行。其设备有两种：一种是将石磙（碌碡）倒栽场上，在三米长的一根木头中间钻一小洞，套在石滚的轴上，两边吊绳坐人，然后使之转动。另一种是将卸掉车棚的大板车车轴连同车轮竖立起来，抵地的一扇车轮上压放巨石或碾场用的碌碡，稳固住重心。朝上的一扇车轮上平绑一架长木梯，梯子两端牢固地系上皮绳或麻绳挽成的绳圈。两人相向推动木杆，旋转后趁着惯性分别坐或站在绳圈内。土族姑娘尤其喜欢轮子秋，在飞快地转动中她们时而端坐，时而双手抓杆悬空，技术高超的能在上面做“塞雀探板”“金鸡独立”“猛虎下山”等动作，观看的人也不时地表演各种动作，激起围观群众的阵阵欢呼声、喝彩声。有时在轮子秋场上，一大群服装艳丽的男女青年围成圆圈，载歌载舞，使轮子秋的表演高潮迭起。一些年过花甲的老人也摩拳擦掌，跃跃欲试。现在，轮子秋已被列入土族当地的运动会比赛项目。并对轮子秋的器械作了一些改进。如以钢管做轮盘，套上滚珠轴承，饰以彩旗飘带，使古老的轮子秋艳丽多彩，更具观赏性和竞技性。

羌族“观音秋”、荡秋

秋千是羌族男女老幼都喜爱的一项活动。雁门一带还将秋千安置于堂屋内，供老人与小孩消遣嬉戏。荡秋千是春节期间羌族村寨全寨的重要活动之一。羌族中流行的秋千有两种。

“观音秋”

即纺车秋，形如竖立的纺车，轮高两米左右，轮上有四个座位，一次可供四人玩耍，须协调配合，方能使“轮”转动起来。

荡秋

与汉族地区的秋千基本一样，主要流行于四川茂汶县的沙坝、飞鸿等地。春节期间，羌族聚居的村村寨寨，都要扎秋千于村头或禾场上。秋千须当年新扎，农历正月初一、初二，是寨上青年人邀约扎秋千的日子。小伙子搭架，姑娘们扭绳，称之为“立秋”。一般一村立一架秋。立好“秋”后，全村老少聚集于前，摆上酒菜，由“许”或村里长者，代表全村对上苍祖宗致意，并祈求保佑来年全村风调雨顺，人畜两旺，再将事先准备的一只雄鸡，断其喉，将血洒在秋千上，称之为“祭秋”。祭秋完毕，便是“开秋”，先由村里德高望重的老人荡几下，开秋仪式结束，才允许其他人荡秋。羌族人很看重秋千，外村到寨子来耍花灯，须先参拜立在村口的秋千，称之为“参秋”，否则便会受到全寨人的非难。羌族荡秋形式不拘，可单人、双人、男女混合，站或坐均可。由荡秋人起荡，称之为“平地起水”；旁人相助，称之为“送出秋门”，以荡的角度与地面成水平线为佳。在小伙子中常进行比赛，看谁用最少的次数将秋千荡平，优胜者往往会得到姑娘的青睐。

阿昌族荡秋、车秋

荡秋

荡秋是用八根竹竿搭成的。每边用四根长竹竿扎成一束，再将两边的竹竿扎牢，然后在其上端横绑上一秋竿制成，整个秋架呈“A”字形。秋架底部呈一线排开，和秋竿成垂直状，在秋竿上拴上秋索就成了一副完整的秋千架。荡秋分单人荡和双人荡两种形式。

车秋

车秋用两根顶端开杈的粗树桩埋在地下做秋架，在树杈中横一横梁并浇上油脂润滑，以此为轴。再与横梁成九十度装上四个带长框的木架，另在顶端装上吊索即成。每次四人坐于长框之中，由他人帮助推送旋转，犹如车轮，并以此为乐。

普米族磨秋

普米族年节叫“吴肘”，从每年农历的最后一天开始，节期四天。年节期间，普米族村寨都要竖起磨秋。相传很久以前，山寨里住着兄妹两人，哥哥叫阿朗，妹妹叫阿昂。那时，天上的月亮和太阳都没有规律地出没，庄稼不能正常地生长，粮食几近绝收，给人们的生活带来了极大的困难。为了帮助人们，阿朗和阿昂决心去说服太阳和月亮。他们砍来栗树做成了磨秋，兄妹俩刚坐在上边，磨秋就转了起来，把他们送上了天，兄妹俩找到了太阳和月亮，并且商量好太阳、月亮轮流出来。从那时起，大地就有了生机，人们都过上了不愁吃、不愁穿的好日子。从此，人们就学着阿朗和阿昂的样子，玩起了磨秋。磨秋为一根一米多高的木柱在场地上竖起，柱子的顶端装有一条能上下左右旋转的圆形木。玩时，两边人数相等，骑坐在秋头的人用力蹬地，磨秋即旋转起来。磨秋上面的人可表演各种动作和造型。

第三节　抽打陀螺

陀螺是一项风靡全球且历史悠久的休闲、娱乐、健身运动。在我国西部地区，许多少数民族都有开展陀螺运动的历史。其运动形式主要为抽、打、碰。如壮族打陀螺，布依族打格螺，白族打陀螺，土家族地鸽子，哈尼族打陀螺，傣族打陀螺，佤族陀螺，拉祜族卡扒等。

壮族打陀螺

打陀螺是广西隆林各族自治县壮族人民喜爱的一项传统活动。据传说已有三百年的历史，最早是打小的陀螺（直径约十厘米），后来越打越大，现在发展到直径四十至五十厘米，重五公斤左右。每年春节从正月初一至十五，以自然村为单位组织陀螺队，进行友谊赛。陀螺队不管到哪一个村进行比赛，本村的群众男女老幼都跟着前往助兴，直到比赛结束。打陀螺不但要掌握一定的技术，还要有较好的臂力，通过活动不但可锻炼身体，还可增进友谊和培养团结合作精神。壮族打陀螺的比赛方法：比赛设裁判员一人，主持抽签，负责裁判和计时、记分工作。比赛分两队进行，每队三人，每人打一个陀螺。比赛开始前，以抽签决定参赛顺序，先打的队被后打的“食”，食一次算一分。（“食”即拉转自己的陀螺撞击对方转动的陀螺，目的是使对方的陀螺转速减慢或倒下停止转动。）“食”的办法，即本方的甲“食”对方的甲，本方的乙“食”对方的乙，本方的丙“食”对方的丙。然后两队的队员，每人手托着一个反转的碗底，先把自己在地上转动的陀螺捧到碗底上面转动，再把陀螺移到一块木板上面转动，以转动最长的一个陀螺代表本队陀螺转动的时间，最后看哪一个队的陀螺转动时间长。以后每次先打陀螺者均为上一次陀螺转动的时间最短的队，先打者均被后打者“食”一次，在二至六小时的比赛时间内（每场比赛时间多少由比赛两队于赛前商定，当地群众一般比赛六个小时左右），得分多者为胜队。陀螺的打法：用一条十一至十三米长的小绳绕卷着陀螺侧面圆周槽上，小绳尾端缚一根九十厘米长，直径为二至三厘米的木棍。打陀螺者一手握着木棍护着陀螺，另一手握着陀螺，斜向用力往地面上甩去，握木棍的手反方向用力拉小绳，使陀螺快速在地上移动，然后先捧到碗底上，再移到木板上。整个过程，陀螺要保持转动。一般陀螺最长能转动二十分钟左右。场地为土质平地（宽十五米，长十八米）。陀螺每队三个。每人小绳两条（每条十一米至十三米），木棍两根，宽二十厘米以上，长一百六十厘米左右的木板两块，碗底六个。陀螺用坚硬较重的木料制成，呈圆锥形。比赛前上鸡油，平时放进水中浸泡以防爆裂。

布依族打格螺

贵州布依族的春节、端午节和“七月半”时，村寨处处可见男女老少舞鞭抽打格螺，嬉闹欢笑。布依族的格螺制作材料一般为青㭎木，也有用牛角制作的。格螺的形状颇似漏斗，上圆下尖。上端的圆形盘顶厚二至四厘米不等，便于旋转时用鞭子打。格螺的大小不一，一般的格螺圆形盘顶直径在四至八厘米左右；有的大如盘花，直径在十至二十厘米左右；有的则小如袖珍玩具，直径仅有二三厘米。大小各异的格螺做工精细，形状美观。有的还将格螺涂染上不同色彩的点和线。打格螺时，彩影飞旋，犹如彩花朵朵。打格螺的抽鞭，是一根长二十五至四十厘米、手指般粗细的木棍，系上等长的绳索制成。打格螺时，用抽鞭将格螺上端缠住，置于地上，然后用力拉鞭，格螺“发转”后，圆锥尖端触地，便开始飞速旋转。布依族打格螺比赛，有几种形式。一种是比“凶”，可进行个人赛，又可进行团体赛。格螺“发旋”后，双方不停地用鞭狠抽自己的格螺，加快旋转速度，向对方撞去，两个格螺相撞后，便停止抽打，以格螺先倒地一方为输。这种比赛方法，如若是个人赛，则负者淘汰，胜者获挑战权，继续与其他选手进行比赛，最后保持不败者为胜。团体赛则按双方人数进行对抗，一般三至五人，采取三战两胜或五战三胜的方法计分。胜方的格螺则被人们公认“最凶”成为“种子”目标。另一种比“久”。这种比赛多为个人之间进行，也可团体赛。格螺“发旋”后，限定抽打鞭数，一般为三至五鞭。先停转的一方为负。判定胜负的方法，团体赛和个人赛都类同于比“凶”的判定方法。还有一种比快，这种比赛形式较多，团体和个人均可进行。或是向斜坡的上方抽打格螺，看谁先将格螺“活着”打上坡，以格螺“不死”或“死”得少者为胜；或是在平坝内设一些矮于格螺的木棍为障碍，看谁的格螺最先到达终点。这两种形式有一个共同的“规则”，即不管哪一方的格螺“死”，只能在“死”的地方重新“发旋”才能继续比赛。布依族打格螺比赛，通常都是人们自由相约，但也有在家与家之间、户与户之间进行的。比赛要求双方的格螺大小应大致相同。此外，打格螺的表演也很精彩，有的是几个人打一个格螺，有的则是一个人打几个格螺。

白族打陀螺

云南剑川白族青少年喜爱的游戏活动。玩法有两种。交圈。在地上画一圆圈，集体对抗的双方猜拳决定先后，后者将旋转的陀螺固定在圈内，对方则在一定距离外将陀螺抽旋抛击，将靶螺打出圈外者胜，击不中即输，负方支靶螺，如此轮换看哪方胜得多。不交圈。守方抽旋陀螺当靶，攻方则抽旋陀螺抛击，击中后比谁的陀螺转的时间长。如击中靶螺后陀螺停转，进攻者败，一轮后交换，最后算谁胜得多。

土家族地鸽子

地鸽子是恩施土家族民间的一项传统休闲娱乐项目，历史悠久，可追溯到清末民初。地鸽子形如陀螺，与陀螺同形而不同工，更具精巧的做工和乐趣。陀螺只转不鸣叫，地鸽子既转且鸣叫。因其叫声如同天上飞翔的鸽子所带的哨声而得名。故称“地鸽子”，也称“地黄牛”。地鸽子由上等硬杂木和坟边生长的小金竹做成。上端为竹筒，最好是竹节筒；下端用长约八厘米的木头削成锥形。锥形顶尖处打进一枚钉子，然后在竹筒侧面用刀雕出约五厘米长、两厘米宽的口子，名风门儿。用火熬化后的牛皮胶，将竹筒和锥形木头相黏合，上端封顶，顶面可绘图，整体分三节绘彩条。再将八十厘米长的细竹棍端，系一条四十厘米长的粗麻绳拧成鞭子。玩地鸽子时，用鞭子缠绕地鸽子，将它平放在地面，借抽拉鞭的惯性使地鸽子开始旋转，然后不停地抽打地鸽子，使地鸽子不停地转动。地鸽子在转动中，使空气从风门进入竹筒内，灌满空气的竹筒在快速转动时发出呜呜的叫声。其声音空灵，极具穿透力。地鸽子有单风门、双风门、三风门的，风门的大小决定音量，竹筒的大小决定音高，大竹筒发出低音如虎啸，小竹筒发出高音如子弹射出的呼啸声。多风门的地鸽子，风门按四十五度角倾斜排列，排列角度可调节高、中、低音。地鸽子有健身与娱乐的功能，由土家族民间群体，特别是恩施当地的民众代代相传而承袭。

清末民初，施南府（恩施）六角亭老城的中心繁华地带，是玩地鸽子的集中地，并常有地鸽子比赛。比赛时，围观者多达数百人，阵势庞大。地鸽子旋转发出的叫声，可从六角亭穿透到对面清江河，盛况空前。施南人祖辈还流传着这样的童谣：“杨柳青放风筝，杨柳活抽地鸽，杨柳死踢毽子。”过去，施南府很多人都非常喜爱玩地鸽子，其中曾有一纨绔子弟王少爷，玩地鸽子到了痴迷的程度。十七岁时，家里为他张灯结彩办喜事，到拜天地时却找不到新郎了，这可急坏了王家人，打发小斯到各处寻找。小斯寻到六角亭，发现巨大的人墙，圈内除闹哄哄的人声外，还传出虎啸般的鸣叫声。小斯钻进厚厚的人墙，发现少爷正和别人比赛玩地鸽子，以赢铜壳子争胜负。只见少爷长衫缠腰，挽衣袖扎裤腿，脑后的辫子咬在嘴里，手执棍鞭正啪啪地抽打着地鸽子。对手和他不相上下，两枚地鸽子在中间旋转，发出巨大的轰鸣声，看客喧闹喝彩。裁判一声“丢鞭”，两人扔掉棍鞭，趴在地上，耳朵贴地，听地鸽子鸣叫，神情紧张地盯着旋转定圆的地鸽子……谁的地鸽子最后倒地，谁就为赢家。数百人的围观圈子如伞一样顿时收拢，敛声憋气，聚精会神地静待地鸽子的胜负。小厮高喊：“少爷，老爷，太太催你回去拜堂呢！”趴在地上的少爷一摆手：“莫慌！等我赢了这盘地鸽子再回去！”众人哄堂大笑。据说，清末施南府有专玩地鸽子的玩家，曾把地鸽子从施南府玩到了宫廷。传说乾隆皇帝也喜欢玩地鸽子。恩施民众喜爱玩地鸽子有当地遗传的古诗为证：“木底竹身三重天，单凭善转立世间。借得童叟勤鞭策，唱彻山乡日月偏。”地鸽子这项土家族民间娱乐项目，有益于民众健身，既锻炼人的动手能力，也考验人的智慧。是中华民族体育文化中不可多得的非物质文化遗产。

哈尼族打陀螺

打陀螺流行于云南元江等地的哈尼族中。在春节、苦扎扎节和十月年期间，哈尼族人都要玩打陀螺。哈尼族陀螺形态奇特，像一只萝卜。陀螺直径十厘米左右，质料为一般的杂木。鞭索为两米左右，无鞭竿，由上而下，缠于陀螺上部，抽旋后让其自转于地。可分队比赛，抽转陀螺并旋转，以旋转时间长的为赢；如分组比赛，则以得分多的组为胜方，取得先打权。但胜方的“陀螺神”（相当于队长，技术较优），一定要胜对方的陀螺神，才算最后赢，否则算被“陀螺神”“卖”吃了，成为输方。打陀螺的第二步，是进行支打比赛，输方将陀螺抽转给对方打，胜方从画在地上的基准线上打出（越线为违例）。五人或六人的陀螺队，打着对方的陀螺，并转赢了对方的陀螺，算赢一次，然后继续打下去。最后，由“陀螺神”出场打陀螺。如果“陀螺神”的陀螺只擦着对方“陀螺神”的陀螺而过，不仅将靶螺越打越转，而且自己的陀螺就此而歇脚，全队则算被己方的“陀螺神”“卖”吃而成为输方。哈尼族陀螺还有一种玩法，即画一圆圈（一米左右），一方支靶螺于圈内，另一方用抽旋的陀螺抛砸，以将靶螺打出圈外为胜。

傣族打陀螺

傣族称陀螺为“白跌”。采用三年以上阴干的硬木精工制作。做好后涂上猪油，用瓦罐罩上，以防开裂、变形。陀螺完毕要用小刨刨去坑凹处，擦净后上油收藏起来。傣族陀螺上平下尖，直径十至十五厘米。分螺头、螺腰和螺脚，螺脚上钉有一大铁钉。打陀螺用的鞭杆长五十厘米，鞭索长五米。陀螺比赛为分队集体对抗。甲方将陀螺抽旋于地为“支”称靶螺，乙方在十米开外将陀螺旋起抛击靶螺，击中靶螺后以旋转时间长短决胜负。击不中者不算。打陀螺者用拨、赶、吹灰扒石、滑等方法帮助旋转，比赛中围观助战者还大声呼喊，为之加油。陀螺旋转时间长的可达数分钟。甲乙队一支一打，全部轮过算一回，胜多负少者赢，最后计总成绩。傣族打陀螺多在春节期间，形式为村寨间对抗，比赛往往从早到晚，天黑打着火把再战。无固定场地，广场道路都可举行。傣族成年人打大陀螺，而儿童则打小陀螺，称之为“小鬼头”。

佤族陀螺

佤族称陀螺为“布令”。陀螺用硬木制成，直径五至十厘米，上平下尖，传统式样。比赛时人分两队，每队人数不限，但双方人数相等。可双人对抗，也可集体对抗。集体赛分头和兵。小兵在前，头在最后压阵。技高者公认为头。打法：甲方一人将陀螺抽旋于地曰“支”，乙方一人出阵将陀螺抽旋同时抛击靶螺（被“支”的陀螺），若将靶螺击中后自己的陀螺和靶螺还能继续旋转，则比谁的陀螺转的时间长，时间长者为胜，最后以全队的分值高低决定胜负。此外，还有一种陀螺叫鸡坳陀螺。也是用硬木制成，直径六厘米，高约十厘米。头大身细，形似鸡坳（一种可食用野生菌）。打法：以靶索缠绕靶把，抽旋使之旋转于地，然后将旋转的陀螺用鞭索拉抛在空中后再用鞭索套成小圈从身后或胯下接住下落的陀螺，接住者可作进攻的一方，接不住的作守方。守方将陀螺抽旋于地作靶螺，攻方在数十步外将陀螺抽旋抛击靶螺，击中后比谁的陀螺转的时间长，每人轮流一次后重新抛接陀螺以决定攻守方。

拉祜族卡扒

苦聪语“卡扒”，即陀螺。它是对抗性游戏，双方以相同的人数出场比赛。每队有一技术高者为领头。比赛方式：甲队轮流将靶螺抽旋于地，称支螺，乙方则在一定距离以外轮流将陀螺抽旋击打靶螺，以将靶螺打倒不转为胜，反之则败，双方依次一支一击，累计得分。最后为领头出场，领头若击不中靶螺则全队无分，整个队则输，交换后重新开始，最后算总成绩。陀螺为硬木制成，直径大约十厘米。

第八章　舞蹈、舞龙、舞狮

舞蹈源于生产劳动与祭祀，是人们表达愉悦心情及与神祇沟通的一种肢体语言。我国西部少数民族大多能歌善舞，他们将舞蹈融入日常生活之中，是他们生产劳动之余十分重要的休闲娱乐及文化生活的组成部分。在甘肃黑山、祁连山，宁夏贺兰山，青海刚察哈龙沟及新疆天山、阿尔泰山与昆仑山山脉中，发现了居住在这一带的原始先民创作的大量的关于舞蹈的岩画。在内蒙古额济纳其黑水城遗址出土的西夏文物中，有乐器图样和舞蹈形象。现藏于俄罗斯爱尔兰米塔什博物馆，1909 年出土的一幅观音图，全画高一百厘米、宽五十九厘米，画右下部为西夏供养人和舞蹈、乐器伴奏图①。图中男性独舞者两臂舒展，右肩上耸，左手下垂，臀部左撇，右腿抬起、跷脚，旁立三人，一人拍掌，二人奏胡乐。在内蒙古博物馆，收藏有出土于额济纳旗达兰库布镇东四十公里古庙中的一件舞蹈塑像，塑像呈深目、翘首、满腮胡须、赤足舞蹈状。在西夏时期编纂的西夏文字典《文海》《同音》中，均有“舞蹈”的记载②。《文海研究》解释乐人为“戏耍者之谓也”。释“戏耍”为“舞也，游戏也，心喜之谓也，踊跃游戏之谓也”。释“娱乐”为“舞蹈、娱乐唱歌为也”。释“戏闹”为“戏也，跳舞也，嬉也，踊跃游戏之谓也”③。总之，有关西部民族舞蹈的考古实物还有很多。在我国古籍文献中，有关西部民族能歌善舞的记载也有很多，在此不一一赘述。这表明我国西部少数民族舞蹈不仅历史悠久，而且形式丰富多彩，风格迥异。但都与生产、生活紧密相连，直接展示和表达人们的思想与情绪，深受少数民族民众的喜爱。

舞龙则源于祭天求雨。在我国，自古都把龙作为风雨的主宰，龙的出现

---

① 史金波、白滨、吴峰云编著《西夏文物》，文物出版社 1988 年版。

② 李范文著《同音研究》，宁夏人民出版社 1986 年版。

③ 史金波、白滨、黄振华著《〈文海〉研究》，中国社会科学出版社 1983 年版。

必然伴随有风雨的迎送，所以求雨离不开龙，这在靠天收获的农耕社会尤为重要。舞龙在汉代就已流行，并因节令的不同而舞不同的龙。如春舞青龙，夏舞赤龙，秋舞白龙，冬舞黑龙。并由此衍生出“鱼龙蔓延”的节日。在我国西南地区，许多少数民族都有舞龙的习俗，特别是一些农耕民族尤为突出。

舞狮是我国的传统民俗活动，被认为有驱邪避鬼之功。人们每逢喜庆节日、新张庆典、迎春赛会时，都喜敲锣打鼓，舞狮助庆。舞狮在我国有着悠久的历史。因“狮”与“龙”“麒麟”一样，是神话中的动物，特别是狮子，还是佛教中文殊菩萨的坐骑，更是带有神性。随着佛教与狮子从西域的传入，狮子威武的形象与驱邪的功能得到了人们的崇拜而逐渐演化为演狮舞狮。《汉书·礼乐志》中的“象人”便是舞狮的前身。到唐时，舞狮已盛行于宫廷、军旅及民间。白居易诗：“假面胡人假狮子，刻木为头丝作尾。金镀眼睛银贴齿，奋迅毛衣摆双耳。”就是对舞狮最生动的描写。舞狮因盛行而成俗，因成俗而传承至今。

第一节　刚柔相济的舞蹈

我国西部少数民族舞蹈多与战争、祭祀、生产劳动及娱乐等有一定的关系。因此，其舞蹈形式多呈刚柔相济型。如苗族跳鼓、猴儿鼓舞、打花棍，壮族特朗、跳花灯、跳斑鸠、翡翠舞，布依族花棍舞，侗族“耍春牛”、踩芦笙，瑶族播公，白族霸王鞭、仗鼓，土家族肉莲花、撒叶尔嗬、跳红灯、摆手舞、火棍，纳西族东巴跳，羌族跳盔甲，阿昌族跳象脚舞，基诺族跳嘎等。且无一不是战争、祭祀、生产劳动及娱乐的产物。

苗族跳鼓、猴儿鼓舞、打花棍

跳鼓

跳鼓是苗家最普遍、最富有民族特色的传统文化娱乐活动。其历史悠久，形式多样，内容丰富，对增进身心健康大有益处，深为苗家民众所喜爱，盛行于湘西苗族聚居地区。苗族跳鼓历史悠久。关于它的起因及产生年代，民间有种种传说。有的认为起源于部落争战的轩辕时代，用于征战助威。据说苗族先民在作战中击鼓励志，鼓舞勇士们冲杀；战争胜利后击鼓庆功，让勇士们姑娘们一起娱乐，后来形成跳鼓活动。有的认为起源于一对苗族夫妇杀死毁庄稼、害人命的妖魔，并以其皮制鼓，跳跃狂欢以示胜利。有的认为起源于古代的祭祀活动。据说苗家在敬神祭祖时多有击鼓通神和击鼓报恩的仪式，因而编成了跳鼓套路。有的认为起源于汉代，因《山左金石志》与《汉阳汉画像》所述，汉代鼓舞图像与红苗鼓舞相似，因此而推论起源于汉代。还有的认为是源于人们模仿猴子或模仿啄木鸟等动物的形态而逐渐编成等等。关于跳鼓的起因和产生的年代，至今并无定论。不过据《凤凰厅志》与《干州厅志》《永绥厅志》（永绥厅即现在的花垣县）以及《苗防备览》等有关地方志书记载，苗家跳鼓活动早在明清以前就已十分盛行。如《保靖概要》中写道："……其始也，集男女于庭，伐鼓鸣锣，通宵达旦，名'打猴儿鼓'。""通宵达旦"而不肯罢休一语，足见当时的跳鼓盛况。不过古时候的跳鼓活动多是伴随隆重公祀活动进行的。《永绥厅志·苗峒》记载，据考察，民国时期的跳鼓已演变为两种形式：一种是古代歌舞式，即将志书中记载的那种形式沿袭下来；一种是民间活动式。这两种形式并存。然民间活动式的活动面更广、参与的人更多、更普遍，且多在苗家的传统节日，如"跳年会""四月八""六月六""赶秋""鼓社节"等时期进行。民间活动式的跳鼓是先摆出一面或多面众鼓（此鼓由公众凑钱制作，所以叫众鼓），聚会者不分男女老少，不分本地或外地人，人人可以击鼓，或先由本地人打，外地人和；或先请外地人打，本地人和，形式不拘。做出许多动作，或单人或双人或多人同于一面鼓上进行，无其他歌乐舞伴。

苗家跳鼓的种类有凤凰县的"花鼓"，吉县的"四人鼓"，古丈、保靖、花垣等县的"团圆鼓""筒子鼓""跳年鼓""单人鼓""双人鼓"和"猴儿鼓"等等。其鼓舞的套路动作有"武术动作""模拟生产动作"和"模仿生活动作"三种类型。武术动作有"流星赶月""雪花盖顶""白马悬蹄""懒龙缠腰""观音坐莲""双星拜月"等。生产模拟动作有上山、下山、挖土、犁田、种地、插秧、挑担、晒谷、车谷等等。生活模拟动作有梳头、照镜、洗菜、淘米、煮饭等等。其表演形式有单打（包括男子单打和女子单打）、双打（包括男子双打和女子双打）、对打、男女混合打以及团体打等等。在表演形式上，虽然都是将一面鼓置于木架之上，由一人或两人两手持木棒敲鼓腰（又称敲边），由一人或多人手拿双头鼓槌击鼓，可表演的套路、动作、鼓点、节奏等却各有不同。此外，还有"筒子鼓"和模仿猴子动作的"猴儿鼓"等。其套路均属单打或双打的范畴。苗家跳鼓还有一个特点，即讲究鼓点节奏和步伐。其鼓点节奏有单点鼓、双点鼓和三点鼓、五点鼓、九点鼓以及行步鼓、转身鼓等。其步伐有走三步、走三步踩三脚和滚步翻身等等。跳鼓的设备简单，只需鼓、鼓架、鼓槌以及一块较宽的露天平场和室内平场即可。鼓用木板制成圆桶形，腰大而两头略小，两面蒙以生牛皮，直径六七十厘米，腰长一百多厘米。鼓架即支撑横放的木架子，高六七十厘米。鼓槌即大鼓的圆形木棒，长一百多厘米，直径约三厘米，以击鼓时手握中间、两头可打为宜。湘西苗族跳鼓先后多次进京表演。并多次在全国少数民族传统体育运动会上进行表演，受到了大家的欢迎和肯定。

猴儿鼓舞

鄂西地区的苗族人大多于清乾隆、嘉庆时期从湘西、黔东迁来，一般都选择定居于高山与峡谷。过去，这里山高、林密、猴子多。相传，在苗山的一座庙里，猴子经常去偷食供桌上的果品。无意间跳到摆放在庙里的鼓上，敲响了鼓。开始弄出响声猴子还有点害怕，后来逐渐习以为常。每当得到供果时，就会在鼓上高兴地边跳边吃。这一情景被一个苗族小伙子偶然看见，就学着猴子的动作跳跃起来，十分有趣。以后渐渐形成了这种欢快的鼓舞活动，并流传至今。猴儿鼓舞又称“打猴鼓”。大约有一千年历史。现存于沙坡仕富家中的一个猴鼓，至今已传七代。这一活动的参与者围绕着大鼓，吹起芦笙，不断变换舞姿，鼓师不断模仿猴子动作欢跳击鼓，故名猴儿鼓舞。

贵阳花溪区孟关乡沙坡苗族也十分盛行跳猴儿鼓舞。在沙坡苗族中，猴儿鼓舞原是在老年人过世后，人们所举办的“白喜事”中的一种祭奠追思仪式。后来，经过几代人的发展演变，其原意完全消失，逐渐形成为一种纯娱乐的欢快活动。并成为每年的桐木岭苗族跳场中的一项主要活动内容。原来打猴鼓是两人进行的，一人吹芦笙，一人打猴鼓。后来则根据场地的大小来确定参加打猴鼓的人数。一般情况下，通常在九至十三人之间。参加者多为一二十岁的青年男女，击鼓者通常是身强力壮、鼓技娴熟的中年鼓师。打猴鼓一般只有一个鼓师击鼓，其他人则跳舞吹笙。猴鼓用木质制成，两端鼓面为皮质蒙制，上大下小，呈长圆形。表演时横置于一米多高的木架上，鼓师可围绕猴鼓进行不同动作的击打，其余人则围绕猴鼓成一圆圈起舞欢跳；或将猴鼓置于高处，其余人在低处起舞欢跳。一般将鼓舞的鼓面面朝观众。小鼓手在鼓侧，用两根木棍敲击鼓边；大鼓手双手持鼓槌，模仿猴子的动作打鼓跳跃。大小鼓手可是两男子或两女子或一男一女。男子跳跃的动作侧重于武术，如挥刀、舞剑等；女子的动作侧重于生活，如种苞谷、插秧、梳头等。

其动作要做到脚跳手击、腰转体旋、屈膝踢腿，并与鼓点密切配合，做到协调自然。跳猴儿鼓舞的运动量大，趣味性强。如比赛，则以跳跃运动的难度、造型的美观、协调的程度来进行评分，以得分的高低决定名次。

打花棍

打花棍是贵州省贵阳市花溪、乌当地区苗族的传统娱乐活动。一般在喜庆的节日里举行。打花棍多为女子参加。花棍为木质，长一至一点五米，直径四至六厘米。花棍表演一般两人进行对打，每次八人持棍分为四组进行对打，棍来棍往，进退有节，攻守相交。花棍由红黄绿等五颜六色颜料涂染在花棍上。打花棍时，花棍在空中飞舞击打，花棍击花棍、花棍击地面，不时发出有节奏、有章法的碰击声，场面精彩，令人眼花缭乱。打花棍的主要棍法有“金鸡独立”“劈棍镇山”“无影棍花”“姐妹相会”“雪花盖顶”“彩龙缠腰”“鹞子翻身”等，其风格独具，表现力较强。由于打花棍这一活动便于开展，形式自由，受到苗家少男少女的喜爱。在非正式集会时，也会有人组织打花棍，但对棍和人数一般都不太讲究，可即兴参与，打一至两个回合均可。在苗族山寨孩童放牛、玩耍时，也可见花棍对打的嬉戏。

壮族特朗、跳花灯、跳斑鸠、翡翠舞

特朗

特朗俗称“打扁担”。是壮族民间深受民众喜爱的传统文化娱乐活动。从每年的正月初一到正月十五，在壮家村寨常常可以听到“打、打、打都打、打、打、打都打”的悦耳声音，常常可以看到壮家男女老少成群结伴，聚集于村寨空坪和堂前庭院，尽情地打扁担。由于所需器材简单，动作多样且刚柔兼备，场地可大可小，既便于开展，又能强身健体，所以从古流传至今，并得到了不断的发展。现流传于桂西一带的马山、都安、武鸣、上林、忻城、平果等县的山区及云南文山州广南县壮族村寨。特朗起源于打春堂，也称“谷榔”或“谷鲁榔”，今因器具多用扁担，汉语便叫“打扁担”。《隆山县志》云：“惟打春堂之日，相传久矣；今犹未衰。”唐代刘恂所著《岭表录异》中，描写了当时文山州广南县壮族春堂的情况：“广南有舂堂，以浑木刳为槽；一槽两边约十杵，男女间立，以舂稻粱，敲磕槽弦，皆有偏析。槽声若鼓，闻于数里，虽思妇女之巧弄秋砧，不能比其浏亮也。”当地人以其打击之声，又称打扁担为“虏烈”或“打虏烈”。宋代学者周去非在《岭外代答》书中记载：“静江（今桂林一带）民间获禾，取禾心一茎连穗收之。室角为大木槽，收食时，取木桩于槽中。其声如僧寺之木鱼，女伴以意运杵成音韵，名曰春堂。每日是，则春堂之声，四周可听。”后来人们感到以“浑刳为槽”不够轻便，便进行了些许改革。《隆山县志》载：“但浑大木，返颇难得，妇女每用木板以代其法，以一长方坚硬之木板，两边垫以长凳，两旁排列妇女二三，手持扁担上下对击，或和以锣鼓遍迫轰冬，高下疾徐自成声调。”至此，打春堂过渡到了打扁担。有的地方不用木杵，也不用扁担，而是用竹竿，竹竿两头还系上数枚铜钱，敲击起来更是声脆优美，悦耳动听，故前朝诗人就有“竹竿敲打祝丰收”之句。还有的地方，如马山，除用木杵、扁担、竹竿外，还配以长形竹筒，伴之锣鼓，敲击起来轰轰有声，更是洪亮好听。

打扁担活动的全过程，按动作情节可分为四个阶段：耕田插秧、戽水耘田、收割打场、舂米尝新。集中概括了壮族劳动人民一年四季的全部劳动过程。充分表达了喜庆今年的富足和预示来年风调雨顺、五谷丰登的喜悦心情。其动作结构有上下对击，有站立和下蹲，有原地和行进，有转身和跳跃等动作。再伴以锣鼓和不时发出的“嗨、嗨”呼声，表现出强烈的节奏感。各地打扁担的花样不尽相同。在云南广南县，妇女们打扁担时，一面唱，一面跳，围绕木槽，互相敲打，时而扁担打扁担，时而扁担打木槽。上下左右，变化多样，多表现打谷、车水、插秧、舂米、织布、赶牛下地等生产、生活动作。表演雄健、活泼、场面热烈、欢快。近些年来，多以一条长凳代替打木槽，还用竹筒配打成节奏。打扁担时，人数一般为四、六、八、十人等不定，但要求以双数为宜。在广西，常见的是都安的打法和马山的打法两种。都安打法用的多为较粗长的木杵扁担。马山加芳的打法则较为流行。因其打法轻巧快捷，动作多样全面，令人观之而有紧张和目不暇接之感。打扁担的传统套路有“打春堂”“全家乐”“大团结”“插秧”“车水”“打谷”“庆丰收”等。马山加芳组织的打扁担代表队，曾多次代表广西参加全国的少数民族传统体育运动会，表演了精彩的打扁担。

跳花灯

跳花灯在广西天等等地流传已经有几百年的历史。跳花灯一般在晚上进行，中元节更是热闹。旧时跳花灯多是迎神赛会，驱逐疫鬼的迷信活动。据传，1914 年，天等地区发生了大瘟疫，死的人很多，为了驱逐疫鬼，民间曾经组织了大型跳花灯活动，大唱大跳十天十夜。跳花灯的场地一般选择在村头较平坦宽广的场地上。用七十二个小碗装上豆油，排成九行，每行八个，按前后左右间隔八十厘米至一米安放并点燃灯，跳灯的人数少的五六人，多的有十几人，他们有的戴面具，每人手中各拿有不同的乐器，有木鱼、木笛、小鼓、锣钹，还有挂纸花条的木棍等。开头由一个人带头敲打木鱼，按节奏有规律地在每行灯之间来回穿跳，到行角转弯处时，各人都做一些亮相的跳步转弯动作，并且吹打个人手中所拿的乐器和道具。跳花灯从其表现形式看，属于佛教的佛事活动，是从佛事活动中逐渐演变而成的。

跳斑鸠

跳斑鸠最早流传于广西大化，是壮族民间迎客的娱乐活动。据传，每当村里有人办喜事或丧事时，主家便从村里邀来一些人，到村口或屋前跳起斑鸠舞以迎接客人，表示对客人的尊重。跳斑鸠是由模仿斑鸠树上栖息时，振翅跳跃，比翼飞翔的动作而逐渐形成的。迎客者或男或女，或一两人或四人，随着唢呐、笛子的节拍虚步亮翅，跳步振翅迎向客人，到了客人面前成虚步势，右手屈于右前方，掌心向面作招手，左手捧住右肘，表示“有请”或“请进”。而客人也出相对人数，亦以同样动作面对面跳着，右手左右晃动，表示“不必请”。接着携起手来一边摇动手臂，一边用脚掌碰拍对方的脚掌。紧接着屈膝下蹲，同时两手摆动，蹲立旋转跳跃。最后站起，分手并肩成虚步势，两臂在体侧及胸前交替屈展，跳步前进，比翼飞翔。“跳斑鸠”动作简单，步伐轻盈矫健，四肢活动频繁。跳斑鸠在新中国成立前曾一度衰落，后经挖掘整理而得以复兴和传承。

翡翠舞

翡翠舞流行于广西武宣县桐岭乡盘龙村，是当地壮族民间的一种舞蹈。相传在二百多年以前，盘龙村民发觉翡翠鸟不但羽毛鲜艳，且性格善良，于是做成了翡翠鸟衣，模仿翡翠鸟活泼的动作跳起了翡翠舞，借以表达人们正直善良、勤劳勇敢、追求自由的特性与理想。每当春节或丰收时节，这里的农家人都要登场欢跳。由于其形式新颖，动作大方，很受人们的喜爱。翡翠舞的主要传统动作有以下几种。自由飞翔，即舞者上身向前弯曲，用背托起竹制的鸟身，双手握着鸟内部操纵杆，然后左脚上收，张开双翅作飞翔状。觅食，即两膝微弯，躬背成九十度，左脚向前迈出一步，脚尖点地，开始觅食。舞者操纵嘴部机关线，按击乐节拍，嘴巴一张一合。马步、躬步、交叉步，撤步、攻击步变换使用。追鱼吃鱼，即随击乐节拍双脚交叉一次，接着快步向左右前后灵活移动，窥测鱼情，发现鱼后，右手拉动嘴部操纵线，双脚腾翅向前鱼跃，使用攻击步把嘴往下一啄，捕得鱼后仰头吃鱼，动作刚柔分明。浴水，即全蹲，右手操纵头部和嘴部机关线，按击乐拍节分别进吃水、向身上吐水、洗羽毛等动作，最后抖掉羽毛上的水珠。栖息，即全蹲，右手操纵头部和眼部机关线，头部下垂和眼皮下垂，作欲睡状。表现翡翠鸟栖息和无忧无虑。现在，翡翠舞的动作又加上了一些新的元素。如将翡翠鸟配成雄雌一对，使之双双翩翩起舞，让整个场面更加生动活泼。既保持了传统的色彩，又赋予舞蹈以新意。

布依族花棍舞

花棍舞流传在贵州惠水、平塘等地。跳花棍舞时，舞者手执一根花棍(可为竹制也可为木制，在其棍杆中开口，嵌上一些古铜钱，并绘上色彩而成)，边跳边以花棍敲击身体的各个部位，使花棍发出有节奏的响声。据传，布依族的花棍舞是在新中国成立初期，由土改工作队带来的。经过在当地多年的流传，逐渐融入了一些布依族的动作元素，而形成了现在这种风格独特的布依族女子花棍舞。花棍舞舞蹈中表演者自唱布依族民歌和用花棍敲打肩臂为伴奏，动作柔美含蓄，大体分为行进步、半跑步、转身步等。行进步以八拍为节，表演者手握花棍中部，第一拍以棍平举胸前，用下端击上臂，同时左脚前迈一步；第二拍以棍上端击右上臂，同时右脚跃前一步；第三拍以棍下端即左肩，同时左脚前迈一步；第四拍将棍下端从顶绕过击右肩，同时右脚跨到与左脚并排处；第五拍左手扶棍下端，随右手腕扭动将花棍在身体右侧绕一圈；第六拍顺势以下端击右胯，同时左脚为重心，右膝微屈，右胯稍送出；第七拍右脚跳落地，左脚在右脚后四十五度钩起，同时以棍下端击左脚掌；第八拍左脚落地，右手握花棍以棍下端拄地。整个动作行进之时胯放松，略左右摆，第七拍小跳时有控制，第八拍上身前俯，使整个动作柔中有刚、既含蓄又奔放。花棍舞的队形以双排行进为主，有走圆圈、变方阵等，穿梭交叉、横排竖纵不离其宗。加之动作齐整、棍花翻飞、铜钱沙沙作响，再配上布依族姑娘雪白的包头，彩色头穗，雪白底面的花围腰衬以淡蓝色衣裤，更是爽心悦目，令人陶醉。

侗族“耍春牛”、踩芦笙

“耍春牛”

每到新春伊始，湖南百里侗乡山寨就用竹子扎成牛的形状，糊上纸后再描以色彩，作为“春牛”。“耍春牛”是各村寨之间相互报春汛，祝春耕、贺丰收的娱乐形式。当“春牛”到一个村寨时，首先由一个小伙子装扮成种田汉出场唱“春牛歌”，其内容是告诉当年的二十四个节气，重点提示人们不误农时。接着，由两人舞着“春牛”绕场走若干圈。然后，由一个小伙子装扮成农夫，扛着锄头，另一个小伙子扮成懒汉，提着鸟笼上场。另有男扮女装的四至五个侗族姑娘，穿新衣戴银饰出场作为看“耍春牛”的观众。相继出场的还有扮成农夫、老农、老妇等角色的人。农夫和老农象征勤劳勇敢的侗族人，他们在忙于春耕；老妇则倒提饭篮，以形容人勤春忙，因早起看不清把而饭篮提倒了；懒汉的表演则是为了讽刺少数好吃懒做的人。全部人员出场后，以“春牛”耕田为中心，各自做着不同的动作，再现各种劳动场面。大家在锣鼓点子的催促下，动作越来越快，动作幅度也越来越大。“耍春牛”达到高潮时，几位看“耍春牛”的“姑娘”高声吆喝着：“今年年成好，一切顺心如意!”周围的真正的观众也跟着一起高声吆喝着，并模拟用鞭子抽打“春牛”，然后一起跑到田里捧着稀泥往“春牛”和“耍春牛”者身上甩，“耍春牛”者也捧起稀泥抹在村寨人们的身上和脸上。泥巴越多象征越吉祥。一场男女老少在坪内奔跑互相甩稀泥的活动，往往要持续半个小时左右，直到把新衣服变成泥衣，人们才尽欢而散。

踩芦笙

侗族人吹芦笙、跳芦笙舞有其悠久的历史。侗族《教书》说芦笙源于古州（今贵州省榕江县一带）；宋陆游《老学庵笔记》载：“辰、沅、靖州蛮、有仡伶……农隙时，至一二百人为曹，手相握而歌，数人吹笙在前导之。”明代邝露《赤雅》载：“侗……善音乐，弹胡琴，吹六管，长歌闭目，顿首摇足为混沌舞。”现在，侗乡踩芦笙以农历八月中秋为盛，而正月只有作“远乡客”时才吹奏。踩芦笙中的“踩八卦”，规矩严谨。要先列队进入侗寨公共的岩板坪，由指挥者引导所有队员先绕场一周，然后将红伞一扬，全体芦笙队员即按事先测定的子午线踩踏入场，人数不限，一般为十多人或数十人。入场后，顿时芦笙齐奏，健步起舞，按芦笙曲调的缓急抑扬，表演威武雄壮的芦笙团体操或芦竹舞。舞时要按八卦八门起舞，从“开”门人，“生”门退场。踩芦笙以双人表演的“公鸡斗架”和单人表演的“鲤鱼上滩”“猛虎下山”“龙凤盘坐”最为精湛。双人表演“公鸡斗架”。两人须配合默契，特别是一“鸡”以爪腾扑，一“鸡”巧妙周旋的动作，不但要求表演者身段柔软，而且要求表演者同时口含小笙穿跨而过，不能相互碰撞。而“鲤鱼上滩”

实际是柔软体操，表演者除翻旋转翘180度外，还要同时吹奏小号芦笙“鲤鱼上滩”曲，后手翻接前手翻，颇为惊险。“猛虎下山”有食、腾飞、跳跃等动作。“龙凤盘坐”则是一足伫立，一足盘腿而吹奏芦笙。踩芦笙的服装因扮演角色不同而异。指挥者手执红伞，身披红毯，头束素色条巾并插有鸡尾毛，右插银毛（以银制成，形似鸡尾毛）。扮演祖母神者，则身着古代女装，戴银项圈，手中亦执红伞。扮护卫者，左手握剑鞘，右手执剑柄，作抽剑状。芦笙队员身着绣有侗族花纹的舞衣，衣长过膝，并在衣缘垂吊若干小贝壳和古制钱，皂巾缠头也插鸡尾和银毛。踩芦笙一般情况下只作表演。但在八月中秋的赛芦笙时，全体队员要围成若干圆圈，须吹奏整齐，步调一致。进退仰合与旋转，应不差分毫，如略有差错，则笙簧变音，易于折断，即为赛芦笙败阵。

瑶族播公

播公，俗称“打长鼓”。长鼓按其大小可分三种。一是小长鼓，亦称短鼓，长70至90厘米，中间鼓腰直径4至5厘米，两端鼓面直径8至10厘米。二是中长鼓，又叫长腰鼓或黄泥鼓，长110至130厘米。三是大长鼓，又名赛鼓，长180至200厘米，中间鼓腰直径20至25厘米，两端鼓面直径30至40厘米。所有长鼓均用木质较轻的树作材料，以牛、羊皮蒙鼓面，涂上油漆，绘上龙凤和花纹图案而成。长鼓的击法动作有72套。大多是表现生产、生活的内容。如建造房屋、模仿禽兽动作等。形象生动，富有生活气息。短鼓的击法是左手握鼓腰，并不断转动。使右手能击两端鼓面，脚、手配合，按击鼓套路做蹲、跳、走、旋转等动作。人数分四人一组或二人一组对打，并有文打武打之分。文打动作柔和而较缓慢，武打粗犷且带跳跃，速度较快。技艺高超者可两人同在一方桌上对打，互相旋转腾挪而不露破绽。击鼓风格各地不同。如江华县两岔河的瑶族打长鼓，蹲得特别矮而且动作沉稳缓慢；宁远县九嶷山和新田县门楼下的瑶族则与之相反；江华县涛圩区的平地瑶族则是站着打。短鼓多流行于江华、宁远、蓝山、新田等地的过山瑶中。长腰鼓则是将鼓用绳系在颈上，悬于腰间，两手分别拍击两端的鼓面，动作与上述同，可由二人或四人对打，也可一群人围成圆圈打。赛鼓打时由二至四人抬着，近年来已改为用绳索吊在大树枝上，只由一人扶住。击鼓者用由棉布缠成长方形的、手掌大小的击鼓布垫，绑在手上击鼓，以鼓声最洪亮、余音最长者为优胜。赛鼓的鼓皮与鼓身平时分开收藏。这种鼓多流行于江华县涛圩区一带。长鼓的历史悠久。据南宋绍兴二年（1132 年）颁布的《十二姓瑶人进山榜文》载："子殿前，国王长衫大袖，长腰木鼓，斑衣赤领，琵琶吹唱。"南宋景定元年（1260 年）颁布的《评皇券牒》载："旨恩敕……赐龙大盘获（瓠）为始祖盘王瓠三年一庆、五年一乐，聚集一脉男女，摇动长鼓，吹唱笙竽鼓乐。"宋代沈辽《踏徭曲》："湘江东西踏盘王，清烟白雾将军树。社中饮酒不要钱，乐神打起长鼓。"明代顾炎武在《天下郡国利病书》中载："衡人赛盘鼓。赛之日，以木为鼓，圆径一斗余，中空两头大。四尺长，谓之长鼓，二尺者，谓之短鼓。"传说瑶族始祖盘瓠上山打猎，与一野牛搏斗时跌落悬崖，死在一棵树的丫杈上。人们便挖空树心，剥下牛（羊）皮，蒙成长鼓，日夜敲打以祭盘王。瑶族长鼓大多在农历的三月三、六月六、八月十五、十月十六举行。特别是十月十六的瑶族"盘王节"最为盛行。"还盘王愿"三年一小愿，十二年一大愿，小愿打长鼓三天三夜，大愿打长鼓七天七夜。新中国成立前，多由同姓宗族举行。新中国成立后则以村寨或山乡为单位，由政府或有关部门组织举行。现在，打长鼓已不仅限于在瑶族的传统节日举行了，在国庆节、庆新年、贺丰收时也会打起长鼓。瑶族长鼓还多次进京在人民大会堂进行表演，长鼓表演者受到了党和国家领导人的接见。瑶族长鼓也多次在全国少数民族传统体育运动会上表演，受到了与会者的欢迎。

白族霸王鞭、仗鼓

霸王鞭

霸王鞭数百年前已在白族地区广泛流传，是绕三灵节中的一项主要活动。白族春节（过年节）时多半配合耍龙、耍狮、耍马一起表演。霸王鞭是用一根三尺左右比拇指稍粗的竹竿，在竹节处等距离凿几个孔，孔洞中串上铜钱制成，甩动时发出"唰唰"的响声。霸王鞭的动作是用鞭打手、磕肩、碰腿、踢脚、敲地，随着跳动的步伐，发出整齐悦耳的响声。击打分十二下、十四下、十六下。打法很多，有"二龙抢宝""五梅花""金鸡打架""双凤朝阳"等。男女可交错对击，一起一落，节奏鲜明。霸王鞭运动量大，有跳跃、下蹲、转体以及许多其他动作，能使全身都得到活动。打霸王鞭还可以与金钱鼓和双飞燕同时进行。金钱鼓又叫八角鼓，是一种六角形的手鼓，每角钉有铁钉，拴上铜钱。双飞燕用四块竹片做成，每手各握两片，在乐器伴奏下向身体各部分送击，肩腰膝同时晃动。表演时，男子敲击金钱鼓、双飞燕与女子挥鞭同舞，两人到十几人均可，但要成双数。

仗鼓

仗鼓是湘西桑植白族人民喜爱的一项独特的传统体育活动。据传桑植县白族从云南大理迁来后，常受当地土司的欺侮。一次，白族兄弟三人正在家里用杵锤打糍粑，土司的一伙打手来索取财物，三兄弟便以杵锤自卫，击败了打手们，他们高兴得手拿杵锤跳起舞来。为纪念胜利，这种手拿杵锤三人围跳的活动逐渐演变为白族仗鼓。白族仗鼓长一米左右，两头有碗口大，用牛皮绷衬，中间一细扣，缠以红绫。打仗鼓时人数不拘。人们头扎白汗巾，身穿白边对襟衣，腿上打绑带。表演开始，表演者时而将鼓周身转绕，时而用手拍打鼓面，发出“乒乓乒乓”的声音，周围的观众也跟着边跳边唱，热烈而欢快。仗鼓除三人同打外，还有单人打、双人打、对打、集体多人打等。配有锣鼓唢呐伴奏。仗鼓主要有闹春耕、庆丰收等套路。具体动作有懒龙缠身、雪花盖顶、野火烧天、满地花雨以及劳动生产中的挑担、挖地等象形动作。因内容的不同，鼓点节奏也不尽相同。

土家族肉莲花、撒叶尔嗬、跳红灯、摆手舞、火棍

肉莲花

又名莲花十八响，流传于贵州省铜仁地区烟河县沙子区一带。据传，肉莲花的起源与光绪年间沙子区背子村的杨通朝有关。他在年轻时就喜欢唱花灯，其妻厌烦，百般阻挠。他由于不能唱花灯，急出了病。一天妻子赶场为他求医，医师知道杨的病因后说：“只要能唱花灯，他的病就好。”妻子回家将医师的话讲给他听，他马上从床上爬起来要去唱花灯。妻子担心他病后体弱，劝他休养几天再去。他为了向妻子表示自己的病好了，当时就围着妻子拍胸、拍腿、拍手臂、边拍边跳，打击声惊动左邻右舍，乡亲们都跑去看，见他打着赤膊，双手在身上到处拍打，便惊讶地询问，他随口答道：“在打肉莲花。”从此，肉莲花这种拍打身体的舞蹈形式就产生了，并一直流传至今。跳肉莲花一般不计人数，也不受场地限制，到处都可以进行表演。不论是春夏秋冬，表演者都须打赤膊，叉开五指，用手掌用力拍打身体的每一个地方，以表现其健壮的体格，抒发其心中欢乐的感情。肉莲花的拍打节奏，一般是四四拍或四二拍，基本动作分为“上九响"“下九响”“上动下不动”“下动上不动”等。“上九响”是拍头、双肩、双肘、双腕、拧指、击掌。“下九响”是拍左胸、右胸、腹、双腿、双膝、脚背。“上动下不动”是以腰为界，晃肩、扭臀、动头。“下动上不动”是扭臀部晃小腹。同时也吸取了一些地方

花灯身段作为舞蹈的基本造型，如“水牛闪杆”。跳的步伐以“慢大步”“外八字脚”“穿花步”等为主。表演肉莲花时，一般只要求拍打节奏统一，动作则可以即兴发挥，整个表演粗犷、刚健。强有力的打击声给人以振奋、愉快的感觉。因此很受人们喜爱。

撒叶尔嗬

撒叶尔嗬，又名“打丧鼓”，古为丧葬仪式。《施南府志·风俗》《长阳县志·土俗》中均有记载。唐朝樊绰《蛮书》注引所写“初丧，出鼓以道哀，其歌必号，其众必跳”。流传至今已演变成一种文化娱乐活动。盛行于清江流域一带。它由一人击鼓领唱，数人于鼓前，和着鼓点边跳边唱，按照一定的套路，时而相对击掌，时而绕背穿肘，时而转肩擦背，时而下蹲打旋。头、手、肩、腰、腿协调运动，交换多变，飘逸风趣，朴实有力。因每唱完一首歌，都要跟一句“撒叶尔嗬”而得名。深受土家族人民喜爱。撒叶尔嗬曾多次在全国少数民族传统体育运动会上表演，广受好评。

跳红灯

跳红灯是鄂西咸丰县土家山寨流行的集体文化娱乐项目，由过去丧葬仪式中的“穿花”演变而来。参加者双手各持一用竹篾编织、红纸裱糊、大如排球、安有握把的红灯。按照一定的套路边跳跃边挥动，手、脚、身协调，表现各种情景，如鹤鹰展翅、犀牛望月、怀中抱月、古树盘根、懒龙翻身、波浪滚滚、浪里穿梭、拉弓射箭、观音坐莲等。其间伴以锣、鼓等打击乐，气氛欢快热烈，深受当地群众的喜爱。长期以来，每逢节日，当地群众不论男女老少，都会同聚一堂跳红灯。跳红灯曾多次在全国少数民族传统体育运动会上表演，深得当地各族群众的喜爱。

摆手舞

摆手舞又名“社巴”，整个活动以祭典舞蹈、唱歌等为表演形式。以讲述人类起源，民族迁徙，英雄事迹为内容。祭礼仪式毕，由“梯玛”或掌坛师带领众人，进摆手堂或摆手坪跳摆手舞，唱摆手歌。摆手舞分单摆、双摆、大摆手、小摆手等数种。跳摆手舞时要击大鼓、鸣大锣，气势恢宏壮阔，动人心魄。舞蹈时双手呈同边摆动，踢脚摆手，翩跹进退，成双成对，意境生动。摆手舞不仅是土家族民间的一种娱乐和健身活动，也是舞台上的艺术奇葩。正是“摆手堂前艳会多，携手联袂缓行歌。鼓锣声杂喃喃语，袅袅余音嗬吃嗬”。摆手舞起源于酉阳酉水河流域，流传于湖南永顺、龙山、保靖以及湖北来凤、恩施，重庆渝东南酉秀、黔彭交界的土家族聚居地区。是土家族人春节期间在土王庙前举行的仪式性集体舞。据文献记载，摆手舞在唐末五代时即已流行，初与祭祀有关，后逐渐演化为当地风俗。大摆手三至五年一次，有数县上万人参加，历时七至八天。舞蹈中有复杂的军事狩猎内容，还能摆出套路与阵法。小摆手则每年在本村本寨举行，以农耕为内容。舞蹈时人们围成多层圆圈，一个领舞，众人随跳。即兴性很强。

火棍

在恩施土家族苗族自治州建始县的官店地区，长期以来一直流行舞火棍的活动。相传，地处深山之中的官店地区过去野兽经常出没，晚间行路时，手持火棍一可照明，二可舞弄以防止野兽侵扰。久而久之使玩舞火棍因玩舞而成俗，并成为当地群众十分喜爱的一种娱乐活动。火棍为长约一点五米、粗约三厘米的木、竹棍，两端绑扎棉花，中间缠以彩条，棉花浸透煤油点火，即成火棍。表演者手持火棍重心处，于周身不断旋转，配合各种身法、步法，舞出各种花样。平时练棍娱乐健身；节日夜晚表演火棍气氛热烈。舞弄火棍，讲究手臂圆熟、身体灵活。多人同场表演时，不断变化行动路线和队形，显出各种花样，令人眼花缭乱。

纳西族东巴跳

纳西族信奉原始宗教东巴教，东巴教分文武二道场，武道场的跳神舞蹈，名东巴跳。东巴跳保留了较完整的原始形态，多在祭礼、婚丧或节日中进行，属团体性活动。东巴跳有耍刀跳、弓箭跳、磨刀跳等。所持兵器有刀、盾、矛、叉、剑、棍、弓箭等。主要表现纳西人出征前的操练、祈祷和战争胜利后的欢庆、祝捷。大家身着战装，手执兵器，伴随着雄浑的战鼓声分两队入场，进行实战性的操练。双方左砍右杀，不断变化阵法，其中还穿插投掷飞叉和飞矛。其刀法则有很强的攻防实战意识，由劈、砍、扎、刺、缠头裹脑、架刀切刀等基本动作及弓步、跪步、磋步、蹲步和跳跃等基本步法组成其基本套路。其动作古补实用，既体现了武术的基本特征，又表现出动作编创的随意。

羌族跳盔甲

羌族是一个能歌善舞的民族。羌族人在节日或婚丧时，常常以歌舞相和，以增加现场的气氛。舞蹈多以脚部动作为主。跳盔甲是古老的传统祭祀风俗舞，又名铠甲舞。多在葬礼时举行，以表达对死者的哀悼和怀念，故又名

“大葬舞”。参加者人数不定，舞者身穿生牛皮制作的铠甲，头戴带有野鸡翎和麦秆的头盔，手执兵器。舞蹈时先跳圈，然后两排对阵，兵刃翻飞，肩上铜铃叮当作响，吼声震天，带有强烈的战斗气氛。表现出古代羌族人勇猛战斗，不畏强敌的威武气概。

阿昌族跳象脚鼓舞

在阿昌族的传统节日会街中，跳象脚舞是其主要的活动内容。人们簇拥着象征和平幸福的白象、青龙，在象脚鼓、铓锣、钹的伴奏下跳象脚鼓舞。白象、青龙以木作架，竹篾编身，象身为白色，龙身为青色。在象的身体里装有滑轮且连接象鼻，人在里面操纵，使象鼻上下左右甩动。阿昌族跳象脚鼓舞有自己的特色，一般由敲象脚鼓和敲钹的两人为一对，对数不限，跳动时两人要保持一定的方位和距离，双脚前后左右移动、跳跃，忽立忽蹲，忽进忽退，身体随之一起一伏，动作幅度大，节奏快，运动量很大。

基诺族跳嘎

跳嘎，即跳牛皮鼓。相传基诺祖祖先在洪水来临时藏在鼓里躲避过灾难，因此，每到年节、造新房，或农历二月间，村村寨寨都要跳牛皮鼓，以表达纪念。牛皮鼓长一米，鼓面直径五十厘米，鼓身呈放射状，从正面看犹如一个太阳，鼓耳上还插着二十多个竹尖，象征着太阳发出的光芒。牛皮鼓悬挂在木桩上进行敲击。跳牛皮鼓主要在农历腊月间进行。具体时间由寨父卓巴和寨母卓生决定。当卓巴敲响浑厚的牛皮鼓时，新的一年宣告来临，人们燃起篝火，欢歌狂舞于广场。年轻的姑娘、小伙子跟随卓巴轮流击鼓，他们手持双锤，左右跳跃，挥臂击鼓，动作有转身击，正击、反击等，动作幅度大，你上我下，保持鼓声不绝，动作不停。其他人则围成圆圈和着鼓声、铓锣声跳起牛皮鼓舞。舞姿随着节奏时紧时缓，以表达情绪的欢快与激昂。人们通宵达旦地跳着，忘情地狂欢，并持续几天几夜。因为人们相信，除夕的牛皮鼓声及人们纵情地欢舞一定会给山寨带来吉祥和幸福。

第二节　逶迤腾跃的舞龙

西部有许多少数民族自古以来都以农耕为最主要的生计，五谷丰登是他们辛勤劳动的渴望。在原始农业靠天吃饭的年代，风调雨顺是所有农耕民族的基本期盼。而龙则是掌管施云布雨的神祇。人们为了得到好的年景，于是就形成了对龙神的崇拜。这种崇拜直接引申出敬龙、畏龙、娱龙的舞龙。如苗族接龙舞，彝族耍龙，侗族舞龙头，瑶族“人龙”，白族耍火龙，土家族板凳龙、草把龙、地龙，景颇族蛇龙，阿昌族耍象耍龙等。

苗族接龙舞

流行于湘西凤凰、吉首、保靖、花垣、古丈等县的苗族接龙舞，规模宏大，气势磅礴，是一项传统的文娱性项目。相传苗家太阳山有四十八条真龙，主管苗区兴云布雨。苗族青年吴梁雄说当今皇帝不是真龙天子，太阳山的龙才是真龙。皇帝一听大怒，立即派兵去太阳山斩断龙脉，使苗家年年受旱。吴梁雄找来风水先生请求破解，被告知只要大家拿着碗，带着雨伞，到洞庭湖舀一碗湖水放在堂屋里，龙就会回来。苗家照此办理，龙果然回来并降了雨水。从此人们盼龙降雨时就会成群结队去接龙，并形成风俗。接龙舞多在苗族节日举行，尤以“四月八”最为隆重。接龙舞一般由一百名穿花戴银的苗族姑娘和一百名青衣青裤的苗族小伙组成。姑娘一手持花伞，一手执黄绸款款而行；小伙一手持青伞，一手执蓝绸尾随于后。前导者扮成“龙师”，手持瓷碗，边敲边唱，后跟两人，一人持红旗，一人持绿旗。两百人组成的“龙身”，在曲折的山道上蜿蜒行进。当这条“巨龙”行进到水塘边时，花伞、青伞突然张开，黄绸、蓝绸迎空而舞，似吞云吐雾，雨随龙来。在“龙”的身旁，雨灯、虾灯、蟹灯等各类水族竞相簇拥。这时巨龙起舞，二百名男女青年配合默契地表演龙翻身、黄龙穿花、鲤鱼跳龙门、二龙抢宝、黄龙进门、关龙门、丢粑粑等动作。以苗族长号、包包锣、锣鼓、唢呐齐奏，人们的欢呼声此起彼伏。接龙之后还有闹龙、安龙等活动。象征祈求幸福安乐永驻苗乡。从接龙到安龙，常常要表演几天几夜，个个跳得满头大汗，人人舞得兴致益然。此外，在接龙、闹龙、安龙的活动中，彪悍勇武、飒爽英姿的苗族青年男女，还要表演棍棒、空拳、木档、刀叉、流星等武术项目。

彝族耍龙

云南峨山彝族有耍旱龙的传统。旱龙龙身为布，十几节。主要动作有蛟龙出洞、彩龙滚地、摇摆船龙及快舞游龙等动作。云南禄劝、武定的彝族则有耍水龙的传统。水龙也以布扎龙身，由数十名壮汉抬龙下河，行走于河中，在河中行进并顺势耍龙。云南中部地区的彝族则有耍板凳龙的传统。板凳龙是在长条板凳上安装上龙头，二人一前一后各握住条凳的两只腿而耍弄，多在红白喜事、节日庆典中进行。耍板凳龙男女皆宜，其耍法有数套。有的耍法还配以民间调子，更是别有一番风味。而云南新平的彝族，则在农历二月初八人祭龙时进行跳龙活动。届时，人们上山砍一棵树，并做成龙。前面的人用皮条杠子抬着龙的前端，其他人在后面用手抬着龙身及龙尾。要进村时，则进三步退两步，象征龙吃水，亦称跳龙。直到村中人送来酒肉款待，龙才能得以进村。

侗族舞龙头

舞龙头俗称匏颈龙，是侗族群众广为开展的一项活动。广西龙胜侗族每逢春节期间都要舞龙头，以祭祀龙神，保民间“风调雨顺”“五谷丰登”。侗族所舞龙头别具一格，其造型奇特，呈乙字形。龙和龙宝均用篾条编扎后再用彩色纸糊裱而成，使龙头直立并安装在一根木柄上。龙头、龙宝内装有灯光。舞龙头由七至十人参加表演，配有锣、鼓、钹等乐器。持龙宝和龙头的是两名身强力壮的青年，在铿锵有力、节奏感强的锣鼓声中，龙头随龙宝翻滚、跳跃。其动作集技巧、武术、体操为一体，并有各种造型。烛光明亮的龙头翻滚腾挪、辗转跳跃，使人们看得眼花缭乱。据说舞龙头有七十二个传统套路，而传袭至今的还有二十多个套路。其表演形式有地上和桌上两种。地上套路名称有龙王滚车、鲤鱼翻白、鲤鱼翻梁、猴子翻梁、小合包、大合包、雪花盖顶、龙王成楼。桌上套路有开四门、画眉四角、画眉跳对门、鲤鱼上滩、鲤鱼下滩、鲤鱼跳龙门等。

瑶族“人龙”

湖南江华瑶族自治县白芒营乡一带，流行着“人龙”的传统娱乐活动。相传明代嘉靖七年（1528年），瑶族人民因忍受不了当地官绅的压迫与剥削，便推举十七名代表上京告状，终于废除了“不准瑶民摆桌子吃饭”和“逢年过节要宴请官绅”的两条陋规。十七名上京的代表回到家乡，受到大家热烈的欢迎。十七名代表则互相拥抱、骑上肩膀欢快地舞动起来，因大家环环相扣，其状如龙，因此得名“人龙”。并因此沿袭成俗。“人龙”一般由十七人组成，构成八节。每两人组为一节，一人站立，一人跨坐于肩上，向后仰头搭在后一组跨坐者的腿上，并双手扶住其双脚，后一节站立者双手则扣住前一节仰卧者的胸部。这样前后互相连接为“龙”身。最前边一节的站立着由另一人紧贴胸前，双脚反夹其腰下部，是为“龙”头，有时站立者肩上还坐一小孩。最后一组的骑跨者身向后仰，悬空摆动，是为“龙”尾。运动时，由“龙”头领先，按“之”字形、圆形、弧形的路线走动，速度或快或慢。

每个人靠脖、肩、脚的横贯力和腰、腿的伸缩力互相配合，需要有一定的耐力和一定的意志品质。“人龙”的动作主要有人柱、宝塔、串牌坊、雄鹰展翅等十八套动作。一般于每年的春节期间和“盘王节”期间进行表演。现在，每逢盛大节日，也经常进行“人龙”表演。

白族耍火龙

云南大理洱海边的白族人在大年初一都要进行耍龙活动。白族耍龙分黄龙、黑龙、青龙三种。龙身一般长五十米，要三十多人同耍。在锣鼓和唢呐声中，一身着白族盛装者双手持扎有宝镜、响铃和大红绸花的龙珠，引导龙出场，并随着龙珠的指引做戏水、翻身、龙上天等动作。除黄、黑、青龙外，白族还耍滚火龙。火龙分红、黄两色。在火龙的每节龙骨内安装一个铁夹，铁夹上扎两根油捻，涂上火硝。耍龙时由舞龙者点燃，整条龙放出一束束瑰丽的烟火。龙越耍越快，烟花越烧越旺。龙打滚，大地火花弥漫；龙上天、长空烈焰蒸腾。

土家族板凳龙、草把龙、地龙

板凳龙

传说很久以前的元宵节日，众人喜欢观龙灯会。有三个土家青年，越看越起劲，手舞足蹈，跃跃欲试，情急生智，举起他们坐着的长板凳，模仿着舞龙灯耍起来，十分快活。以后逐步形成舞板凳龙的传统。平时以此娱乐健身，节日期间则表演比赛。在湘鄂川黔土家族聚居区盛行。板凳龙有多种式样。一种为独凳龙。一条家用普通长条板凳，可由一至三人舞玩。一人玩时，两手分别执其前后腿；两人玩时，一人执前两腿，一人执后两腿；三人玩时，前两人各以内侧手执一腿，后一人双手执两腿。然后，按照规定的套路，和着鼓点，有规律、有节奏地舞出各种花样。高潮时，只见板凳不见人。另一种为多凳龙。由五至十一条板凳组成，每人各举一凳，前一名为龙头，后一名为龙尾。另由一人举宝珠逗引龙行进。数人协调行动，节节相随，时起时落，穿来摆去，好似蛟龙出水遨游江海，活泼欢快。还有一种为形象龙。在板凳上饰以形象逼真的彩龙（木刻或扎纸裱彩绘），由二至三人举凳舞龙。执珠人以武术动作逗引龙，协同表演出洞、龙戏珠、蛟龙翻滚、龙腾飞跃等动作。如是数龙同场表演，则场面更为壮观。板凳龙曾多次在全国少数民族传统体育运动会上进行表演，颇受观众欢迎。

草把龙

据《来凤县志》载：“五六月间。雨阳不时，虫或伤稼，农人共延僧道设坛诵经，编草为龙，从以金鼓，遍舞田间，以禳之。”20世纪三四十年代，在土家族聚居区，仍以舞草龙来祈神、驱瘟、降雨。为迎草龙，每户门前放一盆水、一碗谷，谷上插木牌，上写“瘟火三部两界神王”。玩龙时要踢翻水盆，将纸船和木牌一同烧掉。草把龙用竹篾扎龙骨，取山草（龙须草为优）饰龙头，搓草绳做龙衣，节为单数，有九节，十一节等。玩法同一般龙灯，但不得对其施放烟花爆竹。夏天，玩草把龙者均赤膊，以观者向其泼水为乐。

地龙

在鄂西来凤县，民间传说：“古王有赶山鞭之宝，欲赶上填海，因其三太子与北海龙王三公主相爱，且已怀孕，若海被填平，龙则无处安身，于是三太子设法盗走了赶山鞭。尔后，三公主生子于海滩，不敢带回龙宫，将子弃置于沙滩。山虎闻婴啼、哺乳育之。次日又降风，为婴遮阳挡雨。该子由龙生虎育风保护而长大。后该子夺得王位，令民众于每年正月初五至十五及五月十五日，要舞地龙，以敬太后，并保佑人间平安。”舞地龙的特点是不用棍举龙身，舞龙者躬背，上覆龙衣遮盖，玩龙头者可观视前方。由一人举宝珠引导龙头前进，后面人抓住前人腰带，按照规定套路跟随行动。同时，另一个人顶着粉凤于龙旁展翅跟进，其翅膀展开时约四米。舞地龙的主要动作有起身、绕圈、盘饼、回首、抢珠戏凤、龙走太极等，最后以龙盘粉凤、彩凤骑龙终场。

景颇族蛇龙

蛇龙为景颇族儿童游戏。游戏时每个人都拽住前者的后衣襟鱼贯而行，“龙头”者带着后面长长的身尾，像蛇一样左右回旋游动，故名蛇龙。游戏中，二人双手相搭成桥，蛇龙从头至尾依次低首弯腰快速从桥下穿过，形似龙蛇摆尾。

阿昌族耍象耍龙

耍象耍龙是阿昌族传统节日——会街的主要活动内容。象、龙以木作架，竹篾编身，象身糊以白纸，龙则为青色。象体里带有滑轮连着象鼻，人在里面操纵，象鼻则上下左右甩动。耍象、龙时，人们簇拥着象征和平幸福的白象、青龙，在象脚鼓、铓锣、钹的伴奏下跳起象脚鼓舞。（阿昌族象脚鼓舞有自己的特色。一般由敲象脚鼓和敲钹的两人一对，参与对数不限，跳舞时相互间要保持一定的方位和距离，双脚前后左右移动、跳跃，忽立忽蹲，忽进忽退，身体随之一起一伏，动作幅度大，节奏快，活动量大。）

第三节 喜庆吉祥的舞狮

狮子威武、勇猛，为“百兽之王”。人们舞狮主要是为了驱魔降妖，图喜庆吉祥。我国的舞狮有南狮与北狮之分，也有平地舞与高台舞之别。在我国西部地区的少数民族中，其舞狮、跳狮的形式兼南北之形，有平地、高台之舞。其中，主要有苗族舞狮、跳狮子，彝族耍狮子，壮族舞狮，布依族耍狮，水族狮子登高，仡佬族高台舞狮等。下面逐一予以介绍。

苗族舞狮、跳狮子

舞狮

每年农历正月十二，吉首矮寨都要举行“百狮会”。来自吉首、保靖、花垣、凤凰等地的“狮子”多达一百多头。据传，很久很久以前，妖魔常常降临到湘西苗寨。当时，深山密林中常常奔出一群降魔除灾的狮子，与妖魔进行顽强的搏斗，并经常打败妖魔。妖魔不甘失败，想把狮子逗引到海边，使其离开其用武之地。一个机智勇敢的苗族青年识破了妖魔的诡计，追至海边除掉了妖魔，又把狮子引回苗山，使苗山民众又过上了幸福的生活。后来，舞狮成为苗族的一项传统文娱活动，并逐步发展成“百狮会”。“百狮会”上，还有一种名曰“抢狮”的传统项目。即由一个苗寨的小伙子按事先商量好的计策，选一身强力壮者为“抢手”，其余的人作掩护，采取突然出击的方法，将对方的“狮子”抢过来，并高高地举在头顶上，迅速奔回到自己的村寨。被抢走“狮子”的舞狮队，当天就要高高兴兴地敲起锣鼓，吹起牛角，赶到抢得“狮子”的村寨去做客。这时抢回“狮子”的村寨男女老少一齐出动，对小伙子连称“玛汝”（好的意思），并且热情地拿出酒、炒米花、糍粑等招待客人。那群抢得“狮子”的小伙子们，则忙于打扫房间，劈柴生火、杀猪宰羊款待客人。当天晚上，客寨的“狮子”在锣鼓声中，挨家挨户给全寨人拜年。为交流舞狮经验，增进村寨之间的友谊，主人们还要安排各种“迎狮、问狮、考狮、盘狮”的活动。拜年完毕，大家一起涌入客人的房子，互相表演，交流武术。第二天早饭后，主人还要在空坪里叠起六十六张方桌，顶上再朝天放一张小桌。主人先表演“狮子爬桌”，爬到顶上时用脚踩在小桌的四只脚上，表演顶上“雄狮迎春”等舞狮动作。客队也要爬上小桌顶端表演节目。随后，是送客回寨，并送上礼物，礼物为头天宰杀的猪羊及专门留下的一条猪腿和一条羊腿。送猪、羊腿象征吉祥如意。

跳狮子

跳狮子是苗族的一项传统文娱活动项目。据史料记载，跳狮子在汉代时就很流行，是当时“假面戏”里较有代表性的一项活动。由于狮子威武、勇猛，故有“百兽之王”的美称，深得人们的喜爱。云南屏边苗族踩花山时，常在花场的花杆上挂个猪头，两瓶好酒，以让跳狮子的人们争相夺标。看哪一“狮子”跳得好，爬得高，就把猪头和酒奖给相应的跳狮子选手。起初，有很多“狮子”参加比赛，在跳一阵“狮子”后，就开始爬花杆，一个接一个地爬，花杆又高又细又滑，要爬上去很困难。所以跳狮子的人常常是以架人梯的方法，最后将礼品拿下。礼品拿到时，花场上锣鼓喧天，参加踩花山的群众更是为胜者欢呼雀跃。

彝族耍狮子

云南玉溪彝族在过年节时，都要耍狮子。耍狮时，一对“狮子”出场，除做各种动作的表演外，两个“狮子”要进行比赛，看谁把谁斗倒。每个“狮子”身上可骑上一人，力争将对方从“狮子”背上拉下来。在耍“狮子”的过程中，除了“狮子”做出各种翻滚的动作外，斗“狮子”的人还要做出各种跳过狮子的鱼跃动作。彝族耍“狮子”气氛欢乐、轻松、动作活泼。撒泥人、阿细人在葬礼上要耍“狮子”。其“狮子”一般用一现成狮头，在其身后拖上长长的一条红布而成。

壮族舞狮

舞狮是广西壮族喜爱的传统活动。每逢隆重热烈的庆典，必列入其仪式。特别是在春节期间，更是热闹非凡。舞狮时，锣鼓喧天，群狮齐舞，以象征吉祥如意。在宁明花山崖画中就有人形击圆形铜鼓及象、狗、狮等动物的图案。在左右江流域一带，也发现在多处的崖壁画中，有击鼓舞狮并在其周围有众多人形画像在做伸臂、蹲足、跳跃等习武动作。这一画面与现在左右江流域将舞狮与习武相结合的习俗极为相似。传说在宋代，桂西山区野猪出没，猴群为患。拱红薯、啃玉米、伤村民，异常猖獗。人们为驱灭害兽，各地设坛练武，合力围猎。后来有一长者献计：“狮子是兽中之王，出猎之时，把我们的双狮带上，围打猎之时锣鼓紧敲，大家齐声呐喊，双狮齐舞，大刀、长矛、钢叉、棍棒簇拥攻击，打死它一批，吓跑剩余的，定能获全胜。”众人依计行事，果然奏效。兽害一除，年岁丰登。因此，人们便更加酷爱舞狮与习武活动。明朝嘉靖三十四年（1555年）十月，壮族抗倭英雄瓦氏夫人率部东征抗倭，凯旋归田州（今广西田阳县）时。壮族父老曾组织传统的舞狮表演，热烈欢迎从前线立功归来的英雄。群狮齐舞，人头攒动，盛况空前。其表演有高空舞狮、狮子上“金山”、狮子过“天鹅桥”等。如今，在桂西田阳县，男女老幼仍酷爱舞狮、习武。每逢新春佳节，从正月初一到十五，狮队走街过巷，登门舞狮拜年道喜，恭祝吉祥如意。田阳舞狮队还代表广西参加过多届全国少数民族传统体育运动会，并表演了“高空舞狮”“狮子上金山”等技艺高超的节目。

布依族耍狮

凡过春节，建新房，办丧事，布依族都要耍狮。狮子用麻布缝合为狮身，用竹扎成狮头并用纸糊好，画彩色。耍狮时一般都有锣、鼓、钹等伴奏。布依族耍狮，最精彩的是在场上叠起十二张大方桌。会武术的玩狮者在锣、鼓、唢呐伴奏声中，逐渐往上爬，每上一张桌子，都要做一些动作，直到第十二张桌子上边，并做出各种诙谐、有趣、惊险的动作。表演完后，在观众热烈的掌声中再回到地面。

水族狮子登高

水族人喜耍狮子。不但在平地上耍，还要耍狮子登高，登到五六张桌子上，甚至十张桌子上的高处耍狮。最高一张桌子为四脚朝天，耍狮者相互间要配合默契，做很多有一定难度且惊险的动作。以显示水族人勇敢的精神，高超的技巧，并赢得观众热烈的掌声。水族狮子登高狮头的扮演者，一般为武艺高强之人。

仡佬族高台舞狮

高台舞狮流行在贵州务川境内黄都、新田、大坪及道真境内的彭溪等地。仡佬族高台舞狮，融娱乐和健身为一体。舞狮的高台是用五至十二张桌子重叠而成。其重叠有两种形式：一种将大小相等的桌子重叠为“一炷香”式；一种为下大上小的“宝塔形”式。在用桌子累积而达到两丈三四的高台上，其平面不足三尺见方。表演时不借助任何保险设施。因此，仡佬族高台舞狮表演，不仅要有胆略，还要凭智慧、机敏及掌握熟练技术动作，同时还需要两个舞狮者之间熟练密切的配合，才能圆满完成整个高台舞狮动作。春节期间高台舞狮常常在乡间的流动表演。以面具、狮头皮为主要道具。二人共玩一狮，古称“太狮”，即大狮；一人玩一狮，古称“少狮”，即小狮。小狮的出现，使气氛更加活泼。一般舞狮都有狮子郎，狮子郎手持绣球逗引狮子。狮子上高台有多种上法。有直上、穿上、穿螺丝绞上等。舞狮人边上边舞动狮头狮尾，登上顶小憩之后，便一声长啸，昂首睁眼，展望四野，凛凛威风。然后在上面进行文武表演。最后登上高台的最高处，即四脚朝天的四条桌脚上，边舞边转，并做出抖毛、舔毛、瘙痒、舔脚、踢脚等高难动作。这套动作称为“踩斗”，踩斗是舞狮的高潮。更为精彩的是，在二人舞狮踩斗的基础上再加上一位狮子郎进行的舞狮。三人在摇晃的高台上共用四条桌脚，而且要由狮子郎追赶狮子在四条桌脚上走动。其绝技神功，往往令观众瞠目结舌。

第九章　惊险刺激的骑术

马是游牧民族重要的生产与生活工具。这些民族懂马、爱马、驾驭马，有很高的驭马能力和水平，并创造了许多马上娱乐与竞赛项目。这些项目一般都源自于他们的生产、生活、祭祀及军事，是这些民族历史与文化的延续与传承。据《史记·匈奴列传》，匈奴人“儿能骑羊，引弓射鸟鼠，少长则射狐兔，用为食。士力能弯弓，尽为甲骑”[①]。是说匈奴人从小就学习骑射，长大后人人都是骑士。《后汉书·南匈奴列传》说：“匈奴俗，岁有三龙祠，常以正月、五月、九月戊日祭天神。南单于既内附，兼祠汉帝，因会诸部，议国事，走马及驰骆为乐。”[②]《东观汉记》也说：“南单于上书献橐驼。单于岁祭三龙祠，走马斗橐驼，以为乐事。”说明走马、赛骆驼是匈奴人常见的娱乐活动。乌桓、鲜卑也是马背民族，也极重视骑马和骆驼的训练。《后汉书》说乌桓人“俗善骑射，弋猎禽兽为事”[③]。而鲜卑是一个马上民族，生活与征战都离不开马。据《魏书》载，当拓跋焘准备向南迁都时，还因马而引发了一场争执：“及高祖欲迁都，临太极殿，引见留守之官大议。乃诏丕等，如有所怀，各陈其志。燕州刺史穆罴进曰：‘移都事大，如臣愚见，谓为不可。’高祖曰：‘卿便言不可之理。’罴曰：‘北有猃狁之寇，南有荆扬未宾，西有吐谷浑之阻，东有高句丽之难。四方未平，九区未定。以此推之，谓为不可。征伐之举，要须戎马，如其无马，事不可克。’高祖曰：‘卿言无马，此理粗可。马常出北方，厩在此置，卿何虑无马？今代在恒山之北，为九州之外，以是之故，迁于中原。’”[④] 说明马对鲜卑人的重要性。此外，突厥人也是精于骑

---

① 〔西汉〕司马迁撰《史记》卷一百十《匈奴列传》，中华书局 1959 年版。

② 〔南朝（宋）〕范晔撰《后汉书》卷八十九《南匈奴传》，中华书局 1965 年版。

③ 〔南朝（宋）〕范晔撰《后汉书》卷九十《乌桓传》，中华书局 1965 年版。

④ 〔北齐〕魏收撰《魏书》卷十四《神元平文诸帝子孙传》，中华书局 1974 年版。

术，且马匹精良。据《唐会要》载："突厥马技艺绝伦，筋骨合度，其能致远、田猎之用无比。"① 在长期的历史流变中，马始终是我国西部民族重要的生产和生活资料。在长期的生活实践中，他们提升了养马、骑马、驯马和驭马的能力，并掌握了很高的马上技巧。

赛马、马上技巧、骑马游戏及驭马技能等是本章的主要内容。而骑马射击、射箭、射弩等项目则被从骑术中抽出，列入到了第五章枪、箭、弩射击，作为射击的主要内容。一是因为这些项目是以射击为落脚点的，马上射击也是射击的一种形式；二是为了充实射击章节的内容。

第一节　骑马竞速

骑马竞速，也称赛马，是我国西部许多民族都十分喜爱的一项运动。在新疆、青藏高原、蒙古高原等很多地方，都有赛马的传统。如蒙古族赛马、回族赛马、藏族赛马、维吾尔族赛马、苗族赛马、彝族赛马、布依族赛马、白族赛马、哈萨克族赛马、水族赛马、东乡族赛马、纳西族赛马、达斡尔族赛马、塔吉克族赛马、乌孜别克族赛马、裕固族赛马、鄂伦春族耶路里得楞等。这些民族的骑马、赛马，就像中东部地区的人们走路和跑步一样平常。下面，我们逐一予以介绍。

蒙古族赛马

蒙古族自古以来就有育马、养马、用马的传统。马在蒙古族的历史中曾扮演过非常重要的角色，其铁骑曾横扫欧亚，征服过无数王国。马在那段历史的征战中，有着极高的军事地位，为蒙古族大军立下了汗马功劳。马除了给军队提供极强的机动能力，可以疾袭，可以速退之外，还可以代人之劳，负粮草，运器械，为战争提供有力的后勤保障。后晋名将马援曾说："马者，兵甲之本，国之大用。"我国北方自古都是兵家纵横，战争频发之地。因此，我国北方的各民族都十分注重马的驯养及骑术训练。《元史》中说："元起朔方，俗善骑射。"成吉思汗的十三个"古列延"（军事组织）中，能骑善射者达三万之众。军中和上层社会赛马之风盛行。后代代相传，并普及蔓延至民间，成为民间举行各种盛事的必备项目。现在，

---

① 〔北宋〕王溥《唐会要》卷七十二《诸蕃马印》，上海古籍出版社 1991 年版。

赛马已演变为那达慕、祭敖包活动中三大竞技项目之一。爱马和善骑是蒙古民族的传统。蒙古族素有“马上民族”的美称。“孩时绳束以板，络之马上，随母入，三岁，索维之鞍，俾手有所执射，从众驰骋，四五岁，挟小弓短矢，及其长也，四时业田猎。”（《黑鞑事略》）“青海之蒙古妇女出必骑马，数里之遥，不常用鞍，辄以跃而登马背焉。”（《清稗类钞·风俗类》）“蒙人尝于每岁四月祭‘鄂博’。祭毕，年壮子弟，相与掼跤、驰马……驰马者，群年少子，各选善走名马，集于预定之处。近则三四十里，远或百余里，待命斗胜负……闻角声起，争以马鞭其后，疾驰趋鄂博，先至者，谓之夺彩。”青海蒙古族“会盟典礼时，常举行跑马大会，借此练习马足，尽马力之所能及，兼程而至。事后又会集于海岸。择旷野，纵辔绝驰，以角胜负。唯不赌彩。胜者，众以红布蒙马首为别。”（《清稗类钞·技勇类》）这样长距离高速奔驰的骑马竞赛，既需要有选练良马的本领，更需要有长时间驭马的体魄及技术。据文献记载，蒙古赛马已有近两千年的历史。“匈奴俗、岁有三龙祠，常用以正月、五月、九月、戌日祀天神……会诸部、议国事，走马及骆驼为乐。”（《后汉书·南匈奴列传》）到了元代，由于蒙古王公贵族的推崇，马上运动与兵役制结合起来，成为当时的一项制度，每当举行“忽力勒合”（大型集会）时都把赛马作为大会的活动内容。到了清代，据《清稗类钞·技勇类》记载，蒙古族人“不论男女老幼，未有不能骑马，驰驱于野”。《新疆图志·礼俗篇》也载，每年四、五月祭鄂博，“祭毕，年壮子弟相与掼跤驰马，以角胜负。……驰马者，群年少子弟，选善走名马，集数十里外，待命斗胜负……治鞍鞯，恐其蹶于蹄也；为之刻其甲，欲之轻其足也；为之饿其腹，缓之、骤之、控之、纵之。闻角声起，争叱马鞭其后，疾驰趋鄂博先至者为之夺彩，其尝亦列五等，各得银布有差”。“家家来牧叱牛羊，几处山头下夕阳。鄂博遥望知远近，如飞一骑马蹄忙。”（见卢见曾《出塞曲·竹枝词》）“嬉乐无非较艺时，输金相约马争驰。更看环抱交相跌，身手推谁好健儿。”（见萧雄《嬉乐》）这两首诗，把蒙古族男子的豪放、聪明以及娴熟的骑艺、搏技刻画得淋漓尽致。

蒙古族赛马，分为走马、跑马、颠马三种。走马，即跑时对侧步的马，主要比赛稳健、快速、美观。跑马，主要比赛速度、耐力，规定赛程，先到达终点者为胜。那达慕赛马为自愿报名参加，不限年龄性别，少则几十人，多则上百人。比赛距离由过去的20公里、30公里、40公里不等，变为现在的3000米、5000米、10 000米等。为减轻马的负荷量，大都不备马鞍，不穿马袜，只着华丽的彩衣，头束彩色的飘带，跃马扬鞭，奋力争先。那达慕大会前，由有经验的牧民调教参加比赛的马匹。一般要进行30天左右的“吊马”（即把马拴在木桩上）。从清晨“吊”到下午，然后驱马练跑，使其大量排汗，牵回刷洗干净后，夜间还要加喂青草，使马匹对长时间飞奔做好充分的准备。比赛的马匹不分品种，分组抽签，分道按时间录取。运动员只准一人一马，没特殊情况不准更换。比赛分为直线跑道和圆场跑道进行。比赛时不准用马鞭抽打他人的马匹，运动员落马允许再上马继续比赛。跑圆场起跑后100米内不准压里圈，过100米压过10米后方可压里圈，比赛时，马跑进圈里为犯规。取得名次的马匹，在那达慕大会上集中在主席台前依次排好，由民族歌手高声朗诵赞马诗。赞马诗的内容丰富多彩，如描述马匹的雄俊姿态，介绍调教者和骑手名次，良马产地，形容在赛跑过程中的种种特点等。在获第一名的马头及马身上，撒奶酒或鲜奶以示庆贺。

回族赛马

在云南沙甸、大理的回族聚居区，过去常有人进行“溜马”活动。“溜马”活动一般沿着玉带河边、金鱼山脚、螺蛳圹运动场周围进行。其中，有些骑术较好的人，还能在马背翻转跳跃或骑马跨越障碍。这里的“溜马”活动还培养出许多骑术精湛的优秀骑手。这些骑手还代表云南省参加过全国的少数民族传统体育运动会，并取得过一定的好成绩。

藏族赛马

赛马，藏族称“达久”。据传，公元729年西藏桑耶寺落成时，全藏曾举行过一次盛大的历时半月的赛马大会。甘孜藏族自治州的康定每年均在跑马山举行赛马会。1940年6月20日，康定藏族在跑马山举行赛马会，数百骑手参加夺标。新中国成立前，阿坝地区一年一度的“嘛呢会”都要举行传统的赛马盛会。盛会不分老人、青年或儿童，凡马优良，骑技高超者，都可分别代表本寨参加比赛。胜者奖得一块红绸缎或一条洁白的哈达，系在马脖子上，以显荣耀。藏族牧区的赛马活动多在初夏举行，以大旗为号，赛程为5000米以内。而藏族农区的赛马多在春秋之际举行，因农区多山岭、峡谷，故赛程一般较短。

藏族赛马有三种形式。一是短距离比快。分组进行，各组优胜者再分组比赛，最后决出名次。有的地方还根据马匹的优劣分等级。赛程多因地形而定，多通过协商确定赛程，也有以能见到远处牛群的牛角为记。二是穿越障碍远程赛。也有人称之为“格萨尔王赛马式”。选择有上下坡、泥坑、水塘、直路弯道路线，地形复杂，有时还人为地设置火圈、横杆等障碍物，赛程多在五公里以上。终点设在山顶上，以红旗为标志，人数不限。三是飞马夺红旗。在规定赛程内（一般为四百米）插有数面小红旗，每面红旗相隔二至三米，呈曲线分布，众骑手飞马向前，各显身手以夺旗论胜负。

此外，藏族聚居地区各地还有一些特殊的赛马形式。如在甘肃天祝藏族聚居地区，就有赛马取前十三名的风俗。这与民间的一些关于赛马的传说有关。一说在很久以前，华热部有英勇善战的十三兄弟，最小的弟弟才华出众，聪明过人，有万夫不当之勇。在一次保卫本土、抗击侵略者的激烈战斗中，他们率领华热一百零八个部落的乡亲们英勇冲杀，流尽了最后一滴血。后来，人们为了纪念他们，每年都要举行赛马会，并取前十三名给予奖励，尤其是对第十三名，在奖励时还要另加一条哈达，以表示对最小的弟弟的崇敬。二说在唐朝时，吐蕃王松赞干布迎娶文成公主后，在拉萨举行了盛大的庆祝活动，其中一项是藏族群众十分喜欢的赛马。松赞干布也参加了比赛，不过他只得了第十三名。欢喜若狂的群众簇拥着激情荡漾的公主，特向松赞干布献了一条哈达，表示祝贺。从此，这个活动便一直流传了下来。三说华热有著名的十三战神，他们追随格萨尔王转战南北，驱逐了盘踞在藏族聚居地区的妖魔和霍尔军队，救出了珠姆。以后，十三战神留了下来，保卫着藏族聚居地区人民的生命和财产，多次打败过来犯之敌。因此，藏族聚居地区每年举行赛马会，并对前十三名给予奖励，以表示对十三战神的感激之情。

再如在藏族聚居的有些地方，讲究白马得第一。因为白马象征幸福和草原安定，这和藏族崇尚白色有关系。传说中的华热战神，便是一位骑白马的将军。同时藏族认为白为善，黑为恶，如在比赛中黑马将要领先，个别人便采取用鞭突然惊吓的方式使其离道或有意叫骑手放慢速度，让白马超过。另如云南迪庆中甸藏族，在招婿上门时，一般都要举行赛马迎亲仪式，这是该地区民俗之一，是婚礼仪式的重要组成部分。届时，女方请本家优秀骑手前往男家迎亲，男方组成马队送亲，当距女方村寨不远时，两队相遇，女方马队的长者将一哈达拴在竹竿上迎风一甩道：“吉祥如意，兴旺发达。”说罢跃马回奔。男方迎亲骑手也随之跃马扬鞭紧紧追赶。按惯例，送亲的一方不允许追上迎亲的一方，否则会不吉利，这就成了一场永远追不上对手的赛马。迎亲的骑手在女方楼前下马，赛马便告结束，新娘家人以酒款待亲朋。

此外，像春节期间，中甸归代寺的喇嘛邀请附近的百姓、朋友来寺做客。宴后僧俗同乐，并举行赛马竞技。

总之，藏族赛马活动因地区不同而竞赛形式各异。

维吾尔族赛马

维吾尔族赛马多用五岁以上的马，还要在比赛前两三个月进行特别训练。参加比赛的骑手大多是十二三岁的男孩，他们身穿红白或其他颜色的服装。赛马的马鬃、马尾用各种颜色的布条辫或绑扎起来。赛马一般不配鞍具或配特别轻巧的鞍具。比赛距离一般为二十公里到三十公里。或跑直线，或在草场跑圆圈。比赛开始前，先由长者领着选手跑到起点，听到比赛口令后，所有参加比赛的骏马如离弦之箭，迅猛奔驰。骑手则俯伏马背，催马向前。按到达终点的先后顺序决定名次。获得名次均有奖励，而获得第一名者，则奖励草原上最大的牲畜。

苗族赛马

在融水苗族自治县元宝山地区，苗族人民最喜爱的传统体育活动之一是赛马。每年六月六日“新禾节”时，各村赛的苗族都从四面八方汇集拢来进行赛马。先放马飞奔，骑手在规定地点等候，当马飞奔而来时，骑手们即纵身跃上马背，按照预定的路线，穿树林、跨山冈，沿着崎岖的山路向终点奔驰，以到达目的地的先后次序决定名次。云南苗族赛马多集中于滇西大理一带。古有传说，赛马时间在春节的初一到初三。滇南一带苗族在“踩花山”时也有赛马风俗。大理、永平赛马方式有三种：第一种是驭者在纵马奔驰中急停，而不能坠马；第二种是驭者骑于马上夹紧并拉紧缰绳，由另一人猛拍一鞭，马惊纵起而驭者不能坠马；第三种是竞速。苗族赛马多为不鞍而骑，称“骑滑马”。此外，滇东北、滇南的苗族赛马除了比马速之外还要看马跑得是否均匀有节奏，马铃响得是否动听和谐。比赛时手端一碗酒，如马虽跑得快，但蹄声、铃声却杂乱无章，则不能取胜；只有又快、蹄声、铃声动听和谐且所端酒碗里的酒一滴不洒才能算为最佳。

彝族赛马

赛马是彝族开展得非常普遍的一项传统体育活动，男女老少均可参加。彝族赛马不分时间季节，只要氏族家支召集聚会，或婚丧，或亲友相聚，就要进行骑马比赛。还有一些非正式的赛马比赛。如有喜庆之事，逢场等，都要赛马。彝族赛马一般采取自由参加的形式。如属正式比赛，多选在节日、集会时举行。由各村寨、家支选出最好的骑手与马匹参加。在正式比赛中夺得第一名者，不仅是骑手个人的光荣，也是整个村寨、整个家支的光荣。特别是在祭祀祖宗、超度亡灵时的“大轰鸠”中，赛马更为重要，参赛者也更加重视，赛场也更为激烈。届时，各宗族、家支都会派出最好的骑手，骑上最好的马，打扮得漂漂亮亮地赶来参加比赛。有的人为了为本家支或村寨争得荣誉，还不惜花重金四处寻觅好马。彝族的赛马一般在坝子上的平地举行。据《西昌县志·彝族志》记载，彝族赛马并不是在一定距离的直线上决胜负，而是“择较平之草禾或田坝辟圆形马道，使善乘骑手乘马，依次驰道中”。其赛马分三种形式：跑马、走马、马技。云南彝族赛马骑无鞍马，俗称骑滑马。大理三月街赛马、丽江骑马会等，都是彝族各村寨、家族、家支踊跃参加的传统赛马会。如在比赛中获胜，获胜马匹的身价会倍增。

布依族赛马

每年从农历正月初一到廿一日，是布依族举行“跳花会”的日子。跳花会以歌舞为主，在牛皮大鼓和铙钹的伴奏下，全寨青年男女在平坦的大草坝上唱着古歌和情歌翩翩起舞。而赛马则是跳花会中的一项重要内容。是小伙子表现勇敢机智的绝好机会，因此也格外受到年轻人的推崇而踊跃参加。布依族赛马一般赛速度，即在一定的距离内，先跑到终点者为胜。

白族赛马

每逢农历三月中旬，云南大理城西门外苍山中和峰下举行“三月街”赛马活动。相传大理“三月街”始于南诏时期，赛马是随着“三月街”的集市贸易而产生的。大理滇西一带，自古盛产马匹，驰名中外。《云南民族史》载：“大理国出产的马，当时已闻名内地。从北宋时期开始，每年都以上千匹以至万匹出售给宋朝。这些马匹部分为彝族中所蓄，而部分则为白族中所产……”元朝时期，意大利旅行家马可·波罗在游记中有一段关于大理的记载：“……这省里养了许多马，送到印度去卖。”马可波罗在其游记中还说：“这省里人民骑马用长镫，像法国人样子，（我特别注意长镫。因为鞑靼人及所有其他民族皆用短镫，因为他们是引弓射箭的人。当他们射箭的时候，他们习惯站立在马上）。”明代徐霞客在看到大理的“三月街”后说：“余乃仍由西门西向一里半，入演武场，俱结棚为市，环错纷纭。其北为马场，千骑交集，数人驰骑于中，更队以觇高下焉……”正是因为有了马匹的交易，所以才产生了区分马匹优劣的赛马与马技比赛。一般的行家，以看马的跑速和马走动的形态来区别马的优劣。大理滇西一带的马虽不如内地马个子高、步幅大，但能吃苦耐劳，以速度快、善走山路而闻名。此马在比赛中特别顽强，往往能获胜。此外，大理州每年七月剑川骡马会、八月洱源、邓川鱼塘会也都举行赛马比赛。每年火把节晚上（农历六月二十五日）很多白族村寨都有在村外跑马和赛马的习俗。

哈萨克族赛马

哈萨克族人民长期从事放牧，擅长骑术。旧时，哈萨克族各部落每逢夏秋时，利用“古尔邦节”“肉孜节”等，集中在一起赛马。另外，哈萨克族在纪念英雄人物以及头人和知名人士的儿女结婚时也都赛马。哈萨克族赛马大部分是各部落之间自发组织的。人们通过赛马比赛，看哪个部落的马好。哈萨克族赛马多用五岁以上的马，还要在赛前两三个月对马进行特别的训练。参赛的骑手大多是十二三岁的男孩，他们身穿红白或其他颜色的服装。将马鬃、马尾用各种颜色的布条辫或绑扎起来。赛马一般不配鞍具或配特别轻巧的鞍具。竞赛的距离一般为二十到三十公里。或跑直线，或在草场跑圆圈。先由长者领着选手跑到起点，一声令下，一匹匹骏马犹如一支支离弦的箭，一个个机灵的小骑手俯伏马背，催马飞驰。获得第一名的，奖励草原上最大的牲畜。对于获奖名次的最后一名，奖励同第三名相等的奖品，表示他的赛马成绩是优劣成绩的分界线。

水族赛马

水族人爱赛马，尤其是“端节”赛马，更是独特。端节赛马的马道，像一条山间小路。马道的起点，一般比较平直，路面也较宽，到一定距离就窄了起来，崎岖不平，有时仅能容下两匹马并行，有的马道从坡脚修到坡顶，也有的从半坡修至坡顶，坡度达四五十度。这样的比赛场地，对骑手们的技艺和精神素质有严峻考验。参赛者必须勇敢、沉着、敏捷，具备高超的骑术，才能在这种山峦起伏、林木交错的复杂环境中战胜对手，奋勇夺魁。水族赛马的场地和距离一般会依地而定，有长有短。但一般为二百至三百米。赛马场地被称为端坡，是公用地，专用于赛马，不作他用。在每年过端节以前，都要清理马道，以防赛马时发生危险。赛马前，先由各村都推选的几位德高望重的老人先行“开道”。开道老人身穿崭新的长衫，头戴新毡帽，骑着披红挂彩的马匹，沿马道走过去，以表示大吉大利。骑手们则在比赛开始前，首先表演腾空跃马的娴熟骑技，以增添场上竞技的浓烈气氛。赛马裁判由人们推举的在本族中有资历和声望高的“元老”充当。比赛开始的口令一发，群马朝着指定的路线飞驰。先到达终点的被人们誉为“神骑手”。水族赛马，要求骑手们所持的缰绳要短，镫也要短，以减少树枝荆棘的牵挂。技术高明的骑手，干脆持短缰而不用镫，他们双腿夹紧马腹，身体前倾，紧贴马背，转弯时随时调节重心，变换步幅。水族传统的赛马方式是不取名次的，参加比赛的骑手自由结合，陆续起跑。也不是只跑一个来回，而是从上到下，循环往复地跑好几个来回。马弱，骑手体力不支、骑术欠佳的，往往一两个回合就败下阵来。而那些马强、耐力好，骑手骑艺精湛的，总是能多次跑完全程，甚至在狭窄的马道上，还能挤开对手，直奔终点。这种赛马，更多的是比骑手技艺和马的耐力。

东乡族赛马

赛马是东乡族最喜爱的传统竞技活动。凡有赛马，男女老幼尽往观之。东乡族有婚礼上新郎跑马的习俗。新郎到女方家娶亲时，必须骑骏马。举行仪式后，新郎与陪客火速跑出女方家门，翻身上马，驱马赛跑，以在女方村庄乡亲面前显示新郎的本领。东乡族还经常举行赛马会，旧时大多为村庄联合举办，也有养马大户发起或马友相邀举行的。逢集市进行马匹贸易时，更是举行赛马的好机会。东乡族赛马的形式有以下几种。赛速度。距离为五百至八百米，称好马“一趟了”。比赛时，不备马鞍，骑手老少不限。比赛前亲友前来挂彩祝贺。赛耐力。距离较长，视地形而定，不备马鞍。比马的耐久力和骑手的驾驭技术及意志品质。赛花样。即骑手在马背上做各种花样技巧动作，如马背站立、马背侧立、蹬力藏身、黄鹰展翅、黄鹰钻窝等，以动作难易程度、技巧娴熟程度及时间长短评分。

纳西族赛马

纳西族居住的丽江以产马闻名，丽江马早在唐代就极负盛名，并因马成名，为“花马国”。丽江马为矮种马，长鬃，行动敏捷，以爬山负重耐劳而著称，为中国名马之一，俗称“龟背马”。纳西族用象形文字记载的《东巴经》中，有专册记载丽江马的来历。在清代，为促进马的交易，逐步形成了“三月龙王庙会”和“七月骡马大会”的骡马交易会，每年上市交易万匹以上。“花马国”人以骡马与巴蜀客商交换盐、铁，用马把云南的茶叶驮到西藏等地进行交易等，为马的贸易提供了更大的空间。为了进一步促进马的交易，马主们还自发地组织一些赛马活动，并形成了相对稳定的竞赛机制，且因承成俗。清末，丽江知府熊廷权在城郊开辟赛马场，在“三月会”“七月会”期间，总是先赛马后交易，并因此形成习俗。邻近的藏、彝、白等民族也来参加比赛。而在比赛中获得优胜的马，其价格会成倍增长，主人也会感到十分光彩。年复一年，形成传统。这期间的赛马，一般以竞速、体形、步伐决优劣。后来出现了马技表演。中甸的纳西族，虽有“七月骡马会”，但其规模却不及丽江。而在永宁，摩梭人的赛马更盛。凡重大节日、祭祀活动、喜庆之时，均有不同形式的赛马和表演。在宁蒗地区，赛马称“跑罐子”，参加者都是一些勇敢善骑的青少年。他们纵马扬鞭，谁先到达目的地，就可打开头罐酒先喝。纳西族赛马形式有竞速和竞耐力两种。竞速是在一定距离内，看哪匹马跑得快，经过反复比赛，评出优胜的马。竞耐力则是让马绕赛场奔驰，以绕场圈数最多的为胜利者。此外，还有一种拔旗赛，即在终点插一红旗，待裁判员发令后，所有参加的马匹（有时也分组）一齐出发，首先拔到旗子者为冠军。

达斡尔族赛马

达斡尔族人农业与牧业兼营，马匹是他们生产、生活中不可缺少的工具。孩子从小就练习骑马，每逢节日或重大集会都会赛马。他们把赛马看得很重，赛马获得的优胜，被视为最高荣誉。比赛分为大跑（赛速度），达斡尔语叫“毛里亚得贝”。即待裁判一声令下，所有骑手策马朝着几里外的决胜点奔去，其亲朋好友们则为他们呐喊助威，跺脚喝彩，以先到者为优。另一种为颠跑（赛耐力）。由于颠跑比赛距离长，骑手和马匹都要有很好的耐力。此种比赛也以先到终点者为胜。在公祭敖包会上的赛马中，荣列前三名者，会得到绸缎、衣服等实物的奖励。有时获得第一名者，还能获得一匹好马的奖励。

塔吉克族赛马

塔吉克族经常赛马。如在婚礼中，就会经常进行一些小型的赛马活动。一般十几匹、几十匹马竞相追逐，为婚礼助兴。此外，还有专门举行的赛马大会。这种赛马会的规模要大很多，有时参赛的马匹达几百匹。其竞赛的距离长的达五十公里，短的也有十公里左右。参加赛马所用的马是最好的马。需精心挑选，专门喂养，要求很高。

乌孜别克族赛马

乌孜别克族人民长期从事放牧，擅长骑术。在赛马的比赛中，多用五岁以上的马，要在两三个月前进行特别训练，骑手大多是十二三岁的男孩，他们身穿红白或其他颜色的服装。马鬃、马尾用各种颜色的布条辫或绑扎起来。赛马一般不配鞍具或配特别轻巧的鞍具，竞赛距离二十公里到三十公里不等，或跑直线，或就在草场跑圆圈。比赛时，先由一长者领着参赛选手跑到起点。当裁判一声令下，所有马匹如离弦之箭，迅速向前奔去。比赛以先到达终点者为胜。谁在赛马中获得第一名，则能获得草原上最大牲畜的奖励。对于被录取的名次中的最后一名，其奖品则与第三名相等。以此表示他的赛马成绩是优劣成绩的分界线。

裕固族赛马

赛马是裕固族群众普遍开展的活动。在传统节日、庙会、宗教祭鄂博及婚礼中，都少不了赛马活动。其比赛少则是几骑，多则是上百骑。分两种形式进行比赛：一是走马，即比马的走势，骑手的姿势，马具等；二是奔马，即一种赛马的竞速活动，比马的速度。多为旧时由部落头人利用大的集会组织赛马活动，优胜者可以受到一定的奖励，奖品主要有马鞍、布料、砖茶等。

鄂伦春族耶路里得楞

鄂伦春族语耶路里得楞的意思为赛马。鄂伦春族在狩猎生活中离不开马。他们从小就生活在马背上，童年伙伴们在一起玩耍时就经常自发地搞一些骑马比赛；长大后族人们久别重逢时也经常举行一些骑马比赛。鄂伦春马个头矮小，健壮有力，善于爬山穿林，横越障碍，跋涉沼泽，享有“山林之舟”的声誉。它可以连续几天几夜地追踪野兽，连最善于在森林中窜跑的马鹿也逃脱不了。所以深受鄂伦春族的喜爱。每年正月初二，鄂伦春族都要举行赛马活动。一般以村落为单位派代表参加。骑手们只能用自己的马，不允许借用他人的马。要备好马鞍、嚼子和缰绳。不用马鞍也行，可用缰绳直接打马快跑。比赛的距离有十公里和二点五公里两种。十公里比赛由年轻人参加，老人可骑马随之鼓劲，主要比赛速度，以先跑完全程者为胜，一般取前三名并进行奖励。二点五公里比赛为负重颠马赛，马上驮着装满粮食的口袋，由老年人参加，凡跑到终点处，都给敬上一口酒，以示尊敬，取前五名并给予奖励。

第二节　惊险刺激的马术

我国西部许多马背民族在自己的生产与生活实践中积累并发展了许多骑

马、驭马的技能，他们把这些技能运用到娱乐、比赛与健身之中。逐步形成了一些个人、团体相互竞争，并且十分激烈、惊险、刺激的马上竞力、竞技、竞智的游戏与比赛。这些游戏与比赛的基础是要建立在高超的驭马技术之上的。因此，我们称这些游戏和比赛为马术。马术一般有很强的观赏性和竞技性。而有观赏性和竞技性的马上项目，一般都会受到马背民族的欢迎和喜爱。这些项目主要有蒙古族马术、套马，藏族马术，维吾尔族走马、马上技巧、叼羊，彝族走马、马技，哈萨克族走马、马技、叼羊、姑娘追，东乡族压走马，纳西族走马、飞马拾物，柯尔克孜族走马、追姑娘、飞马拾银、叼羊，撒拉族骑术，塔吉克族叼羊，乌孜别克族走马、马上技巧、叼羊、姑娘追，鄂温克族套马等。

蒙古族马术、套马

马术

蒙古族马术运动项目繁多、技艺惊险、紧张激烈、引人入胜。具体有马上技巧、乘马斩劈、乘马射箭、超越障碍、赛马、驯马、马球等。内蒙古自治区有专业的马术队。自 1951 年成立以来，马术队就在有计划地培训骨干、制定规划、举办竞赛，以达到提高骑术的目的。几十年来，他们在各个项目上都达到了相当高的水平。改革和创造了一百多个表演和比赛动作。除了能在马上做各种平衡、支撑、倒立、空翻、转体、飞身上马等动作外，还能在奔驰的马背上叠罗汉和进行双杠表演。动作高难，优美精彩，深受观众喜爱。套马。蒙古族人将生产中的套马活动运用到娱乐之中，形成了有浓郁民族特色传统体育活动。蒙古族套马多在喜庆节日中表演或比赛。套马比赛有挥杆套马和绳索套马两种。挥杆套马。参加套马的青年骑手数人为一组，云集草原，各持一长约三米的竹竿。竹竿顶扎一绳环，环的大小以能套住马头为宜。先让一烈马疾驰，套马手们纵马飞驰紧追不舍，到适当距离时即迅速挥杆将马套住。以先套住马头，拉住烈马者为胜。绳索套马。原为放牧时约束马匹的一种手段。在绳索套马比赛时，选一匹烈性难驯之马，先令其疾驰。参赛的成群骑手手持打有活结的绳索，骑马紧追，到一定距离，抛出绳索套马，以先套准并能束住烈马者为胜。

藏族马术

马术是藏族赛马会上不可或缺的项目。一般在群众集会或喜庆节日，都会有马术表演。特别是在藏族的各个节庆之日，其马术表演或比赛的气氛更加浓重。藏族马术，就是在飞奔的马背上完成各种有一定难度的动作。如有些马技表演骑手，能在骑马奔驰的途中，左右跳下跳上若干次，然后双脚踏蹬，上体后仰，手握马尾，头部几乎着地，被奔马拖拽而行或骑手扯紧缰绳，全身挺直，双脚踩马背，要求直立，不左右晃动，不摔下马来或两手置鞍及马背做全身倒立，双脚分开，可前后交叉等动作，这些动作惊险刺激，深受群众喜爱。除此之外，还有飞马拾物、镫里藏身、奔马射击或射箭、飞马越障等马术。飞马拾物。即在跑道上每相隔一定距离放置一些石子、银圆或哈达等物，让骑手在飞奔的马背上俯身拾起。捡拾时，要求迅速利索。以拾得的物品多者为胜。还有一些骑手能在骑马快速奔驰中，用嘴衔起路旁的花朵。镫里藏身。即当马飞奔时，骑手忽然贴到马的一侧，一脚踩镫，一腿弯曲，手抓紧马鞍或马鬃，使整个身体缩成一团隐藏在马侧。飞马越障。在沿途设置若干障碍，在骑马快速奔跑中，采取避、绕、钻、躺、跳等顺利通过。要求反应敏捷、处置果断、机智勇敢。

维吾尔族走马、马上技巧、叼羊

走马

维吾尔族赛走马的骑手一般为成年人。比赛时群马疾走，奋力争先，要求有高超的骑术，能够把马压住。按马既走得快、稳、美，又没有跑动来评价走马的优劣。

马术技巧

在维吾尔族牧区，过去还经常举行人在马上倒立、镫里藏身或躺在马身上奔驰等骑术技巧的比赛。有时也进行骑马拾金币或手巾的比赛。即骑上马，在马速很快的情况下将金币或手巾拾起，以训练眼快、手快、速度快和马上技术。

叼羊

叼羊是一种马上活动，历史悠久，在维吾尔族开展得十分广泛，深受维吾尔族群众的喜爱。其叼羊的形式内容与哈萨克、柯尔克孜、塔吉克等民族的大体相似。

彝族走马、马技

走马

所谓走马，即骑马竞走。骑马竞走比赛中，严禁赛马四蹄离开地面。如《西昌县志·彝族志》所说：“以奔驰最平稳迅速，无能及者为第一骏马。”

走马比赛要求走得又快又平稳，骑手姿势是否优美也是评定标准之一。一个优秀的骑手，可以端一碗水骑在竞走的马上而不外溢。云南彝族赛马无鞍、多骑滑马。从古至今，云南大理三月街赛马，丽江骑马会等已沿袭成俗、成传统。在此赛马中获胜之马，身价倍增。

马技

所谓马技，是在奔驰的马背上表演各种动作。如“伸脚蜷脚”的偏马，“马头旋”的藏身，以及俯身拾物与鹤立马背、骑马钻火圈等。

哈萨克族走马、马技、叼羊、姑娘追

走马

哈萨克族走马比赛的骑手多为成年人。走马比赛时，群马疾走，奋力争先。除要求有高超的骑术外，还要能够把马压得住，即使马要走得又快、又稳，动作又美。在走马比赛中，马的四肢不能出现腾空，否则为跑动犯规。

马技

哈萨克族马技比赛有以下两种形式。一为骑在马上快速奔跑，将沿途放置的金币、手巾拾起。二为骑在快速奔跑的马上，做倒立、镫里藏身或躺在马身上等技巧性动作。

叼羊

哈萨克族叼羊，一般用两岁左右的羊羔，割去头、蹄，取出内脏，紧扎食道，放在盐水中浸泡一两个小时，使其肌肉变得结实，叼羊时不易撕烂。叼羊有以下几种形式。一是单骑个人对抗赛。先由一人把准备好的羊放到预定的远处（一般是一千米），听出发口号，两个骑手同时出发，向放羊处跑去，谁先叼得该羊，并能将该羊安全放置到预定地点者，谁为胜利。二是分组对抗赛。赛前自愿组合分成两队，平行立于相距三十米左右处。然后每队选派二人为一组，与一名驮着羊只的长者，共五人，一同向预定起点出发。走到半途，每队各留下一人作为接应，剩下的人到达起点后，驮羊人把羊丢在地上，双方迅速奔出开始争夺。先把羊抓到手的一方向终点跑去，另一方紧追不舍。留在半途的接应者上前接应，另一方接应者则上前阻挡，于是发生激烈叼夺。如某一方叼得羊，并最终把羊丢在对方队前，即为胜。负方向胜方赠送物品，以示友好。也有六七人为一组进行的对抗。首先在赛场附近挖一直径一点五米左右的小坑，作为优胜者丢羊的地点。叼羊开始后，各个骑手像离弦的箭，飞速冲向羊只，进行叼夺。有的骑手如山鹰抓兔，从天而降；有的骑手似猛虎扑食，奋力争搏；有的似“海底捞月”，倒挂马背；有的是“镫里藏身”，贴在马肚之下。最精彩的是，当一骑手叼到羊夺路飞奔时，会突然将马勒住，使追赶的骑手措手不及，向前冲去。而他则拨转马头向另一方向奔去。参加叼羊，既要有勇敢的精神，也要有娴熟的技术。叼得羊者为了不让羊被他人夺走，在奔跑过程中，要看对方从马的哪一边来，就把羊拿到马的另一边。如果为避免从马鞍前上方换手时被对方抓到羊，就从鞍后或马胸前脖下换手。一旦对方抓到了羊，就把羊的一小部分夹在脚镫带下，夺羊者有时也用此法。也可将羊只飞快地从马上抛给另一骑手，以达到出奇制胜的效果。得羊者和接应者如能配合紧密巧妙，还会把羊夹在两骑之间跑回终点，获得胜利。羊只投放地点，有预先规定的，也有由骑手自己选定的。如放到观众中某一妇女面前，这位妇女就要将自己的手绢，头巾或其他物品送给骑手，以示鼓励；如投放在某一家门口，这家的主人则应给骑手一只小羊，以作酬劳。叼羊的优胜者，是草原上最受人尊敬和羡慕的人。叼羊赛结束后，草原上最有威望的“阿克沙合东”要在众人的欢呼声中，把无头的羊羔赠给胜利者。谁要能吃上一口这只羊羔身上的肉，谁就可以得到四十名勇士的智慧和力量。叼羊的优胜者若是一位未婚青年，还会得到姑娘们的青睐，甚至还会得到一块绣得精巧的丝手帕。现在，为了发展这项运动，国家相关部门已将其列为民族传统体育的竞技项目，并制定了相应的竞赛规则。使叼羊这项运动更加合理和规范。

姑娘追

姑娘追是哈萨克族节庆或集会时经常举行的娱乐活动。哈萨克族实行氏族外婚制。各氏族之间相距较远，娱乐活动和各种集会是各氏族、部落青年男女相互认识和倾吐爱情的好机会。传说姑娘追源自古代哈萨克族一对情侣的打赌许诺：一位姑娘对向他求爱的小伙子提出许多条件和要求，来考验其胆识和智慧。小伙子逐一达到姑娘的条件和要求后，姑娘又对小伙子说：“如果你能追上我，我就属于你。”说罢，她骑马在前面跑，小伙子飞马紧追不舍。后来，小伙子追姑娘逐渐演变成姑娘追小伙子，并在各部落广泛流传。深受当地群众的喜爱。姑娘追开始前，必须各自物色好对象，一般是不同氏族部落的青年男子和姑娘。两人骑上最好的马，并辔走向人们目力所及的地方或事先指定的地点。在去的路上，小伙子用心施展骑术，向姑娘说各种俏皮话，甚至可以接吻拥抱，而姑娘却不能生气，小伙子还可以在草原上兜圈子，有意不让姑娘跑到终点，姑娘如不愿意和小伙子好，也施展自己的骑术，机智地摆脱困境，驰向终点。到达后两人必须立即返回，这时小伙子先跑，姑娘为了报复小伙子的调笑，马上举鞭回身追赶，小伙子却不能还手，只有抱鞭催马使姑娘少打或打不着自己。姑娘若对小伙子有爱慕之情，便掩人耳目地把鞭子高高举起，在小伙子头上绕几圈，轻轻落下。通过这种活动，不少有情人成了自由幸福的眷属。新中国成立后，姑娘追的内容形式更加充实丰富。未婚青年男女通过姑娘追加深了他们相互之间的了解和感情；也有已婚夫妻互相追赶，显示他们生活的美满和家庭的团结和睦。

东乡族压走马

所谓压走马，即骑马竞走。在压走马的比赛中，不允许马有腾空的动作，四肢在交替前移时，重心起伏不大，以骑手感到快、稳为标准。大凡会竞走的马一般是低头的，而骡子则是抬头的，所以有“抬头骡子，低头马”之说。在压走马比赛中，规定要备鞍鞯，披红挂绿。使马更显得威武雄壮。竞走的距离一般会因地形而定。

纳西族走马、飞马拾物

走马

纳西族称走马为小走。主要是看走马时马的体形与步伐。比赛时，如是训练有素的马，骑手可以站在马背上并端上一碗酒，马快速走动而酒却没有一点泼洒。若泼洒，即为失败。

飞马拾物

在规定的距离内，途中放一些银圆或小物品，当比赛开始后，骑手驰马奔跑经过时，要从马背上滑到马的左侧或右侧，俯身将途中放置的银圆或小物品拾起。以先到达终点且拾物多者为胜。

柯尔克孜族走马、追姑娘、飞马拾银、叼羊

走马

每逢“诺劳孜节”（即在每年人春时，白羊星在天空正南方第一次出现的第二天，相当于汉族的农历的春分，公历 3 月 22 日前后），柯尔克孜族男女老少都要穿上民族的节日盛装，举行赛马、马上角力、飞马拾物、叼羊、摔跤等传统竞技活动。其中，走马是柯尔克孜族最具特色的活动。据说在很久很久以前，有位柯尔克孜族牧人，训练了一匹跑式走马，可以日行数百里。有一次邻近部落要来偷袭，首领得知消息后，派这位驯马能手通知全部落的人，结果打败了偷袭者，使部落人民的生命财产得到了保护。后来，人们又推举驯马人做了首领。从此，训练走马和赛走马就受到人们的重视，并一直流传至今。柯尔克孜族的走马比赛形式与其他民族的走马比赛形式不同，有羊式走马、驼式走马、碎步走马、跑式走马四种。距离一般分一千米、两千米、三千米、五千米和一万米。

追姑娘

追姑娘是柯尔克孜族独具风格的骑马游戏。传说，很久很久以前，从丝绸之路来了四十位姑娘，当他们来到帕米尔高原的盖孜河畔时，适逢河水暴涨。四十位姑娘被围困在盖孜河东岸边一块突出的小高地上，处境十分危险。她们大声呼救。在盖孜河对岸的一个部落里，有四十位小伙子听到呼救声，准备蹚河过去救这四十位姑娘，但部落首领不同意。首领的妻子看到即将被洪水冲走的姑娘，深表同情。她对丈夫说："如果这四十位姑娘能牧善骑就收留她们做我们部落的人民；如果不通畜牧骑术，就打发她们由哪里来仍回哪里去。"首领听了爱妻的话，勉强同意了。当四十位勇士冒着生命危险过河把四十位姑娘救过河来，姑娘们站过的地方就被洪水淹没了。部落首领见到这四十位姑娘，就对她们说："我们是马背上搭伙的民族，马是我们的翅膀，要想成为我们的人民，必须在马背上试试你们的本领。"首领让手下人给姑娘们四十匹瘦马，给勇士们四十匹好马，同时，首领还"宽容"地对姑娘们说："考虑你们是女流之辈，让你们先骑马跑出一百米，然后让我的勇士们再追你们，若追上，你们听我们发落；若追不上，给你们牛羊草地，作我们的部民。"这四十位勇士听到后，知道首领要做什么，就悄悄地把自己的好马与姑娘的马换了。比赛结果，小伙子输了。首领大怒，下令要把四十位姑娘处死，对四十位勇士也要进行处罚。后来在牧民们的帮助下，勇士和姑娘们逃出了虎口，进入深山密林，结为夫妻，生儿育女，过上了安居乐业的幸福生活。为了让后辈记住这次不幸中的大幸，就把这次出逃的日子作为纪念日，每到这天，都要举行追姑娘活动，天长日久便流传下来。

追姑娘比赛在草原上举行，距离一般为一千米，姑娘的起点，在小伙子前面几十米或一百米处，待发出起跑令后，大家同时策马疾驰，姑娘在前奔，小伙子在后追。小伙子若在到达终点前赶上姑娘，途中可以并辔而行，说些俏皮话，开点玩笑，甚至可以吻她，倾吐真情，向姑娘求爱。有的还初订终身。据说过去凡是在进行这一活动时结识相爱，结成终身伴侣的，不但生活幸福美满，而且还受到人们的尊敬。如果姑娘一直领先，小伙子就会十分知趣地自动避开，再练自己的马术，有的还会受到群众的奚落和取笑。由于柯尔克孜族人的迁徙和宗教信仰的关系，以后这项活动慢慢地失传了。所以现在人们只知道哈萨克族的“姑娘追”，而不知道柯尔克孜族的“追姑娘”。但这个优美的传说，还在柯尔克孜族人们中流传着，姑娘们选择对象的标准还是要赛马的好手。

飞马拾银

飞马拾银是柯尔克孜族一项古老的马上游戏，它能锻炼人们的骑马技术和身体的灵活性，多在婚礼、祭祀等重要场合举行。《玛纳斯》长篇史诗曾有记载：“地上挖个四方洞，银圆放在其中，银圆吸引周围的人，小伙子飞马去拾……”相传，柯尔克孜族还在叶尼塞河地域居住的时候，一个部落首领的女儿长得如花似玉，而且能歌善舞，又有一身很好的马上本领。周围部落的小伙子纷纷前来向她求婚，但都被姑娘拒绝。部落首领也摸不透女儿的心思。一天天过去了，女儿的终身大事还没个着落，首领心急如焚，不知如何是好。这时从中原地区来了个贩马商人，看到首领这个样子，就前来询问，首领就把对女儿的终身大事的担忧告诉了商贩。商贩给他讲了中原地区一个公主抛彩球选婿的故事，首领听后认为是个好办法，抱着试试看的心情讲给女儿听，谁知姑娘听后，欣然同意。这可乐坏了首领，他立即选定了良辰吉日，准备抛球择婿。消息很快传遍了各个部落。在抛彩球招亲那天，方圆几百里的人都来看热闹，特别是小伙子们来得更早，排着一条条长长的队伍等待着彩球能抛向自己。姑娘来了，顺手摘下一只耳环，用红绸头巾包好放在草地上，并宣布：“谁能飞马拾起这只耳环，我就嫁给谁。”青年们一听纷纷议论，都蛮有把握地说这有何难。谁知几十个人飞马过去了，没有拾起；几百人过去了，耳环还在草地上，有的还从马上摔下来。到一千零一个人，他身穿白色镶边衬衣，头戴白色毡帽，脚穿明光锃亮的黑皮靴，骑一匹白色的骏马，飞似的冲了过来。只见他单脚离镫，来了个“金钩倒挂”，在马的右侧敏捷地拾起了红绸包，然后一个“鲤鱼打挺”，又安然稳坐在马鞍上，快马加鞭飞驰而过。观众们一片欢呼声。首领按承诺把女儿嫁给了他，以后又推选他做了部落的首领，人们过上了安居乐业的幸福生活。为了怀念这对情人，飞马拾银这项活动逐渐流传开来。所不同的是，由开始的拾耳环变为拾戒指、拾银圆或拾其他物品了。

飞马拾银比赛有分组和个人对抗两种。参加这一活动的人，一般是骑术很高的青少年，在广阔的草原上挖一个小坑，将一枚银圆放在坑内（无银圆者用一朵小花或其他物品代替），当主持人发布开始的命令后，骑手们策马向一百米以外的小坑冲去，在飞奔的马上将坑内的银圆俯身拾起。如是分组赛，则以该组中队员拾银圆多者为胜。如是个人赛，则是两个人同时从线上出发拾银圆，拾到银圆者为胜，胜者给以奖励。这一活动强调时间和速度。即要求在规定的时间内以最快的速度来完成，所以被称为飞马拾银。如减慢速度即取消比赛资格，如从马上掉下来，还允许重拾一次。停马拾银者判为犯规。

叼羊

柯尔克孜族人有句谚语："摔跤见力气，叼羊见勇敢。"柯尔克孜族由于长期的游牧生活，练就了一身过硬的马上功夫，这种马上功夫在叼羊活动中更是表现得淋漓尽致。乃达庭《新疆之吉尔吉斯人》载："富庶之家，置羊于某地，由骑士乘马夺之。其争夺战往往数小时，羊虽死，而结局归于某长，始为胜利……"柯尔克孜族人认为，叼羊是一种斗智、斗勇，需要顽强拼搏的活动，是检验男人本领大小、勇敢与否的试金石。因此，叼羊为柯尔克孜族男子所钟爱。

关于叼羊运动的起源有两种说法。一说在玛纳斯时代，英雄玛纳斯与恰克玛克人交战时，发现敌人用"海底捞月"之法，掠劫牛羊和财物；用"倒挂金钩"之术，砍杀士兵和群众；用"飞马传递"之技，抢劫妇女和儿童；用"众人堵截"之阵，掩护逃遁和突围。玛纳斯看后，想有针对性地练就一套能克敌制胜的本领。为了争取战斗的主动权，他将手下的四十名勇士分成两队，用一只羊羔训练破敌之法，他让两队人马互夺羊只，得胜者给予奖赏。这些勇士在玛纳斯的亲自监督下，有攻有守，有抢有夺，苦练了整整四十天。终于练就了一套破敌之法，把敌人抢走的财物又夺了回来，取得了最后的胜利。从那时起，柯尔克孜族人为了纪念战争的胜利和玛纳斯的聪明才智，就把这一活动形式作为练兵的手段继承了下来。以后又发展成叼羊活动，并一直流传至今。二说在公元 10 世纪左右，柯尔克孜族人在叶尼塞河上游游牧时，狼害严重，对牲畜造成了极大的危害。牧民们为了保护牲畜的安全，组织打狼队。打狼队将打到的恶狼放在马上并互相传递取乐，为胜利而欢呼。后来又发展到你抢我夺，以发泄对狼的仇恨，直到把狼撕成碎片方才罢休。后来，柯尔克孜族人迁移到天山、昆仑山及帕米尔高原，由于环境的改变，无狼可叼。就以叼小牛犊、小马驹、小羔羊为乐。叼羊是一种对抗性强，争夺激烈的对抗性活动。参加叼羊，骑手不仅要具有娴熟的马上功夫，还要具备健壮的体格和驾驭马的能力。因此参加叼羊的骑手平时都非常重视马上基本功的训练。叼羊一般用两岁左右的羊羔，割去头、蹄，取出内脏，紧扎食道，放在盐水中浸泡一两个小时，使其肌肉变得结实，叼羊时不易撕烂。

叼羊有以下几种形式。单骑个人对抗赛。先由一人把准备好的羊放到预定的远处（一般是一千米），听出发口号后，两骑手同时出发，向放羊处跑去，谁先叼得并能安全将羊放置到预定地点者，谁为胜利。分组对抗赛。赛前自愿结组分成两队，平行立于相距三十米左右处，作为终点。然后，每队选出二人，跟随驮着准备被叼羊只的人，一同向预定的起点出发。中途，每队各留下一人作为接应，其余人到达终点后，驮羊人把羊丢在地上，双方开始争夺。先把羊抓到手的一方就向终点跑，另一方进行追赶，半途接应者上前接应，另一方接应者则上前阻挡，于是发生叼夺。通过激烈的抢夺，某一方叼得羊，并最终把羊丢在对方队前者，即为胜方，负方向其赠送物品，以示友好。也有六七人为一组进行团体对抗的。首先在赛场附近挖一直径为一点五左右的小坑，作为优胜者丢羊的地点，然后开始叼羊。开始后，各队骑手飞速冲向羊只，进行叼夺。其争夺场景十分激烈。羊只投放地点，有预先规定的，也有由骑手自己选定的。如放到观众中某一妇女面前，这位妇女就要把自己的手绢、头巾或其他物品送给骑手，以示鼓励；如投放在某一家门口，这家的主人则应给骑手一只小羊，以作酬劳。叼羊的优胜者，是草原上最受人尊敬和羡慕的人。叼羊赛结束后，草原上最有威望的“阿克沙合东”要在众人的欢呼声中把无头的羊羔赠给胜利者。谁要能吃上这一口羊羔身上的肉，谁就可以得到四十名勇士的智慧和力量。叼羊的优胜者若是一位未婚青年，还会得到姑娘们的青睐，甚至还会得到一块绣得精巧的丝手帕。现在，国家已把叼羊列为民族传统体育的竞技项目，并制定了相应的竞赛规则，使叼羊这种古老的民族运动逐步得到了规范。

撒拉族骑术

撒拉族人骑术高，在西北地区颇有名气。他们有许多马上绝活。如跃越马背。即从飞驰的马背跃上跳下，连续反复多次，再骑到马上。镫里藏身。即在疾驰中突然踩镫，将身躯藏在马的一侧。骑马劈刀。在二百米距离内设若干目标物，骑手在飞奔的马背上左右轮砍，以砍倒的数计分。此外，还有骑马射击，过去用老式火枪，现在用步枪。老式火枪除比射击准确性外，还要比装填火药、火帽再射击，在一千米的距离内，能射八至十枪为优，因为一般人最多只能射击三至四枪。

塔吉克族叼羊

叼羊是塔吉克族最喜爱的传统体育运动，多在婚礼、割礼、古尔邦节、肉孜节等喜庆节日举行。由两队勇敢、机智、马上技巧娴熟的骑手进行争夺。以夺取预先放在草地上的去掉头、蹄的山羊并送到指定地点者为优胜。塔吉克族叼羊，有别于维吾尔、哈萨克等民族。他们在进行叼羊时，需要有手鼓、鹰笛伴奏。其活动更富有欢乐、活泼的气氛。当骑手把山羊叼到马上的时候，就奏起“托木拜克”曲调；当驮着山羊来回绕行时，则奏“维勒瓦来柯克”曲调；在马群密集、争夺激烈时，奏的又是“君去格尔”曲调。有节奏的音乐和鼓声使叼羊的场面更为壮观和激烈。塔吉克族婚礼中举行的叼羊活动，尤为别致。婚礼前两天，男女双方的主要亲戚就骑马奔波，邀请亲朋好友参加婚礼。但首先要请村子里那些家中发生不幸事故的人（主要是刚发生丧事的人），把这些客人请到家里，热情款待。然后把手鼓放到他们的面前，请他们在即将到来的喜庆日子前，擦干悲痛的眼泪，为青年人祝福。如果客人们在手鼓上敲几下，即表示婚礼前的娱乐活动可以开展了。到婚礼的这一天，有力的手鼓声和鹰笛声飘荡在整个山村的上空。庭院里青年男女载歌载舞，院落前面的大片草地上，进行着激烈的叼羊活动。在那些打扮得花枝招展的姑娘面前，骑手们更是卖劲。哪个年轻骑手夺得山羊，冲出包围、绕场一周，把羊丢在姑娘面前，人们就会向他高声赞扬：“好样的!”“好汉子!”当接新娘的马队回来时，活动则进入高潮。二三十个小伙子骑着骏马，簇拥着新郎、新娘的马队，向庭院走来时，人们抬着一只山羊，恭候骑手。几个骑手跑出马队，准备接过山羊。这时，聚集在附近的人群也开始抢羊了。大家蜂拥而上，叼羊正式开始。周围的人们故意扬起尘土，大呼小叫，惊吓马匹，给争夺山羊的骑手们制造困难。骑手们经过反复争夺，谁能夺得山羊并冲进包围圈，把山羊轻轻地放在乡亲们的面前，举行婚礼的家长就给这位骑手披上长袍。这就是塔吉克族婚礼中用长袍作奖品的仪式。

乌孜别克族走马、马上技巧、叼羊、姑娘追

走马

乌孜别克族赛走马的骑手一般为成年人。比赛时，群马疾走，奋力争先，要求有高超的骑术，并能够把马压住。马不仅要走得快，还要走得稳、走得美，并不得有任何跑动的形态。

马上技巧

孜别克族在骑术上有很高的技巧，除能在马上站立、飞身上马外，还可在飞奔的马上俯身拾放置在地上的金币或手巾等。

叼羊

一般用两岁左右的羊羔，割去头、蹄，取出内脏，紧扎食道，放在盐水中浸泡一两个小时，使其肌肉变得结实，叼羊时不易撕烂。叼羊有以下几种形式。一是单骑个人对抗赛。先由一人把准备好的羊放到预定的远处（一般是一千米），听出发口号，两个骑手同时出发，向放羊处跑去，谁先叼得并能安全放到预定地点者，谁为胜利。二是分组对抗赛。赛前自愿结组分成两队，平行立于相距三十米左右处，作为终点。一般每队二人为一组，另外一人驮着准备好的羊只，连同双方骑手共五人，一同向预定起点出发。走到半途，每队各留下一人作为接应，其余人到达终点后，驮羊人把羊丢在地上，双方开始争夺。先把羊抓到手的一方就向终点跑，另一方进行追赶，半途接应者上前接应，另一方接应者则上前阻挡，于是发生叼夺。通过激烈的抢夺，某一方叼得羊，并最终把羊丢在对方队前者，即为胜方。负方向其赠送物品，以示友好。此外还有六七人为一组进行的对抗。首先在赛场附近挖一米五左右的小坑，作为优胜者丢羊的地点。叼羊开始后，各个骑手像离弦的箭，飞速冲向羊只，进行叼夺。有的骑手如山鹰抓兔，从天而降；有的骑手似猛虎扑食，奋力争搏；有的似“海底捞月”，倒挂马背；有的是“镫里藏身”，贴在马肚之下。最精彩的是，当一骑手叼到羊夺路飞奔时，会突然将马勒住，使追赶的骑手措手不及，向前冲去。而他已拨转马头逃之夭夭，或将羊只飞快地从马上抛给另一骑手，出奇制胜。参加叼羊，既要有勇敢的精神，也要有娴熟的技术。叼得羊者为了不让羊被他人夺走，在奔跑过程中，要看对方从马的哪一边来，就把羊拿到马的另一边。为避免从马鞍前上方换手时被对方抓到羊，就从鞍后或马胸前脖下换手。一旦对方抓到了羊，就把羊的一小部分夹在脚镫带下，夺羊者有时也用此法。得羊者和接应者如能配合紧密巧妙，还会把羊夹在两骑之间跑回终点，获得胜利。羊只投放地点，有预先规定的，也有由骑手自己选定的。如放到观众中某一妇女面前，这位妇女就要将自己的手绢、头巾或其他物品送给骑手，以示鼓励；如投放在某一家门口，这家的主人则应给骑手一只小羊，以作酬劳。叼羊的优胜者，是草原上最受人尊敬和羡慕的人。叼羊赛结束后，草原上最有威望的“阿克沙合东”要在众人的欢呼声中，把无头的羊羔赠给胜利者。谁要能吃上这一口羊羔身上的肉，谁就可以得到四十名勇士的智慧和力量。叼羊的优胜者若是一位未婚青年，还会得到姑娘们的青睐，甚至还会得到一块绣得精巧的丝手帕。

姑娘追

姑娘追是乌孜别克族节庆或集会时经常举行的娱乐活动之一。姑娘追开始前，必须各自物色好对象，一般是不同氏族部落的青年男子和姑娘。两人骑上最好的马，并辔走向人们目力所及的地方或事先指定的地点。在去的路上，小伙子用心施展骑术，向姑娘说各种俏皮话，甚至可以接吻拥抱，而姑娘却不能生气，小伙子还可以在草原上兜圈子，有意不让姑娘跑到终点，姑娘如不愿意和小伙子好，也施展自己的骑术，机智地摆脱困境，驰向终点。到达后两人必须立即返回，这时小伙子先跑，姑娘为了报复小伙子的调笑，马上举鞭回身追赶，小伙子却不能还手，只有抱鞭催马使姑娘少打或打不着自己。姑娘若对小伙子有爱慕之情，便掩人耳目地把鞭子高高举起，在小伙子头上绕几圈，轻轻落下。通过这种活动，不少有情人成了自由幸福的眷属。新中国成立后，姑娘追的内容形式更加充实丰富，一对对未婚的青年男女通过姑娘追加深了他们相互之间的了解和感情；也有已婚夫妻互相追赶，显示他们生活的美满和家庭的团结和睦。

鄂温克族套马

鄂温克族除驯鹿外也饲养马匹。长期的放牧生活，使他们练就一身过硬的套马本领。每年五月下旬，在鄂温克族传统的“来阔勒节”庆丰收的日子里，小伙子们骑上最好的杆马，挥舞着手中的套马杆，争相飞驰追套烈马，比试套马技艺。套得快而多的有奖。套马需要强壮的体力、熟练的骑术和勇敢顽强的意志，还要有一匹有耐力，跑得快的坐骑。“来阔勒节”套马，既是非常紧张有趣的劳动（给马剪鬃、剪毛、打烙印、做标志），也是小伙子们大显骑术的好机会。喜庆气氛十分浓烈。

第三节　骑骆驼、牦牛、骡子竞技

骆驼、牦牛、骡子，都是我国西部高原一些民族善于和喜爱驯养，以当作交通和运输工具的牲畜。它们虽有各自的特点，但也有一些共同之处，就是负重大、耐力好。是西部高寒地带、戈壁沙漠及草原中人们很好的交通与运输工具，也成为人们在闲暇时间进行娱乐、比赛、竞技的坐骑。这些竞技项目有蒙古族赛骆驼、藏族赛牦牛、东乡族压走骡等。下面逐一予以介绍。

蒙古族赛骆驼

赛骆驼是蒙古族在游牧生活中形成的传统体育项目。在内蒙古自治区的阿拉善盟、巴彦淖尔盟（今巴彦淖尔市）、伊克昭盟（今鄂尔多斯市）、锡林郭勒盟，青海省的海西蒙古族藏族自治州，新疆维吾尔自治区的巴音郭楞蒙古自治州等地盛行。当地男女老幼都善乘骆驼。骆驼具有耐饥渴、耐寒暑、能负重、善于在戈壁沙漠行走等特点，素有“沙漠之舟”的美称。在蒙古民族的经济史、军事史上建立过卓越的功勋。以牧驼为主的牧区，牧民尊骆驼为万牲之王。骆驼日行可达80公里，比马更有耐力。普通用作驮运货物的骆驼行动缓慢，又十分顽固执拗，倘若它生气或不悦，便会就地躺倒，因而不能胜任比赛。凡参加赛跑的骆驼必须通过挑选，以身躯高大、匀称、四肢修长者为佳，然后还要经过严格的驯养，方能上阵角逐。现在，牧民们也把一些现代体育的比赛方法运用到赛骆驼上。如跑圈赛快、接力比赛、团体比赛等。在内蒙古自治区阿拉善盟，还建有专门的椭圆形赛驼场（每周约2000米）。赛骆驼有场地速度赛。其距离有1000米、2000米、3000米等，比赛规则同赛马规则。赛骆驼比赛时，赛驼场上总是歌声、乐器声、欢呼声响成一片。老人们展开洁白的哈达，捧着斟满奶酒的银碗为获胜的选手敬酒。

藏族赛牦牛

藏族居住地区高山连绵，雪峰重叠，草原辽阔，水草肥美，生产以牧业为主。牦牛是青藏高原的特产，藏族饲养牦牛已有2000多年的历史。牦牛体大毛长，耐高寒能吃苦，善于在险峻陡滑的高山或雪坡上长途跋涉。除供肉用外，更是藏族人生活中不可缺少的交通工具，素享“高原之舟”的美誉。赛牦牛活动是藏族人在喜庆、婚嫁及节日中经常开展的一项娱乐竞赛。相传在唐朝初年，松赞干布迎娶文成公主，派遣了由大批骏马组成的马队来到了赤岭（今日月山）迎亲，娶亲队伍到了玉树后，举行了隆重的欢迎仪式。其中便有精彩的赛马、马球、射箭、摔跤等活动。使久居深宫的文成公主及送亲的官员们大开眼界。尤其是黑、白、花各色牦牛参加的赛牦牛活动，更是让他们觉得惊奇。文成公主等异常欣喜，忘却了背井离乡的忧愁。松赞干布便诏定，以后每年在赛马的同时，都要赛牦牛。宋代，西夏王元昊兴兵侵扰青海地区的藏族唃厮啰政权，唃厮啰深谙韬略，领兵迎战，时而用强悍骑兵作战，时而用脚绑利刃的牦牛冲杀。难以阻挡的牦牛阵使西夏兵闻风丧胆。从此，藏族更加倚重牦牛，精心喂养，大力繁殖，赛牦牛活动也更普遍。盛夏时节，千里草原一片碧绿，藏族人大都选择这一大好时机进行赛牦牛活动。

赛牦牛一般由一个部落或地区发起，邀请邻近部落参加。也有闻讯后从百里之外赶来参加者。受到邀请的部落立即准备，选派优良的牦牛和骑手，由长者召集众人研究对策，比赛选拔，驯养调教赛牛，以求在比赛中夺魁。赛前，骑手们将牦牛精心地洗刷打扮，并在长而弯曲的牛角上系上各色彩绸，表示吉祥如意，夺魁在望。骑手们头戴礼帽，身着藏袍，腰扎红带，足蹬皮靴，干净利落。他们多为十四五岁的少年，体轻灵巧，便于驭牛。比赛分预赛、决赛。在裁判的召集下，参赛骑手集合点名，进行分组预赛。预赛主要是从每一组中选出优胜者参加决赛。决赛是大型比赛中的高潮，从预赛中选拔出来参加决赛的骑手和牛都不能更换，否则为违例，取消其比赛资格。比赛前，选手们个个跃跃欲试。待裁判发令后，众骑手蜂拥而出，驱牛疾驰。比赛中，观众的欢呼声、加油声一浪高过一浪。能在决赛中获胜的选手，会被热情的观众举起上抛，牦牛也会披红戴花，备受青睐。在比赛中的优胜者会得到牛、马、茯茶、布匹等奖品。参赛的选手都可获得相应的纪念品。在甘肃南部，赛牦牛两种形式：一为由选手驾驭牦牛在规定的距离内奔跑，以跑到终点的先后次序评定名次；二为在一定的距离内，沿跑道放置实物如哈达、头巾，选手骑牦牛奔跑俯身取物，到终点后，以拾物多少判定名次。过去赛牦牛活动多为求雨、祝平安。现在则主要是为了增进团结和友谊，是藏族群众丰富文化娱乐生活的一项活动。

东乡族压走骡

即骑骡子竞走。在比赛中，骡子行走时不允许有腾空的动作，四肢交替前移时，重心起伏不大，以骑手感到快稳为标准。大凡会竞走的骡子都是抬头的，而马则是低头的。即所谓“抬头骡子，低头马”。压走骡比赛，规定要备鞍鞯，并披红挂绿，以使骡子显得更威武雄壮。而竞走的距离，一般会因地形而定。

第十章　开智、益智、竞智运动

下棋在我国西部各民族中有着悠久的历史。北朝太平真君十一年（450年），北魏拓跋焘率军南征。拓跋焘酷爱下围棋，他下棋时是不听臣下奏事的。有一次，尚书令古弼有要事上奏，不巧拓跋焘正和给事中刘树下棋。古弼只得在外面等，他等了很久，还不见棋终局，便闯进去，揪住刘树的头发，将其拉下座位，一边扇着他的耳光一边说："朝廷不治，实尔之罪。"拓跋焘连忙放下棋说："不听奏事，实在朕躬，树何罪？置之！"[①] 围棋、象棋还被喀拉汗王朝和高昌回鹘汗国时期的回鹘人广泛接受。据《福乐智慧》载，作为回鹘人的使节，"围棋、象棋的棋艺要精，能击败对手，大获全胜"，才可堪任[②]。此外，在贺兰山东麓西夏陵区六号陵（原编八号陵）地面发现有黑色和深蓝色围棋棋子两种。呈圆形，直径一点一厘米，一面略鼓。在碑亭中也有出土。在此陵的墓室夯土中有蓝色棋子一枚，一面平、一面鼓，直径一点二厘米[③]。宁夏灵武县磁窑堡西夏窑址一期文化（西夏中期）、二期文化（西夏晚期）、三期文化（西夏至元代）均有棋子出土。此外还有象棋棋子出土。在一期文化中有两枚瓷质素烧、扁圆形、两面平，均刻字，白色，一枚刻有（炮）字，直径二厘米，厚零点五厘米；另一枚刻有（火）字，直径二厘米，厚零点四厘米。据这些出土的围棋和象棋棋子，可以推知西夏王国居民喜爱围棋与象棋。瓷窑堡西夏窑址出有（火）字、"抱"（炮）字棋子，证

---

① 〔北齐〕魏收《魏书》卷六十八《古弼列传》，中华书局1974年版。

② 优素甫·哈斯·哈吉甫著，郝关中、张宏超、刘宾译《福乐智慧》第三十三章《贤明论应派什么人做使节》，民族出版社2004年版。

③ 宁夏回族自治区博物馆《西夏八号陵发掘简报》，《文物》1978年第8期。

实了南宋、西夏时期确实存在着三人象棋[1]。由此可见，我国西部少数民族开展棋类活动自古有之。象棋、围棋自古以来就被我国西部许多少数民族所接受，并长期开展和传承。除了象棋、围棋之外，我国西部少数民族还开发了许多其他棋类，这些棋的开发和开展，对于开智、益智都有很好的帮助，也成为人们休闲娱乐和竞智的重要内容。

第一节　象棋类开智、益智、竞智运动

象棋类开智、益智、竞智运动主要有蒙古族沙塔拉。蒙古族沙塔拉即蒙古象棋，是蒙古古代社会特有的一个流行棋种。它集蒙古族超群的豁达、智慧于一体，体现了蒙古族的性格特征。蒙古族牧民常以下棋来消遣娱乐，以锻炼智力，丰富生活。蒙语称蒙古象棋为“沙塔拉”，写作“喜塔尔”。为区别于中国象棋和国际象棋，在汉语中称其为蒙古象棋。

据传说，成吉思汗常用蒙古象棋来研究军事战争韬略。这使他成了一位卓越的军事家。他的用兵之道、布兵之法，缜密而精巧，在当时无人能及。

据清叶明澧《桥西杂记》载，蒙古象棋的棋制和着法是：“局纵横九线，六十四罫，棋各十六枚：八卒、二车、二马、二象、一炮、一将，别以朱墨，将居中之右，炮居中之左，车、马、象左右列，卒横于前，棋局无河界，满局可行，所谓随水草以为畜牧也。其棋形而不字，将刻塔，崇象教也，象改驼或熊，迤北无象也。卒直行一罫至底，斜角食敌之在前者，去而复返，用同于车，嘉有功也，马横行六罫，驼可斜行八罫，因沙漠之地驼行疾于马也，车行直线，进退自由。群子环击一塔，无路可出，始为败北。”

蒙古象棋棋子分红、蓝或白、黑二色，以区分双方阵容。有王爷（蒙语“诺颜”，形状为王冠）、母豹即王爷的管家（相当于国际象棋中的皇后）一只，小豹八只，起小兵的作用。骆驼二峰，起象或参谋的作用。马二匹（为骑兵）、车二乘（即战车，相当于堡垒）。对方的棋子除母狮或虎一只、小狮八只相当于对方的母豹（虎），小豹（虎）外，其余都相同。每方有大小棋子十六枚。棋子有木头精雕的，有兽骨细琢的，也有用泥捏好烧制的。内蒙

[1] 中国社会科学考古研究所编著《宁夏宁武窑发掘报告》，中国大百科全书出版社1995年版。

古自治区境内的牧民用的棋子，大多是用巴林石（赤峰市巴林右旗产的一种专供雕刻工艺品的石头）刻制而成，均涂有颜色，一方一色。棋盘有用帆布画的，有用兽皮做的，也有临时在地上画的，但大多是木料制作的。棋盘为横、竖都有八个格子的正方形，共有六十四个方格子。用两种颜色涂之。横格双方之间间隔一格，竖格也是如此。从斜角看，相同颜色的格子又对顶相连。

双方对弈时，不同地区的习惯弈法不尽相同。一般是：开局第一着，只能走狮子前兵，有时经双方商议，也可走王爷前兵。第一着走的兵可走两步之外，其他兵都只能一步一步走。兵到底线后可升变为狮子和无力狮，无力狮只能走车步和斜走一格。王爷和车之间不能移位。马或驼，只能着将，不能直接做杀，只有在其他子先着将的前提下，紧接着才可以做杀。一般不允许吃光对方，必须留一子。经双方同意，用马将死对方和吃光对方可为和棋。一般一盘定胜负，不计时。青海地区的弈法则对方不将军，王爷不能动，双方不能吃对方的过路兵。在杜尔伯特草原上，马（母豹、王爷的管家）不能将死王，认为王是至高无上的，不能死于马蹄下。不允许任何一方把对方棋子全部吃光，要留一个兵，意思是不应斩尽杀绝。此外，还有“大胜”和“小胜”。“大胜”是一方大军攻入敌境，敌王接连被将（也叫连将法）最后被将死。“小胜”有两种情况，一种是一方吃掉了敌方的后，意思是敌方已丧失指挥能力；另一种是一将，敌方即死。

现在，蒙古象棋已被普遍列入“那达慕”竞赛项目，并有所改革。多采用国际象棋的竞赛编排和裁判方法。

第二节　围棋类开智、益智、竞智运动

围棋类开智、益智、竞智运动主要有蒙古族鹿棋，藏族密芒、尼格尔、吉布杰曾，毛南族三棋、射棋、围母棋、簸箕棋等。下面逐一予以介绍。

蒙古族鹿棋

鹿棋。蒙古语称鹿为鲍格，所以也可称鹿棋为鲍格棋。它是蒙古族内广泛流传的一种游乐项目。内蒙古境内的牧民们称鹿棋为鲍格因吉勒格。而在杜尔伯特草原上，因其棋子用髀骨（嘎拉哈）做成，故当地的民众又称其为“孛根吉拉嘎”。鹿棋历史悠久。1948 年到 1949 年间，蒙古人民共和国境内的

蒙古古都哈剌林的窝阔台汗宫中，出土一幅鹿棋棋盘，证明鹿棋是当时宫中的娱乐项目，距今已有六七百年的历史。而内蒙古文物工作队在阴山岩画中，发现了一幅凿刻的鹿棋棋盘画面，证明鹿棋的产生至少已有一千多年的历史了。鹿棋的棋盘呈正方形，由六条经纬线和六条斜线交叉成二十五个点构成。在相对的两侧各有一座“山”（蒙古语称“乌拉”），一个成尖顶形，一个成平顶形，也各有若干个点。此棋由两人对弈。一方执二子，这二子叫作“鹿”（蒙古语称“鲍格”）；另一方执二十四子，这二十四子叫作“狗”（蒙古语称“脑亥”）。对弈之前，两枚鹿子分别置于棋盘的两端外线两山入口处，八枚狗子占据棋盘内线八处。对弈开始，执“鹿”子的一方先走，跳过一只“狗”，就算将这只“狗”子吃掉。但是遇有两只“狗”横在前面，“鹿”就不能跳吃，只好向空点移动。执“狗”子的一方每次可在棋盘中添放一子，设法造成两“狗”相连的局势，阻止“鹿”跳吃并限制其移动。待手中十六子用完，即可走棋盘上的子。这样一替一着，“鹿”尽量跳吃“狗”，“狗”尽量围困“鹿”。如果二十四枚“狗”子放完，“鹿”子仍畅通无阻，不会出现困死的局面，则“鹿”方为胜。如果“狗”子把两个“鹿”子赶到“山”上，不能再走，则“狗”方为胜。鹿棋由于棋路纵横，斜直交叉，又有两座“山”为“鹿”提供活动地域，因此变化多端，饶有趣味。现在，鹿棋在内蒙古的农区和其他民族中也很流行。有的地方叫作“狼吃羊”，即两枚“狼”子和二十四枚“羊”子。

藏族密芒、尼格尔、吉布杰曾

密芒

也称藏棋。所谓“密芒”，“密”即“眼睛”，“芒”是“众多”，故称“多眼棋”或“多目之戏”。密芒在历代西藏贵族阶层中十分流行。在民间还流传着藏王因下棋失败而丢失了政权的故事。17世纪初叶前，统治西藏的噶马王朝对喇嘛黄教采取迫害的政策。公元1641年黄教领袖达赖五世密约驻扎在青海的蒙古固始汗部派兵进藏，推翻了噶马王朝。此后，固始汗的蒙古兵就一直驻扎在西藏。达赖五世晚年把大权交给了亲信第巴·桑杰加措。达赖五世死后，桑杰加措秘不发丧，成了实际上的藏王。由于争权夺利，桑杰加措与蒙古驻军统帅固始汗的儿子拉藏汗关系日益恶化，最后达到了不能并存的地步。但因双方军力相当，又都不敢以兵戎相见。传说两人最后当众商定，以下棋来决定政权的归属。如拉藏汗胜，桑杰加措要拱手让位；如桑杰加措胜，拉藏汗要率部退出西藏。在众目睽睽之下，双方摆开阵势连下三局，结果拉藏汗获胜。桑杰加措只好交出了政权。每年的藏历四月十五日为“游园节”，旧时贵族们都在各自别墅的花园里邀集亲友，大摆宴席，除唱歌、跳舞等游艺外，也进行密芒比赛。密芒棋盘有纵横各十七道线，棋子分黑白两色。比赛时，持白子的一方先走。对局前要在棋盘上摆好十二个子，黑白各六枚，交叉摆放。这十二个子的位置是固定不动的。密芒下法与围棋有相同之处，但没有让子棋。对局双方如果实力有差别，一律用“贴目”的办法来解决，具体“贴目”多少由双方在对局前商定。密芒中所包含的游戏成分较多，不仅可以二人对下，有时也允许四人对下，甚至六人对下。每二人为一方或每三人为一方。每方下子前，同方的人可以随便商量讨论。密芒无正式比赛，所以不限制时间。一般人大约用三四个小时即可下完一局。但棋艺水平较高的人下棋则很慢，下一盘起码要花一天的时间，甚至还要通宵达旦。通常，如果夜幕来临而这盘棋还没有下完时，就要把这盘棋妥善放好，第二天经公证人及双方认可后继续对弈，直到终局。

尼格尔

即藏围棋。流行于阿坝藏族羌族自治州的红原、阿坝、若尔盖地区。尼格尔的棋盘为方形，上面纵横各十四条等距离的平行线，正中小方格内，画一条对角线，为中线。棋盘可以是六条线，也可以多至二十几线不等，但线条比要为双数。棋子为黑白二色，十四线棋盘各为八十八个，通常用石子代替。其布局是持白子的一方先在“中线”任一端布子，黑方则必须在“中线”另一端布子，然后按白、黑顺序，在棋盘纵横线交叉点任意布子，直至布满所有交叉点。行棋。黑方行走。黑子占有棋盘上一条横线和一条纵线上的各交叉点时，即可在棋盘上任意取去（吃掉）对方同等数量的棋子。如出现“尼格甲克”，即占有棋盘上一个小方格的四个角，可在棋盘上任意取去（吃掉）对方一子，占有几个小方格的四个角，便可吃掉对方几个子。黑方按上列情况取掉白子后，白方亦要按布局取掉黑子。若黑、白双方在棋盘上均无“吾亨”和“尼格甲克”棋形时，便抽去“中线”两端的黑、白二子。然后按黑先白后顺序开始行棋。行棋规定每一着只能依次走一格，每着只能沿横线或纵线进行，不得对角行进，本方棋子数少于棋盘线数时，可任意在棋盘上跳走。行棋中，走成“吾亨”或“尼格甲克”，便可按布局完后的吃法，吃掉对方的棋子。“然基克”吃法，即跳吃，一方棋子从对方棋子上跳过，便可吃掉对方这颗被跳过的棋子，连跳可连吃。行棋至一方棋子少于四子时，该方为输；或一方自己认输；或双方均无法吃掉对方棋子时为和。

吉布杰曾

吉布杰曾是一种类似围棋的棋，在西藏民间流传。用木炭在石板上或用尖石子在地面上画出棋盘。拣小石子做棋子即可进行对弈。这种围棋在西藏有不同的名称。拉萨地区称之为“吉布杰普”，意即王之争胜；林芝一带称之为“吉布杰联”，意即王之争王；在日喀则则又叫“达恣鲁恣”，即虎、羊之玩。棋的下法和形式都要由“兵”或“羊”围住“王”或“虎”。吉布杰曾有三种棋盘，基本形式相差不多。第一种有一个“吉康”（王宫）或只有一个“达仓”（虎穴）。棋盘画法为纵横五道，斜线六道，在纵三或横三一方上头加一个等腰三角形（画出等腰三角形的高和两腰连接线），即为“吉康”或“达仓”。这种棋盘共有三十一个点。一方持有十六个小子，在“吉布杰曾”中叫作“玛米”（兵）在“达恣鲁恣”中则叫作“鲁”（羊）；另一方持有一个大子，在“吉布杰曾”中叫“吉布”（王），在“达恣鲁恣”中则称“达”（虎）。对弈时，双方按规定布阵，持“吉布”或“达”的一方要把大子摆在“吉康”或“达仓”门口。持“玛米”或“鲁”的一方，有两种不同的布阵法。一种是在棋盘内的八个交叉点上布八个小子，其余八个小子待下；另一种是把四个小子布在内正方形的四角上。第二种棋盘上设有两个“吉康”或“达仓”，互相对称。棋盘上有三十七个点，大小子分别增加到两个和二十四个。大子分别布在“吉康”或“达仓”门口。小子布法有以下几种：一种是先布上八个子；另一种是平均分成四份，把六个小子布在四个交叉处；第三种是在原有的“吉布杰曾”基础上创造和发展的，这种棋盘设计了四个“吉康”，棋局纵横各九道，斜线十四道，共有一百零五个点。设四个“吉布”和六十四个“玛米”。对弈时，四个大子分别布在“吉康”门口，持“玛米”的对方则要把十六个小子布在棋盘内大正方形的十六个交叉点上。规定持“吉布”或“达”的先走，要想办法吃掉“玛米”或“鲁”，必须跳一子才能吃。若“玛米”或“鲁”把格堵死，“吉布”或“达”则要一步一步地走。持“玛米”的一方可根据战略需要将剩余的“玛米”动一步往棋盘上布一个，待手中的棋子全部布完后，则需一步一步地移动棋子。但按规定移动时，每个“玛米”不能连走两步以上，须挨另一个“玛米”走动。如果“吉布”或“达”被围住，“玛米”或“鲁”就胜了。相反，如果“玛米”

或“鲁”被吃得没有能力围攻，则“吉布”或“达”为胜。比赛时双方要轮持“吉布”和“玛米”，并需抽签决定，三局见胜负。

毛南族三棋、射棋、围母棋、簸箕棋

三棋

三棋是毛南族十分普及的一种益智性游戏。在毛南山的路边或山坳中的大树下，村中地坪上和乘凉休息的石板上，常常可以见到刻有各种供娱乐用的棋盘。工余时，人们围着棋盘，开展各种棋类活动。三棋棋盘由四个正方形、二十四条直线（成三支线）、二十四个叉点构成。游戏时，甲乙两方各下十二个子，分两步走，即先下棋子，后动棋步。甲乙两人对弈时，甲方先下一个棋子，乙方跟着也下一个棋子，双方依次轮流下棋，直至下满十二个棋子为止。下棋子时，三子落在一条线的，可吃掉对方任何一子。下完后，双方把吃掉的子拿走。然后动棋。剩下的子，一次动一颗，走一步。一方在一直线上排成三个棋子时，又可吃掉对方一个子，直到某方棋子被吃得多了，棋子分散了，无法使剩下的棋子集中在一条线上形成三子一线，即没法吃掉对方的棋子时，就算输棋了。三棋的棋子可随便找东西代替，可一方用小石子，一方用小纸团或小树枝。因此，开展起来十分方便。

射棋

射棋，毛南语叫“棋乒”，由三棋演化而来。因三棋比较复杂，毛南人把三打一简化为二打一，有时仍延续其叫法，称三棋。射棋的下法是开始双方各下六颗不同形或色的棋子。然后由一方先走，一次走一颗走一步。一方两颗棋子在一条直线上，而另一方只有一颗的，这颗棋子就被射掉。直到把对方的棋子射完，或是把对方的棋路堵死，使之动弹不得，即算赢棋。

围母棋

围母棋也称母子棋。其棋盘由二十五条线、十个正方形、三十二个三角形构成。称母棋盘。母棋只有一颗，子棋则摆在四周交叉点上，留下母棋进笼的交叉点。弈棋时，子棋先动，每次动一颗，母棋后动，每次动一步。母棋三次被围进中间交叉点后，子棋才能进中间交叉点，赶母棋进笼。母棋走进子棋两个或四个一线的中间交叉点时，子棋两头棋子（两个或四个）即被母棋扛掉拿走。母棋被围进笼子的顶角即输。子棋被扛掉的子多了，围不了母棋就算输棋。

簸箕棋

毛南语称之为“棋岸”。簸箕棋的棋盘由一个大圆圈套一个小圆圈、四个半径圆圈加横直两条线、二十一个交叉点组成。双方对弈时，各下六颗棋子（双方和棋子要从颜色或形状或品种上有区别）。一方先走，一方后动，一次走一步，一方的棋子被围得无路可走时，即算输棋。

第三节　其他类开智、益智、竞智运动

除了象棋、围棋类开智、益智、竞智运动项目以外，西部地区少数民族中还流传着一些其他类型的开智、益智、竞智的运动项目。主要有回族方棋，藏族藏棋、和尚棋、甲波得雪，彝族十六赶将军、月亮棋，侗族三三棋，土家族五码棋，景颇族走子棋，柯尔克孜族狼吃羊棋，毛南族牛角棋、禾剪棋等。这些项目都是各少数民族自己创造和开发的，带有浓郁的民族气息，反映出我国西部少数民族的聪明和才智。下面逐一予以介绍。

回族方棋

方棋具有浓郁的乡土气息和民族特色，在宁夏回族中极为普及。宁夏民歌花儿唱道："漫上首花儿下盘方，解一解阿哥的心慌。"方棋俗称下方，是回族群众喜爱的一项娱乐活动。一般在放牧牛羊的牧童和农闲季节的农民中进行。这项活动在民间世代相传，历史悠久，有广泛的群众基础。"方"就是在方盘上，一方的棋子摆成或走成彼此相连的方形时，才可吃对方一子，以成方多者取胜，故称"方棋"。方棋在各地回族中的下法都不尽相同。在宁夏泾源，方棋棋盘由纵横各七条线画成，方子点共四十九个，布局阶段，先下者为二十五个子，后下者为二十四个子。布满方子后，续弈对，先由后下者吃先下者一个子，并走子成方再吃一子，以抵消先下者多一方子的有利条件。然后双方交替走子。在宁夏海源，方棋棋盘由横七条线、纵八条线构成，共五十六个方子点。布满方棋子后，双方各吃对方一子，开始走子成方，吃子。双方各自走成七方后，再成方时，才能吃对方的方底或阻塞方口，这种方法称"照方"。在固原、西吉、彭阳等地，方棋棋盘也是横七条线、纵八条线构成，共五十六个方子点。布满方棋子后，双方各吃对方一子后开始走子，每完成两方后，才可以互相打断方底或阻塞方口。除此以外，民间还有"钉四马""溜方"等活动，其用具和方法与方棋大同小异。宁夏地区流行的方棋，是民间的"长腿方"，走子时如同象棋中的车，纵横可走，在无方子阻路的条件下，可走子成方或至预想的点上，走成一方可吃对方一子，但不能吃成方

的子。民间下方时，在土地上用手指划方盘，双方用子自选，一般一方用石子，一方用柴棍或羊粪蛋。现在下方棋比赛时，设棋桌、椅子，用统一制作的方棋盘（横七纵八的棋盘），方棋子采用围棋的黑白子。方棋器材简单，易于开展。

藏族藏棋、和尚棋、甲波得雪

藏棋

藏棋盛行于巴塘地区。对弈双方分别执黑或白棋子十二枚。白子先行，然后双方交叉行棋。棋子放子于各线的交点上，无论何方，只要纵或横排列三子在一直线上，便可吃掉对方的任何一子，并在吃去的地方做上标记。再行子时，无论何方均不得在该处下子。双方十二子下完后，改为走动棋盘上的各子，每次行一格，同样是三子排成一线时便可吃掉对方任何一子。当一方只剩下最后三子时，该方再移动对方棋子时，便不再受格的限制而可任意跳动，尽量排三子为一条直线，以便吃掉对方，直到将对方棋子全部吃完为止。

和尚棋

一方为“和尚”，持一黑；另一方为“水”，持十六子表示十六桶水。行棋时如两“水”中空被“和尚”插入，即被“和尚”挑“水”，提去两子。“和尚”以挑净“水”为胜。如“水”逼“和尚”入寺顶，是“水”淹死“和尚”，则“水”胜。

甲波得雪

俗称“困死棋”，藏语“甲波”为官或国王的意思，“得雪”为兵或佣人的意思。困死棋主要流行于四川阿坝马尔康县和理县的藏族农区，每逢年节或学生放寒暑假时都要举行正式的比赛。困死棋利用长短树枝、石头、豌豆、胡豆等作为棋子，在地上或石板上画好棋盘，棋盘为正方形，上有纵横各五条等距离平行线相交，两条对角线，四条中线，连接四边。共计十六条线段相交。布局时，甲方执“官”，拥有两子，乙方为“兵”，拥有二十子。将所有棋子摆在棋盘上，双方用“划输赢”的办法，确定谁先行棋。如“官”划赢，即可将两子中任意一子放在与自己另一子相邻的位置上，使对方棋子成一条直线上的交叉点上，构成能吃掉对方棋子的阵势，对方两个棋子中的一子便被吃掉。如“兵”方划赢，即可将两个棋子中的一子放在格子的任意一点上。如果相连的两子与对方两子在一条线上，则可不被吃掉。如果“兵”

方全部棋子被吃掉，则负；如“官”方被困死，即“兵”方二十个棋子全部摆在棋盘方格任意的各点上，“官方”为负。

彝族十六赶将军、月亮棋

十六赶将军

流行于云南大理巍山一带。以石子代棋子，布子十七枚，两人对抗，对弈时分攻和守方。守方执一枚大石子作“将军”，攻方执十六枚小石子为“士兵”。以将大将军逼入小盘中困死为胜。

月亮棋

棋盘呈半月形，用三个石子。一方执大石子一枚，另一方执小石子两枚。对弈时大石子要尽量避免与小石子走成对三角形，否则为输。

侗族三三棋

三三棋也称侗棋。三三棋棋盘由三个大小不等的正方形套在一起，有四条连接四角和四条连接三个正方形中点的线，共二十四个棋眼。双方各十二粒棋子，可用小石子、纸团等充当，但双方棋子的颜色应有区别。对弈时，按照轮流下子的顺序，把自己的子布在棋盘的交叉点，叫摆子。按规定先摆子者，在轮流摆完十二粒子后，由后摆子者先走棋。谁先三子成一线，就获得在棋盘上提掉对方任何一子的权力。棋子无法走成三子一线或无路可走时为输。下一局则由输者先摆棋。

土家族五码棋

五码棋是土家族农村常见的一种游戏棋。棋盘基础盘由横纵各五条直线构成，在基础盘的基础上，选每一边线的中间点相连成一被基础盘套在内的正方形，然后将基础盘的对角相连即为五码棋棋盘。五码棋为二人对局，每人五颗棋子。棋子以不同颜色或不同形状的实物区别，并将棋子分列于棋盘的两侧。开局用划拳或其他方式确定输赢，赢家先走。布棋沿直线起，一格为一步，一次可以走一步或两步以上，但不能转弯或越子走。以“挑”和“夹”的方式吃子。在一条直线的三个点上，两端为对方的子，本方一子走入中间点即为“挑”，可吃掉对方两端棋子。在一条直线的三个点上，中间为对方的子，其一端为本方子，此时再有一子走入另一端，即为“夹”，可吃掉所“夹”对方的子，以吃完对方的棋子为胜。

景颇族走子棋

景颇族走子棋分十眼棋和八眼棋两种。在地上挖小坑为棋盘，用光滑的泥弹子做棋子，也可用小石子代替。双方商定走子的先后顺序及决定第二、四、七、八、九、十格里各放多少棋子。第一格定为一子，第五、六格能放四子，其他由弈者自定，摆满为止。先走的一方，可拿其中任何一格的全部子顺前方每格提一子，放完为止。如摆完后前方刚好有一空格，就可将空格前的一窝子全部吃掉。对方走子方法相同，如第一次走时不会出现空格，先走的一方就要将前一格的拿出再走，直到吃子为止。第一轮之后谁要是走到前方有两个空格就得停下，让对方走棋，如此循环，直到格中只剩下一个母子方罢，就可任意从一格拿子行棋。二人对弈，甲方顺左走棋，乙方要顺右走棋。在选择拿子时也只能向前走，不能朝后，每方轮流执棋一次。在下棋时，既要计算手中的棋子数，也要计算前方各格中的棋子数和位置。以先将对方棋子吃完者为胜。

柯尔克孜族狼吃羊棋

狼吃羊棋是一种模仿狼与羊斗智的智力性游戏。在柯尔克孜族及北方许多地区都十分流行。狼吃羊棋棋盘的画法是先在地上画一正方形，然后对角画线相连，再以各边线中点为基点相互连接使框内成一米字形。然后再在已形成的四个小正方形中画线，构成四个小的米字形。最后在相对的两端中点处各画一角与棋盘相连的正方形，正方形内画一交叉线使其对角相连。至此，整个棋盘得以完成。其棋子可用树枝或小石子代替，狼方二子，羊方二十四子。行棋规则则为狼可以隔一子（羊）吃一只羊，与羊相邻则被羊堵。如果狼的四周都被羊围住，使狼无法动弹，则狼方失败。反之，狼将羊吃尽，则狼方胜。一般情况下狼若吃掉七八只羊，羊方就基本无取胜希望。

毛南族牛角棋、禾剪棋

牛角棋

牛角棋因其形状似牛角而得名。毛南语称牛角棋为“棋煞娄”。牛角棋有母棋一颗，子棋两颗。子棋先动，母棋后动。一次一步，靠对方走错取胜。只要不走错，就没有死棋或输棋。是少年儿童喜爱的一种智力性游戏。

禾剪棋

禾剪棋因其形状与禾剪相似而得名。其行棋方式与牛角棋相似，均为母棋一颗，子棋两颗。子棋先动，母棋后动。一次一步，靠对方走错取胜。只要不走错，就没有死棋或输棋。

第十一章　水上、冰上、雪地运动

水上运动除游泳及水上技巧外还有独木、皮筏及舟船等运动。是我国西部许多少数民族在生产与生活实践中创造和发展起来的。自古以来，在我国云南、贵州、四川、广西、湖南、湖北等地，多湖泊、河流，为居住在这里的一些少数民族嬉水、玩水、利用水提供了得天独厚的条件。使他们世世代代不但熟悉水性，会游泳，还能充分地利用这里的水资源发展一些水上交通，开展渔业生产。并逐步将生产、生活中的舟船应用到娱乐竞赛之中，形成了不同形式的舟船竞赛。就是在西北地区，也有很多少数民族自古以来形成了喜水、嬉水、利用水的传统。如在古代的西夏京畿，因其地近黄河，畿内河渠纵横、湖泊众多，这为这里的人们开展水上运动提供了便利。据《圣立义海·子孝顺父母名义》载："孝子践行□父母不忘常心下念故子道大践行道疑不水上至时舟坐至过渡以不至父母不忧思令。"《圣立义海·十月之名义》载："十月地始冻冰碎变过风浪击虹晛不现也。"《圣立义海·十一月之名义》载："十一月子属寒大时是□冰实实舟行难。"[①] 可见在西夏京畿是有舟船运动的。因《圣立义海》残本中多有缺失，水上舟船全貌难以全窥。同样，冰上及雪地运动是我国西部少数民族都十分喜爱的运动，特别是冰上和雪地运动更是如此。由于我国西部北方地区有许多少数民族都生活在那里的高寒地带，一年有长达半年以上的时间生活在冰雪覆盖之中。他们在长期的生产、生活及生存过程中，熟悉了冰雪的脾性，掌握了驾驭冰雪的技能。因此，他们也更钟情于冰雪运动。他们以冰雪运动嬉戏娱乐，也以冰雪运动生产狩猎，还以冰雪运动比赛竞技。当然，这种钟情是由来已久的，得益于他们世世代代的

① 罗矛昆《西夏文本〈圣立义海〉译注》，载《圣立义海研究》，宁夏人民出版社1995年版。

传袭。据《册府元龟》载："拔野古在仆骨东，其地丰草，人皆殷富，土多霜雪。……人皆著木脚，冰上逐鹿。"又载："结骨部在驳马国南，其人并依水而居，身悉长大，赤发绿睛，有黑发者以为不祥。人皆劲勇，邻国惮之。其俗大率与突厥同……其国猎，皆乘木马，升降山险，追赴若飞。"① 《通典》也载："拔悉弥一名弊剌国，隋时闻焉。在北庭北海南，结骨东南，依山散居。去敦煌九千余里。有渠帅，无王号。户三千余。其人雄健，能射猎。国多雪，恒以木为马，雪上逐鹿。其状似楯而头高，其下以马皮顺毛衣之，令毛著雪而滑，如著屧屐，缚之足下。若下阪，走过奔鹿；若平地履雪，即以杖刺地而走，如船焉；上阪即手持之而登。"② 马卫集在其《动物之自然属性》中还描述：隶属于突厥的还有基马克，这是一个既无村落又无房屋，只有森林水草的民族。那里冬天雪大，如果有人出去猎取，就把两块木板绑在靴子上。每块板子有三畹尺长、一拃宽，一端弯起犹如船头。就凭借这个穿越雪原，就像船滑行在水面一样③。隶属于突厥的保加尔人，住在积雪（从未）消融的地方，他们要出行，即在脚上绑上牛的股骨，手拿一对标枪，把它们向后插入雪地，推动自己的脚在冰雪的表面滑行，顺风走一天可走出很远的距离④。可见，在我国西北地区，因其积雪时间较长，自古就存在着溜冰滑雪的运动。不论是水上还是冰雪运动，都是我国西部少数民族智慧的结晶，这些项目一经产生，即被广泛流传，并承袭至今。

第一节　嬉水、游泳运动

嬉水、游泳运动在我国西部地区、特别是西部南方地区的很多少数民族

① 〔北宋〕王钦若等修纂《册府元龟》卷九百六十一《外臣部·土风三》，中华书局1960年版。

② 〔唐〕杜佑撰，王文锦等校点《通典》卷二百《边防十六·北狄七》，中华书局1988年版，1996年重印。

③ 马卫集（Sharaf Al Zamun Tabir Marwazi，公元1046—1120年），波斯呼罗珊谋夫人（Mave），于伽色尼汗朝至塞尔柱帝国易代之际，任飒秣建宫廷御医，著有《动物之自然属性》总二编，若干章，21节，阿拉伯文。1937年发现了完整抄本，英人米诺尔斯基译为《马卫集论中国、突厥和印度》，1942年由皇家亚洲学会出版。

④ 薛宗正辑注《突厥稀见史料辑成正史外突厥文献集萃》，新疆人民出版社2005年版。

中都有开展。如藏族游泳、傣族游泳、仫佬族游泳、撒拉族游泳、基诺族游泳等。

藏族游泳

藏族的游泳活动在唐代就有开展，五世达赖罗桑措就很喜欢游泳，而女子游泳活动在明代时就有开展。时至今日，藏族的传统节日“沐浴节”已成风成俗，每年都要开展。在四川阿坝牧区，一般人都会游泳，因为这里靠近黄河，人们经常要往来于黄河两岸，有时甚至还要赶着牛羊泅渡过河去放牧。平时牧民们还经常组织一些游泳比赛，比赛谁游得快。以最先到达对岸或者指定地点者为胜。在红原县，藏族过黄河时，就会将羊皮口袋充气绑在胸部，手拉马尾游过黄河。

傣族游泳

傣族居住区域处于亚热带和热带。他们喜爱伴水而居。《滇昭》载傣族“居濒江，一日十浴”“夷……男女性爱水”“掸……男子善游水”。暑天戏水降温，男女老少皆浴游于江。此俗沿袭至今并更盛。

仫佬族游泳

仫佬族生活在依山傍水的武阳江、龙江流域的仫佬山区。修建了大小水库十多座，其丰富的水利资源，使仫佬族人与水结下了不解之缘，也使他们练就了良好的水上功夫。在青少年中，就一直盛行着游泳与潜水活动。人们常把水果或石子抛到河里，限定时间，看谁先捞上来。有时还分组进行比赛，优胜者奖给水果，摸不到的则罚其游一定距离。有时也自发地组织开展一些不同距离的游泳比赛活动，这种比赛随意性大，是仫佬族人自娱自乐的一种形式。

撒拉族游泳

撒拉族居住在黄河流域循化一带及出峡口处。此地水势平缓，水质清澈，适宜游泳。撒拉族人游泳一般分徒手游和辅助器械游两种。徒手游有横渡黄河游，其游泳姿势有“单把游”“踩水游”“仰泳”等。辅助器械游有借助羊皮袋、木头、牛皮袋等进行的游泳。每当农历六七月，撒拉族青少年就会下水练习。撒拉族人也经常进行横渡黄河的比赛。其比赛分单程横渡黄河及双程横渡黄河。并事先约定好比赛所采用的游泳姿势，以先到达岸者为胜。也有以游到对岸，看游到对岸后，被冲到下游的距离长短判断胜负，距离短者为胜。

基诺族游泳

基诺族聚居地的基诺洛克山，地处亚热带，一年平均气温在十八摄氏度至二十摄氏度左右，境内河溪纵横，较大的有帕尼河和小黑江。居住在河溪附近的人们从小就开始游泳，并利用游泳技能捕鱼、捞木柴，跨江越河，往返劳作。每当夏季河水暴涨时，还会有不少游泳好手横渡江河。

第二节　水上技能技巧

水上技能、技巧是在游泳的基础上发展产生的。在西部地区，特别是西部南方地区，如云南、贵州、广西、四川、湘西、鄂西、甘肃、宁夏等地，许多少数民族都有自己的嬉水技能和水上技巧。这些技能、技巧自古以来因是大众传承，没有很好地挖掘整理成相应的传统运动项目，只有少数民族将自己的水上技能、技巧进行了相应的整理。主要有藏族水上技巧，土家族扎猛子、翻水跟头、逮水猫、水中倒立行走、水上漂滩、水下漂滩，傣族跳水，京族水中捉鸭等项目。

藏族水上技巧

藏族的水上活动有着悠久的历史。在唐代就很盛行，五世达赖罗桑措就很喜欢进行水上运动。明代还有女子参加水上活动的记载。在藏族的传统节日“沐浴节”，人们都会到附近的湖泊去进行水上活动。如花样表演、拉马尾游泳、花样跳水表演等等。

土家族扎猛子、翻水跟头、逮水猫、水中倒立行走、水上漂滩、水下漂滩

土家族扎猛子

在湖北长阳一带，土家族群众盛行潜水游戏扎猛子。扎猛子又称钻眯子。即头朝下，跳起来钻入水中，手脚并用向前划行的一种潜泳，潜泳距离远者可达四五十米。有的利用地形地物为跳台，跳起后头下脚上倒栽入水，然后潜泳；有的站在同伴肩上跳起后栽入水中潜游。如比赛，参加者依裁判口令同时入水，或逐个进行。入水后头部露出水面即停，以离出发点远者为胜。

翻水跟头

翻水跟头在水中进行，一人站于齐颈深的水中，另一人站其肩上，后空翻跳入水中。接着互换位置再翻。比赛时每两人一组，各组在同一出发线上

准备好后，依裁判口令同时后翻，先完成连翻五个跟头者名次列前。未翻跟头而落水时要重做。

逮水猫

逮水猫即水中捉迷藏，通常于深水中进行。数人潜入水中，一人逮猫，逮猫者只要用手触及露出水面者就算逮住，被逮者与其角色替换。首次逮者可自告奋勇充当，也可猜拳确定。

水中倒立行走

水中倒立走在齐腰深的水中进行。一人当裁判，两人比赛倒立走。裁判协助两人并排倒立于水中后随即放手，两人向前爬行，倒在水中即停，看谁倒立爬行的距离远，远者为胜。

水上漂滩

清江河滩多，水流急。许多地方的河面都是浪涛汹涌。当地的土家族人在长期的渔猎活动中，不但要有娴熟的游泳技能，而且还须练就穿急流过险滩的本领。据南朝范晔《后汉书·西南蛮夷列传》记述，古时此地选立土王曾以赛土船斗急流为选拔条件。至今，在清江流域的青少年儿童中，仍流行着水上漂滩运动。所谓水上漂滩，即横渡江河通过急流河滩，参赛人数无定。从出发点轮流跳入河中，游姿不限，冲过激浪抢渡河滩直至对岸站定。离出发点近者领先。头入水中或至对岸站立不稳都要扣分。

水下漂滩

水下漂滩、潜泳横渡的比赛方式与水上漂滩相似。逐个进行。潜泳冲过河滩至对岸站立不稳为失误，出水后离出发点近者为胜。

傣族跳水

傣族居住区域在亚热带和热带，喜爱伴水而居。《滇昭》载："掸……男子善游水。"尤在暑天，人们皆戏水降温，男女老少皆浴游于江。金平县傣族常在金水河中戏水，除游泳外还喜爱跳水。跳水地点在临江岩壁上，动作有前滚翻、后滚翻、侧翻入水等。

京族水中捉鸭

京族男女擅长游泳、潜水，夏秋两季经常进行捉鸭子的比赛。先将鸭子放入河塘、海滩里，然后人们下水去捉，在鸭群乱飞，潜水逃躲中比赛看谁捉的鸭最多。因此，水中捉鸭要有熟练的游泳技术和强健的体力。其比赛分个人、集体两种形式，均以所捉的鸭多者为胜。

第三节　独木、皮筏、舟船运动

居住在江河湖泊边的少数民族有很多，他们都会充分利用身边的水资源为自己的生产、生活服务。所谓靠山吃山、靠水吃水就是这个道理。因此，他们创造性地开发了一系列水上渔业、交通工具，并充分利用这些工具在生产劳动之余进行一些娱乐与竞赛活动。于是划独木、皮筏、舟船等活动就成了这些少数民族积极开展的运动项目。主要有苗族划龙舟，壮族扒龙船，瑶族独木划水，白族赛龙船、洱海龙舟赛，土家族独木穿急流、划树漂滩、划子漂滩、双人划子漂滩，傣族赛龙舟、赛舟，傈僳族划爬子比赛，东乡族羊皮筏子竞渡、羊皮袋竞渡、牛皮袋竞渡、骑木划水、夹木过河、扯牛尾竞渡，撒拉族放木筏、赛瓦，怒族划猪槽船，保安族羊皮袋竞渡、牛皮袋竞渡、羊皮筏子竞渡等。

苗族划龙舟

划龙舟是贵州台江、施秉两县交界地区几十个苗寨的节日活动。每年农历五月二十四日，来自台江，凯里、黄平、施秉、镇远、三穗、剑河等地三万多苗族民众身着节日盛装，喜气洋洋地云集在台江、施秉两县交界的施洞口和施秉线的平寨，尽情欢度为期四天的龙舟佳节。该地的龙舟节起源于何时，因苗族无文字记载，难于考证。只有循其民间传说，略窥一二。

据苗族传说，苗族的龙舟来历与其他民族大不相同。据说很久以前，台江县小江河边住着一位老人，名叫保公。一天他带着独生幼子下河捞鱼，突然狂风大作，阴霾遮天，江河巨浪拍天，从深潭中跃出一条恶龙，一下子将保公之子拖进龙洞去了。老人惊恐万分，立即潜下水去抢救幼子，却见恶龙早已把儿子咬死，并将其用来做枕头垫睡。保公愤怒至极，决心为子报仇。于是保公游回岸上，取来火种，在江面上燃烧，顿时江面上烈火熊熊、烟雾弥漫。紧接着大雨滂沱，一连九天九夜，天昏地暗，伸手不见五指，百姓啥也干不成，很是发愁。当时有一妇女带着孩子摸黑到江边洗衣，孩子将捶衣棒在水面上划来划去嬉戏，嘴里无意念道：“咚咚多！咚咚多!”谁知经小孩这一玩弄，天上顿时云清雾散，红日当空，人们高兴得欢呼雀跃，接着江面上飘出一道五颜六色的东西，大家跑去一看，原来是被烧死的恶龙，大家高兴极了，纷纷前去抢割龙肉。胜秉寨（今属施秉县）先到分得龙头，平寨（今属施秉县）次之分得龙身，榕山寨则分得龙腰，施洞去迟，分得龙尾，杨家寨去得更晚，分得龙肠子。当人们把龙肉分割走后，当夜恶龙便托梦说："我丧了保公的儿子，自己也赔了性命，但愿大家能行行好，用杉树仿照我的身躯，在清水江、小河江一带划上几天，让我像活着一样，我就会兴云作雨，保佑你们五谷丰登。"人们听了，信以为真，就照恶龙所言，先制一小舟试划，果然灵验。于是大伙纷纷做起龙舟来划。最初商定，按照分龙肉的先后顺序来划。如胜秉分得龙头，排在农历五月初六，以此类推。但此时正值农忙季节，妨碍生产。于是大家就将划龙舟的日期顺延，胜秉在五月二十四，塘龙在五月二十五，榕山在五月二十六，施洞在五月二十七，连续四天，并使此习俗一直流传至今。该传说所透露出的农耕社会祈求风调雨顺的思想随着时间的推移而得以传承。

此地龙舟与其他各地的龙舟不一样。身长四至二十一米，宽一米，由三根形直完整的杉木挖槽绑扎而成。母船船身粗大，中间分为六段。两侧并排绑扎的杉木各长十五米左右，各分四段，称为子船，供水手划舟站立之用。龙头、龙颈由一根二点五米的水柳木雕而成，上涂金、银、红、绿、白色，犹如真龙。龙头上一对龙眼炯炯有神，龙嘴含着圆珠，配上龙须和一对写有饱含吉祥祝福的对联及横联于弯弯的龙角之上。龙头昂首向天，可谓栩栩如生，神采奕奕。龙舟在临下水时，要备酒、肉、香、纸以祭之。在划龙舟的清晨，须请寨老一人于沙滩上面对龙舟念"嘎哈"，意为吉祥或保护神。杀白公鸡一只，以求神灵保护船上安全。祭礼毕，锣鼓齐鸣，龙舟驶入本寨河潭，绕潭三周，便驶往比赛地点。

龙舟上的人员有鼓头、锣手、水手之分。鼓头，是龙舟的主角，身着夏布长衫，外套是特制的镶黑边的红色或青色的绒背心，头戴特制的宽边麦草帽。坐于龙须处，背靠龙头，面向水手，按一定的节拍击鼓，但并不依照水手们划行的速度而改变节奏。由全寨人推选出来的德高望重的长者担任（也有的村寨采取轮流形式产生）。划龙舟结束，鼓头杀猪请酒的时候，就决定来年鼓头的人选。新鼓头推出，便将鼓送到他家，龙头也一并送去。当上鼓头的人是十分荣耀的。打锣手，立于距鼓头四尺左右，即龙颈和船身连接处，面向鼓头坐着，手提一面铜锣敲击，一般由男扮女装的十岁儿童担当。划舟时，和着"咚咚哆！""咚咚哆！"的节拍。打锣手身着精美的银饰衣，颈戴银项圈，显得十分华贵。打锣手是由鼓头的家族中选出的。由鼓头和打锣手这一老一少掌鼓击锣，寓为传说中的保公为独子报仇的故事情境。水手，共三十八名，由寨中剽悍的青年担当。（一般是义务参加，并不享受任何报酬，只有划舟结束后，在鼓头家或全寨聚集会餐。）在龙舟上，水手们按对称人数分立于两边子船上，船身共分四段，每段站四人，共十六人，两边共有三十二人，另有一名篙手，立于龙头部，母船尾端立着五人（最后一名为船手），负责掌握行船的方向和发出调节划桨速度的号令。水手每人手持一根宽十五厘米、长一点五米的划桨，身着紫色土布排扣短衫，下穿一色阴丹士林布长裤（不许卷裤脚），腰扎一条宽约一寸的钉上银泡钉的锦带，头上一律戴着精巧绣边的“马尾斗笠”，斗笠边沿插着三片宛如凤冠的银片。从前划龙舟时，每人还披蓑衣，头戴纸斗笠，以示初雨。水手的桨形如扁担，这也许出自传说中小孩嬉水所用之洗衣棒之故。

从农历五月二十四日起，正式举行划龙舟活动，各寨龙舟同一天向平寨进发，所过江岸，龙舟主的亲友们纷纷赶到江边，燃放鞭炮，载歌载舞地迎接，称之为“接龙”。接龙时还将所赠之彩绸、猪、羊、鸡、鸭、鹅等礼物挂在龙角上，以示节日愉快并祝赛舟夺魁。挂在龙头上的彩绸和礼物越多显得鼓头越受人尊重。当龙舟划抵赛场时，龙头上早已彩绸飞扬，龙角、龙颈、下颌等部位挂着成串的家禽。母船的槽中装满了成群的家禽，每个龙主喜笑颜开，感到无比的荣耀。竞渡这天，数十条龙舟排列有序。只等礼炮信号一响，竞渡开始。只见几十只身披红绸绿缎的龙舟，犹如蛟龙出水，竞渡于江中。顿时，锣鼓喧天，欢声雷动，条条龙舟奋力冲驰。竞渡赛程一般为五百米左右。

壮族扒龙船

云南富宁剥隘壮族龙舟竞赛始于明代，在每年的端午节都要举行名为扒龙船的龙舟竞赛。据说这种龙舟竞赛源于广东、广西，其不同之处是在每船的中间放置一红边大皮鼓，擂鼓人袒露着右肩臂膀，双手执鼓槌击鼓。另有敲锣、执钹、吹唢呐的。船的最后站着龙舟的总指挥。比赛开始，船上锣鼓喧天，水手奋桨齐划。岸上欢呼声、加油声响成一片。比赛结束，夺得冠军者，奖给烤全猪一头，以下各名次依次递减，最末一名奖给猪尾巴一条，以示鞭策。

瑶族独木划水

南方江河多，生长在水边的瑶族人，深谙水性。他们手持竹竿，脚踩独棵原木，用竹竿左右划水并保持平衡，使独木在水上滑行。在独木划水时，双脚要稳住原木，保持身体平衡，若遇激流，能平稳渡过，若遇礁石，也能灵巧避开，并顺利到达终点。在2010年于贵州省贵阳市举办的第九届全国少数民族传统体育运动会上独木划水已改为独竹漂，为全国少数民族传统体育运动会竞赛项目。

白族赛龙船、洱海龙舟赛

赛龙船

大理洱海海东地区，每年农历六月二十五日火把节都要举行赛龙船，此俗从一千多年的南诏时期一直沿袭至今。届时，洱海沿岸数十个村寨的白族人都会前往观看。艘艘龙船由东向西，绕过海心五百米插标处，划完一千米转回岸边起点处，首先到达者为优胜，得到奖励。白族龙船与其他各地不同。分大小两种。大船重十吨，长十三米，宽三米多，划手八十至一百人；小船重七八吨，长十二米，宽三米，划手七十人左右。白族龙船一般都很重视装饰。船前两边画二龙抢宝，或根据各村信奉本主（神）的喜好，有画黄龙，也有画青龙或黑龙的。船头画龙头，插彩旗数面，船尾画一朵莲花。船中央站一敲锣手，船尾站舵手，其左右前方各站一吹唢呐唱白族调的和摇柳树枝的人，摇柳树枝和敲锣者为船上指挥。

洱海龙舟赛

洱海龙舟赛是云南大理白族自治州白族人每年农历六月二十五欢度盛大的火把节之后，又一个传统盛典。按当地白族人的习惯，人们都要欢聚在洱海边，观看划龙舟比赛。洱海，又名叶榆泽、昆弥川、西洱河。北魏郦道元在《水经注》一书中说“叶榆县之东，有叶榆泽”，因形如人耳，故称洱海。洱海位于点苍山，即苍山脚下，是云南省著名的高原淡水湖泊之一，海拔1966米，北起洱源县的邓川，南止下关。六月的洱海，海水清澈，碧波荡漾，渔船往返，络绎不绝。洱海龙舟赛就在这里举行。方圆数十里的彝、纳西、傈僳、回、藏、汉等族民众都前来观光，十分热闹。龙舟一般是用大型木船改装而成。船上松板竖立，张灯结彩。两边船舷画有叱咤风云的黄龙、黑龙。船上设有指挥、舵手、呐喊者和身穿一色劲装的水手共六十名，个个精神抖擞，等待着号令。当主持者挥起彩旗，岸边锣鼓喧天，鞭炮齐鸣，围观者的呼喊声、掌声汇成一片。只见各条龙舟迅速进入插有标志的比赛航道，身穿各色劲装的白族健儿，奋臂划桨。极目远眺，一条条大船好似长龙出没在波光湖水之中，气势壮观，引人入胜。

土家族独木穿急流、划树漂滩、划子漂滩、双人划子漂滩

独木穿急流

独木，旧时为湘西一种水上捕鱼和交通的原始工具，演变为一项竞技娱乐活动。脚踩独木穿急流的竞赛，必须赤足踩在一根长八米，直径为十五至二十厘米的原木上，利用手中五米长的竹竿划水掌握方向，在奔腾咆哮的江河上航行。比赛分“撞龙门”和“冲滩”两种。“撞龙门”是以勇敢机智和娴熟的技巧取胜，类似现代的冲浪运动。它要求参赛者在三百米的距离内撞过八滩五湾，越过“龙门”。“龙门”为指定的终点处，八滩五湾需事先找好有滩有弯的急流河道。竞赛紧张激烈。竞赛者如落入水中则算失败，不计名次。这项竞赛一般只限男青年参加。“撞龙门”为“脚踩独木穿急流”的第一阶段比赛。“冲滩”是男青年都可参加的一项比赛。但男青年只有顺利通过“撞龙门”这一关，才有资格参加“冲滩”比赛。冲滩要求在流急而较直的河面上进行，赛程一般为五百米。终点处放鱼叉、渔网一类的奖品。谁先取到奖品谁为优胜者。这种比赛类似现在的划艇比赛，它除了借助于水的冲力外，还必须用力快速撑水推动独木前进，以求更快。

划树漂滩

划树漂滩是人扶于大树筒上，顺急流漂险滩，至缓流浅滩处靠边上岸。比赛人数无定，共同选定起止地点，逐个进行，参加者须紧贴树筒，保持平衡，漂过险滩而未掉下树筒者为成功，离树落水者为失败。

划子漂滩

湖北长阳土家族的“划子”为长约四米，宽约一米，两头尖的小船。用一根约三米长的竹竿撑入河中或两端交替左右划水前行。每人各驾一条划子，在指定的出发线上，依裁判口令“放驾!”参加者手持竹竿或撑或划，乘急流，冲险滩，时而冲向浪峰，时而掉下浪窝，一派壮观景象。先冲到终点线为胜，翻船或后到者为负。终点线可用漂浮物表示。

双人划子漂滩

划子前后舱各坐一人。双手划水前进。比赛时数只划子在起点线做好准备。依裁判口令，两人协同动作驶向浪滩，先冲到终点线为胜，翻船或后到者为负。

傣族赛龙舟、赛舟

赛龙舟

西双版纳泼水节的第一天傣语称“桑刊日”，这天，要在澜沧江横渡赛龙舟，以庆节日。这也是节日中最热闹的一天。据云南广南出土的铜鼓上的龙舟竞渡船纹，及傣文《泐史》的记载推定，云南傣族的龙舟赛至少有两千多年的历史。傣族的龙舟与内地有很大的不同。首先，龙舟为铁椿木制成，两头尖尖翘起，船舷上画着华美的彩纹，龙船披红挂彩，船头扎有木雕彩龙头，尾部除木雕龙尾外，还插上一根饰有彩带的竹竿。参加划龙舟的小伙子们，个个头上缠着一块红锦，十分英武。赛船一般以寨子为单位，船中站立着一人击铓锣指挥，船头几名健壮的青年，手握龙角，两脚紧蹬船身，随着铓锣声，有节奏地用力把船头往低处压，船尾三人站立用桨掌舵，其余分坐两排，手持桨牌，在铓锣声的指挥下，有节奏地划船。“嗨！嗨！嗨!”的号子声声相应，迅猛将龙舟划向对岸，夺取冠军。胜利者荣获优胜大旗和奖品，人们还为他们端来一碗碗米酒，撒去一把把糖果，在象脚鼓和铓锣的伴奏下，跳起传统的“伊拉贺”舞。1961 年西双版纳泼水节，周恩来总理还亲自为龙舟赛胜利者颁过奖。

赛舟

在云南的金平、新平、沅江等地，傣族人一般都用独木舟、双木舟作为渡河的交通工具，也作为划船比赛的竞赛器材。在傣族居住的江河之中，随处可见独木舟和双木舟。这种交通工具在傣族人的生活中逐步演变，成为有双重用途的船舶，既是交通工具又是比赛器材。划独木舟、双木舟比赛，是傣族的竞赛项目。特别是双木舟，可数人同划一舟。其比赛主要为竞速赛。

傈僳族划爬子比赛

傈僳族的爬子用八至十根碗口粗的竹子扎成，逢年节时，常进行划爬子渡怒江来回比赛，赢者得苞谷粑粑。

东乡族羊皮袋竞渡、牛皮袋竞渡、羊皮筏子竞渡、骑木划水、夹木过河、扯牛尾竞渡

羊皮袋竞渡

甘肃东乡族自治县的东部有黄河的支流洮河环绕，西南有大夏河，境内还有那勒斯河。临水而居的东乡族人民，学会了过硬的水上本领，用羊皮自制成袋，成为独特的单人过河工具。一人用一个羊皮袋泅渡称为“单抱”。刘

家峡水电站建成后，黄河河面变得更加广阔，东乡族人便经常在这里进行“单抱”竞渡。

牛皮袋竞渡

东乡族人用牛皮自制成袋，为双人的过河工具，称牛皮袋。二人乘一牛皮袋泅渡时，一人坐在半皮袋内，一人骑在上面手足并划。也称“双乘”。刘家峡水电站建成后，黄河河面变宽，经常会有东乡族人在此进行牛皮袋泅渡，也经常会有人在此进行牛皮袋竞渡。

羊皮筏子竞渡

羊皮筏子是东乡族人自制的一种渡河工具。东乡族人用它载人运货。一般来说，三人以上过河，就要用羊皮筏子。自古以来，边将使节、文士商贾，要在此处过河，必乘羊皮筏子。古人曾留下“不用轻帆并短棹，浑脱飞渡只须叟”的诗句，颂扬东乡族人独特的渡河方式。如今，东乡族人不仅用羊皮筏子进行渡河，还用羊皮筏子进行竞渡比赛。

骑木划水

居住在洮河西岸的东乡族人民，常在洮河水或大水池中骑木划水竞赛。其方法是二人背对背骑在一根木头上的两端，两手划水前进，竭尽全力划向自己一边，以在规定的距离内将木头引过来者为胜，然后调换方向再赛。在规定的次数内，胜多者为赢。罚败者“揪耳朵”“压鼻子”，予以处罚取乐。

夹木过河

洮河木筏，自古有之，在洮河沿岸的东乡族人民也形成了一种颇为实用的夹木过河竞赛。即数人顺河一线站开，每人腋下夹一同样大小木头，比赛开始，一手固定木头、另一手则用力划水，先达到对岸者为胜。

扯牛尾竞渡

洮河两岸的东乡族人民，常赶牛群到对岸河滩放牧。年轻人中有抓牛尾渡河的比赛，先到达对岸的为优胜，当天可以不放牧，由输者代劳。竞渡十分认真，赛前要选择身强体壮、善泅渡的牛。比赛中人与牛的动作要协调。

撒拉族放木筏、赛瓦

放木筏

撒拉族居住在甘肃的积石山一带，黄河从这里穿流而过。过去，从青海朵马羊曲至临夏州的黄河里有不少撒拉族的“筏客子”。他们将木头运往兰州等地，沿途经激流，过险滩，练就了一批撒拉族放木筏的能手。他们都有一套水上放筏的硬功夫，并将这种硬功夫运用到比赛之中，经常在河流中你追我赶比试技能。至今，在撒拉族仍还有抱木竞游的活动。

赛瓦

黄河岸边的撒拉族人民用羊皮筏、牛皮筏、木头筏横渡黄河。而最富有独特形式的还要数“赛瓦”。撒拉族人用直径五六十厘米，长三米左右的巨木作“瓦”。中间挖空。除独木瓦外，也有用数木联成的联瓦，并配有木桨。渡河时，瓦中载人，驾驶者站或坐在瓦上，双手持桨，在浪涛汹涌的水面上用力划动。几经努力才能到达对岸。有时兴致勃发的人们集中起来，专门挑选浪大水急的河段进行横渡黄河的比赛。水手们呼喊着高亢洪亮的号子，竭尽全力奋勇向前。以提前到达河对岸者为胜，如不分上下或不服输，还可以从对岸再渡回来。比赛扣人心弦。

怒族划猪槽船

猪槽船即独木舟。在怒江中的水流缓慢地段可使用。平时作渡岸工具。怒族“仙人节”时，人们常操舟竞渡，欢度节日，久成习俗延续至今。

保安族羊皮袋竞渡、牛皮袋竞渡、羊皮筏子竞渡

羊皮袋竞渡

羊皮袋竞渡是居住在甘肃积石峡口保安族人特有的一种渡河方式。羊皮袋一般为一人渡河的工具，称“单抱”。现已成为保安族的一项竞赛活动。

牛皮袋竞渡

用牛皮袋横渡黄河是保安族的一种特有方式，牛皮袋渡河一般乘二人，所以也称“双乘”。现已成为保安族的一项水上竞赛项目。

羊皮筏子竞渡

当有三个以上的人渡河时，就得用上羊皮筏子。现是保安族的一项水上运动项目。

第四节　溜冰、滑雪运动

在我国西北地区，许多少数民族一年中有大半的时间都生活在冰天雪地之中。因此，这些民族在长期的生产、生活中学会了和冰雪打交道，并形成了各具特色的冰雪运动。如回族滑冰车，达斡尔族滑雪，锡伯族滑冰，鄂温克族滑雪，鄂伦春族滑雪等。

回族滑冰车

滑冰车是宁夏的回族青少年儿童都喜爱的一种冰上娱乐活动。冰车一般都是自制的，有双刀与单刀之分。用一块厚约三厘米的长方形木板，其大小以能蹲或坐一人为宜。板的尾部钉一块垫脚后跟的木板，板底下装冰刀。双刀冰车的刀装在板底的两边；单刀冰车的刀装在板底的正中。如没有冰刀，钉上与冰刀规格相似的铁片也行。滑冰车时，滑行者双手各持一根木棍，棍头钉尖钉，滑行前或蹲或坐在冰车上，用木棍撑地，推动冰车向前滑行。其滑行动作与滑雪基本相似。转弯主要靠棍的支撑来改变方向。比赛一般为速滑，大都是青少年儿童自发地组织。此项目为娱乐性项目。

达斡尔族滑雪

达斡尔族盛行滑雪运动。旧时达斡尔族人自制的肯骨楞（达斡尔语，即滑雪板），是别具民族特点的滑雪器材和交通工具。选用轻巧而坚固的松木板制成的肯骨楞，宽约十二厘米，厚约三厘米，长一米多，前端略尖翘。为了保护肯骨楞，提高滑速，减轻上坡时的倒退力，用鬃尖朝后的公野猪生皮贴包肯骨楞的底面。男子们经常蹬着这种独特的肯骨楞进行滑雪比赛，或者穿行山林雪原，传递紧急情报。

锡伯族滑冰

锡伯族人的滑冰是传统的简便滑法。一是不用任何工具的打“滑溜”。先是有一段助跑，利用冲力，双脚在冰上往前滑去。身体可正面向前方，双脚齐进，也可以双脚一前一后，身体略斜。可站，可蹲，或站蹲交替。二是用工具的滑法。一种是蹬“冰滑子”，用一块和脚等大的木板，顺板中间钉两根粗铁丝，做成“冰滑子”（也叫“脚滑子”），把冰滑子放在冰上，一只脚踏上，另一只脚蹬冰，向前滑去。重心在踏冰滑子的脚上，快蹬时，蹬脚可以长时间抬起，叫“打单脚儿”。也可用绳子把两只冰滑子绑在双脚上一前一后不断交替助跑，在冰雪上滑动。另一种是撑“冰车”，用一块约一尺半见方的木板，底面平行地钉上两根长一尺半、高宽各一寸的木方子，再在两根木方子的中央各钉上一根一尺半长的粗铁丝，便做成了“冰车”。另外，做两把冰钎子，用二尺左右长的木棍，下端削尖或钉上尖端锋利的钉子，人坐在冰车上，双手用冰钎子撑着冰面或雪地滑行，可以互相比赛速度。

鄂温克族滑雪

鄂温克族人冬季狩猎时，脚穿自制的滑雪板在林海雪原中追击野兽，一日滑行八十公里。每年二三月间，鄂温克族人要举行滑雪比赛，以鼓励青少年学习滑雪。早期的滑雪板多以白桦树或松木为原料，长约一点六米，宽约十八厘米，前端呈弯状，翘度大而窄，后端呈坡形，翘度小而宽，中间略厚，置有绑脚皮带。现以（犴）皮包底，爬坡不易后滑，可提高速度。《黑龙江志稿》载："以木板长五尺帖缚两足，手持长竿，滑雪前进，则板乘雪力，瞬息可出十余里……运转自如，虽飞鸟有所不及也。"

鄂伦春族滑雪

在气候寒冷，雪深及马腹的林海雪原里，鄂伦春族人"骑木而行"的滑雪是必不可少的生活交通方式，也是锻炼身体的手段之一。滑雪板，鄂伦春语"亲那"，用桦木或獐子松制成，板宽二十厘米左右，长约两米。板分薄厚两种。在深雪中行进用厚板。滑雪板用皮筋绑在鞋底下。撑杆用没有节子的柳木等做成，杆长依身高而制，下端削尖或装上铁尖而成。

第十二章　武技、武艺、武术

武术，是中华民族优秀传统文化的重要组成部分，承载着数千年中国人的思想与情感，形成了博大精深的学科体系。它是由武技、武艺逐渐发展而成的。我们知道，一个民族的文化的形成过程，起主导作用的是这个民族的哲学思想。因此，武术拳理的形成实质，就是中国传统哲学在其技术之中的具体反映。每一个民族的武术，虽在武技技术上存在着许多共通之处，但都一定的本民族对武技技术、技法的独到理解。此外，武技的产生也离不开人们的生产、生活环境。这些因素都会形成各民族武术的独特民族特质。我国有五十六个民族，这些民族基本上都有本民族形式的武术，有些虽未形成套路式的武术形态，只有一些独立的单兵动作与兵器使用，但其实用性却非常突出。而且这些民族的武术技能还有着悠久的历史和世代的传承。如我国北方许多马背民族，其马上搏击能力及弓弩使用技术均有其独到之处。早在秦汉之际，地处内蒙古地区的匈奴就非常注重武功的传习，曾十分强大。据《史记》记载，匈奴人“儿能骑羊，引弓射鸟鼠，少长则射鸟兔，用为食。士力能弯弓，尽为甲骑”[①]。《史记》还记载了分布在内蒙古草原东南部的乌桓及鲜卑民族崇尚武功、勇武好斗的特征。《后汉书》载“乌桓胡骑”，“俗善骑射，弋猎禽兽为事，随水草入牧，居无常处。以穹庐为舍，东开向日”。“妇人能刺韦作文绣，织□□。男子能作弓矢鞍勒，锻金铁为兵器。”[②] 鲜卑族更是如此，他们不仅注重武艺的传授，更注重实战技术的训练。据《魏书》记载，鲜卑人常常举办集会，讲武习射。如平文皇帝郁五年“治兵讲武，有平南夏之意”。昭成皇帝什翼犍“五年秋七月七日，诸部毕集，设坛埒，讲武

① 〔西汉〕司马迁撰《史记》卷一百十《匈奴列传》，中华书局1959年版。

② 〔南朝（宋）〕范晔撰《后汉书》，中华书局1965年版。

驰射，因以为常”①。突厥人也是如此，甚至到了全民皆兵的地步。据薛宗正《突厥史》载：“突厥人既是牧人，又是马夫、马贩、兽医和骑士。”② 回鹘族也善骑射。据《金史》记：“上（金哀宗）即位至是八年（即至正大八年），从在东宫日立十三都尉，每尉不下万人，强壮�捷，极为精练。步卒负担器甲粮糗重至六七斗，一日夜行二百里。忠孝军万八千人，皆回纥、河西及中州人被掠而逃归者，人有从马，以骑射选之乃得补。”③ 党项族也不例外。据《汉书》载，党项族“迫近羌胡，民俗修习武备，高上勇力鞍骑射”④。总之，历史上曾经在这片土地上生活过的民族，基本上都具备了剽悍勇猛、崇尚武功的特征。由此看来，我国西部少数民族尚武、习武是有其历史渊源的。由于我国西部少数民族武术形式多样、内容丰富多彩，因此，我们只选择一些形成了武术拳术及器械套路的民族武术，择其具有代表性的一些拳种，对其具有代表性的拳术套路及器械套路简单地进行描述性介绍。

第一节　武术形态及风格概述

我国西部各少数民族的武术风格不尽相同，其基本特征各异。下面逐一予以介绍。

回族武术

回族武术的内容丰富，门派众多。是在吸收其他民族武术精华的基础上，将中华武术各门各派融会贯通，结合穆斯林的社会生活实践和风俗习惯，逐步形成、丰富、完备和发展起来的。乾隆皇帝曾说：“中土回人，性多拳勇，哈其大姓，每多将种。”是说回族有尚武之风，在武学上多有建树。现在，回族武术已养成自己独特的技击风格。其主要内容包括散打、长兵、短兵、拳术、对练、器械等几十种。回族武术的拳术有查拳、黑虎查拳、弹腿、华拳、洪拳、炮拳、八极拳、心意六合拳、回回十八肘、黄鹰架拳、六角式、廿四式、老架拳等。其中十路查拳、十趟弹腿、回回十八肘、汤瓶七式拳，均为回族独有的拳种，有所谓“回回拳”之称。此外，通臂劈摇拳、关东拳以及

① 〔北齐〕魏收撰《魏书》卷一《序纪》，中华书局1974年版。

② 薛宗正著《突厥史》，中国社会科学出版社1992年版。

③ 〔元〕脱脱等撰《金史》卷一百一十三《赤盏合喜列传》，中华书局1975年版。

④ 〔东汉〕班固撰《汉书》卷六十九《赵充国辛庆忌传》，中华书局1962年版。

明末广为流传的回回十八肘、汤瓶七式拳等，创始人均为回族人。这些拳术均以劲力别致、技法丰富、风格独特而风靡拳坛。回族武术的器械除刀、枪、剑、戟、棍、鞭、锤、钩、铲、斧等一般器械外，还有杆子鞭、索来拐、龙爪钩、五虎群羊棍、阿里剑、查刀、查枪等。这些兵器在其他民族武术中均少见，带有明显的民族特色。如杆子鞭，又称西域鞭，系一齐眉棍上缚一绳索，索端系一钢镖，镖重约七百五十克。据传，这种杆子鞭和五虎群羊棍均与回族牧马放羊有关，分别由牧马鞭索和放羊棍脱胎衍化而成。再如阿里剑，呈双尖双刃，尖处宽于把柄处，剑身两面俱刻有阿拉伯文字。据传，此剑原名“祖勒飞卡尔”，是第四大哈里发阿里配用之兵器。又如龙爪钩，形似龙爪，系由回族屠户翻牛羊肉的钩子转化而成。现在，群众性的武术活动在回族聚居区普遍开展，许多回族武术家还著书立说，为回族武术的进一步发展奠定了坚实的基础。

苗族武术

苗语称武术为“勾动”。它和“劳动生产”“功夫”“技术”属同音异义。谁的武艺好，则称谁“汝勾动”。苗族武术具有气势刚烈，步法稳健，招法多变，劲力突出，发招狠绝的特点。而且，不管是拳术还是器械套路都是打“四门”，形成“四门拳”“四门棍”“四门刀”“四门镗”等“四门”套路。在实战搏斗中，苗族武术采用脚踩“品”字桩，攻防兼顾，以变求胜。进退中之走“之”字，宛若游蛇行走，确保进退灵活。苗族武术有徒手和器械两大类。徒手俗称“苗拳”，含礼示、基本功、花架子、策手、点穴等五种程序招式。礼示用在以武会友，基本功是武术训练基础，花架子多用于表演场合，策手、点穴是绝招，殊死格杀时突然出手，置人于死地，因此，一般场合下也很少使用。器械分硬器械、软器械和暗器三种。硬器械主要是棍、刀、叉等。软器械主要有鞭、包头帕等。暗器主要有飞刀、戒子针等。苗族人尚武，有“舞拳舞棍”之习俗。无论男女老幼，都知道一些技击的常识。此外，苗族人在传授武术时十分注重武德的教育。古往今来，师傅在授艺之前，都要求徒弟在祖师的灵前发誓“遵师守训”。因此，苗族人虽习武者众，但滋事者无。且习武者皆为脾气好、知礼节、重义气、肯忍让、诚实本分之人。

壮族武术

壮族武术源远流长，在广西宁明花山的明江河畔，沿岸岩壁上画有许多赭红色岩画。据《宁明州志》载：“花山距城五十里，江上峭壁画有赤色人形，皆裸体，或大或小，或持干戈，或骑马。而且沿江两岸崖壁上如此类者多有。”这是壮族先民骆越人绘制的，距今2000多年。其中，有些岩画呈练武功架，酷似左江流域的壮拳功法“七步铁线椿功”。壮拳的特点是动作彪悍粗犷，形象朴实，功架清晰准确，沉实稳健，拳刚、势烈，多短打，擅标掌，少跳跃，秆拳时结合使用壮语发音，借声气催力。该拳种采用“站椿”“打沙袋”“打树椿”“走梅花椿”“七步铁线椿功”等功法练功。在攻击防守上，壮拳的拳和械力主架实劲猛，出入变化以灵捷为导，发劲与声气合一，进退以四门为径，适宜在广西山区演练。

侗族武术

侗拳是侗族武术的典型代表。在广西三江侗族自治县及湖南的一些侗族聚居区，流传着一种古老的武术拳种——侗拳。据民国时期广西《三江县志》记载，明清时期，武术就在侗族地区流传。另据三江侗族老拳师梁同济收存的侗拳拳谱记述，1942年，湘人杨朝英为丰富侗拳的技术内容，吸取形意拳、赵家拳的一些技法，使侗拳的技击性有了长足的进步，并在侗族聚居区广泛流传。其套路有八步八开拳、三扳手拳、嗦步（侗语音）、玉头拳、棒坛拳、独坡拳、六步拳、牙屯堡拳等。其特点为动作快速迅猛，劲力充实，多手法，少腿法，擅用桥手功夫近身短击。身法灵活多变，时高时低，错落有致。腿法以隐秘踹击发暗腿为主。步法动时势频，定势沉稳，以“四门”和“田”字步为主。套路拳式短小紧凑，适宜在庭院及山地演练。其练功功法多以站桩、走桩为主。

瑶族武术

瑶族武术讲究精、气、神。其动作原始古朴，招式明快，吞吐沉浮，粗犷豪放，保持矮桩。在实战及演练中，常以发声吐气催力，动作结构与其生活环境山地丛林相适应。现存套路有剑皇舞、关刀舞、双刀舞、南太极、盘王拳等基本套路。

土家族武术

土家族自古有尚武之风。传说中被奉为土家族祖先的“八都大王”，个个武功超群。土家族武术多短打近攻，动作迅速，拳势猛烈，刚劲有力，以声助力。声有“嘿、哈、噫、咦、哒”五音，音通五脏，以音练功。在土家族聚居的湘西地区，山高林密，要求习武者在狭路、绝壁、险峰之处克敌制胜，故土家族武术多以弓步、马步为主，讲求稳扎稳打，落地生根，有“拳打卧牛之地”的特点。土家拳法要求冲拳有力，以立拳为主，向前下方冲，击打对方的心窝、腹部、裆部，手型主要有柳叶掌、吊钩手、金刚指，步法多为蛇形步、标梭步、距步、撒步，常见的腿法有刹腿靠腿、提退、踩腿等。土家族人习惯上称武术为土拳。土拳含拳术、器械与气功。土家族武术虽然不断吸收外来的拳械套路，但始终保留了本民族的特点。其拳术套路有五十四套，器械套路有七十八套，稀有器械有三十多种，气功则以硬气功为主。土家族武术的练功方法系统比较完整。首先练桩法，提气练功；再练箭桩与柔韧；接着练轻功与吐纳术；最后练拳功、掌功以及策手与散打格斗。传统的练功方法很多。练腿功有拔腿铲树、踢嗓、腿上绑铅瓦等。练上肢力有卧虎伸筋、卧牛啃草、举石担石锁等。练腹部力有倒挂金钩等。此外还有硬掌功、头功等，其方法均有独到之处。土家族的武术器械大都源于生产与生活用具，有携带方便、一物多用的特点。如烟袋杆子，一般长一米，杆身为南竹、茶树等制成，两头有铜质烟斗和烟嘴。平时用来吸烟和作拐杖，遇敌时可做武器以迎敌防身。又如八角拐，属短器械，练时套在手臂上，拐长六十厘米，宽约三十厘米，呈井字形，以钢或杂木制成，除靠内臂的一根较短，只有一头为笔尖刺外，其他每根两头均为锋利的笔尖刺。用时可架可绞，前刺后顶，尤有利于保护自己。再如宫天梳，用钢或铜制作，古时为木质，长三十厘米，有梳刺十二根，梳背两端有锋利的棱角，中有椭圆小孔，四指穿握。有峨眉刺两头扎和鱼叉多刃刺的特点，以“拔花手”为主，打击敌人，并可用“缠辫护头”的招式保护自己，等等。

傣族武术

傣族武术源远流长，早在汉代已具雏形，唐代已成系列。在唐代，南诏政权辖管的傣族地区就有秋后练武术、习刀剑的军训制度。据《蛮书》载：“每岁十一月、十二月农牧既毕，兵槽长行文书境内各城邑村谷，各依四军，集人事柁剑甲胄腰刀，悉需犀利，一事阙即有罪。”当时，有一支以傣族人为主组成的“没命军”，曾是南诏军队中最有战斗力的一支部队。此外，从勐海、勐遮街的缅寺中发现了一些傣族人练习武术的壁画，其中有练拳的，也有练刀枪的，说明武术在傣族地区的流传有着悠久的历史。傣族武术练习时路线多以十字形和圆形来回运动，范围较小，形式多样。可一个或多人在中间跳孔雀舞，其他的人围绕圆圈练习拳术或器械；也可一人打着象脚鼓起舞，伴随着一人或多人练习拳术或器械。有时小伙子在练武，姑娘们则在旁边以孔雀舞相随而动，场面活泼欢快，是傣族武术表演的独特之处。傣族武术讲究突快突慢，刚柔相济。要求手、步灵敏，判断准确，有兔子的灵敏，鹰的眼力。傣族武术风格特独、种类繁多。拳术类主要有：三坑式、四坑式、五坑式、六坑式、十二坑式、四门拳、美人拳、木桩拳、虎拳、猫拳、打狗拳、孔雀拳、象牙拳、卧式翻桩拳、二十五掌梅花拳等。器械类主要有：单刀、双刀、三把刀、四把刀、贯线式、象牙刀、傣族大刀、匕首、长棒、两节棍、三节棍、铁铳、铁齿、锏夹等。对练主要有：单刀对双棍、双刀对棍、四门拳对练、徒手对双刀、象脚鼓对踢等。

拉祜族武术

拉祜族武术有自由拳术、虎拳、鸭拳、猴子拳、鸡爪拳和老熊翻身拳等拳种。器械有扁担术、单刀防兽术、单刀防身九法、小少术（使六把小月）、双月、双棍及棍术招架功等。自由拳术讲究用掌和肘，以短小的冲拳和勾拳为主，脚法较少，有的动作模仿大象，攻防意识较强。扁担术简练实用，全套动作有五攻五守十个回合。掏心棍则实战性极强，除了简单的架、拨、挡等防守动作外，其余动作都为掏心和扫脚而设置。单刀防兽术多模仿拉祜族“砍地”动作，也称“涮地式”，主要以低平横涮为主，直砍对方的脚跟，以使对手失去战斗能力为目标。单刀防身九步法则是纯防守的套路，在地上置九个小坑，以坑练步法，以步法带刀法，是一种很有特点的练习刀功的方法。拉祜刀只有一肘多长，刀头呈月牙形，很适应丛林作战和格斗，既是生产工具，又是防身武器，也是拉祜族男子的随身之物。

阿昌族武术

阿昌族人喜爱武术，男子从小练武，很多人都会一些刀术、棍术或拳术。阿昌语称拳术为“砍过”，称刀术为“猫赖过”，称棍术为“幌赖过”。其拳术有公鸡拳、猴拳、十字拳、羌子拳、打通街拳、翻他龙拳、四马回头拳、大蟒翻身拳、四方拳、猴子挑水拳等。刀术有阿昌大刀，三十六刀半、藏刀、朴刀、双刀等。棍术有合棍、十四门棍、两节棍等。阿昌族武术不论拳种还是器械，很多都带有形意的特点，讲究干净利落、出奇制胜。

德昂族武术

德昂族武术具有防守严密、出击利索、力度凶猛的特点，既有很强的防身自卫实用价值，又有很强的观赏价值。德昂族武术十分注意培养拳手运用左拳出击的能力，在实战中，常以凶猛刁钻的左拳为绝招，故德昂武术界有要“以左拳定输赢”的说法。德昂族拳术有左拳、梅花拳、崩龙拳、小四门拳、戞贺晃拳、二十一步套门拳、北走拳、箩簸箕拳、左震脚、北足拳、拨大压拳和狗拳。器械有德昂棍术、长刀、崩龙棍术、五刀半、十二动双刀、十七步刀、十二步棍、双剑、三叉、钩镰等。

第二节　武术的拳法、拳种

西部各少数民族武术的拳法、拳种自成一体，其民族特色鲜明。如回族的弹腿、回民七势、回回十八肘、护身拳、通备拳、白猿通背拳、八极拳、查拳、心意六合拳、八门拳、八门驷拳、环子捶、汤瓶拳，苗族的舞吉保、苗拳、蚩尤拳，壮族的壮拳、洪拳，侗族的侗拳，瑶族的盘王拳，土家族的土拳、十二埋伏拳、鸡形拳、虎占山捶，傣族的傣拳，拉祜族的自由拳、老虎拳、鸭形拳、鸡爪拳，阿昌族的阿昌族拳术，德昂族的梅花拳、左拳等。

回族弹腿、回民七势、回回十八肘、护身拳、通备拳、白猿通背拳、八极拳、查拳、心意六合拳、八门拳、八门驷拳、环子捶、汤瓶七势拳

弹腿

也称“潭腿”“踏脚”，其渊源众说不一。据《平泉县体育志》载：“清乾隆十六年（1751 年）沧县大褚村回族拳师回万良去平泉谋生而定居于此。一日，一奉天拳师，人称戴七套归家途中，病倒于三十家子村。回闻讯将戴接至家中，请医调治，愈后授艺三载。回自幼习武，为练力，青年时，日抱牛犊绕房转，犊长其力增。犊长大，他攀牛角与牛角力，必将牛摔倒。其技与力扬名平泉。时某亲王闻讯欲角技，回暗忖，与此等人比武，伤之不敬，故提议仅以‘拔萝卜’之法角力，亲王败，特举回于军中任职。回所居之地久成村落，现名为二道河子八沟小回庄。”又载：“该县之弹腿门武艺为沧州大褚村回万良所传。”也有说是由于它创于山东龙潭寺或潭家沟，故又称“潭腿”。还有说此功为清同治年间，在回族农民起义军中流行的架子功，后因起义失败流落至宁夏境内，改称“踏脚”。现弹腿已传播至京、津及承德等地。

弹腿的特点是发力迅速，有如弹丸射出，故称弹腿。其套路动作结构严谨，静则端正舒展，动则出手迅速，出手干脆，刚健有力。其手型步型、手法步法左右兼顾，完整协调。进攻时以脚为拳，采用踢、踹、撑、绊、里合、箭弹等动作，而双手则用于防守，采用冲、搂、推、架、盘、肘、抡、劈等

动作，功架要求势正招圆，身法工整。

习练弹腿强调内练精神、气息、劲力、功夫。外练手、眼、步法、身法。技术上突出以腿为先，以步带腿，步步有腿，从而在换步起腿之间运用蹬、弹、踢、撑、磨、拔、盘、钩、挑的技法，做到“手似两扇门，全靠腿打人”。练习弹腿的功法有站桩、靠腿、发力三个方面。站桩主要是以站马步桩、虚步桩等静力性练习来增强腿部的力量；靠腿主要是练习踢腿，要求踢出去的腿脚要绷平，重心要稳；发力主要是练习突然发力的能力，要求拳脚“发力于腰”“力达于梢”。弹腿单练套路共十路，有口诀。口诀因流传地不同而略有差异。上海等地口诀为：头路冲扫似扁担；二路十字人拉钻；三路盖捶双披打；四路撑磨生奇关；五路栽捶登来临；六路堪管封毕然；七路双称十字腿；八路庄跺如转环；九路碰锁重闪门；十路栽花如箭弹。宁夏等地口诀为：头路顺步人难挡；二路十字用脚尖；三路劈盖夜行式；四路撑拌把人拦；五路扑步架叉搭；六路蹬踹又转环；七路搬盘防贯耳；八路单展奔耳前；九路逢锁阴阳手；十路踢打速前弹。青海等地为：十路弹腿教门拳，下势分掌腿在先。一路弹腿扁担势；二路十字巧抬钻；三路抄砸英雄势；四路云手左右盘；五路挑打摸腰功；六路搂手向前看；七路抄砸鹞子势；八路分掌五虎拳；九路手捧阴阳锁；十路长盘为箭弹。弹腿砸打不怕苦，无穷奥妙在里边。

回民七势

也称七士、齐势。据传，宋太祖赵匡胤率兵攻打西关时，回族人群起抗击，并创此拳。民国时由河南传入陕西，现主要流行于陕西宝鸡地区。其拳术基本套路有七势、十三势、三跪炮、五趟圣拳、六路转、十路弹腿、软砂掌搓功等。器械基本套路有大八枪、二十四截刀、马上三十六春秋刀、步战十八刀等。

回民七势动作质朴、攻防性强、突出搓劲；劲道刚中带柔，以刚为主；动作虚虚实实、身法张合吞吐；步法进退趋避，架势偏低，以扎根稳盘，练下盘功夫为主。拳术布局开阔，多走直线；器械则多打四门。套路节奏清晰，动静分明。

拳理上讲明三节、齐四梢、闭五门、观六路、听八方。有拳诀如下：“上阵如猛虎，下场似绵羊，斜身拗步逞则强；脖要钩，眼要亮，眼观六路听八方；手眼身法步，五路要合堂，无论何势皆扣裆；手要快，眼要张，身法步法且莫慌；敌人进得急，还招不能忙，闪转腾挪把他挡；势如认招当急上，出手要黑莫待搪；他如进我招，提防是虚晃，全仗进退似鹰扬，立势如钉钉，行步赛风狂，借力打人甚是强；缩要小，伸要长，借势进展敌人伤。”还有“长力贵力足，非长手不能达气与人搏斗；短手能自顾，非短手不能自保；长短手互用，方刚柔相济；练到周身灵通处，周身龙虎任横行，掌心力从足心印，一指霹雳万人惊。”

基本功有：腿功，含靴功、悬功、踢功、弹腿等；腰功，含蛋环腰、甩腰、翻腰、滚腰等；站功，含金钩卦、脑后掌、恨地无环、恨天无把、捧香炉、白猿扶桃、护心掌、霸王举鼎；桩功，含金龙滚沙、翻江搅海、铁牛拱地、顺气灵、铁扁担、黄鹰探爪、合叶掌、软砂掌、铁砂掌、双兑拳；演脚步，用弓步、马步进行行进间练习；鼎功，练头、肩、手、肘、指；八段劲，有含锦等。

回回十八肘

据传，回回十八肘由穆斯林先知穆罕默德所创，元时传入中原，且代代相传。在传承的过程中，每代必须选拔一名品德高尚、信仰虔诚的穆斯林来继承。至清乾隆年间，清真寺阿訇白锁成向“回教正”大伊玛木学习回回十八肘。清道光年间，白氏将此拳传给北京教子胡同清真寺阿訇李子光。光绪年间，李子光又将此拳传给通县清真寺阿訇杨万禄。后杨万禄传居魁。至此，居魁已是第五十四代传人。

回回十八肘以肘法为主，即以肘尖和接近肘尖的臂作为进攻和防守的武器。肘，在拳家中称“中节”，从技击来讲，屈臂为肘，乃硕而尖，是风险利器，攻击力强，招式稳而速，短而险，变化莫测，可攻可守，简便易行，往往只一击即反败为胜。拳家在技击中一般讲究“远使手，近使肘，贴身靠打情不留”。有拳谱曰：“肘打四方人难防，手肘齐发人难当。”“宁挨十手，不挨一肘。”回回十八肘有十八个单练套路，其手法、步法、腿法、身法等，都是以肘法派生出来的，或以肘取胜产生的。回回十八肘的实战原则为先肘后手，以肘为主。其肘法有压天肘、顶天肘、撤地肘、横肘、坐地托天肘、连环肘、仆地肘、横天肘等。

护身拳

属义和门。原名“护符拳”。据传，此拳始于清末义和团运动时期。义和团失败后，团员李忠厚从京师一带流亡到湖北武汉一带，行医经商，兼贩药材，常在汉江回族马贵基父亲所开面店歇脚吃饭而与马家往来甚密。为感谢马家，遂将护符拳传于马贵基。并赠《护符拳》手抄本拳谱。后马家迁居陕西，遂传此拳于当地。护身拳的特点是运招迅速，曲线绕进；结构严谨，擅发寸劲；以声催气，以气催力。其徒手套路有开门、扑虎、铐子、护身短打、护身阴阳掌、青红醉子、青红衿、回守等。器械套路有青翠剑、护身刀、护身枪、护身棍、凤翅镏金镋、大刀、双钩、飞镖等。练功功法有刀枪不入、石锁、荡沙袋等。护身拳重视身、手、步法练习。其手法讲究劈、扇、砍、抓、扎、挖、抠、卡、拧、掐；拳法讲究冲、劈、挑、抢；步法讲究窜、跳、跃。拳理为阴阳八卦。有口诀“护身拳练两大神，先是眼神后精神”和“护身拳，拳脚练来拳脚熟；招打快，远离长捶近短打；矮蹦解靠，缩小软绵；内练一口气，外练筋骨皮”。护身拳以八卦玄学为理论基础，演练时要念咒语，着前胸缀“青红二龙”，后背书“七星高照，瞻望北斗”，衣里肩部有八卦中“坎”字之黑衣，或着“十三太保”服（黑色，以纽扣数为十三而谓之）。

通备拳

通备拳在明代即流行民间。清末，武师潘文学在湖北等地传播此拳。后传至黄林彪，并由其传入京津地区。宣统二年，天津中华武士会成立，通备拳被列为主要科目之一。通备拳的三传弟子马凤图在民国期间进一步完善了通备拳系。将披挂劲融入了翻子拳和戳脚拳架，创编了通备翻子拳，丰富了通备拳系的技法，并广传于沧县、天津、兰州、沈阳等地。新中国成立后，通备拳被列为武术竞赛项目之一，现遍及全国。由于清代后期通备拳也曾称“通臂门”，故在一些武术专著中，被看作是通臂拳中的一支。

通备拳多实战招法，以长为主兼有短打，以猛劈硬挂为主，长击快打，兼容短手。其技击讲求吞吐伸缩，放长击远，回环折叠，虚实往返，招法珠连，速进猛攻。要求力以圆动，以腰为本，流裹翻转不息，动作特点为拧腰切胯，合膝钻足，吞胸凸背，缩肩藏头，前握后扣，两臂条直，溜臂合腕，两臂劈挂。腰似转轴，身似鞭杆，手臂似鞭梢，周身之力通达于肢端。步法多为激绞连环步（拖拉步），即进步跟步连合交织，步步连环，逢进必跟，逢跟发进，进跟连环，互为子母，快速连贯。以滚、勒、劈、挂、斩、卸、剪、采、掠、摈、伸、收、抹、探、弹、擂、砸、猛十八字诀为要义。

通备拳拳术套路有通备大架（母拳）、通备一路（劈挂拳）、二路（青龙拳)、三路(飞虎拳)、四路(泰素拳)、五路(八震拳)等。其器械套路有通备大剑(七十三剑)、通备小剑(祥袍剑)、劈挂单刀、疯魔棍、大小扭丝棍、蒲团棍、乱劈柴、奇枪、三节棍、鞭竿、寿秋大刀等。此外,还有十趟弹腿与十二大趟子等。

其中通备一路(劈挂拳)讲求腿法灵活,提膝护胸,勾足蹶肋,伸足朝天,左右抹面(十字被红)。功正劲整,架子舒展大方,气力贯通,以气贯力。以根力催腰力,以腰力催梢力,滚翻迅速。以丹田气贯通,发劲饱满,气沉则劲透。举轻落重,冷脆硬弹,气随意念,力在丹田。亦以脚为根,手为梢,腰为轴,以意催气,以气带力,气贯小臂与手则以丹田气为本。意随于心则机警如猿,气催于根则力如熊虎之威猛。气催于腰则是灵腰似蛇,气贯于稍则迅猛如鹞鹰之搏翼。甩膀抖腕遥击、圈拦、捆锁。讲究滚勒劲、吞吐劲、劈挂劲、翻扯劲和辘辘动等劲法,用力圆润,雄厚,快速敏捷,刚强有力。来无踪,去无影,手似流星,眼似电,腰似蛇形,脚似钻,迅速敏捷。要打的手手似蛱蝶翻飞,柔里调刚,无不具猿臂、蛇腰、龙腾、虎跃之象。形如鹞鹰之翻展,碾转之迅速敏捷。通备一路(劈挂拳)之引手,是引蛇出洞而后击,速打七寸,猛打手连手,真真假假是虚实,攻其不备。

白猿通背拳

据传,为明末清初奉天府(沈阳)武官马龙彪所创。后由第五代传人李志文(李翁)传西安人穆志杰。故此拳在西安一带流传。

白猿通背拳是以猿背或猿臂取势而得名,俗称"通背猿猴"。与猴拳有很大区别。此拳以其独特的伸臂和打击动作而显名于武林。以多手法,多掌法,多击面招法,以及胸胁柔放,肩松臂长,翻转以腰为轴,吞吐开合,以胸为门,以柔为基,拳势刚猛浑厚,连贯顺达,节奏性强,布局开阔为其基本风格。也就是要求伸臂动作力由背发,两臂灵通,将上身之力贯注于臂力之间,击打动作讲究放长击远,抡臂成圆,高态快下,闪展穿插。使整套拳法挟功用巧,交错攻击,聚则成形,散则成风,处处体现着劲力脆放特色。白猿通背拳极重视基本功训练,一招一式都从打桩击袋开始。先求功硬而后求艺通。打桩时右拳左掌,前后进取,拳掌变幻,肩背协调,其中活腕拆拳,力点准确,打袋时采用拍、摔、劈、剁的动作来练手臂劲力,磨炼出种种功夫。一般以单腿半蹲站桩、虚步前后抡劈掌、虚步挑掌、虚步双抡劈掌、虚步前后双甩掌、虚步双摆掌、虚步双撩掌、虚步双按掌、虚步双劈交叉抡劈等方法来练习基本功。“练拳先练功，功到自然成”用于描绘白猿通背拳的习练是再合适不过的。白猿通背拳共有二十四式，其中包括四大名山、八手连拳、十二连炮变手等。式中步型、步法多以小开门四六虚步为主，注重手、眼、身、步协调。腿法要求抬腿不过膝，尤重七寸低腿。实战时用暗发腿法配合明发手臂，上击下晃、明暗有序。以中拳为进攻方法，并由中拳进攻变为右闪位防。通过四路中拳的攻防及手眼身法的合一，起到退敌、攻防的作用。练习白猿通背拳用棉花更能出功夫。即在前面挂一束棉花，然后以拳击打。主要练习准、快及冷劲。常练此法，可起到意想不到的效果。

八极拳

八极拳原名“巴子拳”。其源起一直存有争议，其中代表性的说法有以下几种。其一，认为源于明代，因在戚继光著《纪效新书——拳经捷罗篇》中，曾提到“巴子拳”即“八极拳”；其二，认为源于武当，为武当道士所创；其三，认为是由清代河南岳山寺和尚张岳山所创；其四，认为是由清代一名为“癞”的云游道士所创；其五，认为始于河南嵩山少林寺，为少林寺第四门看山拳。以上说法均无史料依据，多为传说。但遵八极拳传承谱系所列，八极拳全名“开门八极拳”。尊云游道士“癞”为此拳创始者，为一世。“癞”传此拳于河北省庆云县后庄科村人吴钟，吴钟为二世。吴钟无子，中年得一女，名荣，为习武近三十岁才嫁海丰习长拳者戴氏。她遵“开门”之精神，将长拳之太宗拳、太祖拳、飞虎拳、桃花散等拳术依八极拳法之风格，提炼修改。后来，吴家迁居沧县孟村镇（今孟村回族自治县），来此习练八极拳者日增，使孟村成了八极拳的传播地。

“开门八极拳”闻名于其刚猛暴烈的拳风，也闻名于其进身靠打的招式。其绝招“贴山靠”便是其中翘楚。在习练“贴山靠”时，习练者常用自己的身体去靠桩、靠树、靠墙。可想而知，其贴靠威力之大。贴山靠在进招时，其关键就是进身，接近对手，用肩部撞击对方。然而，其看似以肩部为发力点，实则结合了腰胯部的扭转力，是合全身之力向对方靠去的，有很强的突击劲力，靠之则将人摔倒。“开门出手，六力合一”，六大开之劲力，在开门八极拳的“贴山靠”上展现得淋漓尽致。

下盘功夫中的“搓踢”是八极拳重要的腿法之一。开门八极拳讲究“行步如蹚泥，脚不过膝”，而搓踢正是这种步法的体现。它要求踢击时攻击点落于对手的膝关节以下，尤其是足部。因此搓踢虽不如其他的腿法有杀伤力，但是却意在用踢绊破坏对手的脚下重心，用不强的劲力巧妙地达到击倒对方的效果。八极拳重实战，讲究打练结合，猛起硬落，硬开对方之门。

连连进发是八极拳技击的最大特色。八极拳拳术套路有八极小架、八极新架、刚功八极、八极双轨、八阵拳、十二趟六肘头、健公八极、六大开、八大招、四郎宽拳、太宗拳、太祖拳、华拳、飞虎拳等。器械套路有八极剑、春秋刀、提柳刀、六合大枪、六合花枪、行者棒、八棍头、纯阳九宫剑、八极对接等。另有八大招实战招法，如眼望三见手、猛虎硬爬山、霸王硬折缰、左右硬开门、迎门三不顾、迎凤朝阳手、黄鹰双抱爪、立地通天炮等。这些招法以手法与肘法为主，质朴实用，浑厚有力，刚猛激烈，劲道追求“崩撼突击，挨戳挤靠”，架势不正，动作紧凑，直线往返。其练习方法有小架、八极对接、八大招法、六合大枪等。讲究六大开，即顶、抱、担、提、挎、缠。八极拳的拳术及器械套路，均可单练和对练。

查拳

查拳起源于山东冠县张尹庄（又名一里庄），因由回族人查尚义（查密尔）所传而得名。据查拳拳谱记载及历代传人口口相传，在明朝中末期，倭寇经常侵扰我国东南沿海，明帝命戚继光为抗倭大将，并诏书天下，聚兵东征，抗倭保国。西域回族青年查尚义出于爱国，应征东来抗倭。由于路途遥远，气候多变，长途跋涉路经冠县张尹庄时身染重病。经当地回族群众精心照料，查尚义逐渐康复。为报答当地群众的关照，查尚义将自己的武艺悉心传授给当地的乡亲。他逝世后，人们便把他传授的武艺命名为查拳，以表达对他的纪念。冠县最早传授查拳的人叫沙炎福。其子沙亮是清雍正年间的武进士，曾率兵驻防西安。据《冠县志》记载：“沙亮，字智公，雍正五年武进士改侍卫，授巡捕营守备，历升陕西延绥镇标左营游击，乾隆十三年征大金川力战阵之……”自沙亮之后，查拳在各地流传，得到了进一步发展。尤其是在回族中，更是盛行，还被称为“教门拳”，且增加了许多器械套路。查拳历经数百年的实践和演变，盛行于山东、山西、河南、河北、北京等地。在不同的地区，逐渐形成了不同的流派。如张氏、李氏、马氏、沙氏查拳等。在其发源地山东，则有冠县以张其维为代表的动作快速敏捷、拳法严谨的“张氏”查拳和以杨鸿修为代表的动作舒展大方、势正招圆的“杨氏”查拳，而在任城（济宁），则有以李恩聚为代表的动作刚劲有力、招式连贯的“李氏”查拳。三家虽套路内容不同，练法各有精妙，但其拳理相同，要求也大体一致。其风格特点都是姿势舒展挺拔，发力迅猛，动静有致，刚柔兼备，节奏鲜明，步活灵活多变，结构严谨，功架整齐。往返进退，上下起伏，力求协调配合，整个套路表现出一种潇洒、剽悍、矫捷的形态。查拳属长拳类，是一个有较完整练功体系的拳种。

心意六合拳

据山西戴隆邦在其1750年所著《心意拳谱》序中所言，明末清初山西蒲州人姬隆丰（姬际可，1602—1683年，字龙峰，循谐音常被误写为龙凤、隆丰、隆风），“访名师于终南山，得《武穆王拳谱》……”说明此拳与宋代岳武穆有极深渊源，极可能是姬隆丰在学习《武穆王拳谱》的基础上创立的。相传，姬隆丰因长期接受传统教育，有强烈的反清复明思想。当听说有很多反清志士云集少林寺时，便欣然前去与之相聚。因姬隆丰身怀武技，在少林寺表演了拳术和枪术后，受到了少林寺僧人的交口称赞。同时，姬隆丰在观看了少林寺僧人的习武后，也受到了极大的启发，武术思想与技能得到了进一步的提升。一天，姬隆丰在寺内读书，忽见两鸡相斗，遂悟出要以各种动物的搏击之长另创拳种的道理。于是参照当时盛行于少林寺的龙、虎、豹、蛇、鹤五拳，结合自己精练的武穆王拳法，创立了新的拳种，取名心意六合拳。后从学者甚多，但得其真传者则以河南马学礼（回族）、山西戴隆邦为最。

心意六合拳在练习时有“外三合”和“内三合”的要求。所谓“外三合”是指“肩与胯合，肘与膝合，手与足合”，即身体各部分在运拳时都要互相配合。所谓“内三合”是指“心与意合，意与气合，气与力合”，即心、意、气要与拳招、发力合一，以意领气，以气催力，以发挥出拳势的威力。心意六合拳的演练路线多以直进直退为主，其步法稳健坚实。其动作有十大形，是模仿龙、虎、马、猴、鸡、鹞、燕、蛇、熊、鹰的扑击、穿侧、捕食、闪躲等而形成，每一形都含有明显的攻防含意。心意六合拳的拳术套路有心意六合拳一、二、三、四、五、六趟，器械套路有心意鸾刀、心意六合枪、对扎大杆子等。心意六合拳以“踩、扑、裹、束、决”为主要招法，注重手、肘、肩、胯、膝、脚及头部的习练与应用，直进直出，先声夺人。发劲如放箭、缩展如弓翻，势简法精、结构严谨。其套路练习时进退旋转，多走直线与四角，步法灵活，内外合一。其基本理论可用十个字概括，即“钔、钻、踩、扑、实、接、照、裹、束、决”。其技法原则为“随高打高、随低打低、远发手脚、近加膝肘，手不离心，肘不离肋，硬打硬进，七处并用，进退旋转，包含六合”。并有技击要诀：“打法定要先上身，脚手齐到才为真；头打起意站中央，浑身齐到人难挡；脚踩中门奇地位，就是神仙也难防；手打起意在胸膛，其势好似虎扑羊；沾势用力须展放，两肘只在暗处藏；肘节三节不见形，若见形影不为能；火往里拔一边走，左右明拔任意打；肩打一叶反阴阳，两只手在暗处藏；左右全凭盖势击，缩展二字一命亡；胯打阴阳左右变，两手交护演自然；左右近取宜箭劲，得心应手敌自翻；膝下打阴能致命，两手空晃绕上中；妙诀劝君勤苦练，强身胜敌乐无穷；脚踩正义不落空，消息全在左右蹬；与人好勇无须备，进退好似卷地风。”心意六合拳主要功法有以下几种。桩功架、蹲马猴、蹲鹰熊、鹰熊斗志。五形：踩扑、裹束。单势演练：单把、双把、连环把、十字把、怀抱顽石、抖把、掠把、起肘、底抱肘、合心肘、裹肘、十字裹横、龙形裹横、迎风贯斗、鸡行步、螺蛳步、踩步、马形步、十字披红。排打功：对树排打、对木桩排打、对吊沙袋排打、打吊包、打四面包、打桩（打单、双、四面）等。

八门拳

据传，八门拳出自南宋名将岳飞之手。清同治年间，由河北雄县刘仕俊在京师护卫营教授此拳。为了便于记忆，将此散手编为八路连贯的套路，故又称为岳氏连拳。另据八门拳谱记载：“清嘉庆年间，常燕山来兰曾遍传八门武艺，人多呼为常巴巴……”是说兰州的八门拳由常燕山于清嘉庆年间前往所传。据传，常燕山来兰州后，将八门封手拳及炮捶传给了安宁区安宁堡的李文喜。李文喜从小习武，在当地颇负盛名，后得常燕山指点，其技艺更精。由此代代相传，不断发展演变，内容也由简到繁，理论也逐渐系统完善，形成了今天遍及青海、西宁、海东、贵德、湟中等地的武术拳种。八门拳属内外功合一的拳派。此拳以八卦学说为依据，既有内在的静、虚、缩、右、退、守、避，为阴为母；又有外在的动、刚、实、伸、左、进、攻、打，为阳为子。以两臂为仪，右臂从腕到肩为乾、坎、艮、震，左臂从肩到腕为异、离、坤、兑，四肢为家，双臂平伸，向里稍弯曲为之八门手，八卦体。也称八门架子。八门拳拳械一理，少用提腿，配呼吸、带点穴。讲究休、生、伤、杜、景、死、惊、开八字。内有四方四围，周合八方之圆，在八方之圆中运用八阵图再结合八字产生技战术。具有手法密集、实用、多变等特点。其内容包括单拳类、捶拳类、掌拳类套路，长短器械套路及排子对打。注重棍法的演练与实战。

八字拳在练功时讲究身八法、上八法、下八法、行八法、缠八法、顾腿八法、手八法、总八法。所谓身八法，即吞胸、凸背、垂肩、抱肘、紧裆、松胯、换步、扁势。所谓上八法，即翻、粘、叠、闪、搂、打、腾、封。所谓下八法，即踢、弹、扫、挂、丁、工、外、拐。所谓行八法，即进捷、退速、左截、右拦、攻上、击下、前遮、后护。所谓缠八法，即锤套夺带、风摆荷花、野马闯槽、倒摘金冠、珍珠卷帘、白马脱缰、狮子滚球、力劈华山。所谓顾腿八法，即按掌贯肘、扭步拓掌、顺梁半转、提腿顾腿、伴中进步、顺势勾挂、顺势下砸、换腿护腿。所谓手八法，即平分手、立分手、平腕手、牵元手、点骨手、研髓手、翻杆手、舞花手。所谓总八法，即猫蹿、狗闪、兔滚、鹰翻、鹿愣、猿柔、鹤立、虎扑。

除此之外，还有九大法、十捶、十五斩、三十六跤。所谓九大法，即朱父束带法、三娘推磨法、分手牵羊法、仙人解带法、披绳神手法、小军回话法、死中投活法、错骨分筋法、轿夫换肩法。十捶，即掩手神捶、丁心捶、鸾袍追膀捶、追魁捶、鱼燕钻林捶、就地铺连捶、合手捶、过横捶、挂面捶、紫金捶。十五斩，即合手斩、走马斩、顺步斩、撩衣斩、子片山斜闯斩、冲退斩、退落斩、回身斩、豆斩、点装斩、二虎登山斩、奔槽斩、贴蹄偷梁换柱斩、太子上殿斩、蝴蝶斩。三十六跤，即菩萨舍身跤、小鬼剥皮剥跤、千斤大闸跤、千斤小闸跤、霸王脱甲跤、迎面贴金跤、积累倒粮跤、力不加之跤、鹭鸶啄水跤、肩掌靠反跤、金剑绞剪跤、左右靠子跤、舍身跪殿跤、抱天老虎跤、狮子跌滚跤、小鬼跌筋跤、陈团睡觉跤、狮子戏球跤、倒坐山门跤、虎卧堂中跤、刺猬滚蛇跤、单臂擒腊跤、狮子戏球跤、倒坐山门跤、枯林拔树跤、王祥卧冰跤、子龙抱孩跤、披绳四出跤、犀牛望月跤、搭手擒身跤、一捆三柴跤、麒麟驮子跤、燕子吸泥跤、黑狗穿裆跤、凤凰施窝跤、金刚扫地跤。主要套路有小四柱、奇势、子母拳、九连捶、天启棍等。

八门驷拳

据《青海省志·体育志》记载，青海的拳术最早在西汉时期从中原传入，但仅限于在军队中流传。青海武术的兴盛则是在明代以后。据传，清嘉庆年间，为反清复明，山东、河北等地的一些武林人士聚集青海，但无功而散。其中闻脚巴、魏七爷流落于兰州、临夏一带，以传艺为生。在临夏经商的马四爷（外号孝哥巴）听说二位武功了得，便请至家中，拜师学艺。由于马四爷从小习武，有一些武术基础，且又勤于习练，并乐善好施，深得二位师尊的喜爱，于是倾囊相授，将八门拳棍传给了马四爷。此后，八门拳开始广泛传播于兰州、临夏等地。20 世纪 40 年代，得到驷意八门拳真传的马奇术和白耀山来到青海。于是，驷意八门拳在青海生根开花，杨学海、马兴隆、罗世清、马文海、马恒云等人，得到了驷意八门拳的真传。

八门一词最早出现于《太白阴经》，其他武术名著中对于八门的理解是：以八卦原理为拳理。拳打休、生、杜、惊、死、伤、景、开，故名八门，进一步可以理解为闪、展、腾、挪、松、紧、滚、缠。“驷”主要是快的意思，有四种解释：应变能力快、出手快、步法快、转身快。“意”是指攻防意识强，以意行拳，以意发劲，心动气达手到。

驷意八门拳是在八门拳棍的基础上触类旁通，运用古战车四马奔驰之理，以八门拳出技实践为基础创编的。其内容有奇势连拳、八门子、八门母、八门颠倒子母等拳术。拳术中有独特的四十八手暗发巧取之手法和六十四手散打排子，拳势独特，身法绝妙。练习驷意八门拳的第一步是练习基本功。踢腿、打沙袋、击木桩，这些都是基本的功夫，需要习武者不怕苦不怕累，流泪流汗是常事，一般要练习两年多的时间，基本功才算初有成效。接下来就是逐级练习驷意八门拳，在拳师的教授下，不断提高自己的武功。如果达到一定的境界，就会身法飘忽自然、攻守兼备，与对方交手的时候，令对手不见其来而已来，不见其去而已去，防不胜防、攻不知如何攻。

环子捶

环子捶又称九环捶。流传于甘肃、青海、宁夏及新疆。共有九路，每路九式，式式相连、环环相扣，共八十一式。因而得名环子捶或九环捶。环子捶动作结构左右对称，虽重复但不失紧凑，具有简洁利落，舒展大方，身正步稳，发力饱满，架势低沉的动作特点。属功架拳。一般都将环子捶归为“八门拳”拳种中的“捶拳”之列，与通背拳、撕拳、炮拳并称为八门拳“四大拳柱子”。环子捶的套路由撑、展、握、拥、袖、离、滚、围、销九组动作组成。主要手法有劈、斩、掳、带、撑等。主要腿法有寸腿、奔腿、镖子腿。主要摔法有里外跤及一些不同的靠法。其基本步型有弓、马、仆、歇等步型。其拳法口诀为：撑，头撑一步实为先；斩，二斩山岳少半边；窝，三窝须防凭肘法；拥，四拥身前必有胯；袖，五袖立肘胸前挂；力，六力单打漂子拉；滚，七里打低滚身捶；围，八围后下又冲捶；销，九霄踏垮双贯雷。

汤瓶七势拳

汤瓶七势拳又名汤瓶拳、七势拳、骑势拳，流行于河南、陕西等地的回族之中，被称为“中原第二狠拳”。据传为元代回族军队在随忽必烈南征北战的战争中创造出来的，也有说是源自明朝抗击倭寇的回族将士的。它以穆斯林洗“阿卜代斯”的汤瓶壶为标记。汤瓶七势拳在回族中曾经有较为广泛的群众基础。汤瓶七势拳练习前先口诵“台斯迷”，意为“奉普慈特慈的真主尊名”。该拳起势和收势皆为汤瓶式，开始和结尾均冠以“接都阿 ”（阿拉伯语音译，意为“祈祷”）。汤瓶七势拳既能修身养性、强身健体，又可应用于实战，防身自卫。拳术套路多走直线，器械多打四门，攻防性强，劲道刚柔，招法虚实变化大，身法张合吞吐，步法进退趋避，架势偏低，以根子腿为主，练下盘功夫。基本功有腿功（靴功、悬功、踢腿、弹腿），腰功（蛋环腰、甩腰、翻腰、滚腰），站功（脑后掌、恨地无环、护心掌、霸王举鼎等），演脚步（弓步、马步行进间习练），鼎功（头、肩、手、肘、指），八段劲（锦）。汤瓶七势拳是回族独有的拳术，历来秘不外传，外人很少见到。又因其对基本功要求较高，习练艰难，现在已少有人习练。

苗族舞吉保、苗拳、蚩尤拳

舞吉保

舞吉保是苗族东部方言中表示技击操练的通用语，它是苗族民间传统体育的主要项目之一。从其套路结构的基本原理及动作的一般规律来看，舞吉保同汉族和其他一些少数民族通行之武术特别是南拳有着一定的亲缘关系。但舞吉保具有其民族的显著特点和风格。据传说及舞吉保立堂子念的《请师诀》所言，舞吉保始于“裒尤”“裒茍伯”。“裒尤”即蚩尤，乃三苗之首领。三苗首领蚩尤与黄、炎二族作战之事，已是四五千年之前的事了。如果舞吉保始于“裒尤”，那就是说明苗族的先民早在“三苗”时期就开始操练和使用武打技术了。“裒荀伯”则更早，那是母系氏族社会的神话传奇人物。舞吉保大约早在苗族先民的部落或部落联盟的战争时期就已开展，当时只不过是一些极其简单的武打动作。其真正形成比较完善的套路和作为一项活动在苗族聚居地区中广泛开展，当在唐宋或南北朝时期。人们为了提高格斗的技能，进行操练，湘西一带的苗族人民称之为舞吉保，亦即“操习武打”的意思。苗族人民为了生存，早在远古时期就开始练武。舞吉保曾成为苗族全族性的武备活动。因此，它一直被苗族人民当作为人的必修之术。春秋战国时期，舞吉保得到了一定程度的发展，已由简单的徒手动作发展为器械的所谓十八般武艺。

苗族“舞吉保”包括徒手和器械两大项目。徒手分粘功、策手、点穴、花拳、礼示等五个方面。

粘功。粘功即粘劲与功劲操练的基本功，它是舞吉保的基础。所谓功劲，即俗话说的外功或明功；所谓粘劲，即俗话说的内功或暗功。功劲，意动而见诸形；粘劲，则心动而运之于气，它以无明显形态之意而致有形之表。手到劲发，风过草偃。此技操练有素方能见效。先师们将其编成若干动作操练。其操练方法在苗家虽因地区不同而有所差异，但其基本原理是一致的。

以凤凰县统苗区通行的粘功十二套基本功为例。一动，灌气。先做立正姿势，两手由下平提至肩时变为勾手按于双肩窝，手心向后，同时闭嘴以鼻徐徐吸足气，两目平视，心情舒适；再以两勾手分别向左右后下方反勾至腰时迅变为拳贴于腰部，拳心向上，同时上身下蹲，两脚跨开为马步，气随动作吞咽运行，气力使达指尖；然后身体猛地站立，两拳随之旋转由腋下平冲而出，拳心向下；与之同时，猛吐气一大口，可发出雷鸣声；而后两拳左右摇摆三下变为掌，上下反复两次，徐徐放下，心放松转为舒适还原。操练时以作二十五次为宜。二动，腾抖（以下不做动作说明）。三动，援手。四动，“狮子推磨”。五动，捆手（又名压伏）。六动，挑拳。七动，佛手。八动，鲤鱼掌。九动，沉致。十动，勾连。十一动，四门（不是套路动作，而是四面进退步练习，又名“拦门左右”）。十二动，开弓（不是弓箭，而是象形动作）。此十二套基本功，旨在运气、练桩、传神，同时对身、步、手法等进行严格的训练。如身法对身之起、落、进、退、反、侧、收、纵等均有严格要求：起为逼，落为吞；进宜高，退宁低；反身顾左，侧身顾右；纵如猛虎，敛如伏猫。

策手。所谓“策手”即攻防擒拿解脱等技巧，此乃“舞吉保”之根本。苗家策手“有三十六攻，七十二防”即“一百零八手”之说。据考查，由七十二地煞或梁山英雄一百单八将拼凑而成，虚数而已。真正实用之策手变幻莫测，其众寡无法统计，且各地又有不同，未可尽言。然总其要点有：一拳两防一攻五变；一掌两防一攻五变；一拐两防一攻五变；一腿两防一攻五变等等。例如敌冲来一拳，我须做两个防守动作而夹一个进攻动作，同时必须预先准备五个变化动作以对付敌之变化，力争在变化中将敌人击败。其余类推。具体来说，敌若右脚在前面以右手向我猛击一拳，我则可出左腿踩于敌右脚之右方，以右拳横拨隔开敌冲来之拳（此为一防），同时左手曲肘成拐护于心口，由下而上用力与敌手之肘部托起敌冲来一拳（此为二防），与此同时，右脚于左后方斜移半步，使我之身偏于敌右侧，而右手同时收于腰部向敌右手胁下猛击而出（此为一攻）。此一击甚为得力，一般武艺低劣者势必被击中而翻倒。但若遇武艺高强者，其初冲来之拳是虚假动作，待你右手横全隔拨时，其右拳迅变援手抓住你右拳往右拖，同时在前之右足亦为虚假，待你刚出左足之时，其右足猛力内扫，手足并用，使你扑空，反被击中而倒地。于是你在做第一个动作时，必须预先准备第二、三、四、五个动作对付，置放于预料之中。一般格斗中一手之攻防变化难出五个变换动作范围之外。此即“一拳两防一攻五变”。这些技巧动作是苗家“舞吉保”之精华，过去对外地人是不轻易传的。苗家“舞吉保”常用的策手动作有“雄鸡抱蛋”“两儿吃奶”“老虎练爪”“顺手牵羊”“喜鹊歇凉”“白鹤交颈”“猛虎下山”“铁牛耕地”“海底捞砂”“鹞子翻身”“二龙夺珠”“仙女摆秋”等等（以上用词系汉语翻译语，有的是直译，有的是意译）。当然因地区不同或教门不同，策手名称也有差异。如保靖一带则称“八大掌”“二十四大掌”“八小手”“二十四小手”等等。“一打独手一伸，二打双掰脚，三打金鸡独立，四打猛虎跳栏，五打司马挑袍，六打狂风灌耳，七打怀内刺刀，八打怀内伸腿”。此外，还有跌扑、擒拿、解脱之术，名目繁多，不一一分述。

点穴。点穴又称为“神打”，即穴道致伤的技击方法。这是苗家“舞吉保”之绝招。点穴包括三个部分，即穴道、时辰、手法。所谓点穴，苗家说得很神秘，因而又叫“神打”。

花拳。花拳是公开流行的套路，是“舞吉保”的一项主要内容。苗家的一般花拳有“小四门”“大四门”“六合”“八合”以及“猴儿拳”“猫儿拳”“犟子拳”等等，以“小四门”“大四门”最为普遍。

礼示。礼示是在表演时对观众表示礼节的动作。此项动作，在苗家“舞吉保”中也是很讲究的。其动作不仅繁多，且各地大体一致。分“开堂礼”“收堂礼”“启手礼”“毕手礼”等四类。开堂礼即立堂子时所行的见面礼。首先由师傅踩堂子。踩堂子时两手叉腰，平步而出，在操练场地上按操练之需踩一个圆圈，然后步入中央行家礼。有的在踩堂子时还伴有几句客套话。

又如“启手礼”即每做一个套路与观众之见面礼。其做法是：平进三步，退一步为三步，立“丁字桩”，左手作大援手绕过前额变为划弧一道，同时右手作勾手往后勾反作抱拳由右胁下伸出，左掌顺斜盖右拳（大拇指紧收，若翘者为傲视他人），两手全掌重合，向左右摇晃三次即毕。“毕手礼”则于一个套路完毕时所行的示意礼。其动作为：收拳时左手变掌盖往右拳轻轻向前抹去，右拳在拳下徐徐抽回，立“丁字桩”，完毕后作立姿势，两手均成掌分别又作由后方向前划弧而放下贴于两腿，掌心向内。

苗拳

苗族拳种除舞吉保外，还有苗拳。苗拳始于上古时代的角抵和五兵。角抵为苗族先民的一种体育活动，随着战争以及狩猎的需要，角抵被赋予了攻防格斗的内容，逐渐演变为“五兵”进而发展成如今内容丰富、实战性极强的苗拳。南朝梁任昉《述异记》说：“今冀州有乐名蚩尤戏，其乐三三两两，头戴牛角而相抵。”秦汉间传说：“蚩尤氏，耳鬓如剑戟，头有角，与轩辕斗，以角触人，人不能向。”《史记·五帝本纪》载：“于是黄帝乃征师诸侯，与蚩尤战于涿鹿之野。”这又为《述异记》所载提供了佐证。《管子·地数篇》载：“蚩尤受庐山之金而作五兵。”“五兵”虽历来注解不一，据《苏氏演义》《中华古今注》《武梁祠后石室所见黄帝蚩尤战图考》等资料所注，含戈、矛、戟、弩、剑，各注大同小异。这些史料足以证明蚩尤为苗族先民首领，不仅善角抵，而且发明了兵器，较当时“剥林木以为兵”的黄帝要先进，并可说明苗族武术的雏形始于蚩尤时代的角抵和五兵。

夏商周历代苗族人民在反抗压迫、守土为家的斗争中，已由“角抵、五兵”发展到十八般兵器俱全的阶段，进一步发展了苗族武术。秦汉时代，苗拳再次受摧残。唐以后湘西苗族聚居地区实行了八百年的土司制度，苗拳得以恢复发展。尤其到宋代苗拳较为兴盛，当时的出寨拳、守寨拳、回马枪、环刀、弩箭、飞标、拿耙，都是较有影响的圈套和兵器。元代虽重武力，但对苗族人民实行高压政策，苗拳三次受摧残。此时的苗军统帅杨完者兄弟的“拿耙队”，一方面外传苗族拳术，一方面又学习外来的拳械。明初招抚苗民归顺，苗拳不但又得以发展，而且苗军在江浙沿海抗倭，苗拳由于实战性强，多次杀敌立功，获戚继光“东南战功第一”的嘉奖。清乾隆六十年（1795年），爆发了波及湘、鄂、川、黔的“乾嘉苗族人民起义”，历时十二年之久。苗寨在起义中发挥了巨大的威力，并涌现出了像吴八月、石三保、吴添丰、石也妹、吴陈受、石宗四等一大批苗拳高手。湘西苗拳拳师石老岩，精熟该地第四代苗拳的拳械套路，其后代石仁行以行医教拳为业，使该拳技艺在湘西传播。因苗族无文字，传授方式均以口授身传，聚会时演练。苗族地区的坡会、拉鼓节，都有苗拳拳术竞技的活动，练武时以芦笙伴奏，气氛活跃，形成了传统。今流传在广西融水苗族自治县一带的苗拳，主要是民国初年桂北苗族老拳师梁怀显，据其祖上世代相传，口传拳谱叙述而留下来的。他还吸收了北拳中红拳的技击，猴拳的身形步法，丰富了苗拳的内容，形成了当今的桂北苗拳。

苗拳拳理。攻击主张“鳌寸关功险关，脉伤血阻身热寒”，“枷椎”（苗语，即鳌钳手）脉搏主要部位。技击手段汇集禽兽相斗之形和用意，如“虎爪显神威”“猫爪爪胸咽”“鳌钳钳手钳半边”等等。对付气功深厚的对手力主“彼对方功练有根，平拳无法伤其身。须用猪蹄钉子锤，按穴打点最得功”和“疾痛气必泄，功垮力必虚”等。苗拳交手精要，据《苗拳普》载：“身要稳，切勿慌，一心全凭主张，看他来势是何样，想妙法去阻挡。眼勿错定要精，双眸睁睁视其身。任彼千变并万化，只用一手见攻成。手须快宜正直，一出借人三分力，随他上下左右来，乘势相功总有益。脚必紧又宜松，步进退在变通。记得其中真妙诀，教一动获全功。”苗拳的练功方法主要采取“矮桩”功，即两腿分开屈膝全蹲，站最矮的马步桩和“走套路桩”，按套路最基本的步型、法、身型、身法结合多种身型手法在“矮桩中反复练习，练至身灵捷活为功成”。苗拳器械：器械有棍、钩钩刀、剑、锏、（镗）、护手刀、大刀、斧、钩、铁尺、戈、鞭、铜锤、棒棒烟等；软器械主要有流星、神鞭、九子连等；暗器有飞刀、戒指针等。

桂北苗拳现存拳术套路有：拳、棍拳（即在同一套路中先演练棍术，后脱棍演练拳术）等。现存器械套路有：苗家单刀、苗家双刀、苗棍、龙王摆尾双刀等。现存对练套路有：对拳、跳长洛队技、老鹰抓鸡式等。

现在流传在湖南城步一带的苗拳手拳套路有保寨、出寨拳、保峒、出峒拳、飞山走石拳、落地拾柴拳、二赶三袅拳、虎下山拳、猿猱过山拳、引蛇出洞拳、矮罗巡山拳。棍术有撑门棍、深山牛摆尾棍、懒婆娘薅田棍、宋寨棍、连环下山棍；两节棍有雪花压寨、古树缠根等。刀术有马叶子、双刀、郎刀等。板凳有护主板凳、驱客板凳。苗靶有太子打猎、苗王敬酒等。苗枪有将军拦路、挺进寨园等。此外还有铁尺、纳靶、火流星、飞标弩、环刀等。

其中环刀已失传。

湘西苗拳含提劲、基本功、策手、花架子、点穴、礼示六方面。提劲又叫“提统子”，其实质是练气功。基本功又叫“点底子”，含手法、桩法、腿法、眼法和练功法等。策手为湘西苗拳的精华和核心。是实战中攻防擒拿解脱之技巧，计有三十六大手、七十二小手。花架子是专供演练的武术套路，每套中亦含策手，具有操练、表演、实战三大效用。礼示是拳师表演时礼节动作。点穴与策手一样，同为湘西苗拳的精华，更是威力高于策手的绝招。

苗拳除具备南拳拳势刚烈、步伐稳健、手法多变、发劲有力、发力有声、身法仰俯吞吐、含胸拔背等特点外，还具独特的民族风格与地方特色。概括起来是：拳打“四门”脚踩“品”，进退走“之”似蛇行。胸消腹实膝要紧，步活桩稳手要狠。立足之地能伸展，打穴击要鬼神惊。其一，苗拳的套路多是走“四门”，打“四角”，脚踩“品字桩”。其二，苗族居地山高坡陡，沟壑纵横，因此苗拳只能是“拳打卧牛之地”。一个武艺纯熟的苗拳师，可以在一张饭桌上打完一套八角拳。其三，苗拳出手凶狠，专门打穴击要。其四，十分注重武德，有“三教三不教，三用三不用”的规矩。即脾气好、知礼节、勤劳诚实者教；粗暴者、不知礼无情义、好逸恶劳者不教。生死关头，路见不平，首犯我时我用；一般纠纷，一般御侮，胁逼者不用。其五，历史上苗拳师都迷信神灵，尊敬祖师。新中国成立后已逐步剔除迷信糟粕。其六，“武医结合”亦为苗拳的重要特色。众多的武林高手，同时又是名医。清末凤凰厅的苗拳师麻老苗，就以治伤科而驰名。古大苗族拳师石老三，也以治颅骨骨折、脑挫伤、脑震荡及其后遗症而享有盛誉。

蚩尤拳

蚩尤拳为苗族正宗拳术，流行于湘西各苗家山寨。打蚩尤拳要穿上特制的古代苗族服装，即头戴铜角帽，身穿棕片衣，手腕套虎爪。铜角帽是杀牛时割下牛头，顺牛角两侧各留下一尺左右的牛皮作为护后脖子用，然后连同牛角药制后，按人头形状绷紧，再在牛角上包以铜皮便成。棕片甲是将棕片用细棕绳缝成背褂，内外共三层，里两层片头向上，外一层片头向下。虎爪是将虎爪前足砍下，长约五寸，顺足剥皮药制。传说蚩尤拳服装源于苗族先民的神话时代。范文澜《中国通史简编》载：“蚩尤是九黎族首领，铜头铁额，头有角能触人。”当然，今苗族蚩尤拳的服装，亦有怀念先民之意，穿戴这种服装，不仅威武雄壮，而且可防身护体，有实战价值。关于这种服装还流传有口诀“双勾压双拳，铜角猛触面。抓腕速撞肘，铜角旋操头。飞鞋来扑面，摇头顶裆间。双峰点太阳，躬头胸上撞”。棕片甲歌：“制铠材料厂，棕片甲天王。保温又御寒，躺地不肮脏，拳拳纵击身，护体不致伤。穿我棕片甲，时念蚩尤王。”虎爪口诀是：“平掌击正面，手隔必伤皮。劈拳去势猛，虎爪显神威。挂拳势凌厉，爪去如刀劈。冲天捶下巴，爪去胸咽危。”

蚩尤拳动作原始，架势凶猛，不似形意拳只取禽兽争斗时的形中之意，而是套用禽兽争斗动作为击技手段，如涿鹿战拳中的螃蟹腿、鳌钳手。斗鸡绷腿、二虎分食、鲤鱼摆尾等招式，便是既取形又用意。说它架势凶猛，是因蚩尤拳乃手脚并用，并以声助威。例如涿鹿战拳中的象鼻拔树、猫儿爪、铜角操裆、旋风转体棍等招式，形猛势烈，进击性强。当自身胸部受到冲拳攻击时，迅即侧身，右脚由后向左滑90度，右手抓住对方右手腕，左肘自上斜撞对方肘部，角刺对方右侧，再辅以滚翻地躺，仰卧踢打等，使对方难以招架。

蚩尤拳有劈拳、冲拳、挂拳等，均可给对方以极大的威胁，杀伤力亦较大。如“把枷椎”（汉语为“鳌钳手”），它将四指并拢朝上，大拇指朝下，用食指与中指钩抓。因套有虎爪十分锐利。此手若训练有素，杀伤力很大。“果摩斗”（汉语为“钩镰手”），以形似镰刀而得名。它先伸掌，四指并拢伸直再向掌内弯曲与掌心成120度角，拇指压在食指二至三节指骨处，钩、抓、抠并用，威慑力极大。“果国转摆”（汉语为“猪蹄撞”），由钩镰手变形而成，即将四指全卷成拳形，拇指压处相同，指尖略翘，与食指平，并凸出丁其他三指外。“果国间老”，（汉语为“钉子锤”），它将四指并拢向掌心卷曲，拇指压处相同，凸于无名指和小指处，无名指与小指尖紧顶掌心。这两种手形主要是对付敌手中的气功训练有素者，在用平掌难以击垮对方时所采用的一种拳术。实战时应见机而行，使出猪蹄撞与钉子锤手形，集中自己的劲力，以泄对方所运之气，口诀为：“敌方气功练得很，平掌无法伤其身。改用猪蹄钉子锤，按穴打点能取胜。重锤击身气必泄，功劳归我蚩尤神。”

壮族壮拳、洪拳

壮拳

据清康熙《云南通志》载：“侬人。其称在广南，习俗大略与僰彝同。……男人首裹青花帽，衣粗布如绨，长技在铳，盖得之交趾者，刀盾枪甲寝处不离。日事战斗。”又“种家亦作仲家，即沙人也。性刚直，出入佩刀，善弓弩狩猎，亦善耕种，男穿青蓝两截衣，头戴青帽，跣足”。由此可知，壮族人喜武，而壮拳是壮族武术中很有代表性的一个拳种。唐代宗大历十二年（777 年）至唐宪宗元和年间（806—820 年），壮拳在桂西南广为流传。据《宁明州志》载，花山距城五十里，江上峭壁画有赤色人形，皆裸体，或大或小，或持干戈，或骑马，而且沿江两岸崖壁上如此类者多有。壁画是唐代壮族武艺高强的“都老”起义军领袖潘长安、黄少卿等部属相继镌凿的。“都老”的主要练武功架，与现代流传左江流域壮拳中的功法——七步铁线桩功相似。壁画里的武士们身高体壮，战阵中展现了环首刀、剑、长枪、手镖、山弩以及竹箭等壮拳种中惯用的武术器械。到了宋仁宋庆历年间（1041—1048 年），南下汉人将士，皆贬称此拳种为“南蛮”拳。著名的壮族义军首领侬智高精熟此拳械，并将它广为传播。王安石曾称誉：“粤右良兵，天下称最。”明孝宗弘治十年（1497 年），壮族女英雄瓦氏夫人在古老朴实的壮拳中糅进了北长拳功架，使壮拳具备大架子，用此架势功夫训练的良兵，在抗倭前线大显身手，屡建奇功。抗倭名将戚继光、俞大猷还吸取壮拳技艺训练他们的队伍。据胡宗宪《筹海图编》载：“择其最骁勇者，各照良兵、兵法编为队伍，演其技艺，习其劲捷。”可见当时壮拳技艺已有很大发展，并传入了江浙。20 世纪 30 年代，广西龙州镇壮拳拳师应越南武术界邀请，组成“少武团”经镇南关（现友谊关）往谅山、同登、河内表演传艺，壮拳于是传入越南。

壮拳的动作剽悍粗犷，形象朴实，功架清晰准确，沉实稳健，拳势刚烈，多短打，擅标掌，少跳跃，行拳时使用壮语发音，借声、气催力。壮拳采用“站桩”“打沙袋”“大树桩”“抓右抹手”“走梅花桩”“七步铁线基本桩功”等功法练功。在攻击防守上，壮拳拳、械力主架实劲猛，出入变化以灵捷活为导，发劲要与声气合一，进退以四门为径，适合在广西山区演练。壮拳现存拳术套路有：擒功大王拳、霸王拳、梅花桩拳、踢打四门、三桥手、三打罗汉拳、打虎拳、天字功、飞天字功、白鹤文之、阴阳定妖、小太极、扦拳、小反步、跌马归栏、八仙过海、山林伏虎、拔解短、金刚扫地、龙腰虎背、猴子桂南山、大百步、扳狗杠、捆桩、十八桩、擒桩、大连环、二步凋、双眼钩眉、白鹤晒翅、凤凰抓地、乌鸦晒翅、水牛站堂、龙头凤尾、莲花拳等三十五套。壮拳现存器械套路有：雪花盖顶刀、八桂佷棍、白鹤棍、铁线棍、九子连环棍、九下手（棍术）、三叉、春秋大刀、三指铗钯、鱼尾叉标、长板护身登、飞砣、竹篙枪术等十四套。壮拳现存对练套路有：桂榔棍对练、三叉耙头对棍等两套。

洪拳

洪拳是广泛流传在我国南方的著名拳种，被列为岭南“洪、刘、蔡、李、佛”五大名拳之首。源于清代康熙年间（1662—1722 年），一些豪俊之士，聚集南少林习武基地，以明太祖朱元璋年号“洪武”的“洪”字立门，寓挺身报国之意。其技艺出自少林，又融聚南派各门精粹，演变成攻防意识浓烈的新拳种，在本门中习练。他们以练武为名，扩充抗敌力量，旨在反清复明，因而流传甚广，遍及两广、福建，在四川、两湖、山西均有洪拳分布。如两广“洪门”、湖北“洪门手”、山西“太古洪门”、福建“虎鹤洪门”等等。其中岭南地区最为普及，震惊世界的太平天国革命运动中，太平军首领洪秀全、冯云山、陈玉成、苏三娘等人革命初期在“大馆”（即武馆）中练武和在“团营”军事活动中多习洪拳。他们均为洪门高手。这一时期，洪拳技艺得到大发展和大普及。现广西的梧州、玉林、钦州、南宁、百色等地均有洪拳流传，全自治区有八十九个市、县有洪拳分布。

洪拳的风格特点是：动作浑厚朴实，发劲刚劲敏捷，注重桥手、扎马，桩功沉实稳固，以力聚力，气聚成力，借声气催力，善用五行桥手化解对方攻击。洪拳多桥法、坛标掌。洪拳原理是：以“龙、蛇、虎、豹、鹤、狮、象、马、猴、彪”为形；以“打点穴”为攻击宗旨；“点穴功夫须仔细，三关空处放横捶”；注重练气，以气催力。拳猛若雷，其攻击原则是“横桥破马顺力追，阴阳走闪夺中央，十个下关九个空，打人目的在其中”“守护铁门须关紧，出门拳头岂让情，摩骨精灵在节间，变化灵通四门攻”。洪拳的练功方法有六步：一练“五行桥手”桩功，二练“五行桥手相生”桥功，三练“五行桥手相克”腰功，四练虎爪功，五练铁砂掌，六练打“木人桩”。洪拳代表性拳术套路有：十形拳，刚柔拳，三十六手砂打，金锁拳，走连拳，四熊掌，金丝拳，洪家一、二、三度联头拳。其器械套路有：大斩四门刀，十点棍，上双头棍，中拦棍，下拦板，下双头棍，仙门桃，洪家一、二、三度刀法，洪家一、二度耙法等。

侗族侗拳

侗拳是流传于桂北和湘西南侗族民间的一个古老的拳系。据民国时期广西《三江县志》记载，明清时期已有侗族武术流传。而湖南的侗族武术，据传以套路形式在民族中间传习的已有八代。参加过全国武术观摩交流大会的广西三江侗族老拳师梁同济收存的侗拳拳谱中记述：1942 年，其师杨朝英，系湖南人，为丰富侗拳的技术内容，吸收了形意拳、赵家拳的一些技法，使侗拳的技击性和健身性有了大的革新和发展，并在广西三江和湖南的侗族民间广泛传授，从而形成了现在的侗拳拳种。

侗拳的风格特点是动作快速迅猛，手足并用，擅用桥手功夫近身短击，劲力猛烈。步型步法动时势频，定则沉稳，一般以步“四门”和“田”字为主。脚法不多，以稳秘踹击发暗腿为主。身法灵活多变，时高时低，错落有致。行拳时四方进击，八面兼顾。拳路短小紧凑，适合在庭院厅房和山地上演练，素有“拳打卧牛之地”之誉。

侗拳的练功方法有以下几种。站桩走桩功。两脚分开屈膝下蹲成马步，头正胫直，挺胸塌腰，气守丹田，随后按“八步、八开”步法走桩功。抗打功。两腿分开屈膝半蹲成半马步，意守丹田，然后两掌相叠，一内掌掌心收按下丹田，另一外掌心掌紧压迫内掌掌背，两掌逆时针方向圆形揉按三十六圈，随即顺时针方向向圆形揉按三十六圈复原位。此为一程序，按照此程序反复多次练功，至腹部感到灼热为度，此时可以拳、掌击腹部。每一拳、掌触击至腹部时，即沉实聚气于腹部，久而久之，抗打功即告练成。以此方法程序习练身体各部抗打功。打木人桩功。以树代人桩，以拳击打，至树皮下脱，即换打新树，练至拳面力量和拳速都达到要求为功成。掌指功。先将满筐糯米放在地面，用掌力反复力扦之，功力增强后再换盛桐油浆过的铁砂扦练，至功成为度。

侗拳的拳种理论有：以培精、气、神为本，以意导引动作，以气聚成力量，使一招一式都含有内气的吸蓄与奔泻。在攻防上主张连发制人，看准拳路迅猛出击，故有“上山牛摆尾，一棍九脱皮”之说。广西三江等地拳术套路有：八步、八开、三扳手、嗦步（侗语）等。器械套路有：侗家棍、大红棍、满堂棍等。对练套路有站棍对拆。湖南新晃等地的侗族徒手有玉头拳、棒坛拳、塘冲拳、牙屯堡拳、独坡拳、六步拳等。器械有单刀、双刀、枪、棍、弯刀、锄头、扁担、扦担、板凳、三叉、木耙。

瑶族盘王拳

盘王拳是瑶族最古老的一个武术拳种。相传由瑶族所崇奉的先祖“盘王”（即盘瓠）所创。据《全唐诗》记载，瑶族民间普遍开展刀、斧等套路演练活动。明代邝露在《赤雅》中载有武功高深的瑶族女将云亸娘。由于瑶族狩猎、练功和战斗多为集体进行，所以唐朝时流传的套路内容主要是猴拳舞、狮拳舞、挡虎、打旗功夫、关刀舞、棍棒舞等集体武术。明清两代统治者称之为蛮瑶拳。《新唐书》称为“蛮酋”的瑶族拳师蔡结、何瘦和清代南丹大瑶寨头人黎水保等人，在瑶族民间中皆传颂他们精熟瑶拳。清代道光二十七年（1847年），瑶拳拳师在全州组织“棒棒会”，聚众习武，交流武艺，充实了瑶拳的内容，使瑶拳技艺得到进一步发展，形成了当今瑶拳拳种的风格特点。现瑶拳分布在广西贺州、金秀等瑶族山区。

瑶拳动作小巧，粗犷有力，沉实稳固，发劲粗暴、击打猛烈。集体套路编队合理，有序不乱，技法突出，气势完整。该拳种采用“插芭蕉”“打木树桩”和“打旗功夫”练功。因瑶族依山险而居，练功多在山地进行，故要求“下盘稳固”“拳打四顾”。由于长年与禽兽相斗，仿禽兽壮形猛态，故主张结合形象发声催力。又有集体演练的特点，强调动作必须配合密切，编排合理。广西瑶族拳师赵金县、邓有民、李真和等人皆精熟瑶拳，是该拳种的代表性人物。现存拳术套路有盘王拳、南太极等，现存器械套路有盘王棍、关刀、双刀等，现存集体套路有剑皇舞、关刀舞等，现存对练套路有对刀、对打拳等。

土家族土拳、十二埋伏拳、鸡形拳、虎占山捶

土拳

土拳是土家族人对武术的总体及习惯称谓。其内容有拳术、器械及气功。土拳虽不断吸取外来武术拳种及器械套路中的精华，但始终保持了本民族武术土拳的特点。到目前为止，土拳的拳术套路有五十四套，器械套路有七十八套，还有三十多种特殊器械套路。土拳的内功练习一般以硬气功为主。土拳的练功方法及系统比较完整。先练桩法及提气练功，再练箭桩与柔韧功，然后练轻功与吐纳术，最后练拳功、掌功以及策手与散打格斗功。传统的练功方法很多。练腿功有拔腿铲树、踢嗓、腿上绑铅瓦等。练上肢力有卧虎伸筋、卧牛啃草、举石担石锁等。练腹部力有倒挂金钩。此外还有硬掌功、头功等，其方法均有独到之处。

十二埋伏拳

被人们称作是土家族习武的活化石“毛谷斯”，土家语叫“谷斯拔佩”。跳“毛谷斯”时，人们身穿茅草、藤条编织的衣裤，演练狩猎、追捕、搏斗

的动作。展示的就是土家族武术十二埋伏拳。十二埋伏拳实际上就是一套设卡捕猎的古老拳术。

鸡形拳

鸡形拳为湖南省永顺县张海全所创编，属象形拳。流行于湘西各县的土家族山寨。张海全从小习少林拳，青年时参加过义和团运动。义和团失败后，他隐居深山，养着数十只雄鸡观其搏斗时的蹦跳、闪躲、嘴啄、站立等姿态，结合所学的少林拳术，加以创编整理，形成了独具一格的新拳种。中华人民共和国成立以后，曾代表湖南参加过首届全国少数民族体育表演大会。鸡形拳内容丰富，其第四代传人彭继祥又据师传套路结合现代武术特点，择取雄鸡出笼、鸣啼、寻食、啄食、拍翅、扑灰、追逐、合翅的形象化动作，进行了再创编，并且更具有健身的作用。例如仿鸡的连续拍翅、起落，可使膈肌不断舒缩，有按摩肝脏、肠胃，促进肝内血液循环，提高肠胃消化易吸收能力的作用。

鸡形拳主要有头碰、肩打、胯靠、爪抓、脚弹等技击动作。身法大开大合，颈部时伸时缩，步法以弧形步、矮子步、击步、垫步为主；脚法以弹腿、前踩、侧铲、弹踢、跳跃为辅；手法以钩手代替鸡嘴，有抓、啄、点、叉、削等。讲究爆发劲，要求快速准确，气沉心稳，借鸡鸣之声发力。鸡形拳的基本功法有鸡爪功、鸡嘴功、闪翅功。鸡爪功先练鸡爪形，再练提桩法，将钉在地上的木桩抓起来，钉入地下再抓起，每天练数次并逐步增加，抓起一次在抓的部位削去一块，直到将木桩削成尖形仍能抓起为止。练抓葫芦，将葫芦或木制水瓢放在水里，天天抓球形的一面。鸡嘴功先练啄沙袋，每天数百次，再改啄砖块或墙壁。闪翅功先两脚分开略宽于肩，直立站定，两手侧平举，四指并拢用力上挠，大拇指弯曲用力，两眼平视，两脚不动，膝盖里夹，两臂爆发用力下落，两掌拍打两胯，如同鸡拍翅状。接着假设左右两人拉住双臂，迅速屈臂下沉，内夹双膝，然后突然快速用力分膝并向两侧插掌，用劲下沉，用抖动弹开。鸡形拳练功时要运足气，意守丹田。除练好三种功法外，还要锻炼速度、柔韧、弹跳、力量、耐力、平衡等身体素质。鸡形拳的技击法则是“有形无形假假真真，形内藏针是其妙门”。临阵与人交手时，“敌进洪门把钟撞，神爪前伸去投梁，敌抢偏门把草卷，雄鸡踩花定遭殃”。另有十二字口诀：“洪门闯，偏门逼，吞而吐，虚实清。”

鸡形拳有徒手鸡拳一套，含起势、雄鸡伸腿、雄鸡啄米、雄鸡闪翅、雄鸡吡口、飞爪戏珠、雄鸡挠尾、雄鸡寻食、雄鸡地坎、雄鸡独立、寒鸡抱蛋、雄鸡撩腿、雄鸡扑面、雄鸡折翅、雄鸡过坝、雄鸡伸腿、雄鸡拦门、左右金鸡独立、雄鸡拘翅、鸡形步、雄鸡踩花、雄鸡扑灰、矮子步、雄鸡扒地、金鸡独立、雄鸡展翅、雄鸡合翅、左右后撩腿、雄鸡拍灰、合翅等招式。另有鸡爪棍一套，攻防兼备，有实战价值。

虎占山捶

捶，即是“拳”。虎占山捶流行在长阳清江以南，都正湾、堰、竹园等乡较为普遍。虎占山捶重技术，少花招，发力狠，出手快，拳掌并击。几十个动作一气呵成，捶捶如猛虎震山、步步似饿虎扑食，具有动作刚硬、深厚庄重、强中求柔、步步带招的特点。

傣族傣拳

傣拳是傣族武术的总称。早在汉代，傣族武术已见雏形。到了唐朝，唐南诏政权统治管辖了傣族地区，由傣族人组成的“白衣没命军”已是南诏最精锐的作战军队。《马可·波罗游记》中对当时的傣族是这样描写“……男子尽武士，除战争游猎养马外，不作它事……”明代《滇小记》记载：“军民无定居，聚则为军，散则为民，每三人或五人充军一名，正军谓之者剌，犹中国言壮士也。……倚象为声势，每战则用绳索自缚于象上，悍而无谋。”据《滇略》卷九说：“威远州今尽为僰人（今傣族）男女勇毽，走险如飞。”由此可知傣族人民不仅能利用本地区的动物，如大象作战，而且逐渐形成了自己独特的武艺，并具备了一定训练手段。

现在的傣拳有拳术与器械，有单练、对练和集体演练。其拳类有：三坑式、四坑式、五坑式、六坑式、十二坑式。四门拳、破四门、四门转身拳、平行拳、跳拳、合拳、对口拳、花把、小钻子拳、三动拳（木桩上练）、美人拳等。其中有象形拳，如白象舞拳、孔雀拳、喜鹊拳、卧虎翻桩、象牙拳、花鹰搓脚拳、抓灰拳、金鸡拳、马鹿拳、鸭形拳、跳蚤拳、虎拳、打狗拳等。傣族拳术有固定的形式，德宏一带的四门拳，行走路线分东南西北四个方向。起式后，马步抢球、侧端冲拳、右转身冲拳、左上步冲拳、退步连环两拳、转身下砸侧踢接着又连环三拳、转左右手下砸。如从东开始，然后到南，到西，到北，最后回到原位收式。拳术招式不多，多重复动作。傣拳拳架突高突低，步法以弓步、马步、跪步为主，腿法较少，并多用低腿。手型以拳、掌、空心拳为主。据不完全统计，傣族拳术有五十多个套路。在徒手拳术基础上演进为器械武术套路，有以下几种。剑术，包括傣族单剑、双剑等。刀术，包括单刀、朴刀、斩马刀、二十五步傣拳刀、象牙刀、傣族大刀、傣族短刀、练米绕（大刀对练）等。棍术，包括四门反卷棍，双门棍、傣棍、二人含棍、四门反唐棍、傣族花棍、参花棍、单刀十字棍等。

拉祜族自由拳、老虎拳、鸭形拳、鸡爪拳

拉祜族的拳术和器械流传很广，风格自成体系。拉祜族比较流行的拳术有以下几种。

自由拳

模仿大象动作为主，攻防速度较慢，主要动作有弓步压肘，双冲拳，穿掌摔掌冲拳，虚步顶肘，马步上架，大勾拳，双压肘等，共有二十四式。

老虎拳

模仿老虎的动作，相当逼真简练，但全套动作仅有十二个。

鸭形拳

动作有鸭展翅，鸭点头，左右啄食，鸭刨食，鸭凫水，鸭抖水等动作。练起来很风趣。

鸡爪拳

鸡爪拳，全套动作模仿鸡爪，有很强的攻防意识，但全套动作不多。

阿昌族拳术

阿昌族的拳术有：公鸡拳、猴拳、十字拳、羌子拳、打通广拳、翻地龙拳、四马回头拳、大蟒翻身拳、四方拳、猴子挑水拳等。阿昌拳很有特点，直转着打回到开始的起点始结束。如四方拳，从中间一点开始打起，打到四个角，形成四方形。打时，左击右防，平时人们认为左手无力，阿昌人就利用这一点，出奇制胜。十字拳，是从十字的一端开始，先打到十字中心，然后逆时针转着打，每打到十字的一端，都要打回十字的中心。

德昂族梅花拳、左拳

梅花拳

梅花拳始于明末，因在七根酒杯粗、半米高的梅花型桩上练习拳脚，故称梅花拳。世代相传至今。

左拳

左拳是德昂族武术中灵活多变的一种拳路，迎战对方时，往往最后以左手出击的绝招而获胜，故武术中有左手定输赢之说。

第三节　丰富多彩的武术器械及套路

西部少数民族的武术器械丰富多彩，除了一些常用的兵刃器械外，许多器械都是他们日常生活中的生产劳动工具和生活用品，特点十分鲜明。其代表性器械套路主要有回族阴把枪，苗族芦笙刀、金钱棍、舞吉保棍术、棒棒烟锏、钩钩刀、连架棒、竹条镖、舞吉保，彝族刀术，壮族蚂拐刀、蚂拐棍、烟筒花，布依族铁链械，侗族铁镗，土家族烟袋杆、八角拐、宫天梳、吊脚针、护身耙、双虎凳，傣族棍术、刀术、剑术、链械、钩镰、铁铳、铁尺、铁齿、铁锤，拉祜族棍术、单刀防身术、防身单刀九步法、小刀术、双刀术、双棍术、链夹术，水族刀术、链夹、三须叉，景颇族刀术，阿昌族晃赖过，德昂族棍术、五刀半、十二动双刀、十七步刀、十二步棍、双剑、三叉、钩镰等。

回族阴把枪

阴把枪是流传在回族民间，以右手握枪根，左手反抓枪杆的一种传统枪术。由民国时期的回族武术家吴桐编创，并流传至今。吴桐出身于内蒙古的武术世家，先从三祖父吴耀学习武术，后又拜吴鉴泉、荣连升等大家为师，是内蒙古西部地区的武术名家，被誉为“塞外武豪”。1928 年，中央国术馆在南京举办第一届全国国术国考（俗称“打擂”），以三战三捷的优异成绩获甲等奖。塞外绝技阴把枪是拳械中一种稀有的枪术，它有一定的枪法、步法、基本功法及练习法，但没有固定的套路。吴桐在学习塞外绝技阴把枪的基础上，发展了阴把枪的技击理论、练习套路及技术。他用太极拳的理论剖析阴把枪，把阴把枪的基本内容与家传的杨家四十枪融合在一起，编创了阴把枪的套路，使阴把枪成为好学易传的枪术套路。套路共十二段：一、预备式，虚步亮势，弓步挺身刺，虚步横抱枪，上步外展枪，弓步横抱枪；二、盖步扎枪，偷步扎枪，进步外翻扎枪，弓步里翻扎枪，左右截身枪，弓步盖枪；三、回身下扎枪，虚步提挑枪，虚步抱枪，扫劈枪，缠扫枪；四、左把扎枪，右朝顶枪，左平枪，转身架枪，抡扫枪；五、进步左右撩枪，虚步展抱枪，反撩戳把，绞把劈枪，跳步外展枪；六、提膝抽枪，撩把转身刺，戳把转身刺，上步横把，挑把进身刺；七、偷步戳把，仆步劈枪，弓步下扎枪，扶托进身刺，退步斜劈把；八、上步挂挑，转身拦抱枪，马步右崩枪，右挂劈，马步左崩枪，左挂劈；九、左朝顶枪，拖刺枪，扶缠进身刺，回身左戳把；十、转身挺刺，跳步下扫，偷步拦枪，左右摆枪；十一、进步缠枪，进步抽枪，退步射枪；十二、退步缠枪，行步拖枪，转身崩枪，提膝抽枪、收势。

苗族芦笙刀、金钱棍、舞吉保棍术、棒棒烟锏、钩钩刀、连架棒、竹条镖、舞吉保

芦笙刀

芦笙刀是贵阳地区苗族将芦笙拳、马刀舞融为一体形成的传统体育项目，具有典型的苗族风格，在明代中期已经兴盛。刀是苗族人民休养生息的主要工具之一。芦笙刀是两人吹着芦笙，以雄健的步伐和娴熟的动作冲在前面，其他人成双数排成两队，手握双刀，面对面相互拼杀，不时发出有节奏的呐喊声。刀击有声，笙声不断。芦笙刀的练法，多从实战出发，动作朴实粗犷。练刀时常见的技击方法有劈、砍、斩、抹等。刀背可作挑、挽、挡、推等各种防护反击动作，刀尖可作扎、刺、撩、崩等技法。芦笙刀刀宽三厘米，刀尖开一“V”形口，全刀长约八十厘米，其中刀身长五六十厘米，刀柄长二十厘米。芦笙刀多为双手握刀、全身用力，攻击力强。演练时有芦笙队伴奏，成双排，人数一般为八至二十人，架势明显，动作干净，以快、准、狠为求胜之招，攻防兼有。

金钱棍

金钱棍是流传于贵阳市乌当区苗族地区的一种体育运动器械，是自称“印苗”的苗族喜爱的传统项目。印苗是贵阳苗族的一个分支，主要分布于乌当区下坝谷金地区，人数较少。历史上，印苗创造了许多防身自卫的武器，金钱棍就是其中的一种。早期的金钱棍是木制的，后改为竹制。并在两端嵌上铜钱，按特定的动作编排成套。演练时金属碰撞发出“叮咚”“叮咚”的声响，故名为金钱棍。金钱棍长一米多，演练时不断用金钱棍碰击身体各部位，主要是躯干和四肢，发出有节奏的音响。金钱棍的主要技法，有劈、扫、压、挑、戳、格架等攻防动作。全套动作完成约需六分钟。

舞吉保棍术

其棍常用坚韧木质制成。也有用铜管、钢管做的。苗家称救兵粮兵刺树做的为一号棍，木绣花做的为二号棍，青冈木做的为三号棍，又有“齐眉棍”和“七尺棍”之别。苗家舞吉保的棍术分策棍和花棍两类。其策棍又分单头

与双头。单头棍策击有“朝天一炷香”“隔山棍”“老牛摆尾”“一棍破九州”“古树盘根”等等；双头棍策击有“黄龙缠腰”“双剥皮”“五马破槽”等等。花棍有“小四门”“大四门”“单六合”“双六合”“雪花盖顶”“ 四路冲程”“八桂棍”“猴儿棍”“鲤鱼撑天”等等。

棒棒烟锏

苗家很早以来就熟练锏术，常用于打虎，在战争中也广泛使用。黄帝征蚩尤时说蚩尤是“铜头铁额”。可见在蚩尤时代就使用了铜锏或铁锏。秦始皇统一天下严禁民间使用兵器，传说苗民却用烟管代替锏使用，于是创造了棒棒烟，即大管烟袋，用坚韧木质雕刻而成。其形如竹脑壳，约一尺七寸长，半握大小，粗细以适中为宜，烟斗包铜铿金花，烟嘴亦包铜，烟管形似竹子，土漆漆光，内灌锡水（加重量），中留小孔。平时可以吸烟，战时可做短兵器，其威力如锏。

钩钩刀

钩钩刀是一种长柄小镰刀，长约六七尺，是舞吉保的一种兵器。其手法近乎棍，然以拖拉动作为主，使用起来很为灵便。如今尚有“不怕枪来不怕炮，只怕苗家钩钩刀”的说法。

连架棒

连架棒以硬木仿打荞麦的工具连枷制成。分前后两节，中以藤条或铁环扣连，每节约尺许。使用时以绞缠敲拂动作为主。此种器械是在官府禁兵器时，民间以家具或常用工具操习而成，至今在舞吉保表演时，仍当器械表演保留下来。

竹条镖

竹条镖即以竹条做柄，头钉镖矛而成的一种长兵器。制作时将竹子划成细篾条，以二十或三十根篾条用麻绳扎成条子，浆以猪血，涂土漆，使之粘成一体，做镖杆用，既柔软而又坚韧。竹条长丈余至两丈余，使用时将镖矛射击，击中目标，收时曲卷成圆，系于腰间。此种兵器创于清代，最初是以竹子作杆的。其基本用法多与汉族地区相同。

舞吉保

它是苗族人民在历史发展中的一大发明与创造，是苗族人民健身和武术的经验总结。舞吉保在形式、内容、技巧等方面，又具有其他民族的显著特点和风格。如防中有攻，以防为主。舞吉保手有所谓“三十六攻，七十二防”

之说，有“一拳两防一攻五变”之要点等等。从中可以看出，防多于攻，先防后攻，防中有攻。注重桩功，动作严密，拳形紧凑，活动面小，反映了苗族人民长期生活在高山深谷的地区特点。舞吉保善用“七字步”，又称“赶步”，进退大都踩“品”字形。套路多以四门为主，整个活动面积不超过一平方丈。其战斗、格斗、械斗往往是短兵相接，注重桩功，要求出步成桩，只须一点立足之地，便可将敌击败。其拳形紧凑，动作严密。这些拳特点是其地区特点之体现。舞吉保拳形古老，兵器原始，动作干练，气势刚烈。苗族舞吉保多策手、少花架、干练刚烈有条，而柔软潇洒不足，拳形十分古老，且仍使用“棒棒烟锏”“连枷棒”“竹条镖”之类的原始兵器，在很大程度上保留了古代之遗风。舞吉保尊重祖师，注重礼节，善用站功，崇拜“神打”。反映了苗族人民谦虚谨慎的优良作风和多种崇拜的风俗特点，是一份珍贵的文化遗产。是苗族人民开展的体育活动中的一个优秀项目。

彝族刀术

据《越西厅志》记载：“生子时，即以铁三四十斤入火烧锻锤炼，一年数炼，炼至十五六岁时，铁止七八斤，造成长刀，镶以金银把，锋芒甚利。”“刀是彝族心爱之物，出入佩刀，贵贱皆然，常年如此。”《中国兵器史稿》载凉山彝族刀有两种。腰刀为曲形，刀体肥阔，刀锋尖锐，木柄有箍，鞘上有双环以及皮带。可以屠宰牛羊，亦可冲锋陷阵。小刀，刀与柄同一弧度，柄为乌木制，刀犀利锋锐，可藏身，可防身且作别用，舞刀者执刀鼓气，进退跳跃，飞奔、转圈圈。练习方法有：剔树头、剔树枝、砍树干、剥树皮、拔树根等。据《倮族志》记载：“有以刀向敌人飞掷，且无不中。”掷刀表演将腰刀抛向十多米高的空中后再稳稳接住，还要掷出后跳跃几次再接刀。集队游行时，常以掷刀表演为前导。彝族中有一种刀术，叫“木此额薄箬”，即带着护肘握刀交锋。彝族男子自幼要进行专门的训练。以破布麻绳、树皮木片做护手，右手持刀或棒相互斗打，并用左臂格挡泥块或石头的投射。成人后，以牛皮制护身，经围斗考核而不被伤者，便被村寨视为英雄，受到人们的尊敬。

壮族蚂拐刀、蚂拐棍、烟筒花

蚂拐刀

蚂拐节中的一项传统项目。由两人登场表演，每人各持两把一尺多长的短刀，掌心向后置于胯部，刀尖向上作预备式，随着击鼓声，两人跳跃前进。

然后转身掌握短刀，随后采取半蹲式，挥动双刀向前后左右划弧后置于前身，护住上身。来回两次，然后转为进攻，有刺、砍等动作。蚂拐刀步法灵活，动作幅度大。

蚂拐棍

蚂拐节中的传统项目，无对抗性。棍长一点一米，直径四厘米，由两人登场表演。表演者要配合默契，出手果断，有攻有防。其套路有劈、扫、戳、盘、擦、挫、刺等动作，与现代棍术基本相同。

烟筒花

“烟筒花”的“烟”是指桂南壮族民间的熟烟，“筒”是一尺多长的竹头，把竹头节钻穿，只两头通气，放熟烟入小孔，用嘴吸大的一头，其形状若大烟斗。“花”是用竹叶制成的笠帽，用作武术器械的一个套路。法有：踢、钩、泼、踩、蹬、伏、跟、走、飞。筒法：打、泼、点、督、镜、铐、斩、仄、钝。帽法：挡、摭、罩、擒、拦，“花”多妙、巧、多端，其风格是：伏若虎怒，去如龙飞，防以石城，攻势摧坚。动作花样多端，变化无穷。“烟筒花”相传为谭、周两姓拳师于乾隆年间到广西钦州青塘乡大沙塘村传教。其后该门功法在桂南地区谭氏家族中一代代传衍。20世纪50年代主要由青塘谭肇长、谭肇祖、谭肇清兄弟三人执教。传至谭永能、谭厚南时已历十代。据说其师祖辈武功卓著，曾以“烟筒花”参加过抗击法国侵略军的战斗，为中华民族御侮抗敌做出过贡献。

布依族铁链械

铁链械，布依族喜爱的一项民间传统体育活动，类似于武术的两节棍器械。铁链械的长度一般在一米至一点五米之间，分单人、双人、多人三种形式进行，多在民族节日中开展，如正月十五，三月三等。其风格独特，气势雄伟，多以鼓乐伴奏。主要招式有：礼拜四方、二郎担山、牯牛摆头、猛虎撅尾、古树盘根、雪花盖顶、黄公三略、黄莺展翅、黄龙缠腰、十字传甲、鹞子翻身等。主要攻击方法有：抢、劈、摆、甩、甩崩、挑扫、云等。这些方法极为实用，按套路演练，完成全套动作需五至六分钟。据说，早在明朝洪武年间（1368—1398年），这种器械就在当地布依族人民中盛行。当时统治者对铁制的兵器控制很严，布依族人民就把两节短棍用绳索或牛皮连接起来，手握一节，摆弄一节，两节棍的长短一般是一样的，也有一长一短的。

侗族铁镗

湘黔桂毗邻的侗族地区，河川纵横，山高林密，古木丛杂，洞多潭深，凶禽猛兽经常出没成群，侵害人畜。为了适应恶劣的地理环境和气候条件，从古至今，聚居在这里的侗族民间都有尚武习战之风，且世代相传，蔚然成风。铁镗即为一种古老的兵器。铁镗呈弯月形，也称月牙翼齿镗。大小不等，五至十五公斤制均有，径长一尺至三尺，柄长三尺，用硬木制成，外形如一对粗壮、锋利的水牛角，镗尖有倒钩刺，镗脊镗心分别安有状如斧钺的刀片，一边一块，有的安有二至三块，两翼都有。天柱高酿、蓝田、芹香等地使用的是月翼齿镗，每年正月族中父老集于晒谷坪，互相教习操练。相传这种克敌制胜的古兵器，是由侗族武术大师龙大正于同治年间发明创造并发扬光大的。据说有一年冬天的一个午夜，一只吊睛白额虎摸进侗寨，先啖了一只猪仔，然后跃进农户家中叼出一个五六岁的小孩，龙大正闻讯，拖起一把掏牛粪用的钉耙就追。追近猛虎，拦腰就是一耙，猛虎反扑，他凭着十八般武艺，与老虎拼死搏斗起来，在乡亲们的帮助下，最后将猛虎杀死。从此以后，他根据钉耙的原理，专门打制了一柄专门对付老虎的铁镗，于农闲时节将其技击套路传授给侗家子弟。如将镗如何杀入老虎的血盆大口，让它吞进去，吐不出，发不起威风，趁机杀之等。铁镗舞动动作威猛，刚劲有力，表演时身械并用，呼呼生风。动作招式有“水中练塘”“雄鹰叼鸟”“金箭离弦”“神猴捞月”等。有独舞、双人舞和集体舞。月牙镗属杂形兵器，具有群众性、娱乐性、艺术性等特点。在演练中，主要以击刺、架隔、扑、拍、拿、遮、握、转、支、拦等动作结成套路。刚柔相济、内蕴深刻、粗犷豪放，武与舞融合，力与美相衬。

土家族烟袋杆、八角拐、宫天梳、吊脚针、护身耙、双虎凳

烟袋杆

烟袋杆一般长一米。杆身为南竹、茶树等制成，两头有铜质烟斗和烟嘴。平时用以吸烟和作拐杖，遇敌可做武器迎敌防身。

八角拐

属短器械，练时套在手臂上，拐长六十厘米，宽约三十厘米，成井字形，以钢或杂木制成，除靠内臂的一根较短只一头为笔尖刺外，其他每根两头均为锋利的笔尖刺。用时可架可绞，前刺后顶，尤有利于保护自己。

宫天梳

用钢或铜制作，古时为木质，长三十厘米，有梳刺十二根，梳背两端有锋利的棱角，中有椭圆小孔，四指穿握。有峨眉刺两头扎和鱼叉多刃刺的特

点，以“拔花手”为主，打击敌人，并用“缠辫护头”的招式保护自己。

吊脚针

仿湘西山区一种叫“掉娇娘”的毒蜂制成。呈丁字形，长约三十厘米，有三根锋利的针刺，针尖有倒钩，横针长约七厘米，两头亦有刺。使用时可刺、钩、拉、挑。

护身耙

相传古时土家族抵御外侮战斗中，被流星锤击败，于是在棍端安耙头，缠住流星锤，破了软兵器攻击。流传至今的护身耙，又名耙头，耙长约两米，耙端为挡头，挡中有矛，矛左右为尖角，是土家族传统健身自卫器械。有护身耙歌诀：“一路二挡两面打，二路三挑并三压。鹞子翻身左右打，枯树盘根是妙法。背后栽花防偷敌，乌龙盘颈缠带杀。滚龙耙法打开路，挡打流星效不差。”耙术勇猛、快度。密集、多变、有缠、绞、挑、砸、挡等法，还能当枪使，出耙一条线，横打一大片，给人以强龙压顶之势，进击强，深受土家族青壮年喜爱。

双虎凳

据传清代白莲教土家族武士覃佳跃在一次战斗中被清兵合围，兵器受损，他抓住一条长板凳，横冲直撞，左右格挡，终于突围。土家族人认为是祖先神灵的保佑。后来，土家族人在长板凳两端安上木刻虎头，名为“双虎凳”。平日用来练武健身，战时操之格斗，以得祖先神灵保护。流传至今为健身自卫武器。练双虎凳讲究步伐，有弓步、疾步、虚步、交叉步等。挥凳以抡、砸、冲、撞、拦、拧为主，动作敏捷，攻防兼备。

拉祜族棍术、单刀防身术、防身单刀九步法、小刀术、双刀术、双棍术、链夹术

棍术

亦名拉祜扁担术，全套动作十四个，简练、实用、灵活。熟练了还可以进行棍术对练。

单刀防身术

全套动作以防为主，共十二个动作，包括虚步架刀、半马步劈刀、提膝挂刀、提膝藏刀等。

防身单刀九步法

防身单刀九步法，是在地上挖九个坑，演练时每个动作都必须落入坑内。

因此要有一定的基本功和技巧，不然是很难做到的。

小刀术

小刀近似匕首。练习时左右手各持三把刀。整套动作灵活、有攻有防，还可对练。

双刀术

双刀术即两手都持刀进行的套路表演。

双棍术

双棍术为两手各握一棍进行表演。

链夹术

链夹即两节棍，链夹术有左右甩动、缠身、缠颈、绕花、顶肘等攻防动作。

景颇族刀术

景颇族十分重视刀的使用。特别是男子，必须具备娴熟的刀术技艺。其俗语说“男人一把刀”“不会练刀就不是男人”。因此，景颇族人称刀为“白恩途”，即生命刀的意思，所以，男子到十二三岁就会配刀。景颇族刀术虽形式较多，但可分为两大类。一为“文蚌拳”，一为“彪赞拳”。所谓“文蚌拳”，即花样刀术。花样刀术姿势优美大方，主要作为节日的表演项目。主要有五步刀法、八步刀法、九步刀法、十二步刀法等。表演时，根据象脚鼓敲击的鼓点节奏，依其快、慢、轻、重进行，不同的年龄有不同的练习套路和方法。景颇族男子基本都会表演几套。所谓“彪赞拳”则是具有进攻和防守意义的实战刀术。以三刀半为代表，有很强的攻防意识。其步伐变化多样，速度快，且柔中有刚，刚中有柔。采用全蹲或半蹲的身体姿势，据说这种姿势是为了防御的需要而设定的，因为人站立时空间面积大，容易被击中，因此采用这种跳蹲的防守姿势。在跳蹲中，窥测对方的漏洞，然后伺机进攻。“彪赞拳”所用的刀术中没有刺的动作。由于景颇族刀术的套路较多，各村各寨所练的刀术都有区别，因此也没有统一的套路。在景颇族的传统盛大节日，都要进行目瑙纵歌盛会。参加盛会的男子都要手执长刀，女人们则挥动着红布或手绢，随着鼓声、锣声、象脚鼓声的节奏，整齐地踏歌跳舞。其表现形式既可表现战争场面，又可表现丰收狂欢。景颇族刀术的表演套路多为景颇族的先人前辈所传。在刀术表演现场，总会有众多的乡民观赏。武技高超者，会受到景颇族人的尊重，并因成为景颇族人心目中的英雄而感到自豪和骄傲。

阿昌族猫赖过、晃赖过

猫赖过

阿昌语猫赖过即刀术。有阿昌大刀、三十六刃半、藏刀、朴刀、双刀等。阿昌族人擅长打刀，尤以户撒刀最为出名。《腾越边地状况殖边刍言》云：户撒“其地人民以制刀为业，工作在木邦刀之上，即著名的户撒刀……刀制炼极精纯，柔可绕指，剁铁如泥”。阿昌刀远销西藏、青海、四川、内蒙古等地。阿昌族人善制刀，而且爱耍刀。男青年婚礼之日，还要身背一把长刀，以显示英姿飒爽。

晃赖过

晃赖过是阿昌语的棍术。有猴棍、合棍、十四门棍、两节棍等。其棍术多模仿猴子动作。如猴棍表演者，一脚踢起棍，右手趁势抓住，左手立刻捏住另一端，往肩后一杠，来个猴子挑水动作，左右放开，右手将棍打到前面，棍绕一圈，右脚往前跪，棍子直刺出去，干净利索站起。霎时间完成左右反握，右手又握住棍的另一端，劈过去，再继续模仿猴子的一些动作。

第四节 内修外炼的武术气功

武术气功是武术技击与气功养生结合而形成的一种特殊气功。强调把神气集中到形上，加强形的功能，主张动静双修，内外兼顾。武术气功在长期的发展过程中虽然形成了许多门派，但实际上只有医疗气功、内家气功、武术气功三种。我国民间武术谚语有“练武不练功，到老一场空”之说。因此，练武之人都十分重视功法的练习。我国西部少数民族武术虽然有其自身不同的拳种门派，但在习武过程中也一样重视功法的练习，但这些功法练习绝大部分都糅合在拳种的基本功及拳术练习之中，很少见有自成体系的独立的武术气功及其练习。如藏族的藏密（含拙火定、乐空双运、双身修法、圆满次第等）、土家族的提统子等。下面仅以回族十三太保气功为例，对气功的练习做一简介。

回族十三太保气功

属武术排打气功，主要流传于西安地区回族群众之中。由于此气功主要作用在人体的印堂、百会、太阳（二穴）、眼眶（两个）、天突、期门（二穴）、心窝、会阴、涌泉（二穴）共十三个部位，故名“十三太保”。由于这十三个部位既有穴位又有人体十分敏感的地方，在练功时以意念为先，配合吐气发声，采用打击的方法进行。开始时用拳头，打击上述各部位，每个部位打击十三次。如此反复练习，并逐渐加大力度，适应后根据不同部位选用不同器具打击。如百会穴，用大铁刀打击；印堂、太阳穴用长约三十厘米的铁钉后部转打；双眼眼眶用两个核桃置于眼上再用铁锤敲击；天突、心窝、涌泉穴用大铁钉尖部顶住后，用铁锤敲打。期门、会阴用木棒敲打。每次击打次数均为两三次。

第十三章 游 戏

随着人类社会的发展，游戏演变出多种形式。从“大家一起来做游戏”到“一个人面对电子屏幕即可做游戏”；从“只借助身边现成的物件做游戏”到“想方设法研制器材变着法儿去做游戏”；从“只是为了满足简单生存需求而进行游戏”到“为了满足各种社会需求而进行游戏”。至此，游戏发生了很多变化，由简单变得复杂，由平常变得深奥。因此，人们对游戏的理解和认识也变得不尽相同。柏拉图将游戏定义为“一切幼子（动物的和人的）因生活和能力跳跃需要而产生的有意识的模拟活动”。亚里士多德将游戏定义为“劳作后的休息和消遣，本身不带有任何目的性的一种行为活动”。《现代汉语词典》将游戏定义为“娱乐活动，如捉迷藏、猜灯谜等”。《体育大词典》将游戏定义为“体育的手段之一，也是文化娱乐之一。以一定形式反映人类社会劳动、军事、文化、生活等方面的活动”。总之，游戏的定义很多，都是人们在对游戏的理解和认识的基础上对游戏的一种概括和总结。不论如何定义游戏，游戏的类型却是可以确定的。因为游戏一旦与不同的目的、目标相结合，并会形成不同类型的游戏。概括地说，游戏可分为发展智力和发展体力的两大类游戏。发展智力的游戏被称为智力性游戏，包括文字游戏、图画游戏、数字游戏等，大都是文化娱乐。发展体力的游戏则是以身体活动为主，具体地说有活动性游戏和竞赛性游戏。当然，不论是发展智力的游戏还是发展体力的游戏，都是体育活动的重要组成部分。我们在本章介绍的游戏主要是发展体力的游戏。

我国西部少数民族传统的运动项目大都可以称为游戏。因此，我国西部少数民族的游戏活动可谓丰富多彩。前述所有章节的运动项目也都在游戏项目之列，但仅以游戏分类又显笼统，所以在分类时主要遵循以运动形态为分类的基本要素，以大致粗分的原则进行略分。特别是在本章进行分类时，为了不另辟章节以避免使有些特殊形态的项目成章而过于单薄，将形态或形式类同的项目笼统地进行整合，划归为同一章节。如棒击类游戏中就有许多是球类游戏，如藏族的击球、苗族的布球、瑶族的毛莱球、柯尔克孜族的包考及棒击球等。但这些球类游戏的运动形式都是棒击，因此，将这些游戏按其运动形态纳入到棒击类游戏之中。再如球类游戏中就有一些非球类的项目，如侗族、壮族、仫佬族共同开展的抢花炮，其器材特点并不是球，但由于抢花炮的运动形式与手球等运动项目类似，所以将其列入球类游戏。再如很多民族都开展的毽球，虽名曰球，但其运动器材并不是球，只因其运动形式类似排球、足球等运动项目，因此也将其列入球类游戏之列。诸如此类的项目还有很多，在分类中主要以其项目运动形态及形式侧重为依据，并参考本书的章节划分而定。

我国的游戏自古有之。最有力的证据是1976年在山西省阳高县许家窑发掘出数以千计的石球，这些球均为十万年前的人类所打制。在西安半坡新石器晚期遗址中也发现了随小孩而葬的石球。这些球打制精细，表面无孔。许多研究者认为，这是用以游戏的器具。而在我国西部，许多少数民族自古就有丰富多彩的游戏。如匈奴族就有走马骆驰的游戏。据《后汉书·南匈奴列传》载："匈奴俗，岁有三龙祠，常以正月、五月、九月戊日祭天神。南单于既内附，兼祠汉帝，因会诸部，议国事，走马及骆驰为乐。"① 此事在《东观汉记》也被提到，南单于上书献橐驼。单于岁祭三龙祠，走马斗橐驼，以为乐事②。再如北魏时期，鲜卑族军队中的娱乐游戏活动由太乐、总章、鼓吹诸部统辖。《魏书·乐志》载，天兴"六年冬，诏太乐、总章、鼓吹增修杂伎，造五兵、角抵、麒麟、凤凰、仙人、长蛇、白象、白虎及诸畏兽、鱼龙、辟邪、鹿马仙车、高絙百尺、长趫、缘橦、跳丸、五案以备百戏"③。其游戏活动可谓丰富多彩。突厥族还有击球游戏。《突厥语大词典》中有"人用杈子（杈子棒）击球了。这是突厥人特有的一种游戏。如果参加者之一愿领头玩耍，他就用杈子击球。谁能够狠狠地击球，谁将是开球者"④ 的记载。诸如此

① 〔南朝（宋）〕范晔撰《后汉书》卷八十九《南匈奴传》，中华书局1965年版。

② 〔东汉〕刘珍等撰，吴树平校注《东观汉记》卷二十《匈奴南单于传》，中州古籍出版社1987年版。

③ 〔北齐〕魏收撰《魏书》卷一百九《乐志五》，中华书局1974年版。

④ 麻赫默德·喀什噶里编《突厥语大词典》（第二册），民族出版社2002年版。

类的记载在我国古典籍文献中有很多，在此不一一列举。正是这些丰富多彩的游戏为我国西部少数民族游戏的进步和发展奠定了基础。我们从西部少数民族现有的一些游戏项目中，就能寻找到它们的起点和源头。

第一节 棒击类游戏

西部少数民族中的棒击类游戏有藏族赶喽喽、娃朗得、击球，维吾尔族帕卜孜、打嘎儿、奥都卡尔，苗族布球，彝族日尔嘎，壮族打拐、赶猪进城，瑶族毛莱球，土家族打飞棒，东乡族咭咕社，柯尔克孜族包考、棒击球，达斡尔族波依阔，撒拉族打蚂蚱，锡伯族打螃蟹，京族打狗等。

藏族赶喽喽、娃朗得、击球

赶喽喽

又称赶猪。喽喽为一木制小圆木球。先在平地上挖上一直径约三十厘米，深约二十厘米的坑；再在离此坑近两米远的周围挖比参加人数少一个的小坑；然后参加者每人手持一根约一米长的木棍，各自守住自己的小坑，并同时共同守住中间的大坑。持“喽喽”者手拿木棍守候在发球线上，当发令后，再将“喽喽”向中心大坑抛去，人也随即奔去抢夺“喽喽”，并防止“喽喽”被防守者击远，同时瞅准机会抢占对方的小坑。这时，防守者除盯住自己的小坑外，还要将手中木棍置于大坑上，上下左右摆动，阻止“喽喽”入内。一旦“喽喽”被掷入坑中，守方全体要迅速互换小坑，赶“喽喽”者也乘机抢占，失去坑者为输。持“喽喽”者抢到坑后，则将“喽喽”远远掷去，落地处即为替换者的发球界。持“喽喽”者在抢夺“喽喽”及占坑时要采取虚虚实实、旁敲侧击的战术，以扰乱对方的防守而从中取胜。比赛中如任意两人发生争执，另有一人将二者木棍平放胸前，蹲或跪下朝身后撩过去，如果两棍相压，在上的为胜。

娃朗得

俗称赶牛，流行于四川理县一带。玩娃朗得游戏不限参加的人数，由一人持长约一米的木棍击打场内约二十厘米长短的木棍，其余的人在一定距离外，用手或帽子接，以接棍多者为胜。

击球

击球由三人站在一条直线上，一人持棍击球，一人掷球，一人接球。击球者居中。掷球者使球从击球者头部上高约三十厘米的空间通过方为有效，过高、过低、偏左、偏右均为无效球。若掷出三次无效球则掷者为负。击球者必须在有效球通过时将球击中，否则为负。接球者只需接住击球者漏击的球，并随时替换输者。

维吾尔族帕卜孜、打嘎儿、奥都卡尔

帕卜孜

帕卜孜在维吾尔族有悠久的历史，与现代的曲棍球有点相似。在南疆地区的农民，特别是青少年中盛行。旧时，帕卜孜比赛一般是在一片平地上进行，场地大小因人因地或根据需要而定。底线上放两顶帽子或袷袢或其他物品做大门。人分两队，各持曲棍，击打椭圆形的硬木球，胜负以球击入对方大门的多少而定。新中国成立后，制定了统一的比赛规则。球为椭圆形，用硬木或皮革制成，也有用粗线缠绕制成的。球棍长八十厘米，有一端弯曲，弯曲部分十五至二十厘米长，略似现在的冰球棍。比赛场地一般长六十米，宽四十米，也有长三十米，宽二十米的。场地大小视参加人数而定。大门高一米，宽一点三米。比赛分两队进行，每队七至九人，比赛时间共四十分钟，分上下半场，每半场二十分钟，中间休息五分钟。比赛时，场地中央画一直径二十厘米的小圆圈，从圈内争球开始。圆圈外每队有一至二人相对而立，等球打出圆圈后，双方持棍争抢，将球运往对方大门，谁攻入对方大门球多，谁就取胜。终场时，如双方打成平局，可延长比赛时间十分钟，五分钟后交换场地。比赛中，若击球出界，由对方从球出界处的边线或底线发球。其比赛规则有：队员不得以身体的任何部位挡球，否则算犯规，对方从球被身体所挡之处发球；发球一方用棍击球之前，对方不得碰球，击球时不得把棍举到腰部以上，否则也算犯规。此外，比赛中不许用球棍打对方队员或绊腿，也不许用脚踢球和用手抓球。

打嘎儿

打嘎儿在城市青少年中流行。比赛在两人或人数相等的两组间进行。先备制一根长十厘米左右、两头尖、中间粗的枣核状的小木棍作“嘎儿”，再备一根长约五十厘米的木棒或木板为击嘎棒，粗细不限。场地无严格规定，操场或空旷平地即可。在场地的一端，挖一个长方形的小坑或用两块砖头摆成坑形。一方先将“嘎儿”置于小坑上，一手持击嘎棒将“嘎儿”挑起，紧接着猛击一棒，使其飞向前方。对方则用双手或帽子等物接住。若接住“嘎儿”，则交换打“嘎儿”权；若未接住“嘎儿”，或将“嘎儿”回扔到坑里或回扔到放在坑上的击嘎棒上，亦可接替打嘎权。既未接住“嘎儿”，也未能将“嘎儿”回扔到规定的地方，对方则仍保有击嘎权。最后，以获得打嘎权次数的多少决定胜负。也有的地方以“嘎儿”打出的远近来决定名次。打“嘎儿”游戏是一项很有趣的活动，不仅可以锻炼人们的身体，增强体质，而且还能培养人们的意志、灵敏和判断力。

奥都卡尔

参加奥都卡尔游戏者，以三五人为宜。人多时，七八人亦可。玩奥都卡尔游戏时，先在地上画一圆圈，按参加游戏的人数，挖若干个小坑。除圆圈中央挖一个坑外，其余都挖在圆圈的沿线上，每人各占一个坑，并在坑内插上自己的木棍。选一人为攻方，站在圆圈中央的小坑旁，坑内放一根长十厘米左右的木条，先用木棍把坑内的小木条挑起，抛向圆圈沿线的小坑。小木条落在谁站的小坑附近，谁就用自己的木棍将小木条拨开，而攻方则力争将小木条拨进对方的小坑内。如未拨进，则继续站在中央坑旁，抛小木条。如小木条拨进入了别人的小坑，失去坑者，便站到圈中央作攻方。如此反复进行。

苗族布球

布球用棉花或碎布缝制而成，可踢、可打。玩法有三：一为互相脚踢，一方高高将球踢给对方，对方要在球落地时将球踢回去。二为用手掌托打。三为用木棒回击，但很难击准。三种玩法以球落地为输。

彝族日尔嘎

流行于云南昆明富民地区，又称“赶老牛”。“赶老牛”一般在土场上进行，场地长、宽各十二米左右即可。土场中间挖一直径三十厘米，深十厘米的窝，场地的边沿再挖若干个窝，距离相等，窝的多少根据参赛人数而定，每窝一人。“老牛”是一个直径五厘米，长十二厘米的木疙瘩。上场的人各持一根一百二十厘米长的木棍赶“老牛”。比赛分攻、守方，以场地中间的窝为界，攻防双方人数相等，场地中间的窝旁设一名防守。比赛开始，由防守一方开始赶“老牛”进攻，进攻队员则在各自窝前以守代攻，“老牛”到了面前，进攻队员开始争抢，并积极配合。一方如先把“老牛”赶进对方任意的一个窝里，即赢。如一方进攻，自己所守的窝被对方抢占则算输。“赶老牛”比赛，对输者要进行惩罚，窝被抢占或“老牛”被赶到窝中的人要唱一支山歌，或跳个舞，然后继续进行。

壮族打拐、赶猪进城

打拐

在桂北地区的农村里，盛行着一种很有趣的打拐活动。每年秋收以后，田野空旷，气候宜人，是打拐的最佳季节，可常见三五成群的少年儿童在村里较空旷的地方打拐。传说很早以前的一个冬天，一个穿着很破烂的乞丐（一说为道士）拄着一根拐杖沿村讨饭，当走到麤鹿村时，正赶上一个叫旺福的人娶媳妇，乞丐就站在旺福家门前讨饭吃。旺福认为喜庆的日子，一个穿着破烂的乞丐上门讨饭不吉利，怕冲了喜，心里很不高兴，可是怎么喊乞丐也不走，旺福很生气，顺手拿起一根两三尺的木棒距七八步朝乞丐身上打去。正当木棒将要击中乞丐时，只见乞丐不慌不忙，用拐杖迎木棍一击，木棒很有力地反弹回去，正好落在旺福身旁。在场的人个个目瞪口呆，惊叹不已。从此这个村的人再也不敢欺负乞丐了，都自觉地拿饭给乞丐吃。后来，一些青年人认为乞丐的这一手功夫不错，就自行演练起来，因这种打法是从乞丐用的拐杖击木而来，因此取名叫打拐。开始只是你抛我击，后来打法逐步改变，棒子也逐步缩短缩小。

各地打拐在打法上有些差异。以下简介传统的打法。场地：选择平坦无障碍物，长十五米、宽十二米左右的平地，在一端挖一个中间大、两头尖，中间深、两头浅的小坑，最宽处、最深点均为四厘米左右，名曰鸡穴。器材：尺棒，长五十厘米，直径二点五厘米；鸡棒，长二十厘米，直径一点五厘米。比赛一般为两人，人多可分成人数相等的两个队，一攻一守。攻防顺序如下。一、飞棒：即进攻者将鸡棒横放在鸡穴上，然后用尺棒从鸡穴用力将鸡棒挑飞向前方，守者则事先在鸡穴前选择好位置，待鸡棒飞出时接好。如鸡棒在未落地前被守方接住或攻方挑鸡棒不出，即为失误，转换攻防；如守方接不住，攻方则行“过关”。二、过关。攻方将尺棒放于鸡穴前任何一个地方，让守方在鸡棒落地处用鸡棒投吃。如投中，转换攻防；投不中则攻方打拐。三、打拐。攻方单手持尺棒和鸡棒将鸡棒抛起，随即用尺棒将鸡棒击向对方。此时守方要设法接住鸡棒，如攻方打拐不中或守方将鸡棒接住，则转换攻守；如接不住则攻方求吃。四、求吃。由守方在鸡棒落地处将鸡棒投向鸡穴。如离鸡穴不足鸡棒一尺，即转换攻守；如超过一尺，则量分，从鸡棒落地处向鸡穴量，一尺为一分，不足一尺不算，量完后，攻方进而敲鸡头。五、敲鸡头。攻者将鸡棒直放在鸡穴中，一头露出地面三厘米左右，用尺棒敲击鸡棒露出部分使之弹起，在鸡棒弹起的瞬间，用尺棒将鸡棒击向远方。如攻方敲鸡头弹不起或弹起击不中或击出的鸡棒被守方接住，即转换攻守；如接不住，则攻方行守穴。六、守穴。由守方在鸡棒落地处将鸡棒投向鸡穴。此时攻方可用尺棒打击投来的鸡棒使之飞离鸡穴，以多得分数。无论击中与否，均在鸡棒落地处用鸡棒向鸡穴量分，如不足鸡棒一尺，则转换攻守；超过鸡棒一尺，则攻方进行量分，一尺为一分。此分和求吃得分加在一起计算。量分毕，攻方又继续从一飞棒开始，谁先达预定分数谁胜。打拐简单易行，场地器材要求不高，很适合农村少年儿童开展。同时打拐很有趣，男女适合，运动量适中，可以锻炼灵活性，技巧性和准确性。

赶猪进城

流传在云南西畴县壮族和其他民族中间，是一项带有竞技性的游戏。比赛一般在一块宽阔的场地上进行。场地中央画一个半径五十厘米左右的圆圈为城。赶猪人各持一根木棍，准备一个带响声的物体当猪。通常只用一个猪，人多时可以用两个猪。一人守城，其余人在城外用木棍戳一个坑赶猪。赶猪者要把猪赶进城，守城人进行阻挡，不让猪进城，形成对抗性的运动，并戳着赶猪者的坑互相交换，赶猪者把猪赶进城，其余的人互换戳的坑，没有坑戳的人就去赶猪。

瑶族毛莱球

湖南江华地处湘粤桂交界处，为古代楚地咽喉，这里的瑶族盛行开展毛莱球活动。毛莱球即木头球。相传已有五百多年的历史。传说毛莱球源于明代成化年间。一天，瑶胞在上游乡渡州寺欢度传统节日万人缘时，一伙歹徒窜入会场捣乱，一位手持拐棍的瑶族老人与这伙歹徒说理。歹徒们不但不听劝阻，反而向会场乱扔石头，老人随即举棍将石头一一打回去，歹徒们见势不妙，只好逃之夭夭。从此瑶胞们认为棍击石头有防身作用，并兼游戏乐趣，便相继练习起来。后来有个青年觉得石头容易伤人，便用硬杂木削成桐子苞大小的圆球以代石头，并将木棍改为一头弯曲的形状，打起来更得心应手，木头球就此诞生。木头球在空坪、禾场、河滩、岗坡、干稻田内均可进行比赛。最初，人们对木头球比赛的场地、器材并无规定，场地常因地形而定，器材则因人而异，制作时规格不一致，有时球与木棍还可就地取材。在比赛时，双方选一名优秀队员相对站立，互击“礼棍”，即先击地面一下，再将棍由外向上，向下成弧线互击两下，然后开始比赛。球棍一般用自备的，或事先将双方球棍放在一起，由一个人蒙上眼睛将其分成两半，再抽签确定球棍的分配。新中国成立后，木头球运动在江华县日益发展。1983 年当地将木头球列为正式比赛项目，并制定了试行的比赛规则以及场地器材的有关规定。经过多次修改，日趋完善。新的规则草案规定：比赛双方有 10 名队员，7 人上场，3 人替补（非正式比赛，双方队员少为 3 人，多可达 20 人）。每队以一人为首，指挥夺球攻球。场地长 40 至 50 米，宽 25 至 30 米，中线中心挖一个 6 至 7 厘米深的锅形洞，并设中点争球圈、罚球线。球门高、深各 1 米，宽 2 米，用网围住三方，似足球门。木棍成 120 度角。球由硬杂木削成，圆周为 24 至 26 厘米。比赛开始，木头球先放于中心线锅形洞内，裁判员发令后，由双方的一名能手用球棍从洞中争夺挑出球来。赛前两队协商，定一个总的进球数，一旦某一队达到原定进球数，比赛即告结束。

土家族打飞棒

在湖南湘西的桑植、永顺、龙山等地，农民们在粮食收获之前，会到田间地头巡查，遇有鸟兽前来偷吃粮食，就用手中的木棒打击，有时还以棒击棒发出响声惊走鸟兽。在长期的生产实践中，土家族人练就了过硬的掷飞棒本领。有些人能将木棒掷出 60 米开外，并能准确地击毙飞禽走兽。后来，人们将这种扔木棒的本领演变成了一种比赛。相传，土家族打飞棒源于明嘉靖年间（1522—1566 年）。当时土家族士兵应征赴江浙沿海抗倭，由于长途奔袭，粮草供应不上，但当时有许多士兵都携带了飞棒，他们发挥飞棒的作用，击打飞禽走兽，解决了粮草短缺的困难。抗倭胜利后，士兵们又用它玩掷远游戏。当时带兵的昭毅将军彭尽莤也操起一根红木瓜树棒打了一套“秦王扫江”棍，并说：“木瓜树真是土家族士兵的救兵粮！”从此，土家族人又称红木瓜树为“救兵粮”树。红木瓜树木质坚韧，是制作飞棒的好材料。

打飞棒一般为两人对抗赛，人多可分为几组进行。每场比赛时间以打满事先约定的棒数为限。比赛一般选一块长不限，宽 5 米以上的平地进行，在场地的一端挖一深约 10 厘米的菱形小坑。甲方手持一根长约 20 厘米的打棒，粗细以手握住并感舒适为宜，另有数根约长 30 厘米的飞棒，每赛一次用一根。第一步为“挑飞棒”。甲进攻，将飞棒横放在菱形小坑上，用打棒将其向前方的空地挑出；乙防守，站在甲对面约 50 米处尽力抓住甲挑出的飞棒。若乙抓住，攻防双方互换位赛；若未抓住，则由甲将打棒横放在小坑上，由乙站在飞棒的落点处，用飞棒击打小坑上的打棒。若击中，与甲互换位置；未击中，则甲获第一步胜利。第二步为“打飞棒”。甲将飞棒抛向空中，然后持木棒用力将飞棒击向前方，乙仍在距甲约50米的前方去抓甲打出的飞棒。若抓住，则与甲互换位置；若未抓住，则乙拾起甲打出的飞棒，站在落点处将棒扔回小坑处，甲则用打棒回击，击得越远越好。甲回击乙扔回的飞棒，乙仍可设法抓住，抓住了仍可与甲互换从头再来赛；未抓住，则甲用打棒作尺，丈量飞棒落地点与小坑之间的距离。第三步为“宰鸡头”。甲丈量完距离后，将飞棒置于小坑内，飞棒的一端凸出地面，表示为“鸡头”。甲以打棒击“鸡头”，使飞棒向上弹起至空中，待其下落时，以打棒向前方击去。乙方在对面仍可抓接飞棒，若抓住，甲无成绩；若未抓住，甲再次丈量距离。以两次丈量的距离之和，为甲所取得的成绩。然后乙与甲交换攻防，依前面比赛进行。最后计算距离，以距离长者为胜。此为各击1棒。团体赛时，甲队、乙队按两人一组依次进行，然后计算各队的总成绩。输者要学鸡叫，以示惩罚。若甲、乙双方事先约定各击5棒，则以5棒的两次丈量之和来决定胜负。

东乡族咭咕社

农闲时，在东乡山庄空旷的场地里，常有一群群青少年手拿木棒打咭咕社，咭咕社在空中不停地飞来飞去，乒乓有声。据说东乡族咭咕社活动由来已久，是古代东乡族少年儿童模仿父兄们抵御外侮，对天鸣镝而创造的一种游戏。咭咕社比赛要计分，以得分多者为胜方。胜方往往高兴地用东乡语唱道：“不用眼力不得窍，不用臂力不得窍。咭咕社乒乓飞得高，看你再敢傲不傲。”咭咕社是一个像鸡蛋大的椭圆形木球，用硬木制成。全凭木棒狠劲敲击产生的力而飞掷，若不眼尖手快，稍一马虎，就有落在头上的危险。比赛时，可因地制宜决定方位和场地，十几人分成两组，一组用木棒把咭咕社敲过去，另一组必须迅速准确地敲过来，有点像打羽毛球和排球。比赛时全队要配合默契，以发挥集体的力量。

柯尔克孜族包考、棒击球

包考

包考或帮啊，也叫牛毛球。牛毛球是用牛毛加工制成的，同小皮球大小。球板木质，形状像镰刀。球门2.5米高，3米宽，结网，类似足球门，分别设置于球场两端。球场长40米，宽15米，场中央画有球线。参加比赛的两个队，每队5人，包括前锋2人、中锋2人、守门员1人。比赛设有两名裁判。

比赛规则：一方打球出界，由对方发球。如若犯规，将球后退10米，6次犯规，被罚出场，另换一个队员上场。比赛无时间要求，按照进球多少来决定胜负。

棒击球

棒击球与现代棒球有点相似。这种游戏一般分成两组进行。人数相等，男女青少年均可参加。游戏场地长80米到100米，宽40米，场地两端画有明显的界线。游戏开始时，两队在主持人的商定下，决定谁先击球，谁扔球。然后击球队有1人拿1米长的木棒，其他人在其后面，当扔球人把球扔出，手持木棒者即去击球。当球击出后，除拿木棒者外的其他人都要赶快向界线跑去，当跑到界线后又迅速返回跑。这时若击出的球被接住，算赢，若没有击中，继续再扔，让拿木棒者再击。游戏中的输者，除换位为扔球者外，还要表演节目。

达斡尔族波依阔

波依阔即曲棍球，是达斡尔族最喜爱的传统运动项目，有着悠久的历史，一直流传在民间。达斡尔语称曲棍球为波列，称曲棍为波依阔或贝阔。打波列，打波依阔，所指相同。据史书记载，我国古代辽王朝的契丹人最喜爱打曲棍球。辽代以前的唐、宋年间也很盛行。唐代宫廷的步打球和北宋的步击游戏，以及达斡尔族的波依阔，同现代曲棍球都有相似之处。步打球的形象，还可以从保存至今的两条唐代花毡上见到（现保存在日本奈良东大寺佛殿西北的正仓院仓内）。这是两条各长2.36米，宽1.24米的花毡，中央各织一个儿童，左手拿着曲棍作接球状，周围织着花朵。达斡尔族所用的球棍，形状与唐代花毡上步打球所用的球棍相似，除长度、重量之外，也与现代曲棍球棍相似。达斡尔族人从前用的曲棍，是选根部弯曲的幼柞树做的。使用的球略小于拳头，分木球、毛球、火球三种。木球用杏树根制作；少年们玩的毛球用牲畜的毛团制成；火球是用桦树上长的硬化了的白菌疙瘩制成，球上穿通几个小孔，填以松明燃着，不易熄灭。

在明媚的春天的夜晚，青年们常以村旁宽阔的草坪为场地，举行富有情趣的火球比赛。被双方争击的火球，飞来窜去，如同一道道划破夜空的火线。观看者不禁发出此起彼落的喝彩声。1986年第三届全国少数民族传统体育运动会上，达斡尔族体育健儿的火球表演赛，受到各族观众的热烈欢迎。打波依阔的规则同现今的曲棍球运动规则近似。在球场两端各设一个营门，两队上阵队员各为11人，1人把门、门前2人守卫，其余的人进攻。由场地中心开球，打入对方营门为得分。技术动作有踢、挡、铲、打、挑、闪、展、腾、挪等。新中国成立后。波依阔又逐渐恢复和发展起来。1957年，莫力达瓦达斡尔族自治旗青年曲棍球队到呼和浩特为内蒙古自治区成立10周年庆祝活动进行表演，受到各族观众的欢迎。1973年以来，该旗重点开展了这项活动，并逐渐使之成为达斡尔族的主要传统体育项目，每年都要举办各种形式的比赛活动，有中小学生的比赛，旗级比赛。各中学把曲棍球运动列为学校体育课的主要内容。在莫力达瓦地区，无论是在山间平坦的道路上，还是在学校的操场里，到处可见青少年们成群结队地打曲棍球。每当丰收时节或喜庆的日子，人们都要挥棍上阵，打一场波依阔，直到尽兴方休。莫力达瓦达斡尔族自治旗被誉为“曲棍球之乡”。1975年，内蒙古莫力达瓦旗教练员尹玉峰随中国曲棍球考察组访问巴基斯坦，引进了曲棍球的新技术和新规则，从而使达斡尔族的传统波依阔完全成为现代的曲棍球。1978年，正式建立了由莫力达瓦旗管理的内蒙古男子曲棍球队，获当年全国首次比赛冠军。到1987年，该队获11次全国冠军，成为国内劲旅。内蒙古女子曲棍球队于1984年立成，由达斡尔族、蒙古族、汉族队员组成，到1987年，3次获得全国冠军，1987年全国第六届运动会，男女双夺冠。

撒拉族打蚂蚱

“蚂蚱”粗1.5厘米，长8至9厘米，枣核状，木质。打“蚂蚱”所用板拍由一块长约70厘米，手执处宽4厘米的刀形木板做成。比赛时，攻守双方由2人组成，就地画一直径为2米的圆圈为“雷区”。攻方在雷区内用板拍将蚂蚱击出。随着蚂蚱飞出的方向，守方快速跑动将蚂蚱接住。接不住则将蚂蚱从落地处拣起掷向雷区。未进雷区，攻方继续再打，并用板拍丈量蚂蚱落地处到雷区的距离。若守方能将蚂蚱接住，或将蚂蚱掷进雷区，则攻守两方互换进行。最后以丈量距离的结果计算成绩，先到达规定距离的为胜方。胜者罚输者单腿跳入雷区，或罚负方表演其他节目。

锡伯族“打螃蟹”

锡伯族人性格耿直，痛恨那些蛮不讲理、横行霸道者。渔猎时代，锡伯族人抓到螃蟹，就放到岸上，因见其横行，便使用树枝打着玩。常常几个人抢着打，后来逐渐演变成“打螃蟹”的游戏活动。后来就以直径约3寸、高约2寸的木棒代替“螃蟹”，以长约4至5尺，下端弯部长约6至7寸，弯处角度约120度的木棒来“打螃蟹”。这种“打螃蟹”的“螃蟹”棒用自然弯木做成。“打螃蟹”比赛时，将参加比赛者分为两队，每队3人，以道路及一块较平坦的地为比赛场地，画一条中线，然后在中线两边3至5丈处各画一条线为双方的底线。宽度不限，一般以路面的宽度为准。比赛开始前，先将“螃蟹”立在中线，在“螃蟹”两边对面站好。比赛开始，2人先用“螃蟹棒”互击3下，然后开打。6名队员在场上跑来跑去，争着打“螃蟹”，边打边申斥：“看你再横行!”“叫你横行霸道!”将“螃蟹”打过对方底线算胜一次。可连续玩下去，时间不限。最后，累计双方胜的次数，胜多者为赢。

京族“打狗”

“打狗”是广西防城京族青少年喜爱的一项传统游戏活动。休息时，五六个人在海边的沙滩、草地或平地上挖几个小坑，每人拿一根木棍或扁担，便可玩打狗游戏。此项活动在这里流传已有200多年的历史。“打狗”比赛分个人赛和团体赛。个人赛。打狗者3至5人，赶狗者1人，先以投准决定赶狗者，投准最差的先赶狗。在直径15米的场地中间挖1直径65厘米，深10至15厘米的大坑。在距离大坑4米的地方设3至5个距离相等，直径20厘米，深5至10厘米的小坑。“狗”为直径8至10厘米的六边形柱体，涂以油漆。木棍长1.5米，直径约3厘米。比赛开始，赶狗者在界线外，手持木棍想办法把“狗”赶进“狗窝”，打狗者手持木棍各占据一个小坑进行阻挡，防守者的木棍若离开自己占着的位置（小坑），赶狗者便可用木棍去与防守者抢占位置，谁的棍头先到，就算占着位置，占不到的去赶狗。“狗”进“狗窝”时，防守者必须抢占别人的位置，不能占原来的位置。赶狗者也一起参加抢占，防守者抢占不到位置的，要出来赶狗，若是赶狗者占不到位置的，要继续赶狗，并要加记多一次赶狗的次数，往后也是一样。狗若出界，由赶狗者从出界处开始赶狗。比赛中如用木棍打着任何队员的身体任何部位，即算犯规一次，若防守者犯规，要出来赶狗，位置由赶狗者取代；若赶狗者犯规，算多一次赶狗次数。全场比赛时间为40分钟，赶狗次数少的名次排前，次数相同则以犯规次数少者为胜。比赛设1人计时、记分和裁判。团体赛。每队3人，以个人赛投准方法决定进攻队，比赛分上下半时，双方轮换。设裁判1人。比赛开始由进攻队员在边界线开始赶狗，防守队员想法把狗打开，其中任一队员击中狗，两队即可进行抢占位置。防守队可抢占原来位置。若防守队员抢占得位置，即变为进攻队。若进攻队抢占得位置，则由进攻队一队员在所占位置处把狗往狗窝方向任意击一棍，防守队员不得拦击，若“狗”入“狗窝”得一分，若不进狗窝，进攻队从新在边界线开始赶狗。比赛中，用木棍击中对方队员身体的任何部位，即算犯规一次。若进攻队犯规，就要与防守队交换，变为防守队。若防守队犯规，则由进攻队在犯规处把狗向狗窝方向任意击一棍，防守队不得阻拦。入窝者得一分，未进则重新在边界开始赶狗。凡每次狗进狗窝，包括犯规被罚进的，均由对方转为进攻队。比赛结束，以得分多者为胜。

第二节　球类游戏

西部少数民族中的球类游戏主要有苗族手毽、踢毛菌、布球、打草蛇，彝族棕球、小包团、皮球窝、撒实威威、青木咱拉，壮族抛绣球、抢花炮、打手毽、芭芒燕，侗族抢花炮、哆毽、草球，土家族抢贡鸡，哈萨克族拍打毛线球，傣族藤球，佤族牛尿泡球、布球、藤球、莫海亚，拉祜族鸡毛球，纳西族丽江球、拨拨拉，仫佬族抢花炮、打篾球、玩花龙，布朗族藤球，仡佬族打篾鸡蛋球、打花龙，锡伯族踢“熊头”，普米族击鸡毛球、板羽球、布球，怒族怒球，鄂伦春族毛皮球，基诺族打毛毛球等。

苗族手毽、踢毛菌、布球、打草蛇

手毽

在贵州省都匀、三都、丹赛等地接壤处一带的苗族同胞，每年春节期间，男女青年都要举行传统的打手毽活动。打手毽活动从正月初二开始到正月十五结束。在此期间，一些身着盛装，手拿花毽的苗族姑娘和后生们，一拨拨地成双成对地聚集相会在各地毽塘上，对抛对打，热闹非凡。参加这一活动的总人数有数万人之多。在这里，打手毽活动与吹芦笙及跳月齐名，并称为苗族玩年的三大文娱项目。相传在远古时代，苗族的祖先们一年到头，春夏秋冬，忙碌劳累于农事活动，终获五谷丰登。这时，家家户户收藏好谷物，杀鸡宰牛，辞旧迎新。老人们忙着祭祀天祖，在杀鸡以后，把一些色彩斑斓的家鸡和野鸡羽毛送给姑娘和后生们，让他们外出玩要娱乐，免得在家碍手碍脚，干扰他们的祭祀活动。于是，姑娘和后生们用自己的巧手把多彩的鸡羽插在自己心爱的芦笙长管上。成群结队地到野外吹、跳、抛花毽，尽情地玩要。天长日久代代相传，苗族玩年打毽就这样流传下来。现在的花毽，还带有一些原始花毽的特点，只是制作得更加精美、好用而已。花毽是用稻草和布条裹上一枚铜钱（旧制铜币）或其他同重量的金属物，扎成球状，然后插进雄鸡尾羽数片，再加插野鸡尾羽二三片，加固后再用彩色绒线或细布条剪扎成小花朵，缀捆于鸡羽上端而成，长约八寸到一尺。苗族花毽活动有专门的场地，叫“毽塘”。有一寨一塘的，也有数村一塘的。按照传统的规定，本寨的毽塘，由本寨的姑娘们做东道主，主持毽塘，严禁本寨、本亲族的男性青年进入她们的毽塘，只准许外寨、外地、外姓的后生进塘打毽，并对之热情欢迎，礼貌接待。这种习俗使得苗族远缘结亲的良好制度世代相传，受到其他各族的称道。毽塘上姑娘们和小伙们相对成行，一般由持毽姑娘首先向对面的后生抛出手毽，小伙子立即用手将毽拍回姑娘的上方，如同打羽毛球一样来来往往，并尽力不使花毽落地。所不同的是双方之间既无隔网又无边界线。在双方对打的过程中，有时相距不过咫尺，边打边答话或互相对歌。毽塘上花毽飞舞，欢声笑语及歌声不断。原来许多素不相识的姑娘和后生，通过毽塘花毽结识了。有的后生被寨子里的老人们挽留做客。打毽之余，有的姑娘接受后生的邀约，到月塘上踏着芦笙的旋律跳月、唱歌。当然，聪敏的苗族姑娘们，十分珍惜自己的爱情，一般在毽塘上的相识，往往是她们审慎地谈情说爱的开端，了解对方的性格、身世，最后才把自己亲手精制的花毽赠送后生，作为定情信物，并且一再勉励小伙子好好生产劳动，待到来年春暖花开时，不要忘记请媒人来求姑娘做他家的“抬水人”（苗族姑娘出嫁又叫到男家做抬水人）。

踢毛菌

苗族春节期间开展踢毛菌。“毛菌”是用苞谷皮做成的。先将捣揉过的苞谷皮搓成细绳，再合编成扁形的绳辫，然后有规则地裹成碗口大的圆球而成。参加踢毛菌的人数要成双数，六到十二人均可，分成两方。以脚来踢毛菌，一方踢过来，一方接过去，使毛菌在空中来来往往。最后，以接住对方踢来的毛菌的次数的多少来评定双方的输赢。

布球

布球用棉花或碎布缝制而成，可踢、可拍。玩法有三：一为互相脚踢，一方高高将球踢给对方，对方要在球落地前将球踢回去；二为用手掌拍打；三为用木棒回击，但很难击准。三种玩法均以球落地为输。

打草蛇

在长期的生产和生活实践中，苗族人创造了打草蛇游戏，并使其代代相传。草蛇也称草索、草球。相传，在清康熙年间，苗族的首领为庆祝一年的丰收和预祝新的一年五谷丰登，号召本民族从旧历十二月二十七至来年正月十五进行打草蛇游戏，每天要打两节，早饭后和午饭后各打一节。后来逐渐成俗并延续至今，算来已有二百多年的历史了。草蛇的制作方法简单，取稻草根部的干曼叶四两左右，用细麻绳捆扎稻草曼叶中心处，将一端弯折过去的再捆扎一次剪齐，然后向四周分匀即成。其场地也不受限制，在一个二三十平方米的平地即可进行。参加者的人数、性别、年龄没有严格的要求，青、壮年男女及少年均可参加。打草蛇的比赛有个人打、双人对打、四人交叉打等。其打法是用手掌拍击，主要是靠手腕发力击打。待草蛇下落时，迅速用手掌向上拍击，如此反复，直至草蛇掉在地上为止。两人对打、四人交叉打或双打时，双方相距六至八米，相互拍击。其胜负以草蛇落地的次数计算，谁接不住对方打来的草蛇而使它落地即算失一分。在规定的时间里，以失分多者为输。比赛可根据人数的多少进行分组比赛，若组数较多可进行循环比赛。

彝族棕球、小包团、皮球窝、撒实威威、青木咱拉

棕球

在滇中、滇南彝族流行。棕球是将棕打成绒，一层层地包起来，然后用麻布和麻线包缝起来，大小如篮球，富弹性，可踢、拍、抛等。

小包团

小包团是用树叶或被布缠绕成球，拍打。比赛分两组进行。拍一下转一圈，看谁转的圈多。

皮球窝

皮球窝是云南巍山彝族爱玩的一种游戏。球心为羊毛，外面用布裹上或用线缠上，大小如拳，用手抛接。

撒实威威

撒实威威流行于云南易门地区。又称叶子球，球用干蚕豆叶或糖梨树叶裹成，运用脚背、脚内外侧、后跟踢球，也能双脚同踢。游戏可单人也可多人。

青木咱拉

青木咱拉是云南易门地区彝族爱玩的一种游戏。又称跳鸡毛球。球用鸡毛数根绑在布头上制成，用手拍打或用脚踢均可。分个人和团体赛。场中设

中线，以球落在对方界内为负，最后统计所负次数，少者为胜。

壮族抛绣球、抢花炮、打手毽、芭芒燕

抛绣球

抛绣球是广西壮族的一项传统娱乐游戏活动。抛绣球活动的历史悠久，两千年前绘制的花山壁画（见《宁明花山壁画资料汇编，宁明花山临摹》）即摹有其基本形态，只是记录的是当时用青铜铸制的兵器的甩投，称之为飞砣，多在作战和狩猎之余活动。后来，人们将飞砣改制成绣花布囊，互相抛接玩耍娱乐。到宋代时，逐渐演变成壮族男女青年表达爱情的媒介。据宋代诗人朱铺《溪密丛笑》记载："土俗岁极日，野外男女分两朋，各以五色彩囊豆栗往来抛接，名飞砣。"飞砣是古代的一种兵器，当时虽已改制为五色彩囊，但仍沿袭了飞砣的名称。再后来，五色彩囊就被称为绣球了。宋人周去非在《岭外代答》中更为明确地记述："男女目成，则女爱砣而男婚已定。"

现抛绣球仍在广西百色、柳州、南宁、河池等地区流传。每逢春节、三月三、中秋等传统佳节举行歌圩，壮族青年男女相邀汇集村边、地头、河畔，互相呼唤"呜嗨""呜嗨"，以表达亲切的问候。在双方选定对歌抛球的位置后，便开始用歌声相互询问，歌词有理想、情操、农事的问答，也有谈古论今的叙述，等等，内容十分广博。在对歌中，要有问有答，让歌声此起彼落。若姑娘们运转起手中的绣球向小伙子抛去时，小伙子要眼明手快，反应敏捷，准确无误地接住绣球。否则，会引起旁人的哄笑。接住绣球的小伙子将它赏玩一番后，又向姑娘抛回去，经过数次往返抛接，如果小伙子看上姑娘，就在绣球上系上自己的小礼物，诸如银首饰或钱币，抛回馈赠女方，馈赠愈重，表明小伙子对姑娘的情意愈重。姑娘若接过礼物，就说明同意小伙子的追求。于是继续对歌互表心意，或相互到僻静处去互诉衷情。现在，抛绣球已被整理成为有一定对抗性的竞赛项目。比赛场地与排球场一般大小，场中间竖一个圈杆，圈心距地面高 9 米，分两边进行比赛，每边 10 人，男女各 5 人。绣球用各色绸布或花布做成，内装黄豆、绿豆或细沙，形如球状，直径 60 毫米，重约 150 克，球的尾端系上一根五彩冠带，便于用手抛投。比赛时，将球投入圈内得一分，以得分多少定输赢，得分多者为胜。团体赛 10 分钟；个人赛 5 分钟。

抢花炮

抢花炮是流行在侗族、壮族和仫佬族等民族中间的具有浓郁民族特色的活动。据考证，已有五百余年的历史。由于抢花炮有强烈的对抗性、娱乐性和独特的民族风格，所以数百年来长盛不衰。花炮是铁制圆环，直径约5厘米，用红布或红绸缠绕，置于送炮器上。送炮器即铁铳，内装火药，燃放后即把花炮轰上天空。待落下时，参加者皆奋力夺取。花炮送跑器的形制以广西南宁、百色两地传统的送炮器最为美观。其外形为六角柱形，六边饰有图案花纹，共分三层，底层为稍大的六角柱，柱角镶上桂花边；中层腰较细，镌有各类形态的小人像；上层为喇叭状开口。抢花炮按民间传统只燃放三炮。抢得头炮者，人财兴旺；抢得二炮者，五谷丰登；抢得三炮者，万事吉祥如意。体现出人们对美好生活的渴望。传统的抢花炮不限人数队数，每炮必抢，直至三炮结束。抢花炮的场地通常设在河岸或山坡上，无界限，满山遍野皆为活动范围。一旦花炮被人抢得并送至指定的地方，顿时唢呐声、欢呼声、鞭炮声会响成一片。抢炮者会成为人们心目中的幸运者和英雄。近年来，为了促进民族交流，广西在保留其民族特点的基础上，对抢花炮进行了适应比赛的改革，规定了比赛时间和场地范围以及参赛队人数，还增设了一个炮台区。同时，不受炮数限制，以在规定的时间内，抢到的花炮次数多少来记分，得分多者为胜。1982年起，广西进行了两次表演和比赛，实践效果良好。1986年，国家体委批准将抢花炮列入第三届全国少数民族传统体育运动会的正式比赛项目。1987年10月25日至30日，在广西崇左县召开了九省（区市）抢花炮邀请赛，这是首届抢花炮单项全国性竞赛，参加单位有贵州队、河南队、湖南队、广东队、广西二队、云南队、广西一队、四川队等。这次竞赛规则已趋完善。其中：场地长60米、宽50米，场地中心画一点为放炮点，以发炮点为圆心，画一直径为5米的发炮圈。在场地短边界线（即端线）中点以外紧连端线画一个长6米、宽4米的长方形区域作为炮台，炮台内设一花篮，场地四角和炮台区与端线连接点各插一小红旗。花炮为直径5厘米的铁圈或其他金属材料制成，外用红布缠绕，重40克至50克，送炮器可用旧制铁铳，火药适量，以能将花炮冲上20米高度为宜。比赛分为两队，按传统方式，每队上场队员为男子10名。比赛每场40分钟，分上下两个半场。抢花炮是以点炮员点响炮时开始，无论何方抢得花炮，可用传递、掩护、假动作、奔跑的方法将花炮攻进炮台区花篮，进一炮得一分。一般采用单循环赛和单淘汰赛。为了使竞赛规范化，还规定了判罚犯规、违例暂停等。

打手毽

广西隆林、西林、田东、天等、三江、龙胜、宁明等地的壮族盛行打手毽活动。每年春节期间，男女青少年都会积极参加。打手毽的毽子是用彩色花布包上铜钱或金属片做底托，再插上雄鸡毛，有的还配上些野鸡毛而做成，色彩艳丽而美观。一般手毽的底托都比毽球稍大一些，但重量稍轻。打手毽只能用手拍打，不能脚踢。可以两人对打，也可以几个人一块打。打手毽既是锻炼身体的游戏活动，也是青年男女交流感情的社交活动，节日时尤为盛行。

芭芒燕

壮族人民在长期的生活中，创造出一种富有民族文化特色的传统体育活动芭芒燕。传说在1892年重阳节这天，一群壮族男女青年到塞纳河边（泗水乡）的沙滩上欢度节日，看到河沙滩边上长满了开了花的芭芒草，便各自采集了大把芭芒心拿回去玩。其中有一位叫蒙纪天的男青年，用线将芭芒心穿成一串，用手拍来拍去，好像燕子在空中飞翔，大家看了非常感兴趣，就为其取名芭芒燕。从那时起，每年的九月初九日，青年男女都要到河边采集芭芒心，做成芭芒燕。芭芒燕也由此成了人们节日活动的重要娱乐项目之一。芭芒燕有二人对打，也可以男女混合打。在打芭芒燕的过程中，男女青年可混在一起，相互对打，把芭芒燕拍向自己最理想的人。打芭芒燕既是一项青年男女喜爱的游戏娱乐活动，又是青年男女进行交际的活动；既能起到锻炼身体的作用，又能陶冶青年们的情操。

侗族抢花炮、哆毽、草球

抢花炮

抢花炮是流行在侗族、壮族和仫佬族等民族中的一项具有浓郁民族特色的娱乐游戏。据考证，已有五百余年的历史。据广西三江侗族自治县《民国志卷二，赛会娱乐篇》记述："花炮会，届时男女成集。其竞赛以冲天铁炮内装铁环，若实弹然。燃炮后，铁炮直冲霄汉，观众闻炮声，即以铁环为目标蜂拥争取，以夺得铁环者按头、二、三炮依次领奖，其友族皆簇拥庆贺，欢声若雷。"位于湘、桂、黔三省、区交界之处的湖南通道侗族自治县，侗族同胞有时到广西三江、龙胜一带去参加抢花炮，三江、龙胜的侗胞也来通道抢花炮。这种"甜如蜜、胶似膝"的友好往来，一直都保持至今。抢花炮在农历三月三或秋收以后最为踊跃。侗乡流行着这样的诗句："侗乡三月风光好，天结良缘抢花炮；要得侗家姑娘爱，花炮场中逞英豪。"

湖南通道侗族自治县的岩坪一带，抢花炮已有160多年的历史。过去，抢得红炮圈象征着村寨五谷丰登、人畜兴旺，并可得到主持这项活动的村寨颁发的奖品：一头染红的大肥猪，一包银圆、几个镜屏等。大家抢红炮圈时，激烈紧张，拼命地互相抢夺，但人人都严格遵守传统的不成文的规则，即不打人、不踏人、不弄虚作假，以力量和速度夺魁。在抢花炮的日子里，远近侗族的男女老少，穿上节日盛装，天刚亮就涌向岩坪。他们中大部分都是为本村寨的抢花炮选手呐喊助威的。抢花炮活动由各村寨每年轮流主持。凡主持抢花炮的村寨，事先请编织手艺高的人用青细竹篾或藤条编织三至五个茶杯口大的圆圈，外面缠以红布，再以红、绿丝线扎牢。主持人宣布抢花炮开始时，将红炮圈放在铁炮的炮筒口上点燃火药放炮，红炮圈被射上高空，各个村寨的选手争相抢夺，顿时全场欢声雷动。红炮圈有时落地，有时也可能落到水塘里或悬崖上、屋顶上、树枝上。不论落在那里，大家争先恐后地跳到塘里，爬上悬崖、屋顶、树上去寻找，个个奋不顾身，人人勇往直前。抢到红炮圈之后，还必须在人人争抢中“过关斩将”，将其送到庙里的裁判台上才算获胜。因此，一炮一般要争抢两个小时左右。当选手把红炮圈送到庙里裁判台后，庙里响起钟声鼓声，并鸣铁炮三响，表示头炮胜利结束。接着还要进行二炮、三炮，有的抢到四炮、五炮。凡是抢到头炮红炮圈的村寨，来年的抢花炮活动由其筹办，他们也要准备一头染红的大肥猪和其他奖品，叫作“还炮”。

现在，在保留“抢花炮”的民族特点的基础上，进行了适合正式比赛的改革，规定了比赛时间和场地范围以及参赛队人数等，还增设了一个炮台区。同时，不受三炮的限制，以在规定的时间内抢到的花炮数的多少来分胜负。改革后的抢花炮运动，花炮圈已改为直径 5 厘米的铁环，外缠红绸。赛场长 60 米、宽 50 米，两端各放一花篮。比赛以队为单位，上场运动员各 10 名。比赛时间为 40 分钟，分上下两个半场，各 15 分钟，中间休息 10 分钟。铁炮置于场中央，点燃铁炮，铁环冲至空中落下时，双方运动员蜂拥抢夺、突破、堵截，以抢到铁环并将其送至对方花篮次数多者为胜。争夺时可采用挤、钻、护、拦、抢以及各种假动作，但不准踢、扭对方运动员关节，更不准以利器伤人。1986 年 8 月 10 日至 15 日，第三届全国少数民族传统体育运动会在乌鲁木齐举行，抢花炮被列为竞赛项目。1987 年 10 月 18 日至 23 日，在广西壮族自治区崇左举行了九省、区抢花炮邀请赛，有湖南、四川、广东、云南、贵州、河南、广西的八个运动队参加，表明了抢花炮这项运动已推广开来。

哆毽

哆毽是侗族独具特色的一项传统游戏。相传产生于宋代。当时，侗族人民从插秧时互抛秧苗的动作中受到启发，便用稻草扎成小球或小饼在寨前屋后和小坡上抛打，逐渐演变成今天多种多样的打哆毽形式。深受侗族青年男女的喜爱。特别是在春节前后，更是打哆毽的高潮期。哆毽分青草毽、稻草毽、芦苇毽、鸡毛毽四种。青草毽用一种叫野鸡草的嫩草扎成，稻草毽用稻草扎成，两种毽都形似葵花，底边绞成发辫型，中间以一束稻草作腰带，压瘪即成。芦苇毽是用芦苇秆剪成一样长的小棒，用线连成一体再插入底盘，形同一盘鞭炮。鸡毛毽是最讲究的毽子，用各种颜色的鸡毛扎成，毽下用两层白瓜壳做底盘，鸡毛管上还穿上铜钱和一种叫“茨谷”的珠子。这种毽子不但色彩艳丽，而且拍打起来铿锵作响。侗族哆毽的打法与羽毛球相似，但不用拍子只用手。以拍得最高最远，接得最稳、落地最少为优胜。其打法多样，因场地不同而定。有以鼓楼（侗族进行会议的地方）旁为场地的男子单打；有以侗寨小巷为场地的女子单打；有以山坡为场地的男女对打；有寨与寨相邀，十多人围成圆圈的团体赛。带有竞技性的打法是拍毽者分两队对拍，中间站一人叫“寨工”，“寨工”两面跑动截击毽子，如若一方被其截住，则罚一方出一人站在中间为“寨工”，直至其截住另一方毽子为止。侗家哆毽能手能一口气连续拍毽数百次，且拍法多变，身段优美。双人对拍时，只见五彩哆毽在空中往返穿梭飞舞。毽子的“铿锵”响声和“啪啪”的击毽声，令人心旷神怡。每当节日，年轻人总是邀请自己的情侣对拍，彩毽在两人间飞来飞去，所以人们又称对拍彩毽为“飞花传情”。哆毽在侗乡还是一种带社交性的游戏活动，不得拒绝邀请。男女青年谁若不会拍多毽，会遭到人们的讥笑。

草球

草球在湖南通道侗族自治县的道临口乡一带盛行。每年的农历正月初一至十五日，身着盛装的侗族姑娘和小伙子，手拿草球，三五成群，聚集在鼓楼里、草坪上、田野里，你争我夺，奔跑追逐，笑语欢歌，相互表达爱慕之情。草球用稻草精编细扎而成，球的直径在十厘米左右，场地要求较平坦，无坚硬杂物，参加人数无明确规定，十多人或几十人均可。过去，玩草球开始前，公推一聪明能干，美丽出众的姑娘，首先将草球抛起，接着其他姑娘、小伙子一拥而上，你争我抢。按照不成文的规定，抢得草球者有权将其抛给意中人。如送球者不是接球者的意中人，出于礼貌，接球者也得先接住，但可以通过同伴将球还给抛球者。如送球者是几个人的意中人，那么其余几个同性者也可以阻拦送球者，送球者只能用快速奔跑、转换方向等动作摆脱阻拦，将球送给意中人。如接球者认为送球者是自己的意中人。也可以主动配合送球者摆脱拦阻者。整个活动气氛热烈，讲究文明礼貌。现在，草球已被改革为一种体育游戏，其比赛分为甲、乙双方，进行抛接竞赛。

土家族抢贡鸡

抢贡鸡是湘西土家族人十分喜爱的传统游戏活动。“贡鸡”有四种，由青草、稻草、细篾编制而成的分别叫青草鸡、稻草鸡、竹篾鸡，另一种用鸡毛制作的鸡叫鸡毛鸡。鸡毛鸡制作讲究，先用两层白瓜壳做圆球，并嵌以一定数量的铜钱，外面用布缝好露出钱眼，然后在钱眼上插上各色鸡毛，串上彩珠，踢起来发出清脆的响声。抢贡鸡在唐代以前就在土家族聚居的地方盛行。清雍正“改土归流”前所撰《永顺县志》记载了抢贡鸡的活动。抢贡鸡以农历正月最为盛行，其方法类似篮球，可分“帮赛”（即团体赛)、个人赛和表演赛三种。团体赛一般分两边，每边各五人以上。有男子对抗赛、女子对抗赛，也有男女子混合赛。如女子对抗赛，先由一女子用脚尽力将贡鸡踢到十六七米的高度，待贡鸡落下时，双方一拥而上，全力拼抢。贡鸡是负方向胜方进贡“鸡”的意思。如甲队抢得贡鸡立即抛向对方除头部以外身体任何部位，如被击中，则乙队应向甲队初次进贡。初贡时应轻而稳地把“鸡”踢到对方队员怀里，使之易于接住。甲队接住“鸡”后为再次获得受贡的机会，全队密切配合，将“鸡”踢得时前时后、忽高忽低，变幻莫测；负方则要想方设法将“鸡”截住。这时双方队员斗智斗勇，各献技艺，做到打得准、踢得高、掷得远，直到一方“吃”到贡鸡，第一轮比赛结束。团体赛比赛轮次及时间无严格要求，由双方临时商定。比赛中，负方向胜方第二次贡鸡时，则可运用真真假假，虚虚实实的方法迷惑对方，使其难以接到贡鸡，从而失去再次受贡的权利。常用的有“倒拽九牛尾”“九鬼拔马须”“回旋运转”“假抛真掷”等，统称为“漏鸡”。个人赛一般在五人以下时采用。男子个人赛大都在土家吊脚楼前村寨集会的空坪上进行；男女混合个人赛一般限未婚男女青年参加，大都在山坡上进行；女子个人赛多半在土家村落中的空坪或房前屋后举行。个人赛以踢得高、变化多、失误少为优胜，其动作有一串二踢、内外踢、三面或四面内外踢、前后踢、倒勾踢、后旋踢及手脚并用，手围圈的“踢漏鸡”等。比赛激烈，需要有一定的技巧，且气氛欢快，为广大青年男女所喜爱。表演赛是帮赛或个人赛的前奏，以表演各种动作为主。分单人和多人两种。动作有滴鸡、绕鸡、垫鸡、传鸡、滚鸡、扣鸡、鸡绕“8”字等。抢贡鸡一年四季均可进行，但以农历正月参加人数最多。土家山寨多从农历腊月二十八日开始，一直到正月十五才收场。土家族在腊月杀鸡准备过年时，家家户户都留下彩色鸡毛，为扎贡鸡之用。土家族有到土家做客的青年遇上抢贡鸡都要参加的风俗，否则为不礼貌。过去土家族抢贡鸡还是男女青年择偶的方式，称之为“彩鸡传情”。

哈萨克族拍打毛线球

拍打毛线球是哈萨克族儿童所玩的游戏。球用粗毛线缠成大小如同篮球。比赛时两方人数相等，可用手传递，用脚踢，只要将球打到或踢到对方禁区就算赢。

傣族藤球

藤球流行于缅甸及靠缅甸边界线的傣族地区。藤球系用篾编制成的空心球，略小于排球。藤球一般用脚踢，有正踢、侧踢、后踢。在此基础上，练习用腿踢、肩顶、头顶等，个人表演以球不落地和姿势多样为主。也可以两人对踢，数人围踢。

佤族牛尿泡球、布球、藤球、莫海亚

牛尿泡球

牛尿泡球是用新鲜的牛尿泡吹气扎紧即成。可用脚踢、颠、钩，也可用手托打。既可单人玩，又可多人玩。它是佤族男女青少年都十分喜爱的一项活动。

布球

布球用草或碎布裹成，球的直径十至二十厘米均可。玩法有两种。一种是将参加者分成两边，且相向而立，其中一人用单手将球抛掷给对方，看谁抛得远，抛得准，对面的人接住球后再抛掷回来。参加的人数及年龄不限。另一种是在一块平地的中央画一中线，无边线。将参加的人平均分为两队，游戏时甲方的人要将球控制在本方区域内，可采取传球、抱球跑、躲闪等动作以保证球不丢失。而乙方的人则要奋力将球抢到后回到本方区域内加以控制。游戏双方如此来回抢夺，抢到球并在本方区域内控制球的时间越长，说明其球技越好。其比赛不分输赢，多为佤族男性青少年参与。

藤球

藤球用藤子编成，为空心球。用于抛掷、手托、头顶、脚踢。为集体游戏，佤族男女均十分喜爱。

莫海亚

莫海亚俗称鸡毛球。球用鸡毛扎成，在场地中间画线为界，将参加者分为两组，每组三至五人不等。双手用手击球来回打，也可用脚踢，以球在本方场内落地为负，是佤族男女青少年喜爱的活动之一。

拉祜族鸡毛球

苦聪语“阿莫垛”即鸡毛球。鸡毛球用棕树叶子扎成，头大腰细，底部插有三根鸡毛，富有弹性，形似羽毛球。游戏在男女青年中进行。活动方式为二人对打或多人对打。场地中间拉一根藤子或在地上放一根竹竿为中线，一方将球抛给另一方，对方则用手掌击回，一来一往，可以用手扣杀。以将球打入对方场内着地为胜，最后以累积得球数以定胜负。

纳西族丽江球、拨拨拉

丽江球

纳西族很早就与汉族进行交往，在交往中吸取了大量的汉文化，蹴鞠就是其中之一。明代，纳西族诗人木公有《春居玉山院》诗一首，曰：“玉岳峻嶒映雪堂，年年有约尝春光，飞红舞翠秋千院，击鼓鸣钲蹴鞠场。”说明纳西族人喜欢运动，有荡秋千和蹴鞠的历史和传统。现在，纳西族普遍开展布球、草球和猪尿泡球活动，人称丽江球。丽江球的玩法多种多样，极具地方色彩。布球用棉花或布缠绕成球，外用麻线绕絮，讲究者用五彩线绕成图案，然后用针缝成。球的直径在十五至三十厘米之间。布球可进行比赛。比赛时，将参加者分为两队，每队五至十人均可。在一长三十米、宽十五米的场地两端设置对应的两个球门，其大小可依场地大小而定。比赛与足球相似，在中场开球，开球后，可用脚踢及手击，以攻进对方球门为得分。最后以累积得分定胜负。过去的布球一般为踢、拍，也可用手击打、抛掷等。一般老人玩布球以踢得高者为胜；青少年儿童则以踢得远为胜。除布球外，纳西族还玩草球和猪尿泡球。草球是用植物锦葵，又称冬寒菜的叶子作球心，用线缠绕起来，裹成直径十五厘米左右的草球。其玩法和布球类似。猪尿泡球则是将新鲜猪尿泡鞣制，然后充气成球，鞣得越久吹得越大。吹气后可用手抛击、脚踢，多为儿童玩耍。

拨拨拉

拨拨拉是纳西族人开展的一种对抗性游戏。游戏中所用的球是用线头、碎布扎成的或使用沙袋包，直径约一个拳头大小。选择约两个篮球场大小的开阔平地，用灶灰画成长方形，中间有中线，两端线中央各挖一个二十厘米大小的坑。比赛时，将参加者分成两个队，每队八至十六人均可。在中线开球后，进攻队可带球跑，或用传递、抛掷、滚地等方法将球放到对方的小坑里为得分。防守队则用断抢、争夺、阻挡，特别是在小坑附近，更是严密防守，不让对方得分。比赛只许用手，不许用脚。比赛时间无规定，一般凭兴趣，可长可短。最后以得分多者为胜。

仫佬族抢花炮、打篾球、玩花龙

抢花炮

抢花炮是流行在侗族、壮族和仫佬族等民族中间的一种具有浓郁民族特色的文娱体育活动（见侗族抢花炮）。

打篾球

打篾球，又称打篾蛋，是流行于贵州遵义、仁怀、织金等地仫佬族当中的一项传统游戏项目。每逢农闲或节假日，打篾球便在寨内的场坝或野外空地上进行。篾球，用柔韧的竹篾织成，形状类似鸡蛋，大的如拳一般，里面塞满稻草等物，涂上不同的颜色。打篾球分两种形式，一种是比赛双方人数相等，由寨与寨、同姓氏或同家族之间组队进行。比赛场地因地而异，也可按参加人数或观众多少而协议划定，在场地中心画线或横置一竹竿为“河”界。篾球可用手推、托、扣，酷似打排球的技术动作；可掷、抓、射，又类似手球比赛；而用脚踢、用足钩，又与足球动作相类。比赛规定，运送球时，不能触及手、足以外身体的其他部位，篾球打不过“河”者算输。如果球在本方界内落地，对方则可过“河”占领落点之内的地盘。在激烈的比赛中，只见运动员跳跃腾挪，篾球疾如穿梭，裁判员左右奔跑，啦啦队喊声不绝，场面十分壮观。另一种比赛方式是累计记分，即比赛开始时，由上次优胜者开球，不分组也不限定人数，球一出手，人们便朝球落的地点奔去，由先抢到篾球者发球，以此方式循环进行，发球次数多者获胜。打篾球，需要机智、灵巧、快速和耐力，运动量大，技巧性高，多为青年男女参加。相传仫佬族的祖先们曾以打篾球作为练兵的一种手段。

玩花龙

玩花龙是贵州遵义、仁怀、织金等地仫佬族青年男女喜爱的游戏。花龙是用柔韧的竹篾精编细织而成的圆球，与篾球的形状及大小基本一样，里面装着碎瓷片和几枚铜钱。玩花龙多为青年男女们自由结合组成几十组。比赛一般以两人为一组，相距十至十五米面对而立，相互对掷花龙。花龙里面的铜钱和碎瓷片在空中发出“铮铮”的撞击声，清脆悦耳。随着对掷的快慢，花龙发出的响声时轻、时重、时缓、时急。胜负以每对选手掷花龙的次数和接球的成功率，或是看花龙击中对方的多少来决定，击中对方的次数少者为胜。比赛一般分个人和集体两种形式进行。玩花龙通常是在喜庆之日或节假日、农闲时进行，平时青年们兴致高时也相邀就地比赛，深受人们喜爱。

布朗族藤球

布朗藤球又称托球。用细竹片或细藤精心编制而成。球径约十五厘米，空心。游戏者围成一个圆圈，先由一人将球抛向空中，当球下落时，离球最近的人接球后便用手将球托向空中传给别人，如球传不到位或没接到球都要受罚。此活动可在男女老少中进行，深受大家喜爱。

仡佬族打篾鸡蛋球、打花龙

打篾鸡蛋球

打篾鸡蛋，又称打篾蛋球、打竹球。流行于贵州怀仁、广西隆林一带仡佬族中。球由竹篾编织而成，如拳大小，外涂彩色，分空心、实心两种。比赛双方人数相等，场中划界为河。打球时可推、拍、扣、托，还可以用脚踢，打不过“河”或球碰身体为输。球落本方界内，对方可过“河”占领落点地盘。另一方法为优胜者开球，球发出后，旷野上人们朝落球点奔去，抢到球者发球，发球次数多的为胜，并可得到奖励。这一活动在贵州怀仁已有二百多年历史。在广西隆林，篾蛋球选用细篾编织成小球，体积与鸭蛋大，球内塞满干稻草。比赛场地选择在二十至三十平方米的草坪或平地上进行。比赛时分两队，每队三至五人，可用手、膝、脚打或踢球；打法有：拍、托、撩、盖、扣、顶、正踢、钩踢、左右脚侧踢。可任意选用，自打或打向对方，但大腿以上任何部位不得碰球，否则即判输一分。最后在规定时间内以各队的积分多少判胜负。

打花龙

打花龙流行于贵州遵义、怀仁地区。用竹篾编织成空心小球，内填充铜钱或碎磁，称“花龙”。男女老幼聚集花龙坡，两人一组，互相抛打，花龙内铜钱、磁片发出撞击声，饶有趣味。

锡伯族踢“熊头”

踢“熊头”是锡伯族人喜爱的一种游戏。“熊头”是用熊的膀胱做球胆，用皮革缝成球套，球胆吹满气后而成的一种球。“熊头”可以踢着玩。踢“熊头”比赛人数不限。规定只能往高踢，不准往远踢。“熊头”踢起来后不准落地，谁没有接好“熊头”，以致“熊头”落到地上，谁就算输了一次，然后由输者重新发球。谁把“熊头”踢得最高，谁就是胜者。踢“熊头”比赛都是在冬季，特别是正月里玩的人最多。“熊头”不仅可以踢，也可以用头顶，用胳膊肘子顶。花样很多，有“鲤鱼打挺”式、“浪子翻身”式、“倒踢紫金冠”式等等。清末以后，熊少了，锡伯人多用猪的膀胱做“熊头”内胆。

普米族击鸡毛球、板羽球、布球

击鸡毛球

鸡毛球是将一把阉鸡尾毛扎起来，在下面用绳子吊一重物而成。绳子的长度在三十厘米左右。玩时先将鸡毛抓住，甩几圈后将其抛向空中。其下落时鸡毛被分开，速度降低，很像降落伞，大家可争抢落下的鸡毛球。抢到球后，可再次抛向空中。此游戏多为青少年参加。

板羽球

板羽球是一插上鸡毛的沙子袋；打板羽球的拍子则是一块圆形木板并装上握把而成。游戏时场地不限。可二人用拍子对抛，也可多人用拍子互抛。

布球

球以毛毡为壳，里面装碎布片而成。球大小如排球。游戏时，参加的人数在十至二十人左右。可托球、传球、也可用脚踢。

怒族怒球

怒球是用麻绳将破布或草缠成，直径约为十厘米。游戏时，在平地中间画一条线，将场地分为两半区。每个半区一队，每队三至五人。比赛时，两队隔界互相抛接，打不中对方的人或打不过中界线为输。回球时可用脚踢。是一种简单的对抗性游戏。

鄂伦春族毛皮球

毛皮球由动物的皮张分割成小块制成，毛朝外，球内充填鹿毛和犴毛，用犴筋线缝成球状。因是采用各种颜色的皮毛拼制而成的，球十分美观。球的大小没有统一要求。球的特点是柔软，轻巧，有弹性，为少年儿童所喜爱。毛皮球比赛活动多在冬季林间的雪地上进行。以树空儿为球门，人数不限。

一种玩法是用脚带球，在树空间来回奔走，在一定时间内以抢到球和保住球者为胜。一种是用手抱球围绕树转，其他人堵截抢夺。另一种为将球高投在树杈上，每人投若干次，投上树杈者胜，未投上树杈的则罚上树取球。

基诺族打毛毛球

打毛毛球是基诺族妇女所喜爱的活动。毛毛球用鸡脖子上的羽毛插在包有木炭的布包后捆扎而成。木炭和鸡毛是基诺族从前进行通讯的物品。打毛毛球可加强联系、增进友谊。打毛毛球和打毽子差不多，但毛毛球不是用脚踢，而是用手打。可两人或多人对打。赛场有中线但可不画边界线。一方打过场另一方则要回击过来，若球打不过中线或是落地接不起则算输球。胜者要揪揪对方的头发以示惩罚。打毛毛球的形式多样，有两人对打、未婚妇女和已婚妇女对打、家族为单位作集体对抗、村寨之间进行比赛等。

第三节　其他游戏

我国西部少数民族游戏除上述棒击类游戏和球类游戏外，还有一些其他类型的游戏。主要有维吾尔族抢花帽，彝族吉菠基伸、字过、阿勒难、抽，壮族虎抱羊，土家族拣子，傣族丢包，拉祜族丢包，东乡族当尕达至拿杜，达斡尔族萨克等。

维吾尔族抢花帽

参加抢花帽的人数不限。将参加者分成人数相同的两组，分别排队报数。要求每个人都记住自己的号数，再将两组人连接起来围成一个圆圈并坐在地上。圆圈中央放一顶小花帽。另选一领队站在圈外喊号。当领队喊某一号时，两组同号者一起跑到圈中央抢花帽，其余的人则拍手唱歌。这时，抢到花帽者沿两组人围成的圆圈快速奔跑，没抢到花帽者则在后面迅速紧追。若在唱歌结束前追上，就将花帽夺过来，扣在被夺者的头上，夺帽者得一分；若在唱歌结束后还没追上，则抢得花帽者得两分。然后将花帽放回原处，各自回到自己的位置。领队再另喊一号，重新开始抢帽。最后以抢帽得分多的组为胜。

彝族吉菠基伸、字过、阿勒难、抽

吉菠基伸

吉菠基伸流行于云南丽江宁蒗一带。火把节时全寨人参加，一人或数人藏于山野，其他人要想法找到追上并抓住，如被抓住要罚酒，用火炭画脸戏谑。

字过

字过又称“勒自若里”，俗称抓石子。玩法大同小异，除石子外，还可用羊拐骨，蚕豆及植物果实等。参加者为女青年及男女儿童。

阿勒难

阿勒难又称“弹豆”，用大白芸豆或酸角核相互弹击。每人若干粒，将豆粒撒在地上，猜拳定先后。先弹者用手指在两豆之间划一道，然后以一颗弹击另一颗，击中则赢为己有，打不中目标及碰到其他豆或两豆中间已划不了线时就让下一个人弹击。一般三至五人为一组。大家都轮过后重撒、再弹。直到全部赢光。“弹豆”游戏流行于云南各地。

抽

抽是彝族姑娘特别喜爱的游戏。一般十人至二十人在一起玩。姑娘们排成纵队，把头巾取下来做腰带，后面的人拉住前面人的腰带。一开始，带头的人要转身向后跑逮队尾最后一人，大家依次紧紧拉住手不放松，前面的朝右拐，后面的就向左躲。自然形成 S 队形。如此忽左忽右地不断变换方向，队形也随着大幅度地摆动，直到逮住最后一个人。被逮住者做领头，重新追逐。游戏要求有较高的协调性，而且运动量很大。

壮族虎抱羊

虎抱羊是蚂拐节中的一项游戏活动。场地、时间不限，人数十来名为宜。由若干人排成一列长队，后者拽紧前者的后衣，最前面的一个挡住“老虎”，护住身后的“群羊”，另由一人扮“老虎”，设法抓到“羊”。与老鹰抓小鸡雷同。

土家族捺子

土家少年儿童中普通流行用蚕豆或小石头作子，在桌子上或地面以抛、接、拼和抓子为戏，能活动上肢，锻炼手指灵活和眼手协调动作。七子捺么二三。一手握七子撒于桌面，选捺起一颗作“天子”，向上抛起后，下捺地子，随之接握天子。分三次捺完。第一次捺一颗，第二次捺两个，随次数递增并逐次将子交与另一手握住。名为捺么二三。拼子。一手抓七子上抛，使掌背接子，再向上抛子，用同一掌心接子。称“小召”。将接住之子上抛，翻掌，以掌心向下抓子叫作“大召”，抓住几颗得几分。反复较量，以累计得分多少排名次。规则：撒下之子不得超出桌面或地面约三十厘米边长的正方形；拣子时不得触动其他子；拣子必须按么二三顺序；须以拣地子之手接住天子。否则停止，等下一轮再从撒子开始进行。通常以拼子、小召接子多少确定先后顺序，相等时再拼子，按大召接子排定，再相等可猜拳。五子飞。五颗子抛撒桌面，分五次拣完，每次动作花样不同。流星赶月：抛天子后，用同一手拣一子上抛，掌心向上接两子；燕子含泥：抛天子于空中时，一手下方贴扶嘴下巴，另一手拣一子放与嘴前之手，而后再接天子；雪花盖顶：抛天子于上空时，拣子放入与扶按头顶手掌抓握后，再接天子；蜂子钻眼：拣一子交与食指钻耳朵之手接握再接天子；五子上天：抛撒五子于桌面，逐颗抛接，在接完之前，始终保持有子在空中。然后进行拼子，小召、大召接子。如不能按顺序完成动作即停止，须等到下一轮，其余规则与七子抓么二三相同。

傣族丢包

丢包又称丢糠包或丢花包。包为菱形，绣有花纹，内装糠或棉籽，制作精美。丢包一般都会在开春后举行，地点在村中广场或村外的大青树下。男女各一方，互抛为戏。互抛时，带着两条飘带的花包在空中飞来飞去。小伙子接到花包后要回抛过去，接不着则要输给姑娘几枚铜圆，或其他物件。而姑娘未接着花包也要将身上佩物解下给对方。小伙子得到饰物后作为战利品拿到家中摆放一天，第二天仍要送还。过去丢包是傣族男女求爱的一种表示，现在却成为一项十分有趣的游戏活动。还可以进行掷远和掷准比赛。参加的人也很多，特别是在泼水节，丢包的场面更为热闹。

拉祜族丢包

正月初一、初二，身着新装的拉祜族少男少女以丢包为媒介，择偶恋爱。包由少女用花布制作，大如碗，方形，里面填满棉籽，四角坠有彩色布条，用一根带子缝在中心。丢包时，未婚男女分列两边，中间相距二至三丈，相对抛掷，接着为胜。互抛后开始寻找意中的目标，若双方有意，则双方越丢越近，最后双双离开丢包场；若女方不中意男方，而男方接住包后又不还给女方，则女方就需用钱物索换回包。彼此再另觅所爱。拉祜族苦聪人有“甩糠包”，苦聪语称“兵扒”的传统。糠包用各色花布缝成，呈三角形，每个角上拴上彩色布条，里面装上粗糠制成，大小各异。在月明之夜，苦聪男女青年嬉戏于山间抛掷糠包为乐。游戏时，男女青年各站一方，相互抛接糠包，看谁掷得准，接得住，也是一种传情的游戏。

东乡族当尕达至拿杜

当尕达至拿杜是东乡语打土块仗的意思。当尕达至拿杜一般会选在麦收犁完地后进行。在土块松散的开阔地里，以村为单位进行对抗。参加对抗的村庄各自将自己村的人在距对方三四十米之间的地方一线拉开，然后用田地里的土块互相进行攻击。在比赛中，既要进攻对方，又要躲避对方掷来的土块击中自己；既要单兵作战，又要与同伴相互配合与支援。比赛往往是投掷准确、动作敏捷、火力密集的一方占优势。一般以迫使对方退却，并使对方退至自己的村庄为赢。如果双方相持不下，可第二天继续再战，直至分出输赢。在对打中，双方不能因此伤了和气，并严禁使用石头。

达斡尔族萨克

萨克为达斡尔族妇女、儿童所玩的游戏。嘎拉哈是鹿和羊的踝骨，达斡尔语叫萨克。游戏时，先把萨克摆在地上，从十几步远的地方用箭或用其他东西向萨克投掷，射中、掷中者获胜；也有用手弹着玩的。还有一种玩法和汉族相似，即往上抛一个萨克，在落下之前将其他萨克全部划拉在手里，如此反复抛接，并计算得分。如果是几个人同玩，以得分多者获胜。

第十四章　民运会竞赛项目概述

全国少数民族传统体育运动会已经举办了九届。其竞赛项目逐届增加，至今已有十六（类）项，使竞赛项目的金牌总数达到一百三十二枚。这些项目都是在各民族传统体育运动项目的基础上进行整理、普及、提高与完善后立项的，有很强的健身性、竞技性和观赏性。

第一节　竞赛项目立项

我国少数民族传统体育运动升级成全国性的少数民族传统体育竞赛项目具有一定的立项条件与标准。简言之，就是要达到竞技运动的基本要求。所谓竞技运动，就是为了最大限度地发挥个人和集体在体格、体能、心理和运动能力等方面的潜力，取得更好的运动成绩而进行科学的、系统的训练和竞赛。竞技运动还须具备以下特点：1、具有高度技艺；2、竞赛性强；3、按照严格统一的规则进行竞赛，其运动成绩得到社会的承认。为此，国家民委以民委发〔2004〕174 号文颁发了关于印发《全国少数民族传统体育运动会竞赛项目立项暂行规定》的通知，全文如下。

各省、自治区、直辖市民（宗）委（厅、局）、体育局，新疆生产建设兵团民宗委、体育局：

为使全国少数民族传统体育运动会朝着规范化和科学化的方向健康发展，使全国少数民族传统体育运动会的立项工作更加规范，国家民委、国家体育总局对 2001 年颁布的《全国少数民族传统体育运动会竞赛项目立项暂行规定》进行了修改，现印发给你们，请遵照执行。

全国少数民族传统体育运动会竞赛项目立项暂行规定

第一条　为弘扬中华民族传统体育文化，促进各民族间的体育文化交流，提高全国少数民族传统体育运动会（以下简称全国民族运动会）的组织和科学管理水平，使之朝着规范化和科学化的方向发展，特制定本规定。

第二条　全国民族运动会设立的竞赛项目必须是源于民间，具有鲜明民族特点并形成民族传统的体育项目。

第三条　全国民族运动会设立的竞赛项目必须具有广泛的群众基础，易于普及推广，便于组织比赛。

第四条　全国民族运动会设立的竞赛项目必须符合体育竞技要求，有完善的竞赛规则、裁判法和规范的比赛器材，便于公平竞赛和客观评判。

第五条　全国民族运动会设立的竞赛项目要有一定的体育文化内涵，内容健康向上，具有较高的健身价值和观赏性。

第六条　全国民族运动会的竞赛项目分为非常设项目和常设项目两类。

（一）由有关单位提出申请，国家民委、国家体育总局经过立项审批程序批准的项目，定为非常设项目。

非常设项目仅限当届全国民族运动会有效。下届全国民族运动会必须重新申报立项。非常设项目申报时可免去“立项申报程序”中的“初审”和“答辩”，但仍需提供规定的全部申报材料。如果超过申报期未申报，该项目是否列入总规程由国家民委、国家体育总局共同决定。

（二）常设项目从非常设项目中产生。技术委员会对上届全国民族运动会的非常设项目进行综合评估和充分论证后，认为符合综合性运动会项目设置标准的，报国家民委、国家体育总局批准后定为常设项目。

第七条　常设项目原则上保持相对稳定，常设项目如果在规则、裁判法、场地、器材等方面，不能及时修改和完善以适应比赛的需要，一经技术委员会审定，报国家民委、国家体育总局批准后，即改为非常设项目。

第八条　连续两届列为省级民族运动会的竞赛项目具有全国民族运动会竞赛非常设项目立项资格。

第九条　全国民族运动会竞赛项目立项由各省、自治区、直辖市以及新疆生产建设兵团民（宗）委（厅、局）和体育局联合申报，解放军总政治部可独立申报。

第十条　全国民族运动会竞赛项目立项申报时间为上一届全国民族运动会闭幕 4 个月之内。

第十一条　全国民族运动会竞赛项目立项需提供以下申报材料：

（一）申请书（必须加盖申报单位公章）；

（二）申报项目的竞赛规则、裁判法；

（三）能进行标准化生产、使用不受季节和地域限制、符合项目规则的标准化器材（并附有规格、材质的文字说明）；

（四）申报项目关于场地、器材的录像资料；

（五）申报项目的比赛录像。

第十二条　国家民委、国家体育总局共同受理全国民族运动会竞赛项目立项申报。

第十三条　中国少数民族体育协会技术委员会审核后的全国民族运动会竞赛申报项目，报经国家民委、国家体育总局审批后方可立项。

第十四条　全国民族运动会竞赛项目立项审定程序：

（一）初审。技术委员会在申报截止日期后1个月之内完成初审，并将初审结果报国家民委、国家体育总局。国家民委、国家体育总局在收到初审结果1个月之内通知申报单位。

（二）答辩。初审通过后，申报单位必须在2个月之内，参加由国家民委、国家体育总局组织的立项答辩。答辩结束后15个工作日之内，国家民委、国家体育总局将答辩结果通知申报单位。

（三）组织技术培训与邀请赛。答辩通过后，申报单位必须在8个月之内，独立（专门）举办一次全国范围的裁判员、教练员培训班和邀请赛，邀请赛应有不少于8个省区组队参加。国家民委、国家体育总局以及中国少数民族体育协会技术委员会对培训班的效果和邀请赛进行现场考核。

培训班和邀请赛的相关材料（培训班通知、参加人员名单、教材、考核成绩及总结，邀请赛通知、秩序册、成绩册及总结），必须在培训班和邀请赛结束后1个月之内报技术委员会备案。

（四）立项终审。技术委员会在完成上述全部立项程序后1个月之内，将审定报告报国家民委、国家体育总局终审，经批准的项目正式列入全国民族运动会的总规程和单项规程。

第十五条　本规定由国家民委、国家体育总局解释。

第十六条　本规定自公布之日起施行。2001年颁布的《全国少数民族传统体育运动会竞赛项目立项暂行规定》同时废止。

民运会竞赛项目正是在上述文件的框架内进行开展、申报和批准的。距今最近的第九届全国少数民族传统体育运动会经国务院批准，由国家民族事务委员会和国家体育总局主办，贵州省人民政府承办，于2011年9月10日在贵阳市举行。运动会设竞赛项目和表演项目两大类。竞赛项目有花炮、珍珠球、木球、蹴球、毽球、龙舟、独竹漂、秋千、射弩、陀螺、押加、高脚竞速、板鞋竞速、武术、民族式摔跤、马术等十六（类）项，其中独竹漂是本届运动会新增设的竞赛项目。竞赛项目的金牌总数将达到一百三十二枚。表演项目一百五十余项，分竞技、技巧和综合三类，分别决出金、银、铜奖。

第二节 球类（集体）竞赛项目

全国少数民族传统体育运动会球类（集体）竞赛项目主要有花炮、珍珠球、木球、毽球、蹴球五项。

一、花炮

花炮源于桂、湘、黔三省区区域内侗族、壮族、仫佬族等多民族经常开展的一项传统活动抢花炮。抢花炮一般在每年的三月三或秋收后开展，具有悠久的历史。据广西三江侗族自治县《民国志卷二·赛会娱乐篇》载："花炮会，六甲人，僮人皆盛行，而全县率参加……于集会地点演剧舞狮及各种游艺助兴，届时男女成集。其竞赛以冲天铁炮内装铁环，若实弹然。燃炮后，铁炮直冲霄汉，观众闻炮声，即以铁环为目标蜂拥争取，以夺得铁环者按头、二、三炮依次领奖，其友族皆簇拥庆贺，欢声若雷。"依民间传统，花炮一般只放三炮，抢得头炮者象征人财兴旺；抢得二炮者象征五谷丰登；抢得三炮者象征万事如意。

在农历三月三或秋收以后，抢花炮活动在桂、湘、黔三省区边界区域，特别是侗族山寨最为踊跃。侗乡还流传着"侗乡三月风光好，天结良缘抢花炮；要得侗家姑娘爱，花炮场中称英豪"的诗句。

每逢抢花炮，十里八乡的侗寨男女老少都身着盛装，一大早就赶到举办地，或给本村寨的选手呐喊助威，或想亲身体验抢花炮现场的隆重与热烈。特别是一些姑娘们，则是为了乘机寻觅到自己的如意郎君。

花炮由主持抢花炮的村寨聘请当地编织手艺高的人制作。花炮一般用青细竹篾或藤条编织三至五个茶杯口大小的圆圈，外面缠以红布，再用红绿丝线扎牢而成。当主持人宣布抢花炮开始时，将花炮放置在铁炮的炮筒口上，然后点燃铁炮的火药引线放炮。当花炮被射上高空时，各村寨的选手争先抢夺，顿时全场欢声雷动。

花炮的落点是随机的，有时落在铁炮周围，有时落在水塘，有时落在悬崖，有时落在屋顶，有时落在树枝……但不论落在哪里，大家总是争先恐后地去寻找、抢夺。真可谓奋不顾身、勇往直前。抢到花炮后，还必须在别人的争抢中将花炮送到事先规定并布置在庙里的裁判台上才算获胜。所以，抢一炮的时间一般都要两个小时左右。当选手把花炮送到庙里的裁判台上后，庙里的钟鼓齐鸣，并鸣炮三响，以示抢“头炮”结束。接着还要进行二炮、三炮的争抢。一般是抢完三炮后抢花炮才算抢完。但在有的地方，还可以抢四炮和五炮。当宣布抢花炮结束后，全场欢呼声、钟鼓声、唢呐声、鞭炮声不绝于耳，震耳欲聋。最后，还要连放三炮，才宣告整个抢花炮活动全部结束。

抢得“头炮”的村寨，除获得一头染红的大肥猪和其他物质的奖品外，还获得了来年抢花炮活动的主办权。特别是按传统习俗还得在明年的抢花炮活动中准备一份与今年相同的奖品，一头染红的大肥猪和其他的奖品，这在传统习俗中叫“还色”。如哪个村寨连续抢得花炮，说明该村寨会连年五谷丰登。同时，该村寨也会得到侗家姑娘的向往。

1982 年，抢花炮在国家民委和国家体委的重视下被推介到在内蒙古呼和浩特市举办的第二届全国少数民族传统体育运动会上作为表演项目。从 1986 年在新疆乌鲁木齐市举办的第三届全国少数民族传统体育运动会起，抢花炮被列为全国少数民族传统体育运动会竞技项目。

二、珍珠球

珍珠球源于松花江、鸭绿江及渤海一带的满族传统游戏“采珍珠”（满语：尼楚赫），初名“扔核”。采珍珠游戏是在陆地上模仿采珍珠生产劳动的情景过程而逐步演变形成的。在松花江、牡丹江及嫩江一带，满族先世女真人在采集珍珠的劳动过程中，一般都用采珍珠的工具——抄网抄接同伴从水中捞起的长有珍珠的蛤蚌放入船舱，这个过程被人们劳动之余在游戏时模仿，即成为最原始的采珍珠游戏。

每当采珍珠收获颇丰时，人们为了欢庆丰收，就用布包或绣球代表珍珠，竞相往鱼篓里投掷，投中者预示会采到更多的珍珠。同时为了体现在采珍珠过程中劳动的艰辛及搏击风浪的艰险，将蛤蚌神化为“蛤蚌精”。让“蛤蚌精”张开贝壳进行防卫，防卫着珍珠不被夺走。采珍珠游戏最初在江河的岸边上是玩“蚌”。后来演变为以布口袋、牛毛球或彩球代表珍珠。场地划分为水区、蛤蚌区和威呼（满语：船）区。采珍珠人在水区采到珍珠后要设法摆脱蛤蚌区的防守，把布袋或彩球投到威呼区同伴的手里；而蛤蚌区则要想法夹住对方水区采珍珠人投向威呼区的珍珠，以保护珍珠不被夺走。于是就展开了激烈的争夺战。

最初，这种游戏在松花江、牡丹江及嫩江一带民间开展，后随着满族建立清王朝而将此游戏带到了辽宁、山东和北京等满族聚居区。在不同的满族聚居区对珍珠球有不同的叫法，如在辽宁称“空投手”，在山东称“打司令”，在北京称珍珠球。1983 年，北京市民委组织专家对采珍珠这项有 300 多年历史的传统游戏进行挖掘、整理、改进，定名珍珠球。并参照篮球、手球的运动形式与规则制定了珍珠球的竞赛方法与规则。1986 年，在新疆乌鲁木齐市举办的第三届全国少数民族传统体育运动会上，北京市代表团表演了珍珠球，受到了好评。1990 年，在第四届全国少数民族传统体育运动会的筹委会上，被国家民委、国家体委列为全国少数民族传统体育运动会的正式比赛项目。1991 年，在广西南宁举行的第四届全国少数民族传统体育运动会上作为正式比赛项目被推广开来。

三、木球

木球是在流行于宁夏回族的打铆球（也叫打篮子）的基础上发展起来的，有着悠久的历史。相传，从清初开始，打铆球就流行于宁夏回族民间，是回族青少年在放牧时经常进行的活动。打铆球是参加者手持二至三尺长的厚木条棒，以用木条棒击中铆球并使铆球落地更远为胜。由于铆球状似木铆钉，故称打铆球。据说康熙皇帝为了解决噶尔丹的分裂活动，亲统大军到宁夏，在途中休息时，看见一群放羊娃在一起玩打篮子，输的一方背着胜的一方人喊“合哨”，觉得很有趣，便要过牧童的鞭杆和铆球，模仿着牧童的动作打了几下，回京以后，便命宫人按在宁夏见到的鞭杆和铆球进行仿制，并组织宫廷的人一起来游戏和比赛。打铆球长期流行于宁夏回族聚居区，是回族男女老幼，特别是青少年最为喜爱的一项传统游戏。打木球器具简单，规则明确，容易掌握。在民间打法也灵活简便，不受场地、器材的限制。每人只要准备一根六十厘米长的木棒或木板，用来击球即可。

1982 年，宁夏回族自治区对打铆球进行挖掘和整理，借鉴冰球及曲棍球的技术原理及比赛方法，保留了铆球的击球技术与基本形制，命名为木球，并组队在第二届全国少数民族传统体育运动会上进行了两场表演赛。1986 年，在全国第三届少数民族传统体育运动会上，宁夏、湖南、北京、新疆四个代表团组队进行了木球表演赛。1991 年，木球被正式批准成为第四届全国少数民族传统体育运动会的比赛项目。

木球比赛的场地器材及方法在比赛实践中得到了不断的发展和完善。最初的比赛场地和篮球场地一样大，两端各有一道宽 100 厘米，高 80 厘米的球门。球由一种硬度强、不易破裂的木头制作，规格为长约 8 厘米，粗约 10 厘米的圆柱体。比赛方法为每场由甲乙两队参加，各队出 5 名队员，其中 1 名为守门员，另外 4 名运动员手里各拿一块 60 厘米长，上宽 3 厘米，下宽 10 厘米，厚 2 厘米的木板。运动员通过运球、传球等技术，避开对方的防守，用木板击球入门，球入门得分，以球入门多少分胜负。若得分相等，以点球形式决出胜负。全场比赛 40 分钟，分上、下两半场，中间休息 5 分钟。规则规定：双方队员击球时，击球板不得过膝，过膝则违例。如一队员用手和脚触击球或推、抱、拉、踢对方队员均为犯规，罚任意球。比赛中守门员在球区违例、防守队员两脚进入球门区、任何队员严重犯规，由对方在距球门 5 米处罚点球。比赛时间，全场为 40 分钟，分上下半场，每半场 20 分钟，中间休息 10 分钟（延误时间要扣除）。在全场比赛有效时间内，以进球多者为胜方，如积分相等，采取加时赛 5 分钟进行决赛，直至决出胜负为止。木球的进球称“胜一球”。进攻运动员将球从两个球门柱中间攻进，胜一球记一分，如果是踢进、碰入、手打入或运入，都不算“胜一球”，不记分，由对方发界外球。比赛完后，由裁判员宣布比赛胜负，负方全体队员高喊“嗬嗦”，再由胜方队员在端线将球击出，负方队员从端线快速跑到球的落点，捡起球再跑回，并在跑的过程中嘴不断地呼喊“噢……”声，中间不能停歇。

现行的木球比赛的场地为长 40 米，宽 25 米。球门为 1.8 米宽，高 0.8 米。球为球体总长为 0.09 米，球的圆周长为 0.18 米，球体两端呈半球形，中间为圆柱体，长 0.05 米，两端顶部距圆柱平面距离分别为 0.02 米。球体内为木质材料，外部用柔韧的橡胶材料包裹制成，球成鲜明的颜色。击球板用较硬并有一定韧性的木质或非金属合成材料制成，全长 0.7 米，由板柄和板头两部分组成。上部手握部分叫板柄，长 0.4 米，宽 0.04 米。下部击球部分叫板头，长 0.3 米，上宽 0.04 米，底宽 0.09 米，板头的两个角呈圆弧形，击球板厚0.15至0.02米。全场以合理进球多者为胜。

四、毽球

毽球在我国民间称毽子，北京人称翔翎，普及面广且历史悠久。据传，毽子为蹴鞠之戏二十五法中之一，为黄帝所作，其二十五法除毽子、踢石球、夹包流传至今外，其余二十二法全部失传。另据历史文献及出土文物证实，毽子在我国汉代就有开展，隋、唐时十分兴盛。据唐《高僧传》二集卷十九《佛陀禅师传》记载：河南嵩山少林寺祖师跋陀在到洛阳去的途中，遇到了十二岁的惠光在天街井栏上反踢毽子，连续踢了五百次，旁观之众赞叹不已。跋陀也因此十分喜爱，遂将惠光收为弟子。宋时，高承在《事物记源》中载："今时小儿以铅锡为钱，装以鸡羽，呼为毽子，三四成群走踢，有里外廉、拖抢、耸膝、突肚、佛顶珠等各色。"对毽子的制作及踢法做了详细的记载。明清时期，关于踢毽子的记载很多，如明进士刘侗在《帝京景物略》中，以民间谚语的形式说："杨柳儿青放空钟，杨柳儿死踢毽子。"至清末时，踢毽子不仅是养生之道，更是修身养性的重要手段，并与书画、下棋、放风筝、养花鸟、唱二黄等相提并论，许多人都以会踢毽子而自豪。民间踢毽爱好者更是用功苦练，并以口传身授的方法代代相传。仅北京城，只要是遇城乡庙会，便有各路踢毽子的好手赶来相聚，或观摩，或比赛。旨在相互切磋技艺，培养新人，甚是热闹。

我国少数民族也有类似毽子的游戏。如侗族、苗族、水族的手毽以及侗族的哆毽等，都与毽子有一定的关系，都是在毽子的基础上变异产生的。

毽球（包括花毽）也是在毽子的基础上发展演变而成的。1956年，广州市体委制定了一个简单的毽子比赛竞赛规则，并举办了我国第一次毽子的正式比赛。1984年春，毽球被国家体委列为正式比赛项目，《毽球竞赛规则》出台。同年，国家体委还组织了全国的毽球邀请赛。使毽球在国家体育机构的倡导下得到了迅速的发展。

毽球比赛的场地类似排球场，中间挂网（男子网高1.60米，女子网高1.50米），男女两项团体赛每方各上场3人，每局以先得分15分为胜，决胜局为每球得分制。比赛时运动员用脚踢球，不得用手、臂触球，在本方场区内最多只能击球4次。

五、蹴球

蹴球与我国古代游戏蹴鞠有一定的渊源。据传，蹴鞠之戏有二十五法，为黄帝所作。蹴鞠的历史久远，在西安半坡文化遗址发掘中，发现了大量的石球，据有关专家推测，这些石球极有可能就是蹴鞠的器材之一。蹴鞠流传至汉代，已十分普及，汉高祖刘邦的父亲就是一名蹴鞠高手，连汉代的兵家也将蹴鞠纳入到武备之中。至宋代，民间出现了专事蹴鞠的行会组织“圆社”。元代，蹴鞠仍很兴盛，仅杂曲中就有大量关于蹴鞠的描写。清代，蹴鞠之法开始没落，且大多逐渐失传，但踢石球、夹包、花毽等项目仍得到了一定的传承。特别是踢石球，不仅在民间传承，还走进皇宫，成为皇宫的游戏之一。

踢石球既是蹴鞠二十五法之中的一种，也是现代蹴球的演变之源。清末《北京民间风俗百图》第六十四图《踢石球》就对踢石球有这样的描写：“二人以石球二个为赌，用些碎砖瓦块铺地，用一球先摆一处，二球离七八尺远，每人踢两次。踢中为赢，不中便输。”踢石球游戏在清宫中长期流传，其踢球技法以蹬踹为主。即先用前脚掌踩住球，然后用脚后跟用力向前蹬踹，以自己的球击中对方的球为胜。

踢石球游戏在满族和蒙古族民间也很流行，称击石球或踢行头。其游戏方法和规则两个民族也基本相同。据《满洲老档秘录》载：“八旗蒙古贝勒及其福晋诸汉官员其妻等，御太子河冰上踢行头诸贝勒卒随侍人等，踢形头二次以上与众福晋御冰之中央命于两旁约地赛跑，先至者以金银为赏，一等每分银二十两，二等每分银十两……”清《日下旧闻考》载：“……是日，小儿及贱闲人，以二石球置前，先一人踢一令远，一人随踢其一，再踢而及之，而中之，为胜。一踢即着焉，即过焉，与再踢不及者同为负也。再踢而过焉，则让先一人随踢……”说明踢石球不仅在宫中开展，在民间也很普及，且为赌博手段。

北京市依据其民间游戏击石球的方法与规则，在其基础上进行了加工和整理，增加了一些新的内容后重新推出。其比赛是在一块30米见方的场地中进行。场地四角距边线2米处各设直径10厘米、深5厘米的圆形鞠穴，按逆时针方向为1、2、3、4号。每个鞠穴正前方5厘米处为限制线。场地对角线交点竖一直径2厘米高30厘米的中心柱。1号、4号鞠穴边线处设长1米的出发线。石球直径5厘米共6个，分红、白二色，标有序号，红单白双。

比赛时双方各3名队员，按红、白颜色，每人各执一球。球置于出发线上，先由红方1号开球，用脚前掌蹉向1号鞠穴，可连续蹉两次，若两次未中，仍退回起点，接由白方2号开球，以此类推。比赛中如球进1号穴，可在球置穴前限制线上继续向2号穴踢球，也可撞击未进入2、3、4号鞠穴的任何一球。如击中，则可选择其中一球，继续踢向下一鞠穴。如果对方球，可将其踢向远离鞠穴处，延缓进程，球依次进完四个鞠穴后便可击柱，全部击中并领先的一方为胜。比赛中如违例，须将球置于距违例地点最近的边线上开球。违例球有出界球，不能一次将球清晰地蹉出等。击石球采取三局两胜制，第一局以猜拳决定，以后两局则轮换发球权。

后来，北京市民族传统体育运动协会依据传统击石球所踢的石球仅比目前所见的在手中揉玩的健身球稍大一些而不适宜用脚“踢”，只适宜用脚“蹴”的特点，依其动作特点改“踢”为“蹴”，定名为“蹴球”。重新对其进行系统的规划和整理，制定了新的比赛规则，并将其列为北京市群众体育竞赛的正式比赛项目。1993年，在第四届北京市机关运动会上，56个局级单位运动队报名参加了蹴球比赛。1995年，在第四届北京市民族传统体育运动会上，北京市的绝大多数区县均组队参加了蹴球比赛。1999年，经国家民委和国家体育总局批准，蹴球在北京举办的第六届全国少数民族传统体育运动会上被列为全国少数民族传统体育运动会正式比赛项目。

按规则要求，蹴球比赛是在一块10米乘10米的正方形平整土地上进行，分两队进行比赛，每队两名运动员。球为直径10厘米的硬质塑料球，每队两只球，分蓝红二色。甲队编为1号和3号，乙队编为2号、4号，比赛按1、2、3、4号的顺序轮流蹴球。比赛方法是脚跟着地，脚掌触球，用力蹴球。凡一方球击中对方的球，根据规则可得1—2分，把对方球击出场外则得4分，先积50分者为胜方，三局两胜。

第三节　单项（个人）竞赛项目

全国少数民族传统体育运动会单项（个人）竞赛项目主要有秋千、射弩、陀螺、押加、四项。

一、秋千

秋千在我国开展得十分广泛，许多民族都有玩秋千的传统。据欧阳询等编《艺文类聚》载：“北方山戎，寒食日用秋千为戏。”又据翟灏《通俗篇·卷三十一·古今艺术图》，秋千“此北方山戎之戏，以习轻者”。都说秋千是源于我国古代的少数民族山戎。主要是作为娱乐游戏和训练士兵敏捷的手段和方法。春秋时期，齐桓公带兵打败山戎后，将其国土划归燕国所有。秋千也因此而逐渐南传，成为我国各族人民都十分喜爱的一项传统游戏。

秋千在传播的过程中形成了其特有的秋千文化。汉武帝时，宫中盛行荡秋千。高无际在其《汉武帝后庭秋千赋》中说："秋千者，千秋也。汉武祈千秋之寿，故后宫多秋千之乐。"汉武帝依其谐音彩头，在宫中推行荡秋千，并收到了明显的强身健体效应。唐代宫廷将秋千称为半仙戏，五代王仁裕在其《开元天宝遗事》中说："天宝宫中，至寒食节，竞竖秋千，令宫嫔辈戏笑以为宴乐。帝呼为半仙之戏，都中市民因而呼之。"秋千在民间也十分盛行，为闺中女子的游戏及传统节日广场狂欢的内容。因为秋千一方面可以"摆疥"(防治疾病)，另一方面又可以"释闺闷"。特别是历代文人墨客也留下了大量描写秋千的诗句，使秋千文化变得更加丰满。如唐代诗人杜甫就有"十年蹴鞠将雏远，万里秋千习相同"的诗句。唐代文学家刘禹锡也有"秋千争次第，牵掩彩绳斜"的诗句。宋代李清照有《点绛唇·蹴罢秋千》的诗，诗曰："蹴罢秋千，起来慵整纤纤手。露浓花瘦，薄汗轻衣透。见客入来，袜划金钗溜。和羞走，倚门回首，却把青梅嗅。"宋代诗僧惠洪还专门以秋千为题描写秋千，诗曰："画架双裁翠络偏，佳人春戏小楼前。飘扬血色裙拖地，断送玉容人上天。花报润沾红杏雨，彩绳斜挂绿杨烟。下来闲处从容立，疑是蟾宫谪降仙。"由于秋千的普及和文人墨客的渲染，秋千成为人们休闲娱乐的重要工具。

秋千在少数民族中也十分普及。纳西族有举行"秋千会"的风俗。纳西族东部多在每年的夏历正月初一至初四举行"秋千会"，西部则在正月初六开始举行"秋千会"，历时四至五天不等。此外，满族、白族、土家族、羌族、阿昌族等民族都有荡秋千的习惯和传统。正是由于人们的喜爱和秋千的普及，许多民族还派生出一些形式各异的秋千。如苗族的八人秋，彝族的磨秋，壮族的磨秋，哈尼族的磨秋、车秋，纳西族的磨担秋，柯尔克孜族的二人秋，土族的轮子秋，羌族的观音秋，阿昌族的车秋，普米族的磨秋等。从 1986 年在新疆乌鲁木齐举行的第三届全国少数民族传统体育运动会起，秋千成了全国少数民族传统体育运动会的正式比赛项目。秋千是全国少数民族传统体育运动会上唯一规定只能由女子参加的比赛项目。秋千比赛分为高度比赛和触铃比赛两种。高度比赛以在规定的试荡次数内荡达的最高点来计算成绩；触铃比赛是以在规定的高度上和时间内运动员触铃的次数来计算成绩。比赛设有单人和双人项目。

二、射弩

汉代刘熙在《释名·释兵》中载："弩，怒也，有执怒也。其柄曰臂，似人臂也。钩弦者曰牙，似齿牙也。牙外曰郭，为牙之规郭也。下曰县刀，其形然也。含括之口曰机，言如机之巧也，亦言如门户之枢机开阖有节也。"对弩的形制进行了详细的描述。弩由弓箭发展变化而来，弩起源于战国时代的楚国，又被称为土弩，当时的人们将它作为谋生、狩猎的工具，也用它作为战争中的兵器。

在我国南方，许多少数民族至今仍在使用弩。如傈僳族、黎族、苗族等民族，都有使用弩的传统。据明景泰《云南图经书志》记载：傈僳人"居山林……常带药弓弩，猎取禽兽，其归人则了草木之根以给日食。"弩弓和箭是傈僳男子的标志，他们外出时，都是肩扛弩弓，腰挂箭包。并且在每年的农历正月初一至初三，傈僳村寨都要举行射弩比赛。比赛时，把两支竹箭交叉插在地上，然后以在几十米处射中箭叉下的三角形为胜。弩不仅是傈僳族人狩猎与防身的工具，还是他们基本装束及定情的信物。在苗族，男孩子从小就要学习射弩。一般从 10 岁开始就练习可射 10 米左右目标的"娃娃弩"。还要进行托石块及用绳子捆上砖头等重物吊在手腕上来增强臂力的训练。当有了一定的基础后，还要瞄准从山上滚下来的原木轱辘进行移动目标射击。待掌握一定技术后，就要进行实猎训练，如射击野兔、野猪等。为了保持良好的射弩水平，苗族人每逢春节、跳花场时，都要举行射弩比赛。比赛的姿势主要有立势、跪势两种。比赛时一般用粑粑和肉片当靶子，谁射中了，粑粑和肉片就归谁，射得粑粑和肉片最多的就是最好的射手。

弩用木材刨削弯制而成，其制作材料和工艺都十分讲究。在湖南、贵州一带，苗族人一般用岩桑木制弩，而海南岛的苗族人则爱用白茶木制弩，因为岩桑木、白茶木都是十分坚韧的木材。弩分大弩与小弩。大弩的弩批（弓）长 1.5 米，弩庄（身）长 0.75 米至 1 米不等。小弩的弩批长 1 米左右，弩床长 0.5 米至 0.7 米，弩床上开一箭槽，箭槽以紫荆、青皮等硬木雕削而成。发芽（扳机）用牛羊角制成，弩强（箭弦）以野兽的筋、皮和上好的青麻搓成。箭杆用细毛杆或山树条修制，粗细与筷子相似，长短一般在 25—35 厘米之间，根据弩的大小而定。多使用铁箭头（呈三角形或圆形），尾翼用竹皮或玉米秆的外皮制成。海南岛上的苗族则多选用一种坚韧的“鸭骨”竹削尖制作，箭尾无羽。大弩的最大射程在200米左右，小弩最大射程为100米左右。大弩需80—100公斤的拉力，小弩需50—70公斤的拉力才能拉开。

射弩是在1982年第二届全国少数民族传统体育运动会上，由云南、广西的选手表演后于1986年在第三届全国少数民族传统体育运动会上被正式列为竞赛项目的。随着射弩成为全国少数民族传统体育运动会的一项竞赛项目，人们对弩的制作有了新的更高的要求。因此，金属制成的弩在各级少数民族传统体育运动会上的射弩运动比赛中出现。这种由金属制成的弩迅速被规范而成为“标准弩”。而与之相对应的由人们手工制作的弩则被称之为土弩。最初，在全国少数民族传统体育运动会上土弩和标准弩在比赛中是混在一起的。参加比赛的选手有的使用土弩，有的使用标准弩，在同一比赛中使用不同的比赛器材，使比赛失去了基本的公允。为了使比赛能够尽可能地做到公平合理，在第八届全国少数民族传统体育运动会上，正式将民族传统弩（土弩）和民族标准弩（标准弩）分列进行比赛，使传统弩和标准弩得以分别竞赛。

三、陀螺

陀螺现在虽然风靡世界，但它却是中华民族最古老的娱乐器具之一，其根在中国。在山西夏县西村灰土岭仰韶文化遗址曾出土一枚陶制的小陀螺，表明在四五千年前，陀螺就已流传。陀螺不仅仅是娱乐玩具，其力学原理启发了无数的科学家，创造出一大批促进社会进步的科技成果。其中最为典型的就是广泛运用于科研、军事技术、工业等领域，用于测定角度（倾斜度）、速度、方位等数据的陀螺仪。陀螺仪分为速率陀螺仪和陀螺测斜仪。速率陀螺仪主要用来测量被测物体转动的速度，以此推算出相应的数据。陀螺测斜仪用来测量钻孔斜度和方位。目前，陀螺仪又有了激光陀螺仪和光纤陀螺仪等新品种，其适用范围更加广泛，使用更加便捷。

陀螺一词最早出现在后魏时期的典籍中，称独乐。宋时出现了一种类似于手捻的陀螺，称为千千，多为象牙材质，是在一直径约4寸的圆盘中央插一支铁针为轴心而成。它是宫中女性及贵族为打发时间所玩的一种游戏。其玩法是用手捻使其旋转，等到快停时再用衣袖拂动它，让它继续旋转，比赛以旋转时间最久的为胜。到明代才出现了陀螺的叫法。据刘侗、于奕正合撰的《帝京景物略》载：“杨柳儿青，放空钟；杨柳儿活，抽陀螺；杨柳儿死，踢毽子……”这是一首民谣，是说在不同的季节玩不同的玩意儿。陀螺在

1995 年全国第五届少数民族传统体育运动会上被确立为正式比赛项目。其比赛方法和形式主要是由云南拉祜族的对抗性打陀螺比赛改造而成。其主要特点为“旋”“准”。比赛方法是在一块平整的地面上设有放陀区和打陀区，守方将陀螺旋放于放陀区，待陀螺旋转稳定后，攻方站在打陀区扔出自己旋转的陀螺去打击放陀区的守方的陀螺，以将守方的陀螺击死或砸出界外，而己方陀螺保持旋转者为胜。比赛分个人赛和团体赛两种。

四、押加

押加又称“大象拔河”。“大象拔河”（又叫“拉乌龟）在不同的藏族聚居地区其称谓不同，有双人拔河、“奔牛”“拉扒牛”等称谓，藏语称“格吞”“押加”“朗毒杀响”。是藏族一项最为普及的比赛项目，故称藏式拔河。

相传押加起源于格萨尔王率部攻打达惹、罗宗国后的凯旋途中。因发现了上千头牦牛，为了更合理地分配这些牦牛，便采取拔河的这种方式，通过拔河的胜负而获取相应的牦牛份额。后来这种拔河方式被传承下来，成了藏族传统的娱乐和竞赛项目。也有人说押加起源于印度，后随佛教一起传入而流行于藏族聚居地区。由于格萨尔王曾经在藏族聚居地区的中北部活动，从那个时代开始，押加就流行藏族聚居地区的中北部。时至今日，押加依然盛行于西藏北部及青、川、甘等省的藏族聚居地区。因为藏族有崇尚大象力大无穷的习俗，故又称“大象拔河”。

在藏族聚居地区，押加比赛的开展得到了普及。一到节假日，各地都要举行押加比赛。即使平日，只要是农、牧闲暇之时，不论是在牧场还是在田间，人们都会两人一组，互相把两条背带或腰带连在一起，并将其套在脖子上，经腹部、胸部，从裆间穿过，背对背各朝一方，双手扶地，以游戏的形式进行比赛。在比赛中，主持人在中间的地上画三条线，线的间距为八十厘米，并把悬吊绳上的红布条对准中线。当发令后，模仿大象动作，相互爬拉，先把红布条拉过自己一方的横线为胜。由于参赛的双方趴在中线的两端，头部向前，屁股相对，形如乌龟，因此该项运动在藏族聚居地区又叫“拉乌龟”。押加比赛一开始，参赛的双方就开始用力往自己的一边猛力爬拉，在拉的过程中，不准双手（脚）离地。如将对方拉过中线者，便算获胜。比赛一般采用三盘两胜制。

在藏族聚居地区民间，押加比赛要求在平整的硬质地面上进行。比赛场地为长方形，宽 2 米，长 9 米。按体重分级别进行。押加比赛在藏族聚居地区还有2人、3人各为一方进行比赛的。

在第一届至第五届全国少数民族传统体育运动会中，押加都为表演项目。在1999年第六届全国少数民族传统体育运动会上，押加被正式定为竞赛项目，并重新修改了竞赛规则。新的竞赛规则规定，押加比赛的场地为长方形，宽2米，长不作限制。比赛场地应有明显的界限，长边叫边线，短边叫端线，在两条边线的中点，画一条与端线平行的连线叫中线，在中线的左右一米处，各画一条线与中线平行为决胜线。比赛用的带子长为11.4米，宽90—120厘米，用两头有圈的彩色绸缎制成，绸带中间有一坠条，作为判定胜负的标志。运动员要着民族服装，胶底鞋，双手不能增加任何辅助器材。押加比赛只限男子按体重分别进行比赛。体重级别分55、60、70、80公斤级和80公斤级以上共5个级别。

第四节　水上竞赛项目

全国少数民族传统体育运动会水上竞赛项目主要有龙舟、独竹漂两项。

一、龙舟

“龙舟”一词最早见于先秦《穆天子传·卷五》：“天子乘鸟舟、龙舟浮于大沼。”而竞渡则是我国南方江南地区的一种风俗，正如《旧唐书·杜亚传》所说：“江南风俗，春中有竞渡之戏，方舟前进，以急趋疾者为胜。”湖南沅陵的张大强先生在其编辑的《沅陵千年龙船》一书里，收录了104篇学者论述沅陵龙舟的文章，系统地论述了沅陵龙舟发源于远古的祭祀活动。其祭祀对象是五溪各族共同的始祖盘瓠。盘瓠死后，各族人宴巫请神，为其招魂。因沅陵山多水密，巫师不知他魂落何处，就让各族打造一只龙舟，逐溪逐河寻找呼喊，逐渐演变成后来的划船招魂的祭巫活动。由此算起，沅陵龙舟起源于5000多年前，比龙舟竞渡是为了纪念屈原的说法至少要早3000多年。但后来纪念屈原说却湮没了祭祀盘瓠说，占据主流。这与唐代诗人刘禹锡在端午节游览沅江，路过沅陵，目睹了沅陵的龙舟竞赛，写下《竞渡曲》一诗有关。诗曰：“沅江五月平堤流，邑人相将浮彩舟。灵均何年歌已矣，哀谣振楫从此起。杨桴击节雷阗阗，乱流齐进声轰然。蛟龙得雨鬐鬣动，螮蝀饮河形影联。刺史临流褰翠帏，揭竿命爵分雄雌。先鸣余勇争鼓舞，未至衔枚颜色沮。百胜本自有前期，一飞由来无定所。风俗如狂重此时，纵观云委江之湄。彩旗夹岸照蛟室，罗袜凌波呈水嬉，曲终人散空愁暮，招屈亭前水车注。”并在自注中特别注明：“竞渡始于武陵。及今举楫而相和之，其音咸呼云：‘何在?’斯招屈之义。事见《图经》。”明确指出，竞渡始于武陵。当然，这也与历代统治者借题发挥，宣扬“忠君爱国”思想而推波助澜有关。

龙舟竞渡长期以来都是民间的竞技活动，有约定俗成的竞赛规则和胜负标准。一般来说，竞渡的规则从古至今，差距并不大，但获胜的标准则不一样。现在以达到终点的先后定胜负。古时则除比竞渡速度外，还要比“抢标”。所谓“抢标”，是指在划到终点的时候各船以抢夺的“标”的多少和难易来定胜负。“标”分鱼标、鸭标、钱标等。因其系有红锦缎，所以也称“锦标”。其中抢夺钱标、鸭标的难度最大。因为钱标较沉，有时会沉入水中，而鸭标是活物，会在水上游动和飞行，不易捕捉。特别是钱标，有时还要下到水里去抢夺，因此争夺起来就更加困难，场面也更加激烈，需要有很好的水性和技巧。

总之，有关龙舟竞渡的故事和传说很多，各地在龙舟制作、竞赛名称、举行仪式、参赛人数、参赛方法、禁忌风俗等各方面都存在着很大的不同，各民族间也存在着很大的差异。如汉族多在每年的端午节举行，船长一般为20—30米，每艘船上约30名水手。苗族是在每年5月24日至27日的“龙船节”举行，船长约20米，宽1米，由三根直而粗的杉树挖成槽形，捆绑而成，中间是母船，两边为子船，每艘船上有38名水手，有一长者任鼓头，一名男扮女装的小孩任鼓手。比赛时，炮声响处，各水手即按锣鼓节拍划桨前进。傣族赛龙舟已有2000多年历史，是每年泼水节（傣历新年）的重要活动内容，澜沧江上必有盛大的龙舟赛。傣族龙舟长20—25米，船最宽处1.7米左右，把雕好的龙头、龙尾固定在船头船尾上。竞赛时，划手40人，分两边排列，舵手4人，锣手1人，俯卧压船头4至5人。竞赛开始，在铿锣声的指挥下，划手们有节奏地用力划船，舵手握4米长桨站在船尾掌舵。压船头者，最前一人双手紧握龙齿，后面3人，紧握舟帮一下一下做俯卧撑动作，有节奏地推动船前进。傣族女子也参加龙舟比赛，称筒裙龙舟队。

龙舟比赛在我国发展十分迅速。1980年，赛龙舟被列入中国国家体育比赛项目，并于当年举行了“屈原杯”龙舟赛。1982年，龙舟竞渡在第二届全国少数民族传统体育运动会上作为表演项目出现。1984年，龙舟竞渡被国家民委、国家体委定为正式的竞赛项目，并颁布了《竞赛规则》。1991年，第四届全国少数民族传统体育运动会将龙舟竞渡定为正式比赛项目。2010 年，龙舟竞渡被列入亚运会竞赛项目。

二、独竹漂

独竹漂源于独木漂。是我国南方许多傍水而居的民族在生活、娱乐中掌握的一项技能。在桂、黔、湘一带，多地的汉族、瑶族、土家族都有使用独木为水上交通工具及捕鱼、娱乐的历史。依据地域不同，其称呼也不尽相同。在瑶族聚居的地方，人们一般称其为独木滑水，而在汉族和土家族聚居的地方，一般则称驾独木或划独木。

秦汉时期，由于古播州盛产楠木，而楠木又是最好、最珍贵的建筑木材，于是成为朝廷指定的建筑专用木材，每年朝廷都会选派专员到播州去采办。由于播州地处偏远，且为原始森林地带，陆路交通闭塞，水路也不通航运，所采楠木要运出播州，最好的办法就是按每棵木料委派一人或多人经境内水系（习水、赤水）漂送到长江边，绑成排或用船运至江南，再转运京城。在这个运送的过程中，人们逐渐学会站在独木上撑竿运送楠木的技能。当站在独木上撑竿漂流的技能被人们掌握和熟练后，就产生了竞争与嬉戏，并逐渐演变成当地一种独特的水上游戏。长此以往，这项活动作为民间娱乐游戏的形式被固定下来，并被形象地称为独木漂。后来人们发现用当地盛产的南竹漂流比用木料漂流还要好，遂将独木漂改成了独竹漂，又称独竹舟，或俗称划竹竿。每到端午涨水时，在习水土城，人们都会成群结队，在河里进行独竹漂比赛。若有人掉入水中，总会引得阵阵笑声。若在比赛中获胜，获胜者会被大家簇拥着敬酒敬茶，戴上大红花，出尽风头。在 1998 年赤水复兴马鞍山发掘的汉晋时期的古崖墓群中，有一座墓穴的石棺壁上，刻有一人双手持竿立于一独木上的石刻图案，并配有“茅台斜阳映赤水，残阳几叶贩酒船。独竹飞流飘然过，纤夫逆行步步难”的诗句，对独竹漂进行了生动的描述。

独竹漂是一项以单棵竹材放置水面为承载漂浮体，运动员赤足站立其上，利用手中的竹竿划水使其前进的运动。

独竹漂可进行技艺表演。其表演形式有单人、双人及团体。单人、双人表演有正划、倒划、转身、绕弯、滑行、换竿等技巧性表演。团体表演除看整体的队形、队列整齐划一与有规律的变化重组外，还要看在队列、队形变化中每个成员的动作标准与整齐程度。除技艺表演外，独竹漂还有竞速比赛。

独竹漂现在是全国少数民族传统体育运动会的竞赛项目。1999年、2007年，在第六届、第八届全国少数民族传统体育运动会上，贵州省代表团的独竹漂表演都获得了团体表演的金奖。2011年，独竹漂被列为第九届全国少数民族传统体育运动会竞赛项目，分为男子组、女子组、混合组。设60米、100米、200米直道竞速（即在尽可能短的时间内通过规定距离的直线航道）；4×60米、4×100米迎面接力比赛。

第五节　竞速类竞赛项目

全国少数民族传统体育运动会竞速类竞赛项目有高脚竞速和板鞋竞速。

一、高脚竞速

高脚竞速即踩着“高脚马”竞速。湖南湘西一带的土家族青年男女喜爱踩“高脚马”。“高脚马”原名“竹马”或“骑竹马”，为两根长及肩部的竹子或杂木，在其下部30至50厘米处装上踏脚而成。最初的“高脚马”取材于有杈的小树干，底端约50厘米处以自然形成的短树杈供脚踏，因而又叫“自生马”；而经过加工制成的叫“再生马”。现在高脚马的制作取材较丰富，可用木质、竹质、铁质，也可用其他材质制作。其踏蹬可用绳索系成，也可安装其他材质的踏蹬。男子“马脚”高度不低于30厘米，女子“马脚”高度不低于25厘米（“马脚”高度是从“马脚”底部量至踏蹬上沿靠近“马身”处）。“马脚”底部可配金属防滑耐磨的材料。行走或奔跑时由双手各持一根“高脚马”，脚踏在踏脚（踏蹬或“马脚”）处。因脚踏“高脚马”行走在浅水及泥地中不湿鞋袜，所以一些土家族青少年除了用它行走、奔跑、做游戏外，还经常把它当作交通工具，踩着它去上学或赶圩。

“高脚马”比赛有竞速和对抗两项比赛。所谓竞速，就是比谁跑得快，可在平地或田径场上进行。分男、女子及男、女子混合比赛。比赛距离有50米、100米、200米、400米和4×100米接力跑等。除此以外，竞速比赛也可以因地制宜，跑适当的距离，在条件相等的情况下，看谁首先跑完全程。高脚马竞速比赛还有越野和障碍比赛。所谓对抗，即“撞架”，是在规定的场地骑在竹马上，各自在规则允许的范围内运用各种攻防技巧，将对方撞倒下地或打下高脚马，而自己仍骑在竹马上为胜利。

在第五届、第六届全国少数民族传统体育运动会上，“高脚马”为表演项目，到第七届全国少数民族传统体育运动会时，“高脚马”才被正式列为竞赛项目，但仍沿袭“高脚马”的叫法。到第八届全国少数民族传统体育运动会上才更名为高脚竞速，并将其竞赛项目定为男子、女子100米、200米和2×200米接力以及男、女4×100米混合接力等7个项目。

二、板鞋竞速

板鞋竞速是由多名运动员同穿一双板鞋进行一定距离的竞速比赛。在规则允许的前提下，以在同等距离内所用的时间多少来决定名次，时间少者名次列前。

相传，板鞋运动源于明朝嘉靖年间，至今已有近五百年的历史。在民间，传说板鞋运动与军事训练有关。明朝嘉靖年间，倭寇侵扰我国沿海地带，广西壮族女英雄瓦氏夫人率部奔赴前线抗倭，以板鞋作为训练士兵团结协作能力的手段，极大地提升了士兵的作战能力，取得了很好的效果。她让三名士兵同穿上一副长板鞋一起跑步，坚持长期训练，使士兵的素质特别是团结协作的能力得到了极大的提高，从而在战场上大败倭寇，立了大功。后来，广西河池市南丹县壮族人民模仿瓦氏夫人练兵方法，开展板鞋运动自娱自乐，并相袭成俗，流传至今。

2005年，国家民委、国家体育总局批准将板鞋竞速项目列为全国少数民族传统体育运动会的正式比赛项目。设男子60米、100米；女子60米、100米；男女2×100米混合接力共5项。在田径场上进行比赛。比赛板鞋以长度为100厘米，宽度为9厘米，厚度为3厘米的木料制成。以三人板鞋为例，每只板鞋配有3块宽度为5厘米的护足面皮，分别固定在板鞋规定的距离上，护皮以套紧脚面为宜。第一块护皮前沿距板鞋前端7厘米，第二块护皮在第一块护皮与第三块护皮的中间，第三块护皮后沿距板鞋末端15厘米。

第六节 民族式摔跤

我国西部少数民族的摔跤运动千姿百态、形态各异，但被列为全国少数民族传统体育运动会竞赛项目的只有五项。分别为博克（蒙古族摔跤）、北嘎（藏族摔跤）、且里西（维吾尔族摔跤）、格（彝族摔跤）、绊跤（回族摔跤）。

一、博克

蒙古语称摔跤为博克。博克、赛马、射箭被称为蒙古族“男儿三项”。不会摔跤的蒙古族男子就意味着不够男子汉气概。因此，摔跤成为蒙古族男子必备之艺，在蒙古族开展得十分普及，是一项深受蒙古族民众喜爱的传统体育运动。

蒙古式摔跤的历史可追溯到千年以上。据我国北方许多地区的出土文物考证，早在西汉初期，匈奴人中就盛行摔跤。一些出土文物中记载的匈奴人的摔跤架势、套路等与今天的蒙古式摔跤类似。特别是到了元代，连女子也积极参与到摔跤中来，并产生了许多摔跤高手。据《马可·波罗游记》记载，海都王的女儿爱吉牙尼就是一位摔跤高手，她曾以摔跤征婚，许多应征者都败在了她的手下，曾一度传为佳话。

摔跤不仅是军队训练士兵的重要手段，还在蒙古人的政治生活中起着举足轻重的作用。在部落联盟时期，部落首领一般都是由民主选举产生的。当选者必须是摔跤的超群者，否则是没有资格任职的。忽图勒汗当选为全蒙古泰赤兀得部的首领，就是因为他夺得了那达慕大会的摔跤冠军。据传，成吉思汗非常喜爱摔跤，他的兄弟别勒古台、将领合撒尔木华黎、者别、苏别额台等都是非常著名的摔跤手。当时，优秀的摔跤手都被誉为“孛阔”，也就是力士。成吉思汗时的不里孛阔就是一位有名的摔跤手，他可以用一手一足将对手摔倒。特别是当时在最高统治者和许多人的心目中，摔跤、射箭的技能还是争取汗位、选取将领的重要条件。此外，成吉思汗还做出了一项特别的规定，就是要求军队不论是出征还是凯旋时，都要举行以摔跤为重要内容的那达慕，以振军威和庆祝胜利。

《中国古代体育史简编》对元代积极提倡和奖励摔跤运动有如下描述：大德十一年（1307年），拱卫直都指挥使马可谋沙在角力中经常获胜，调升他为平章政事。至大三年（1310年），优秀角力者阿里银千两、钞四百锭。元英宗硕德八剌至治元年（1321年），赏赐角力优秀者一百二十人，每人钞一千贯。正是这种强力的倡导与奖励，极大地推动了当时摔跤运动的发展，使其在民间得到了更广的普及。

清代，蒙古族民众在重大喜庆节日和祭祀时都把摔跤作为重要的活动内容，使蒙古族摔跤又有了新的发展。如蒙古的王公贵族在举行盛宴时，都热衷于观看摔跤比赛以助酒兴。《新疆图志·天章三》载：“相扑之戏，蒙古所最重，筵宴时必陈之，国朝，亦以是练习健士，谓之布库，蒙古语谓之布克。脱帽短襦，两两相角，以搏捽扑地决胜负。胜者劳以卮酒。厄鲁特则袒裼而扑，曾蹶不释，以控首屈肩至地，乃为胜彼，嘉其壮，赐之羊臑臂，则共探鞠……”此外，据《清稗类钞·技勇类》载：“新疆蒙人尝于每岁四月祀鄂博，祀毕，年壮子弟相与贯跤、驰马、以角胜负。贯跤者，分东西列，二人跃出场，抗空拳相持搏，格手蹬足，牛尚虎，胜者扶负人起，以靥相抚掩，官长高坐监斗，连胜十人者为上，以次至五等，其赏皆有差。”其中还有一种摔跤，即上面提到的厄鲁特则显示出另一种决胜负的风貌，即“惟必须将负者按捺于地，其负者不能挣持再起，乃分胜负。”《清稗类钞·技勇类》还载：清组建的“善扑营”，其任务之一就是“凡大燕享皆呈其伎”“与潘部之角抵者较优劣”。都说明蒙古族摔跤在这一时期是受到政府高度重视的，其技艺也达到了相当的水平。

新中国成立后，蒙古族摔跤迎来了它提高和发展的最好时期。并成为促进民族团结、繁荣民族体育、建设精神文明的重要活动内容，得到了党和政府的高度重视与扶持。不仅使蒙古族式摔跤在蒙古族地区广泛开展，还将其广泛介绍给全国其他民族，使蒙古族式摔跤的普及与提高站在了一个更高、更广阔的层面，得到了更大的发展和提高。蒙古族摔跤的竞赛规则在新中国成立后也得到了一些必要的改革。1982 年通过了《蒙古式摔跤试行规则》。1987 年正式印发了《蒙古式摔跤竞赛规则》。规则分三章共十三条。第一章“竞赛的一般规定”中，竞赛性质条设：个人竞赛、团体竞赛、安慰赛、表演赛；竞赛制度条规定：分年龄组，无体重级别，每局一跤制。第二章，“裁判准则”。第三章，“裁判员及其职责”。规则的制定，使蒙古式摔跤得到了进一步的规范，为其进一步普及和提高发挥了作用，奠定了基础。

蒙古式摔跤要求运动员手、腰、腿部的动作能协调配合，并在对抗中充分发挥运动员的力量、技巧及反应与应变能力。

蒙古式摔跤有着一些与其他摔跤完全不同的特点和特色。首先，蒙古式摔跤的运动员服装极具民族特色。摔跤衣为布制或皮制，上缀闪亮的铜钉或银钉。摔跤衣腰上系有“希方布格”。也就是围巾，用青、红、黄三色布制成，分别象征天、太阳和大地。为了防止在搏斗中用缠腿动作引起伤害事故，也为了在大量出汗时使衣服不致贴住身体，运动员一般都爱穿用白布缝制的肥大摔跤裤，并在摔跤裤的外面再穿一种绣有各种民族特色花纹，起护腿、护膝的作用无裆的“套裤”。为了防止滑倒及靴子破裂，运动员在赛前一般还用结实的皮条为靴子加固。特别是颈上，更具特色，套有五色绸穗制成的叫“景嘎”的彩条。“景嘎”是一个运动员曾经获得过的荣誉标志，所获得过的奖项越多，“景嘎”也就越多。

参赛人数必须是2的某次乘方，如32、64……512、1024等。单淘汰制，无时间限制，一跤定胜负，每轮淘汰半数。名次排列以冠亚军为准。如赛九轮决出冠亚军时，在第八轮被冠军摔倒者为第三名，被亚军摔倒者为第四名，第七轮被第三名摔倒者为第五名，被第四名摔倒者为第六名，依此类推。运动员不分体重级别。场地不拘大小，一般在平坦草地上比赛。膝盖以上任何部位着地为输。技巧动作较多，如捉、拉、扯、推、压等，共有13个基本动作。还可以互抓肩膀，互相搂腰，或钻入对方腋下进行进攻，但不能抓腿抱腿，也不能跪腿去摔，主要以腕力和腿的技巧取胜。蒙古式摔跤比赛通常按参加的人数多少，分大中小三种类型。大型比赛512人或1024人，中型比赛256人，小型比赛128人或64人。

蒙古式摔跤比赛开始的入场仪式别有情趣。跳跃是蒙古式摔跤又一特点。身着特制摔跤服装的摔跤手排成竖行，腰胸挺直，两臂平伸，慢悠悠地上下摇动，犹如雄鹰展翅，显得格外矫健，伴随祝词和掌声欢跳到主席台前，双手拍在膝上作鞠躬礼。正式比赛时，专门邀请一些长辈唱歌助兴。歌声起，双方运动员跳跃进场。进场跳跃高而快，时间长；而退场跳跃相对较慢而且放松。其跳跃分狮子舞步、鹰舞步和车轮步等形式。随着连唱三次摔跤歌，双方摔跤手两手扶单腿跪在两名助手肩上，刹那，摔跤手一跃而出，开始搏斗，以摔倒对方为胜。待决出胜负，将双方扶起来，双方运动员又跳着多姿的舞步到主席台前报记名次，并随手抓一把桌子上的奶食、糕点、糖果，边吃边向天空和人群抛撒，并慢跳出场。

传统的奖励办法是按比赛规模分等级进行奖励。凡参赛者均按级发给相应的奖品。如首轮被淘汰者的奖品为1元钱的实物，二轮被淘汰者的奖品为2元钱的实物，余类推。小型比赛的冠军奖1只羊和1块茶砖；中型比赛的冠军奖1匹骏马；大型比赛的冠军可获得9种81项奖品，如驼9峰、马9匹、牛9头、砖茶9块等9种奖品。大型比赛的夺魁者格外受尊重，其英名在草原上长期流传。对多次夺魁因年老而不能继续争雄于跤坛的老将，要召开隆重的大会，授予“达尔罕”摔跤手这一最高终身荣誉称号。接受称号者穿上全套比赛服装，进场表演后，会议主持者发给证章、证书、纪念品，请他喝一碗奶酒，并宣讲其简历和成绩。“达尔罕”摔跤手要选一名最有前途的摔跤手，脱下摔跤衣赠给他，互相拥抱，然后一齐跳跃出场。“达尔罕”摔跤手大都自愿承担业余教练员义务，把技艺毫无保留地传授给青少年一代。

现在，博克是全国少数民族传统体育运动会摔跤竞赛项目之一。一般设团体赛和个人赛。团体赛设男子团体和女子团体赛；个人赛设男子个人赛和女子个人赛。团体赛一般采用三人轮赛制；个人赛一般采用单淘汰制。运动员不分体重级别，两人相遇一跤定胜负。比赛中，先倒地或膝关节及其以上任何部位先着地为输。在比赛中，运动员一般穿着以金属铆钉镶边皮制的“卓得戈”（跤衣）和“班泽勒”（跤裤），带着“策日布格”（彩带）和“淘术”（套裤），再穿上“果特勒”（蒙古靴或马靴），扎上“布苏勒”（皮制腰带）去参加比赛。

二、北嘎

“北嘎”是藏语摔跤的意思。在藏语中，“加哲”“有日”也含有摔跤之意。而四川康定藏人称摔跤为“写则”；白马藏人称摔跤为“卡惹则”。藏族摔跤有着悠久的历史。据考古发现，雅砻河谷就存在着新石器时期原始的摔跤遗迹。《格萨尔王传》也有关于藏族摔跤的记载。据传，格萨尔王与牧羊汉秦恩相识，格萨尔王对秦恩说：“我们作为朋友可以，但咱俩比比力量，摔一摔好吗?”于是两人就进行了一场朋友间的摔跤友谊比赛。在松赞干布时期，摔跤就被列为军队的军事技能之一，《西藏志·兵志》就记载了“习武”“跌扑”的内容。创建于公元7世纪的桑耶寺中就有一组摔跤的壁画。其中有一幅画描写的摔跤手裸露着上身，背涂酥油明光闪亮，下穿半截短裤，腰束布带，足蹬藏靴，正在做着跤臂、拉腰、绊足等动作。此外，在该寺的乌孜大殿还有一幅表现摔跤比赛的壁画，画中共有十二人分六对在进行比赛，一方着白色短裤，一方着红色短裤，看起来他们分别代表着不同的两支队伍。所有的摔跤手都赤脚并光着上身，没穿跤衣。六对选手分别呈现出不同的比赛状态，有的才刚刚交手，有的已打得不可开交，有的已被摔在地上，有的因受伤而停战。比赛设有两名裁判，身穿藏式长袍，手持写有藏文“1”和“2”的木牌。其中持“1”号牌者可能是主裁判，戴宽檐毡帽，站在一张桌子上。另一裁判持“2”号木牌，站在桌子旁。此外，还有两人手奉哈达站在旁边，像是准备随时按藏族礼俗献给优胜者的。从这幅画中可以看出，藏族摔跤在此时期已经有了较为完善的竞赛规则。

藏族聚居地区与内地的摔跤交流在隋唐时期就已开始。唐人释道寒在其《续高僧传》中载："有西番贡一人云大壮，在北门外试相扑，无敌者。"

藏族民间，摔跤深受群众喜爱。不论是在节日、集会或收获后的庆典活动之中还是在日常的劳动间隙，经常都可以看到人们摔跤的场面。人们在一些民俗活动中，都要举行摔跤比赛。如在四川平武地区，白马藏族在正月十五至十七日"驱鬼"时，常挑灯夜战，进行大规模的摔跤比赛；十二月底在一年一度的禁火节中，也要以摔跤来取悦火神。特别是在各大寺院，只要是遇到宗教大会或是藏族的重大节日，都要举行摔跤比赛。特别值得一提的是摔跤在藏族妇女中开展得也十分普及。从小女孩到中年妇女，都很喜爱摔跤。妇女们还经常与男子对阵。相传，在部落首领时期，在藏族聚居的一些地区，妇女可因摔跤技艺高超而获得一定的领导权，甚至是首领。

在藏族聚居地区，不同的地方有不同的摔跤方式。在青海，藏族摔跤有"活跤"和"死跤"之分。活跤没有过多的规定，双方抢抱，抓住对方腰带，可用手、脚及钩、绊技术，将对方摔倒在地即为赢；死跤则是双方从容抱定后开始，不准用腿脚绊对方，摔倒对方直至躯干着地方才为胜。另据《天祝县志》《卓尼县志》《甘南州志》等地方志载，天祝藏族聚居地区和甘南藏族聚居地区的摔跤分为自由式和固定式两种。自由式与"活跤"类似，可用腿脚钩绊，将对方摔倒即为获胜。固定式则要求赤足，不能用腿脚钩绊对方，比赛时双方系不同颜色的腰带，相对而立。当裁判宣布比赛开始，双方抢抓对方腰带，并握住对方腰部以上部位，通过摔、拉、起、提等动作，使对方肩背着地为赢。比赛一般采用三局二胜制。

现在，藏族式摔跤被正式命名为北嘎，是全国少数民族传统体育运动会摔跤类竞赛项目之一。比赛按体重分为 52 公斤、62 公斤、74 公斤、87 公斤及 87 公斤以上五个级别，全部比赛只称一次体重，开赛前一天称量。比赛分个人赛与团体赛。个人比赛以个人在所属级别内竞赛所得的成绩确定个人名次。团体赛以每个团体所有被录取名次的运动员的成绩总和来确定名次。比赛采用循环制或淘汰制。运动员年龄不受限制。比赛时，双方运动员或双手一手在前、一手在后，或双手在背后握抱，抓好对方腰带，方可进行比赛。运动员仅靠腰臂之力提起对方，将其旋转摔倒，禁用脚绊或蹬踹对方。运动员肩、背、腰、臀、髋、头、体侧任何一个部位着地为负。也采用三局两胜制。

三、且里西

且里西是维吾尔语摔跤的意思。据文献记载，摔跤在维吾尔族中广泛开展有着悠久的历史，不仅男子喜爱，姑娘也有不俗的摔跤技艺。成书于11世纪的《突厥语大词典》就有“勿与姑娘摔跤，勿骑骒马奔跑”的戏说。另据《五代史·李存贤传》载，出身于沙陀部的后唐庄宗十分喜爱摔跤，“尝与王都较，而屡胜，颇自矜……”元代，朝廷在西域专门设立了“校署”，统管各个部落的摔跤及其他竞赛活动，并逐步将摔跤定为节庆时必须开展的重要活动。清代，诗人肖雄在其作品《嬉乐》中写道：“嬉乐无非较艺时，输金相约争马驰。更看环抱交相跌，身手推谁好健儿。”并注：“回部过年……有比较手段之事。或同日，或不同日，每两人相互持抱，彼此掀掷，能推倒者为胜，谓之跌跤。胜者满场喝彩，凡与胜者相契之人，争捧其脚而高举之，以助炫耀。亦以肉食等物为注，两股角胜，皆争名出众之会也……”《新疆图志》也载：“婴儿四五岁行割礼，诸戚友相率馈物致贺，为赛马斗跤之乐。”特别是1983年，在巴楚县乔提木废墟中考古发现，早在7至10世纪时，维吾尔族的摔跤活动就已相当普及，并达到了相当高的技术水平。

维吾尔族摔跤主要有两种形式。一是流行于南疆喀什噶尔、阿图什、阿克苏、和田等地的喀什噶尔式摔跤。这是一种类似于站立式的摔法。在摔跤前，双方都要在腰间系上一条长两米，宽二十至三十厘米的蓝棉布腰带。在听到裁判宣布廾始后即可开始进攻，以将对方摔倒并肩背着地为胜，没有跪撑角力。比赛中如双方倒地分不出先后上下，算平跤，重新开始比赛。如果使对手一手一膝着地，或使用犯规动作摔倒对方，则判为无效，比赛重新开始。如双方有意拖延比赛时间互不进攻，则同时取消比赛资格。喀什噶尔式摔跤采用一跤定输赢的比赛制度。一人连续战胜三至五人即为冠军，冠军人数的多少依据参赛总人数决定。

二是流行于吐鲁番、鄯善、托克逊和哈密一带的吐鲁番式摔跤。吐鲁番式摔跤在比赛开始前要求比赛双方在右大腿根部各系一条毛巾，以供对方抓握。在比赛中如毛巾松动下滑则立即停止比赛，待系紧后继续比赛。以将对方摔倒并成肩背着地为胜，如对方倒地后肩背未着地，双方还可以地上滚翻角力，直至使一方成肩背着地为止。比赛一般为团体三人对抗，若一人接连战胜对方三名选手，即为获胜。胜者继续比赛，负者输一场即被淘汰，比赛直到一方将对方最后一人战胜为止。比赛采用三跤两胜制。比赛结束后，常奖给获胜者一个牛角上系一块红绸子的大牛头。众人将获奖者抬起欢呼，获奖者则双手高举牛头，并向大家致意。一般情况下，红绸子归战胜对方最后一名选手的人获得，牛头则由获胜方的三名选手共同分享。

维吾尔摔跤除以上两种外，还有一种流行在麦盖腿、巴楚、英吉沙等地的抱腿、抱腰、缠腿摔跤。维吾尔族摔跤一般不分体重级别，也没有统一的服装要求和时间规定。

维吾尔族摔跤一般在节日或农闲时举行比赛。多以乡或村为参赛单位，在有一名摔跤界较有名望的年长者的主持下即可进行较为正规的比赛。在巴札、婚礼及割礼时也举行摔跤比赛，这种比赛多以临时组合或自由参加的形式进行。

现在，且里西是全国少数民族传统体育运动会摔跤竞赛项目之一。比赛不分年龄，按体重分为52公斤、62公斤、74公斤、87公斤及87公斤级以上5个重量级的比赛。其比赛方法是双方运动员必须先抓好对方腰带，听到裁判员开始的口令后即开始比赛。在比赛中，运动员双手不得离开对方的腰带去抓握对方的其他部位。运动员可以用扛、钩、绊脚等动作将对方摔倒成肩胛骨着地、侧身着地或臀着地为胜。实行三局两胜制。

四、格

彝族语称摔跤为“格”。有的地方叫“抱腰”，彝语为“基根”。彝族的先祖属于游牧民族，在长期的游牧生活中，彝族先民创造了彝族特有的摔跤运动。相传，在远古时代，有一牧民人家，养育着三个儿子，三兄弟从小就以放牧牛羊为生。他们年复一年地重复着这种单调的放牧生活。后来，他们从牛羊的角抵中得到启发，于是学着牛羊角抵的样子玩起了摔跤，这一玩就使他们获得了极大的愉悦。在他们三兄弟的带动下，摔跤这种游戏逐渐流传开来，成了人们都十分喜爱的一项活动，并一直传袭下来。

现在，无论是婚庆、节日，还是祭祀、娱乐，摔跤都是烘托氛围必不可少的一项内容。如在彝族的火把节和彝族的彝历年等节日里，或是在婚庆典礼中，摔跤都是必不可少的重要内容。特别是在四川凉山彝族自治州，为了营造喜庆的氛围，只要有婚礼，必有摔跤比赛。这种比赛一般由新郎与新娘双方各派选手参加，因为不论是在送亲还是在迎亲的队伍中，都有各自请来的摔跤高手。由于这种比赛的目的主要是助兴，绝大部分情况下双方会摔成平局。但也有例外，如某一方对婚事中的某个环节不满，往往会要决出一个胜负，甚至闹到不欢而散的。

在彝族地区，由于摔跤是人们都十分喜爱的一项活动，只要有集会就会有比赛，因此比赛十分频繁。但在一般情况下，比赛的时间都会选择在午饭喝完酒后进行。人们自发地聚集在坝子里，围成一个圆圈，由村里一个德高望重的老人主持。圆圈的地上放着两根腰带，主持人开始用激将的语言来调动大家的热情，待有一个人按捺不住走进圆圈，捡起地上的腰带并拴在自己腰上后，必然会有另一个人会毫不示弱地也走进圆圈，捡起地上的腰带拴在自己的腰上，这就预示着摔跤比赛马上就要正式开始。比赛设擂主。胜者为擂主，失败者自动淘汰并退出场外，失去继续比赛的资格。而此时马上就有其他的人进入场内来争夺擂主。如果谁能将最后一名参赛者摔倒在地，且再也无人与他较量，那么这个人就是这次比赛的最终擂主，也是比赛的优胜者。

由于擂台赛制几局几胜的取胜制，只要取胜就要一直比下去，直到失败为止。因此，有经验的人一般并不急于上场比赛，而是静观赛程的发展。待主要对手体力消耗后再出场参赛，以加大自己比赛的胜算。而此时的比赛才算真正进入高潮。所以参加这样的比赛除了要有高超的摔跤技能外，还需有强壮的体格和持久的耐力。

村寨之间也经常有摔跤比赛，这是村寨间的团体比赛。这种两个或两个以上村寨之间的比赛，其比赛对手一般都由主持人来挑选配对，比赛双方在年龄、体格上要大体相同，采用三局两胜制，最后以各方得胜的人数多寡来判定输赢。村寨间的比赛也有由各村寨推荐选手代表本寨参赛的。这种推荐选手参加的团体赛，一般采用擂台制。

彝族摔跤别具特色。在四川越西、喜德、甘洛、昭觉等地，其摔跤的动作主要有：下绊，即当把对方的身体重心移动后，用脚或膝别住其下肢，使其失去重心而被摔倒。挑，即在双方移动的过程中，抓住有利时机，将对方抱在空中，用自己的膝或腰和胯的扭转，将对方猛摔在地。其技术性强、难度大，抱和挑的动作几乎同时完成，整个动作要求迅速连贯。缠腿，即用肩将对方抵紧，用腿将对方的腿紧紧缠住，使对方重心不稳而倒地。过胸摔，即在移动中，突然用力将对方抱住，自己后倒，扭身将对方摔倒。做这些动作时要干净利落，才能获胜。彝族摔跤是互相抱住且抓住对方腰带进行摔跤的一种摔法，所以在摔的过程中，抱腰技术的使用比较多。

生活在云南的彝族，几乎所有的支系都有摔跤，只是称呼不同。如指跤、扳跤、跌跤、掼跤、干跤、拔腰、抱腰、跌四腰、跌四把腰等。滇中、滇南为自由式摔跤，裸上身，着长裤或短裤，系腰带，以双肩着地为负，可用脚绊，比较接近国际自由式摔跤。滇西、滇西北、滇东北为预备式摔跤，分系腰带和下系腰带两种系腰带法，画圈为界或在簸箕里摔跤。比赛时，双方先互相抱住对方的腰，或抓住对方的腰带，一手从肩上一手从胁下穿过斜抱于背后作预备姿势后才开始比赛，比赛中分可用脚绊和不用脚绊两种，多数以将对方摔倒在地为胜，有的则以将对手抱起扔出场外为胜，多采用三跤两胜制。但也有不服气再反复摔，直到对手认输为止的。

此外，在彝族中还流行一种单手单脚摔跤。即双方在对抗前先侧身并排相互用手搂住对方的肩，脚相互钩缠住后，听令开始摔。以将对方摔倒并按住翻不起来为胜，在对抗中相互抱住和钩住的手脚不能松开。

现在，彝族式摔跤按彝族语统一命名为格，是全国少数民族传统体育运动会摔跤类的竞赛项目之一。分别设 52 公斤级、62 公斤级、74 公斤级、87 公斤级、87 公斤级以上等 5 个重量级的比赛，在赛前一天称量体重。在比赛中，运动员双手从两侧抓住对方腰带，通过腰、腿、脚的钩、掰、翘、挑等技术动作应用，将对方摔倒为胜。比赛采用三跤两胜制。

五、绊跤

绊跤是宁夏回族群众十分喜爱的一项运动。每逢农闲时节，青年小伙就会很自然地聚集在一起进行绊跤。绊跤时要请中间人做裁判。比赛时，交手双方出场，相对而立。当裁判宣布比赛开始后，双方迅速抓抱对方，并用腿使绊，以最快的反应、速度和力量，将对方绊倒，并使对方的膝、臀或背部先着地。不限时间，一般采取三跤两胜制。并有绊跤口诀“花花搂腰，一抖三跤”。现在，绊跤已被纳入全国少数民族传统体育运动会摔跤类项目之中，是全国少数民族传统体育运动会中最有观赏性的竞技项目之一。绊跤按体重分为 5 个级别进行比赛，为 52 公斤级、57 公斤级、62 公斤级、74 公斤级和 90 公斤级。运动员身着摔跤衣，在 10×10 米的比赛场地上进行。比赛时，相互用手抓牢对方的跤衣或腰带，采用背、绊、抱腿等招式，以把对手摔倒为胜，并根据动作质量可得 1 分、2 分或 3 分。每场比赛 3 个回合，每个回合 3 分钟，中间休息 1 分钟。以 3 个回合中得分多者为胜。如未到比赛终止时间，而一方已超过对手10分，则超过10分者为胜。

第七节　马术与武术

我国西部有许多少数民族都是马背上的民族，在长期的生产与生活实践中，形成了丰富多彩的马术技艺，在这些马术技艺中，被列入全国少数民族传统体育运动会竞赛项目的有：走马、跑马射击、跑马射箭、跑马拾哈达四项。而武术项目则呈千姿百态之势。为了规范武术比赛，民运会的武术比赛设立的竞赛项目有拳术、器械、对练、集体四大类。

一、走马

走马，顾名思义，在比赛中马是行走，而非跑进。走马比赛要求马匹在行进过程中以一侧的前后肢同另一侧的前后肢交替迈步，其蹄音两声两节奏；当马匹处在交叉位置上的前后肢同时起地，而后又同时着地交替迈进，其蹄音两声两节奏。走马比赛可分为个人比赛和团体比赛两种。其项目按运动员性别分为男子走马与女子走马，也可男女混合比赛。比赛可选用下列距离：1000米、2000米、3000米、5000米、10 000米。比赛中出现马匹步伐混乱的判以步伐犯规（指出现跑步的行为），给予加时处罚或取消其比赛资格。全程比赛所用时间最少者名次列前。

二、跑马射击

跑马射击是在骑马跑动的过程中，在规定的距离、规定的时间内开枪射击。每击中一个目标获2分，以所获得的分数多少决定名次，分数多者名次列前。跑马射击比赛规定：在一长250米、宽50米的长方形场地内，设置一条长100米、宽1.5米的主跑道。起点距场地一端25米。在距起点35米、左侧边线1.5至3米处设第一靶位，设置第一靶标，在距第一靶位35处设第二靶位，设置第二靶标，第二靶位距终点线30米。每轮比赛限定时间为9秒，射击2枪（1靶1枪）。每命中一个目标得2分，每超过1秒扣0.5分。比赛采用两轮制。

三、跑马射箭

跑马射箭是在骑马跑动的过程中，在规定的距离、规定的时间内射箭。命中靶心得3分，命中中环得2分，命中外环得1分。以所获得分的多少决定名次。得分多者名次列前。跑马射箭比赛规定：在一长250米、宽50米的长方形场地内，设置一条长 110 米、宽 1.5 米的主跑道。起点距场地一端为 20 米。在距主跑道起点 50 米、左侧边线 1.5 至 3 米处设第一靶位，设置第一靶标，在距第一靶位 50 米处设第二靶位，设置第二靶标，第二靶位距终点线 10 米。每轮比赛限定时间为 10 秒，射 2 箭（1 靶 1 箭），每超过 1 秒扣 0.5 分。比赛采用两轮制。

四、跑马拾哈达

跑马拾哈达是在骑马跑进中，在规定的时间内，俯身拾起放置在跑道两侧的哈达，每拾起一条得 1 分。以两轮比赛中得分的多少来判定名次，得分多者名次列前。跑马拾哈达是在一长 250 米、宽 50 米的长方形场地中间设一条 110 米长的主跑道。主跑道的起跑线距场地底端 20 米。在主跑道两侧各设置一个摆放哈达的区段，每区段 20 米。每隔 2 米摆放 1 条哈达，共 10 条。第 1 条哈达距起跑线 20 米，最后 1 条哈达距终点线 10 米。比赛限定时间为每轮 12 秒，每超过 1 秒扣 0.5 分。比赛采用两轮制。

五、武术

在全国少数民族传统体育运动会中，武术的竞赛项目有拳术、器械、对练、集体四大类。其中拳术有规定拳术（含长拳、太极拳、南拳的竞赛规定套路和自选套路），传统拳术（含少林、八极、南拳、形意、八卦、通臂、劈挂、翻子、戳脚、查、花、炮、红、华、地躺、象形拳等），其他拳术（含经挖掘、整理、创编的拳术）三类。器械有规定器械（长拳类剑、刀、枪、棍），传统单器械（剑、刀、枪、棍以外的各种传统单器械），传统双器械（双刀、双剑、双钩、双枪等），传统软器械（三节棍、九节鞭、绳鞭、流星锤、刀加鞭等），其他器械（上述器械以外的各种具有民族特色的器械）。对练项目有二至三人组成的徒手、器械对练。集体项目有四人以上的徒手、器械演练等。按照动作规格、劲力、协调、精神、节奏、风格、内容、结构、布局以及方法准确、攻防合理，动作熟练、配合严密，内容充实、结构紧凑，意识逼真、风格突出等进行打分，分数高者名次列前。

参考文献

《诗经》，华夏出版社2006年版。

〔战国〕吕不韦等编纂《吕氏春秋》，中国文史出版社2003年版。

〔西汉〕刘安撰，马庆洲注评《淮南子》，凤凰出版社2009年版。

〔西汉〕司马迁撰《史记》，中华书局1959年版。

〔东汉〕班固撰《汉书》，中华书局1959年版。

〔东汉〕刘珍等撰，吴树平校注《东观汉记》，中州古籍出版社1987年版。

〔东汉〕赵晔撰《吴越春秋》，江苏古籍出版社1984年版。

〔东晋〕葛洪撰，周天游校注《西京杂记》，三秦出版社2006年版。

〔东晋〕葛洪撰《抱朴子》，上海古籍出版社1990年版。

〔南朝（宋）〕范晔撰《后汉书》，中华书局1965年版。

〔南朝（梁）〕任昉撰《述异记》，吉林大学出版社1992年版。

〔北齐〕魏收撰《魏书》，中华书局1974年版。

〔唐〕杜佑撰，王文锦等校点《通典》，中华书局1988年版，1996年重印。

〔唐〕房玄龄等撰《晋书》，中华书局1974年版。

〔唐〕李百药撰《北齐书》，中华书局1972年版。

〔唐〕苏鹗著，阳羡生校点《杜阳杂编》，上海古籍出版社2000年版。

〔唐〕魏征等撰《隋书》卷十二《礼仪》，中华书局1973年版。

〔后晋〕刘昫等撰《旧唐书》，中华书局1975年版。

〔北宋〕司马光编著，〔元〕胡三省注《资治通鉴》，中华书局1956年版。

〔北宋〕王钦若等修纂《册府元龟》，中华书局1960年版。

〔北宋〕王溥撰《唐会要》，上海古籍出版社 1991 年版。

〔元〕陈澔注《礼记》，上海古籍出版社 1987 年版。

〔元〕脱脱等撰《宋史》，中华书局 1977 年版。

〔元〕脱脱等撰《金史》，中华书局 1975 年版。

〔元〕熊梦祥撰《析津志辑佚》，北京古籍出版社 1983 年版。

〔明〕白云霁撰《道藏目录详注》，商务印书馆 1933 年版。

〔清〕萨英额撰《吉林外记》，（台北）文海出版社 1974 年版。

〔清〕陶珽编《续说郛》，上海古籍出版社 1990 年版。

〔清〕王先慎撰，钟哲校点《韩非子集解》，中华书局 1998 年版。

巴卧·祖拉陈哇著《贤者喜宴》，中国社会科学院民族研究所 1989 年印。

陈鼓应编著《〈庄子〉今注今译》，中华书局 1983 年版。

陈奇猷校释《吕氏春秋》，学林出版社 1984 年版。

陈青山等著《传统体育养生学》，湖北科学技术出版社 2000 年版。

陈兆复著《中国古代少数民族美术》，人民美术出版社 1991 年版。

盖山林著《阴山岩画》，文物出版社 1988 年版。

皇甫谧撰《高士传》，辽宁教育出版社 2000 年版。

胡朴安编著《中华全国风俗志》，河北人民出版社 1986 年版。

李范文著《〈同音〉研究》，宁夏人民出版社 1986 年版。

李文莉《试论发展云南省民族传统体育的必要性》，载云南省民族事务委员会、云南省体育运动委员会编《云南少数民族传统体育文集》，云南民族出版社 1991 年版。

李祥石、朱存世编著《贺兰山与北山岩画》，宁夏人民出版社 1993 年版。

李学勤主编《十三经注疏》，北京大学出版社 1999 年版。

林幹著《匈奴史》（修订本），内蒙古人民出版社 1979 年版。

刘伯骥著《六艺通论》，中华书局 1958 年版。

罗矛昆《西夏文本〈圣立义海〉译注》，载《〈圣立义海〉研究》，宁夏人民出版社 1995 年版。

毛泽东著《论十大关系》，人民出版社 1976 年版。

麻赫默德·喀什噶里编《突厥语大词典》，民族出版社 2002 年版。

饶宗颐著《〈老子想尔注〉校证》，上海古籍出版社 1991 年版。

史金波、白滨、吴峰云编著《西夏文物》，文物出版社 1988 年版。

史金波、白滨、黄振华著《〈文海〉研究》，中国社会科学出版社 1983 年版。

孙景琛著《中国舞蹈史》（先秦部分），文化艺术出版社 1983 年版。

孙志波、田伟主编《黄帝内经》，中医古籍出版社 2010 年版。

谢春光著《〈太平经〉研究》，社会科学文献出版社 2007 年版。

徐珂编撰《清稗类钞》，中华书局 1981 年版。

薛宗正辑注《突厥稀见史料辑成正史外突厥文献集萃》，新疆人民出版社 2005 年版。

薛宗正著《突厥史》，中国社会科学出版社 1992 年版。

优素甫·哈斯·哈吉甫著，郝关中、张宏超、刘宾译《福乐智慧》，民族出版社 2004 年第 2 版。

周生春著《经典会读〈大学〉〈中庸〉》，浙江大学出版社 2012 年版。

怒江傈僳族自治州《片马烽火》编写组编撰《片马烽火》，云南人民出版社 1979 年版。

首都钢铁公司炼钢厂白云石车间工人理论小组评注《荀子·天论》，中华书局 1975 年版。

中国体育博物馆、国家体育文史委员会编《中华民族传统体育志》，广西民族出版社 1990 年版。

中国社会科学院考古研究所编《宝鸡北首岭》，文物出版社 1983 年版。

中国社会科学考古研究所编著《宁夏宁武窑发掘报告》，中国大百科全书出版社 1995 年版。

中国社会科学院考古研究所山西队、山西省考古研究所、临汾市文物局《山西襄汾县陶寺城址祭祀社区大型建筑基址 2003 年发掘简报》，《考古》2004 年第 7 期。

宁夏回族自治区博物馆《西夏八号陵发掘简报》,《文物》1978 年第 8 期。

华志、卢兵《论我国体育类非物质文化遗产的现状及其保护》，《贵州民族研究》2010 年第 1 期。

后 记

《中国西部民族文化通志·体育卷》是《中国西部民族文化通志》三十三卷之一，是教育部人文社会科学重点研究基地重大项目的组成部分。2010年，承蒙瞿明安教授相邀，担任《体育卷》主编，我深感荣幸和不安。荣幸的是能得到瞿明安教授的信任，有机会在瞿教授麾下为这一浩大工程效绵薄之力；不安的是要完成《体育卷》的编写工作并非易事。虽然相关资料有很多，特别是1990年由中国体育博物馆、国家体委文史工作委员会编撰，广西民族出版社出版的《中华民族传统体育志》“收集了大量的史料，开展了具有广泛群众性的调查、征集工作，无异是一次中华民族传统体育前所未有的大普查，基本上摸清了中华民族传统体育的‘家底’”。但面对丰富多彩的少数民族传统体育的一些具体项目，要将其科学地归口和分类，却存在着诸多的困难。因为这些项目有很多还处于游戏、游艺、游乐活动状态，有些甚至还处于生产、生活的技能状态。要把这些项目作为体育运动项目来归口和分类，总觉多有不妥。而以文化的角度来审视、归口和分类，虽有些许牵强，然也勉强可行。为了进一步传播和传承我国西部少数民族传统体育文化，也只好在惴惴不安中尝试着去做，并希望能努力地去做好这件事情，也算是一名体育工作者为我国少数民族传统体育及体育文化应尽的一点责任吧。

在完成本书的过程中，屡屡得到瞿明安教授不厌其烦的帮助和指正，在此首先对他表示崇高的敬意和诚挚的谢意。在本书的编辑撰写过程中，参考和引用了大量其他专家学者的研究成果，特别是《中华民族传统体育志》参编者们的成果，在此表示由衷的感谢。

由于本人水平有限，虽使出浑身解数，仍存在着诸多不足或不妥甚至是错、漏或谬误之处，诚挚地恳请大家不吝赐教，予以斧正！

编者

2014年元月

图书在版编目（CIP）数据

中国西部民族文化通志. 体育卷 / 卢兵编著. -- 昆明：云南人民出版社, 2015.2

ISBN 978-7-222-08156-7

Ⅰ. ①中… Ⅱ. ①卢… Ⅲ. ①民族文化－文化史－西北地区②民族文化－文化史－西南地区③民族地区－体育事业－概况－西北地区④民族地区－体育事业－概况－西南地区 Ⅳ. ①K28②G812.7

中国版本图书馆CIP数据核字(2015)第042231号

出 品 人：李 维 刘大伟
责任编辑：尹 杰 李 萍
装帧设计：王曦云
责任校对：余 祁 李 钧
责任印制：洪中丽

中国西部民族文化通志 体育卷

作 者 卢兵 编著
出 版 云南出版集团 云南人民出版社
发 行 云南人民出版社
社 址 昆明市环城西路609号
邮 编 650034
网 址 http：//ynpress.yunshow.com
E-mail ynrms@sina.com
开 本 787mm×1092mm 1/16
印 张 23
字 数 376千
版 次 2015年2月第1版第1次印刷
印 刷 云南国方印刷有限公司
书 号 ISBN 978-7-222-08156-7
定 价 90.00元

如有图书质量与相关问题请与我社联系

审校部电话0871-64164626 印制科电话0871-64191534